낙인찍힌 몸

낙인찍힌 몸

흑인부터 난민까지, 인종화된 몸의 역사

염운옥 지음

2019년 7월 15일 초판 1쇄 발행
2023년 2월 27일 초판 6쇄 발행

펴낸이 한철희 | **펴낸곳** 돌베개 | **등록** 1979년 8월 25일 제406-2003-000018호
주소 (10881) 경기도 파주시 회동길 77-20(문발동)
전화 (031) 955-5020 | **팩스** (031) 955-5050
홈페이지 www.dolbegae.co.kr | **전자우편** book@dolbegae.co.kr
블로그 blog.naver.com/imdol79 | **트위터** @dolbegae79 | **페이스북** /dolbegae

주간 김수한 | **책임편집** 윤현아
표지디자인 김하얀 · 김동신 | **본문디자인** 김하얀 · 김동신 · 이은정 · 이연경
마케팅 심찬식 · 고운성 · 한광재 | **제작 · 관리** 윤국중 · 이수민 · 한누리 | **인쇄 · 제본** 상지사

ISBN 978-89-7199-969-1 (03900)

책값은 뒤표지에 있습니다.

이 도서의 국립중앙도서관 출판예정도서목록(CIP)은 서지정보유통지원시스템 홈페이지(http://seoji.nl.go.kr)와
국가자료공동목록시스템(http://www.nl.go.kr/kolisnet)에서 이용하실 수 있습니다.(CIP제어번호: CIP2019024519)

낙인찍힌 몸

흑인부터 난민까지, 인종화된 몸의 역사

염운옥 지음

돌베개

"이미 해결된 문제 아닌가요?" 십여 년 전 인종주의(racism) 공부를 본격적으로 시작하겠다고 했을 때 주변에서 종종 들었던 질문이다. 2000년대 초반만 해도 인종주의는 한국사회에서 관심을 받거나 공감을 얻는 연구 주제가 아니었다. 1948년 12월 10일 유엔 인권선언에서 인종차별을 금한다고 선언한 이후 인종차별 철폐선언을 실천하면 된다는 정도의 인식을 가졌던 것 같다. 무엇보다 인종주의는 한국사회와 별 상관없는 주제라는 생각이 강했다. 한국인은 인종차별의 피해자로만 자리매김됐고, 한국인이 외국인을 차별할 수 있다는 생각은 거의 하지 못했기 때문이다.

　필자의 박사논문 주제는 영국 우생학 운동이었다. 인간에게 등급을 매기고 우열을 정해 결혼과 출산에 제한을 두자는 우생학의 발상에 분노하면서 한편으로는 왜 몸의 차이가 차별의 근거가 되는지 궁금했다. 자연스레 인종주의에 관심이 생겼다. 서양 식민주의와 제국주의의 바탕이 된 인종주의라는 악마의 심연을 파헤쳐보면 그 안에 답이 있을 것 같았다.

"시의적절한 주제네요!" 2016년 가을, 인종주의에 대한 책을 쓸 계획이라고 했을 때 주변의 공통된 반응이었다. 천성이 게으른 데다 대책 없이 호기심만 무성한 탓에 사방으로 관심이 흩어지다 보니, 십여 년이 흘러서야 본격 집필을 시작할 수 있었다. 그 사이 한국사회에는 큰 변화가 있었다. 무엇보다 혐오와 차별에 민감해졌다. 소수자들이 목소리를 내기 시작했고, 한국인도 인종차별을 하는 주체라는 인식이 생겨났다. 노동시장에서 경쟁이 심해지자 이주노동자를 보는 시각이 날로 험악해졌다. 타국에서 고생한다는 온정적 태도가 우리의 일자리를 빼앗는다는 적대감으로 변하는 데는 그리 오랜 시간이 걸리지 않았다. 슬펐다. 왜 불길한 예감은 어김없이 현실이 될까? 한국사회에서 인종주의가 점차 심각한 문제로 떠오르는 것을 보면서 선견지명이 있었다는 얄팍한 자부심이 스치기도 했다. 하지만 그건 잠시, 이내 마음이 무거워졌다. 책임을 다하지 못하고 있다는 죄책감이 들었다.

"나는 인종주의자입니다." 이렇게 말하는 사람은 없다. 학창 시절에 배운 대로 인류는 '호모사피엔스'(Homo Sapiens) 단일 종(種)이며 아프리카 동부에서 기원해 지구 구석구석으로 이주했다는 가설이 상식으로 여겨지기 때문이다. 인종은 과학적으로 근거를 갖기 어려운 개념이며 사회·역사적 구성물이라는 사실 역시 널리 알려져 있다. 설령 인종이 생물학적으로 실재한다고 믿더라도 피부색이 다르다는 이유만으로 차별해서는 안 된다는 도덕률에 대놓고 반기를 드는 사람은 없을 터다. 그런데도 인종주의는 왜 사라지지 않는 것일까?

프랑스의 철학자 크리스티앙 들라캉파뉴(Christian Dela-campagne, 1949~2007)는 『인종차별의 역사』(Une Histoire du Racisme)에서 인종주의를 "천 개의 머리가 달린 히드라"[1] 라고 묘사했다. 인종차별이 민족차별이나 성차별, 계급차별과 결합해 얼마나 각양각색으로 변주되는지 떠올린다면 이 묘사는 인종주의의 끈질긴 생명력을 담는 데 적절한 표현이라는 생각이 든다. 들라캉파뉴는 인종주의를 매우 넓게 정의한다. 고대 그리스인의 특권의식부터 기독교의 반유대주의, 계몽주의 시기 분류학, 고전적 흑백 인종주의, 유대인 홀로코스트를 거쳐 1945년 이후 벌어진 외국인차별과 인종학살까지 포괄한다. 그러나 인종주의에 대한 넓은 정의는 역설적이게도 우리가 인종주의에서 벗어나기가 얼마나 어려운지 강조할 우려가 있다. 비록 저자의 의도가 그렇지 않더라도 말이다.

다시 묻자. 인종주의란 무엇인가? 인종주의란 타자의 '행위'가 아니라 '속성'에 근거해 타자를 분류하고, 측정하고, 가치 매기고, 증오하고, 심지어 말살하는 서양 근대의 이데올로기다. 타자의 속성은 타자의 '몸'에 대한 담론을 중심으로 말해진다. 몸에 주목해야 하는 이유가 여기에 있다. 근대 이전에는 종교·문화적 특성이나 기후와 환경 탓으로 설명되던 인간의 차이가 근대 이후에는 변하지 않는 몸의 차이로 수렴됐다. 6

인종주의라는 '히드라'는 인종적 타자의 몸을 먹고 자랐다. 인종주의는 타인의 몸을 보는 주체의 시선에 의존하기 때문이다. 나와 너, 주체와 타자의 차이를 피부색, 두개골, 골격 같은 생물학적 속성으로 환원시켜 인종화된 타자의 몸에 대한 온갖 담론을 생성하는 데 인종주의의 핵심이 있다. 눈에 보이는 '외모'로부터 눈에 보이지 않는 '혈통'과 '지성'을 상상하고 우열을 매기는 데서 인종주의는 출발했던 것이다.

이 책은 낙인찍히고 배제당한 '인종화된 몸'의 역사에 관한 것이다. 인종화된 몸을 통해 인종주의의 역사를 말한다는 것은 이성, 자유, 평등, 생명 같은 단단한 명사들이 얼마나 취약한 지반 위에 서 있는지, 분류의 욕망과 구분 짓기의 탐욕 앞에 얼마나 무력한지 암시하는 작업과 다르지 않을 것이다. 평등은 자명하지만 추상적인 원리다. 모든 인간이 평등하려면 실재하는 개인들이 지닌 무수한 차이를 지워야 하기 때문이다. 인종주의를 반면교사 삼는다면, 존엄과 평등처럼 자명한 진리이지만 선언과 당위에 머물렀을 때는 무력할 수밖에 없는 가치를 재발견할 수 있을 것이다.

이탈리아의 철학자 조르조 아감벤(Giorgio Agamben, 1942~)은 『호모 사케르』(Homo Sacer)에서 근대 국가의 토대를 이루는 것은 자유롭고 자율적인 개인이 아니라 '벌거벗은 생명'(bare life)이라고 말한다. 아감벤의 통찰에 따르면, 1789년 프랑스혁명의 인권선언은 그가 '벌거벗은 생명'이라고 부르는 생물학적 삶을 주권의 토대로 삼았다.[2] 근대의 보편주의가 권리 주체로서 인간을 생물학적 존재로 환원시킬 수밖에 없었던 데는 그것만이 모든 인간에게 공통된 유일한 조건이라는 이유가 있었다. 가시적이고 비가시적인 차이들을 모두 괄호 안에 넣고 '벌거벗은 생명'을 대상으로 삼을 때 비로소 모든 인간이 평등하다고 선언할 수 있었다. 근대 국가에서 국민의 생물학적 몸이 중요해진 이유가 여기에 있다.

인종주의는 인간의 외모와 피부색에 대해 사회적으로 구성된 지식에 기반을 두었다. 17~18세기에 등장한 인종에 관한 인류학·미학적 담론을 인종론(racialism, racial theory)이라 부르고, 이런 인종론이 제공한 재료들로부터 합성된 이데올로기를 인종주의라고 구분해 부르는 것이 유용하다. 이 책에서는 사회·담론적 구성물로서 인종 개념의 기원과 인종론의 형성을 정리한 후에, 인종주의가 맹위를 떨쳤던 19~20세기에 낙인찍힌 흑인 노예, 유대인, 무슬림의 몸에 대해 살펴볼 것이다. 한국사회에서 인종주의가 어떻게 이주민의 몸에 낙인찍기를 하고 있는가에 대해서도 분량을 할애했다.

19세기 고전적 인종주의가 생물학적 인종주의였다면, 21세기 인종주의는 '신인종주의'(new racism) 또는 '문화적 인종주의'(cultural racism), '인종 없는 인종주의'(racism without racism)라고 불린다. 19세기 중반의 고전적 인종주의가 백인의 유색 인종에 대한 식민지배와 우월의식에 바탕을 두고 서구 선진국에서 나타났다면, 20세기 후반의 인종주의는 기존의 인종주의에 사회·경제·종교·문화적 요인이 더해진 개념으로 전 세계로 확산되고 있다. 제2차 세계대전과 홀로코스트를 겪고 난

후 인종 개념에는 사이비 과학에 의존한 특정 집단에 대한 차별과 학살이라는 오명이 따라다녔기 때문에 인종을 대신하는 개념으로 '에스니서티'(ethnicity)를 썼고 문화도 중요시됐다.

여기서 인종이란 항상 미끄러지는 범주라는 걸 떠올릴 필요가 있다. 신체적 특징과 문화적 관습은 사실 분리하기 어렵게 얽혀 있다. 신체적 특징으로 주체와 타자를 구분하려 하지만, 잘 안 될 때는 문화적 관습을 기준으로 삼기도 한다. 문화적 관습으로 구분하고 나면 신체적 특징을 통해 확고한 것으로 만든다. 신체적 구분과 문화적 구분은 서로 미끄러져 넘나들며 서로가 서로를 단단하게 묶는다. 신체적 표지와 문화적 표지 사이의 관계를 이분법적으로 사고할 필요는 없다고 생각한다. 인종화된 몸의 생산 과정에서 신체적 특징뿐만 아니라 문화적 관습이 조합되어 인종을 구성해왔기 때문이다. 오히려 19세기의 신체에 고정된 생물학적 인종론이 인종주의의 긴 역사에서 이례적이고 특이한 것이었다고 할 수 있다. 무슬림의 경우는 문화·종교적 특징에 신체적 특징이 더해져 이슬람의 표지를 구성한 사례였다.[3]

신인종주의가 생물학적 인종주의와 다른 논리를 구사한다고 해도 여전히 19세기부터 이어져온 백인우월주의는 건재하다. 한편에는 노골적인 흑백 인종차별은 극복됐으니 이제 피부색은 상관없다는 '컬러블라인드니스'(colorblindness)가, 다른 한편에는 여전히 짙은 피부색을 차별하는 '컬러리즘'(colorism)이 공존하는 현실 속에서 인종주의를 어떻게 분석하고 넘어서야 할까? 현대 국가의 제도 속에 기입되어 자유주의와 훌륭하게 공존하는 제도적 인종주의(institutional racism)부터, "백인이어도 괜찮아"(It's OK to be white)를 외치는 반격까지 인종주의는 여러 형태로 변주되고 있다. 오히려 컬러블라인드니스라는 무적의 방패막이를 획득한 것처럼 보이기까지 한다. 피부색의 문제가 여전히 퇴색하지 않고 존재함에도 불구하고 인종문제가 마치 문화와 정체성의 차이뿐인 것처럼 은폐되는 게 오늘날 인종주의의 특징이다.

카리브의 프랑스 식민지 마르티니크 출신으로 알제리의 민족해방투쟁에 일생을 바친 프란츠 파농(Frantz Fanon, 1925~1961)은 『검은 피부, 하얀 가면』(Black Skin, White Masks)에서 이런 문장으로 책을 마무리했다. "오 나의 몸이여, 내가 언제나 질문하는 사람이 되게 하기를!"[4] 파농은 몸을 걸고 질문하고 있다. 그는 인종 범주를 해체하고 인종 범주에 의존하지 않는 말 걸기를 갈망했다. 이 질문은 흑인으로 규정되는 자신의 몸에 대한 질문이면서, 동시에 자신을 흑인으로 규정하는 외부 시선에 대한 항의다. 파농은 백인성과 이에 대항하는 흑인성을 모두 비판한다. 백인이 백인성이라는 봉인 속에 갇혀 있다면, 흑인도 흑인성 속에 갇혀 있다는 것이다.

파농은 또 말한다. "우월? 열등? 왜 그저 단순히 타자를 만지고, 타자를 느끼고, 나에게 타자가 모습을 드러내도록 해보지 않는가?"[5] 주체와 타자의 몸은 고정된 실체가 아니라 역사적 맥락에 따라 항상 새롭게 다시 구성된다. 타자의 몸에서는 나와 다른 냄새가 나며 타자의 피부는 나와 다른 색을 가졌다. 몸의 차이를 말하면서도 그 차이에 속박되지 않기 위해서는 살과 살이 부딪치는 체험에서 시작해야 할 것이다. 파농의 말을 기억하며 인종화된 몸의 역사 속으로 여행을 떠나보자.

차례

이 책에서 만날 인종주의의 주요 역사

1756.
요한 요하임 빙켈만,
『그리스미술 모방론』 출간
▶ 49쪽

1772.
피터르 캄퍼르,
'안면각 측정 도해' 출판 ▶ 62쪽

1700-

1750-

1735.
카를 폰 린네,
『자연의 체계』 출판 ▶ 32쪽

1779.
요한 프리드리히 블루멘바흐가
인종을 다섯으로 분류 ▶ 67쪽

1781.11.29.
영국, 종호 사건
▶ 113쪽

1789.3.24.
올라우다 에퀴아노,
『에퀴아노의 흥미로운 이야기』
초판 출판 ▶ 113쪽

1789.7.14~1794.7.28.
프랑스혁명

1807.3.25.
영국, 대서양 노예무역폐지
▶ 132쪽

1815.12.29.
사르키 바트만 사망
(2002.8.9. 사르키 바트만
장례식) ▶ 159쪽

1850.3.
조셉 질리가 노예 다게레오타입
사진 촬영 ▶ 75쪽

1851.5.29.
미국, 서저너 트루스가
「나는 여성이 아닌가요?」 연설
▶ 185쪽

1853~1855.
아르튀르 고비노,
『인종불평등론』 출판

1859.11.24.
찰스 다윈, 『종의 기원』 출판

1800-

1850-

1830~
'한 방울 법칙' 성립 :
흑인의 피가 한 방울이라도
섞이면 흑인이라는 법칙 ▶ 84쪽

1831.
메리 프린스가 구술한
『메리 프린스의 생애』 출판
▶ 171쪽

1839.
사무엘 조지 모턴,
『미국인의 두개골』 출판
▶ 72쪽

1888.
브라질, 노예제폐지

1898.
파쇼다 사건 :
아프리카 분할을 둘러싸고
영국과 프랑스가 대립

1914.7.28~1918.11.11.
제1차 세계대전

1950.7.5.
이스라엘, 귀환법 제정 ▶ 217쪽

1950.12.10.
유엔은 매년 이날을 '인권의 날'
또는 '세계인권선언일'로 기념

1965.12.21.
유엔총회, 인종차별철폐협약
채택

1900-

1950-

1935.9.15.
독일, 뉘른베르크법 제정 :
뉘른베르크 전당대회에서 공포된
나치 독일의 반유대주의 법
▶ 219쪽

1937.11.8~1938.1.31.
독일, 나치 '영원한 유대인' 전시
▶ 240쪽

1939.9.1~1945.9.2
제2차 세계대전

1940.
독일, 나치 선전영화
〈영원한 유대인〉 개봉 ▶ 240쪽

1948.12.10.
유엔총회 '세계인권선언' 채택

1984.11.21~1985.1.5.
이스라엘, 모세작전 ▶ 253쪽

1991.5.24~5.25.
이스라엘, 솔로몬작전 :
모세작전과 솔로몬작전은
기아와 박해에 시달리던 에티오피아
유대인을 이스라엘로 이송한
두 차례의 비밀 작전 ▶ 253쪽

1993.11.
한국, 산업연수생제도 도입 ▶ 351쪽
(1994.5. 산업연수생제도 시행)

1994.5.10.
넬슨 만델라 대통령 취임 및
아파르트헤이트 체제 종식

- 2001.4.20.
  영국, 올덤 소요사태 발생 :
  남아시아계 무슬림 청년들과
  백인 청년들이 폭력을 주고받는
  과정에서 소요사태 발생 ▶ 299쪽

- 2001.9.11.
  미국, 9·11 테러 ▶ 268쪽

- 2003.8.
  한국, 고용허가제 도입 ▶ 323쪽
  (2004.8. 고용허가제 시행)

- 2011.7.22.
  노르웨이, 브레이비크 테러 발생
  ▶ 268쪽

- 2015.5.18.
  이스라엘, 텔아비브에서
  에티오피아 유대인 인종차별
  반대 시위 ▶ 258쪽

2000-   2010-

＊   ＊

- 2006.10.6.
  영국, 잭 스트로우의 니캅 발언,
  무슬림 베일 논쟁 ▶ 290쪽

- 2008.9.22.
  한국, 다문화가족지원법 시행
  ▶ 337쪽

- 2009.7.10.
  한국, 보노짓 후세인 사건 발생 :
  인도인 후세인이 부천에서
  인종차별을 당한 사건으로 한국에서
  인종차별 첫 벌금형
  ▶ 347쪽

- 2018.1~5.
  제주도에 예멘난민
  561명 입국 ▶ 360쪽

- 2018.7.19.
  이스라엘, 민족국가법 통과
  ▶ 212쪽

- 2018.10.17.
  제주도에 입국한 예멘난민
  339명에게 인도적 체류 허가 결정
  ▶ 361쪽

- 2018.12.14.
  예멘난민신청자 중 두 명
  난민 인정 ▶ 361쪽

일러두기

1. 맞춤법과 외래어 표기법은 국립국어원의 용례를 따랐다. 다만 외래어 중 국내에 이미 굳어진 인명과 지명이라고 판단한 경우 통용되는 표기로 옮겼다. 또한 국내에 번역 출간된 도서는 원저 제목과 다소 다르더라도 번역서 제목을 그대로 썼다.
2. 단행본, 정기간행물, 박사학위논문에는 겹낫표(「」)를, 단편, 시, 소논문, 신문기사, 정기간행물에 수록된 글에는 낫표(「」)를, 영화명, 미술작품명, 노래명에는 홑꺾쇠(〈〉)를 썼다.
3. 외국 인명의 원어와 생몰연대는 처음 등장할 때 병기했다. 다만 생몰연대를 찾을 수 없는 경우에는 기입하지 못했다.

1.

인종에 갇힌 몸들

베네통(Benetton)은 알록달록한 색감의 개성 있는 의류를 만
드는 이탈리아의 의류 회사다. 그러나 베네통을 유명하게 만든
건 색감 때문만이 아니었다. 베네통은 최고 경영자 루치아노
베네통(Luciano Benetton, 1935~)과 사진작가 올리비에로 토
스카니(Oliviero Toscani, 1942~)가 1982년부터 매 시즌마다
파격적인 광고를 내놓는 기업으로 더 잘 알려져 있다. 특히 한
장의 사진에 사회적인 이슈를 함축적으로 담아냄으로써 언제
나 화제를 몰고 다녔다. 흑인 여성이 백인 아기에게 젖을 물리
고, 흑인과 백인이 서로를 맨몸으로 안으며, 신부와 수녀가 키
스하는 장면들. 인종차별·성차별·동성애차별 반대, 종교 화합
같은 사회적이고 정치적인 메시지를 연상시키는 사진들이 마
케팅 전략으로 활용되는 것이다. '유나이티드 컬러즈 오브 베
네통'(United Colors of Benetton)이라는 문구 아래 세계평화와
인종화합과 같은 선언이 컬러풀한 의류와 만난 사례라고 할 수
있다.

　　그렇다면 베네통은 윤리적으로 올바른 '착한' 광고를 한다
고 평가할 수 있을까? 베네통 광고 중에는 심장 세 개를 나란히
놓고 그 위에 '백인(WHITE), 흑인(BLACK), 황인(YELLOW)'
이라고 써넣은 게 있다. 피부색이 달라도 심장 크기는 똑같다
는 메시지가 강조되면서 인종차별에 반대하는 내용으로 읽힌
다. 그러나 이 광고가 나오자마자 몸 밖으로 장기를 꺼내 놓은
장면이 끔찍하다는 비난이 일었다. 베네통에서는 광고에 쓰인
장기가 인간이 아닌 돼지의 심장이라고 밝히며 상황을 수습했
다. 이 소동을 접하면서 필자는 이 광고에서 다시 살펴야 하는

부분은 따로 있다고 생각했다. 바로 '백인, 흑인, 황인'이라는 인종 3분류법이 버젓이 반복된다는 점 말이다. 인종은 피부 한 꺼풀의 차이일 뿐 인간의 몸은 모두 같다는 내용을 전하려고 하는 이 광고는 동시에 3분류법이라는 스테레오타입을 반복하고 있기 때문이다.

인종은 셋으로도 넷으로도 다섯으로도 아니 무한대로도 나눌 수 있다. 다시 말해 인종이란 없다. 프로크루스테스(Procrustes)의 침대처럼 다양한 인간의 몸을 인종이라는 틀에 억지로 구겨 넣었던 역사를 통해 만들어진 개념이 바로 '백인, 흑인, 황인'이다. 그러니 베네통의 또 다른 광고인, 벌거벗은 모델 아홉 명이 옆으로 서서 서로의 몸에 손을 얹고 있는 광고(누디컴 (Nudicome), 2018) 역시 백인, 흑인, 황인의 몸에 대한 단순한 스테레오타입의 반복일 뿐이다. 백인은 금발에 푸른 눈동자, 황인은 찢어진 눈에 도드라진 광대뼈, 흑인은 칠흑 같이 새까만 피부. 머릿속에 저절로 떠오르는 그 이미지 말이다.

한낱 상품 광고에 너무 진지하고 비판적인 반응을 하는 게 아니냐고 생각할 수도 있지만 사소한 것이 결코 사소하지 않을 수 있다는 것을 기억할 필요가 있다. 더군다나 익숙한 형식으로 반복되는 스테레오타입은 인종주의에 끈질긴 생명력을 부여하는 가장 중요한 힘 가운데 하나다. 앞서 언급한 베네통 광고는 표면적으로 반(反)인종차별을 내세우는 것처럼 보이지만 사실은 피부색에 따른 인종 구분을 반복할 뿐 아니라 그 인식을 단단하게 만들고 있기 때문이다. 실제로 베네통처럼 화려한 색으로 인종차별의 추악한 민낯을 덧칠한다는 의미로 '베네통

효과'(Benetton effect)라는 말이 쓰이기도 한다.

그렇다면 우리 머릿속에 이토록 강렬하게 '즐겨찾기'가 되어 있는 '백인, 흑인, 황인'의 분류법은 언제, 어떻게 생겨난 것일까? 인간 몸에 대한 담론적 구성물인 인종 개념의 기원과 인종 분류에 대해 알아보자.

인종 개념의
기원과 형성

'인종'(raza)이라는 말은 언제부터 쓰이기 시작했을까? 인종은 인종적 범주들이 만들어지는 과정을 통해 형성되어온 것이지 자연적으로 주어진 것이 아니다. 민족이나 계급 같은 개념이 태초부터 존재한 게 아닌 것처럼 인종 개념도 사회적이고 역사적인 산물이다. 인종을 '역사화'할 때, 즉 인종의 기원과 형성을 역사적으로 살펴볼 때, 우리는 '백인종', '흑인종', '황인종' 같은 친숙한 인종 개념이 근대에 생겨난 발명품에 불과하다는 사실과 만나게 된다. 물론 유럽에서 인종이라는 말 자체는 근대 이전에도 존재했다. 하지만 그때의 인종은 인간이 아닌 가축의 '혈통'이나 '품종'을 가리키는 말이었다. 인종이 언제부터 인간에게 적용되기 시작했는지 그 기원을 정확히 잡기는 어렵지만 적어도 16세기경부터는 유럽 각국에서 용례를 찾아볼 수 있다.

1492년은 크리스토퍼 콜럼버스(Christopher Columbus, 1451~1506)가 항해를 떠난 해였던 동시에 그라나다 함락으로 레콩키스타(Reconquista)가 완성된 해이기도 했다. 레콩키스타란 기독교도가 이베리아반도에서 이슬람 세력을 몰아내면서 벌였던 재정복 전쟁을 말한다. 레콩키스타 과정에서 무슬림과 유대인은 추방당할 위기에 내몰렸는데 추방을 면하려면 기독교도로 개종해야 했다. 생존을 위한 개종자가 속출했지만, 개종으로 유대교와 이슬람교 문화가 하루아침에 사라지는 것은 아니었다. 따라서 동화는 쉽지 않았고 거짓 개종이 아닌가 하는 의심도 끊이지 않았다. 1481년 카스티야 왕국은 세비야에 최초의 종교재판소를 설치해 이단과 거짓 개종 유대인을 심판하기 시작했다. 그리고 1487년에는 종교재판소의 결정에 따라 거짓 개종한 네 명의 유대인이 공개 화형에 처해졌다.[1]

콘베르소(converso), 즉 개종한 유대인에 대한 의심의 눈초리는 그들은 우리와 '핏줄'이 다르다는 생각을 낳았으며, 문화나 종교의 차이에 그치지 않고 인간의 몸속 깊숙이 본질적 차이가 존재한다는 의식으로 이어졌다. '피'가 다르기 때문에 개종해도 동화될 수 없다는 논리였다. 심지어 콘베르소와 유대인의 몸에서는 특유의 냄새가 난다는 기록까지 있었다.[2] '피의 순수성'과 '상상의 생물학적 특성'에 대한 집착은 인간에게 동물의 혈통이나 품종을 가리키는 스페인어 '라사'(raza)를 적용하도록 이끌었다. 1611년 편찬된 최초의 스페인어 사전은 '라사'를 두고 말(horse)의 품종을 가리킬 뿐만 아니라 무어인이나 유대인 혈통을 가진 사람을 조롱하는 단어라고 뜻풀이했다.[3]

'라사'는 남유럽으로 빠르게 확산되어 포르투갈어 하사(raça), 이탈리아어 '라차'(razza), 영어 '레이스'(race), 프랑스어 '라세'(race)가 쓰이기 시작했다.[4] 이로써 인종은 생물학적 특성을 공유하는 인간집단이라는 의미를 확연히 갖게 되었고, '좋은 혈통'과 '축복받은 집안', '나쁜 혈통'과 '저주받은 집안' 같은 가치판단도 개입되기 시작했다. 종교·문화적 차이가 생물학·유전적 차이로 전환하는 이런 변화는 근대 인종 개념이 형성되는 데 주목할 만한 첫 번째 계기였다.

두 번째 계기는 분류 기술과의 결합이었다. 17세기 말이 되면 혈통을 의미하던 인종이 지구상에 존재하는 인간을 분류하는 데 적용되기 시작한다. 집단 내부의 가계와 혈통을 가리키던 인종 개념이 집단과 집단 사이의 차이에 주목해 인간을 분류하는 개념으로 쓰이기 시작한 것이다.

아메리카 대륙의 정복 이래, 유럽 세계와 비유럽 세계 사이의 교류와 접촉이 늘어나고 식민화의 역사가 시작되면서 새로 발견된 몸의 다양성을 어떻게 인식하고 설명할 것인지가 시급한 과제로 떠올랐다. 인류를 여러 인종으로 분류할 수 있다는 관념을 처음 제시한 사람은 프랑수아 베르니에(François Bernier, 1620~1684)였다. 프랑스인으로 의사이자 여행가였던 베르니에는 1684년 「인종에 따른 세계의 새로운 구분」(Nouvelle division de la terre par des espèces ou races qui l'habitent)에서 인간을 유럽인, 아프리카인, 아시아인, 라플란드인, 인디언 다섯으로 분류했다.[5] 과학탐사와 탐험이 식민화와 나란히 추진되면서, 유럽인과 비유럽인의 외양적 차이를 과학으로 설명하려는 욕망을 자극했다. 베르니에가 열어 놓은 인종 분류 방식이 프랑스의 조르주 루이 르클레르 드 뷔퐁 백작(Georges-Louis Leclerc, Comte de Buffon, 1707~1788), 스웨덴의 카를 폰 린네(Carl von Linné, 1707~1778), 독일의 요한 프리드리히 블루멘바흐(Johann Friedrich Blumenbach, 1752~1840) 같은 자연학자들에게 받아들여지자 18세기 말 인종은 유사한 외양과 특성을 공유하는 인간 종의 생물학적 하위 분류를 가리키는 개념으로 자리잡게 되었다.[6]

전 지구적 차원에서 보면 인종 개념은 유럽인이 비유럽인과 만나는 '접촉지대'(contact zone)[7]에서 생겨났다. '접촉지대'는 포르투갈·스페인 문학 연구자 메리 루이스 프랫(Mary Louise Pratt, 1948~)이 만들어낸 개념이다. 프랫도 지적하듯이 유럽인과 비유럽인의 만남은 식민자(colonizer)와 피식민자(colonized)의 비대칭적 접촉이었지, 결코 예의 바르고 평화로운 방식으로 이루어진 조우가 아니었다. 유럽인에게만 '신대륙'이었던 아메리카는 콜럼버스의 '도착' 이래 학살과 파괴, 저발전의 수렁으로 빠져들었다. 상호적이지만 호혜적이지 않았던 접촉에서 유럽인은 전 세계의 동식물과 인간을 관찰하고 분류하며 정복했다. 아메리카를 비롯한 비유럽 세계는 인종 개념을 생산하는 작업장과 같은 역할을 했다. 무력에 의한 정복뿐아니라 분류학을 통한 비유럽 세계의 유럽 학문 체계 안으로의 통합, 다시 프랫의 말을 빌면 '반정복의 정복'(anti-conquest conquest)[8]이야말로 근대 유럽 주체와 비유럽 타자 사이에서 발생한 만남의 정체였다. 식민주의와 제국주의는 폭력을 수반

테오도르 갈레, 〈아메리카〉, 16세기 후반.

이탈리아의 탐험가 아메리고 베스푸치(Amerigo Vespucci, 1451~1512)가 아메리카
대륙에 도착한 장면이다. 플랑드르 화가 얀 반 데르 스트라트(Jan van der Straet,
1523~1605)의 그림을 독일의 테오도르 갈레(Theodor Galle, 1571~1633)가 판화로
제작했다. 작품 하단에는 라틴어로 "아메리쿠스가 아메리카를 발견했다. 그가 그녀를
한 번 부르니, 이후로는 항상 깨어 있더라"라고 적혀 있다. 그림의 왼편인 문명세계는
의복을 갖춰 입고 십자가와 천체관측의 아스트롤라베를 들고 있는 베스푸치로
재현되고, 오른편의 아메리카는 벗은 여인 및 식인종과 낯선 동식물이 사는 야만의
세계로 묘사되어 있다. 문명과 야만의 이분법은 남성과 여성의 이분법이기도 했다.
아메리카 대륙에 처음 도착한 유럽인은 콜럼버스였지만 그는 죽을 때까지 아메리카
대륙은 인도, 쿠바는 중국, 아이티는 일본이라고 믿었다. 아메리카가 아시아와 유럽
사이에 위치한 미지의 땅 '신세계'라는 사실을 처음으로 인지하고, 1503년 소책자
『신세계』(Mundus Novus)를 써서 기록한 인물이 베스푸치였다.

했다. 하지만 물리적 폭력만이 식민주의와 제국주의를 지탱하는 유일한 수단은 아니었다. 식민지 타자를 폭력적 정복으로 제압하는 동시에, 유럽적 세계관과 지식체계 아래로 포섭해 종속시키는 '반정복의 정복'은 더 철저한 '궁극의 정복'이 될 수 있었다. 린네의 분류학이 그 대표적인 예였다.

베르니에 이후 유럽인들은 세계를 시야에 놓고 지구상의 인간을 인종으로 분류한다는 발상에 익숙해졌으며 좀 더 세밀한 분류의 기술도 고안해냈다. 19세기 초에 이르면 얼굴 생김새와 피부색이 닮은 사람들의 집단이라는 생물학적 인종 개념이 정착됐다. 그렇게 인종은 인간 종의 하위 범주로서 지리나 기후 같은 환경요인에 따라 변하지 않는 안정적 지위를 확보하게 된 것이다.

유럽인들이 만들어낸 인종론은 한편으로는 분류학의 계보를, 다른 한편으로는 미학의 계보를 그리며 형성됐다. 인종 담론의 구성에는 과학뿐만 아니라 미학사상의 역할도 컸다. 린네의 생물분류와 요한 요하임 빙켈만(Johann Joachim Winckelmann, 1717~1768)의 그리스 조각 찬양은 18세기 중반 인종이 형성되는 과정을 보여주는 두 개의 계기였다. 독일 출신의 미국 역사가로 파시즘 연구의 권위자였던 조지 L. 모스(George L. Mosse, 1918~1999)는 과학으로부터 미학으로, 미학으로부터 과학으로의 끊임없는 전환과 순환이야말로 근대 인종주의의 특징이었다고 간파했다.[9] 인간 본성과 내면의 아름다움이 신체적 기호로 드러난다는 고전적 미학사상에 따르면 아름다운 몸은 내면의 고귀함과 조화로움의 표현이었다. 백인 유럽인을 미의 기준으로 삼아 줄 세우는 일은 인종적 서열화와 발맞춰 추진됐다. 인종론의 계보를 추적해보면 린네의 분류학과 빙켈만의 미학은 씨줄과 날줄이 되어 인종주의를 직조해 나 갔다는 것을 알 수 있다.

린네의
분류학

1735년

1735년은 인종주의의 역사에서 주목할 만한 두 사건이 일어난 해였다. 하나는 '탐사'였고, 다른 하나는 '분류'였다. 그리고 이 둘은 인종 개념을 구성하는 재료가 되었다.

첫 번째 사건의 주인공은 프랑스의 지리학자 샤를 마리 드 라 콩다민(Charles Marie de la Condamine, 1701~1774)이다. 1735년 라 콩다민이 이끄는 국제과학탐사단은 스페인령 남아메리카 안데스 산지와 아마존 유역을 탐험하는 데 성공했다. 탐험보고서는 '남아메리카 대륙여행에 대한 짧은 서사'(Brief Narrative of Travels through the Interior of South America)라는 제목으로 1745년 프랑스 과학아카데미에 제출됐다. '보고서'라고 했지만 과학적으로 증명하며 서술된다기보다는 아마존 정글을 매혹적이면서도 위험한 세계로 묘사하는 문학적 글쓰기에 가깝다. 탐사 항해에서 겪은 역경과 위험, 경이와 신비를 서술하면서 라 콩다민은 현지인과 접촉하는 모습을 보여준다. 그는 "새로운 세상을 발견"했고, "새로운 동식물과 사람들을 만났다"고 적었다.[10]

라 콩다민의 탐사는 이전 시대와 달랐다. 1492년 콜럼버스의 카리브해 상륙을 시작으로 유럽의 팽창과 정복, 아메리카의 식민화 역사가 시작된 이래 유럽인의 '대항해'는 주로 '주항'(周航, circumnavigation)의 형태를 띠었다. 배를 타고 먼 바다로 나가 무역로를 개척하고 해안선을 측정해 세계지도를 완성하는 것이다. 가령 1520년에 포르투갈 태생의 항해가 페르디난드 마젤란(Ferdinand Magellan, 1480~1521)이 했던 세계일주가 그런 성격이었다. 마젤란의 세계일주가 주항에 그쳤던 반면, 라 콩다민의 탐사단은 해안에서 멀리 떨어진 내륙 깊숙이 진입하는 데 성공했다. 라 콩다민의 성공은 아메리카 내륙 탐사를 견인했고 그로 인해 유럽인과 비유럽인의 접촉이 폭발적으로 증가했다. 내륙 탐사의 성공은 유럽의 인식체계가 지구상의 여러 지역을 포괄하기 시작했으며, 제국주의적 야망이 본격적으로 추진됐다는 의미이기도 했다.[11]

1735년의 두 번째 사건은 린네의 『자연의 체계』(Systema Naturae)가 출간되어 세상에 나온 일이다. 인종주의의 역사에서 린네에 주목해야 하는 이유는 그가 처음으로 인간을 네 '변종'(varieties)으로 나누는 분류체계를 세웠기 때문이다. 비록 린네가 '인종'이라는 명칭을 사용하지는 않았지만 말이다. 『자연의 체계』는 1735년에 초판이 나온 후 증보 재판을 거듭해 제

10판이 1758년에, 제12판은 1766~1768년에 나왔다. 제1판은
분량이 2절판 12쪽에 불과했는데, 제12판은 2,400쪽까지 늘
어나 세 권에 나눠 낼 정도가 되었다.

린네는 자연학자(naturalist)였다. 과학이 아직 전문 분야
로 세분되지 않던 18세기에 의학, 식물학, 동물학은 모두 자
연학(natural history)에 속했다. 린네는 스웨덴의 웁살라대학
식물학과와 의학과의 교수로 재직했다. 그 자신은 3년 동안 네
덜란드 하르더베이크에서 의학 공부를 위해 유학했던 기간을
제외하면 스웨덴에서 멀리 떠난 적이 없었다. 그럼에도 린네가
풍부한 식물표본을 수집할 수 있었던 것은 제자들 덕분이었다.
아이슬란드, 남아프리카, 아메리카, 동아시아 등 전 세계로 제
자들을 파견해 식물표본을 수집했던 것이다. 제자들이 수집을
마치고 표본과 조사보고서를 보내오면 이를 편집해 책으로 출
판했다. 린네의 식물 분류체계는 그러한 충실한 '사도'들 덕분
에 완성할 수 있었다.[12]

린네가 살았던 시대는 스웨덴 과학의 황금기였다. 시대
의 아들이었던 그는 과학이 스웨덴의 국익과 산업에 봉사해
야 한다는 목적을 일관되게 추구했다. 결국 영국의 아이작 뉴
턴(Issac Newton, 1643~1727)처럼 생전에 성공과 영광을 누리
며, 자연학의 '뉴턴'이라는 별명까지 얻었다. 19세기 낭만주의
시대에는 스웨덴 애국주의의 상징이자 국민 영웅으로 등극했
으며[13] 20세기까지도 그의 인기는 식을 줄 몰랐다. 1907년에는
웁살라에서 린네 탄생 200주년 행사가 장엄하게 거행됐고, 스
톡홀름과 웁살라 시내에 기념 동상이 건립됐다. 1991년에는 린

네 이름을 딴 생수가 시판돼 화제가 되기도 했다.[14] 또한 린네는 1998년부터 2016년 10월까지 스웨덴 화폐 100크로나 지폐 앞면을 장식했다(2019년 5월 현재는 100크로나 지폐에 린네 대신 여배우 그레타 가르보(Greta Garbo, 1905~1990)가 들어간 신권이 유통되고 있다).

린네에게 '자연'을 길들이고 분류하는 일은 '민족'에 봉사하는 신성한 의무였고, 나아가 유럽 지식의 산물인 '보편적 분류체계' 속에 지구상 모든 생명체를 기입하는 작업에 다름 아니었다. 린네에게 분류는 '아리아드네(Ariadne)의 실'[15]과 같은 것이었다. '아리아드네'는 크레타 미노스왕의 딸 이름이다. 그리스신화의 영웅 테세우스는 아리아드네가 건네준 실타래를 풀어가며 미궁으로 들어가 괴물 미노타우루스를 퇴치하고 무사히 귀환할 수 있었다. 린네 역시 스웨덴에 앉아 제자들이 세계 각지에서 모아온 표본을 거둬들여 분류라는 실을 자아냈던 것이다. 분류체계로 지표면을 골고루 덮으려면 보편적인 언어가 필요했기에 '속명'과 '종명'으로 이루어진 이명법을 고안했고, 유럽의 '링구아 프랑카'(lingua franca)인 라틴어를 되살려 썼다. 린네는 자연의 체계를 이해하기 위해서는 인위적인 체계를 세우는 일이 절대적으로 필요하다고 보았다. "속명은 이를테면 식물 공화국의 공식 화폐"[16]고, "배치와 명명"[17]을 통해 자연학은 기본적인 책무를 완수하게 되는 것이라고 했다. 자신만만한 데다 명예욕도 강했던 린네는 "신이 창조하고 린네가 분류한다"며, "신의 기록관"을 자임했다.[18]

18세기는 창조의 기적과 자연학 지식을 조화시키는 자연

신학(natural theology)이 종교와 불화하지 않는 안전한 설명방식이자 교양인의 상식으로 받아들여지던 시대였다. 린네는 인간 '뇌'의 기능에 관심을 가졌고 제자들의 두개골을 관찰해 성격과 재능을 알아내는 데 재미를 느끼기도 했다. 하지만 린네는 뇌 연구를 더 진전시키지 않았다. 기독교적 세계관에 따르면 인간은 동물과 구별되는 영혼을 지닌 존재고, 영혼은 신체의 작용이 아니라 신으로부터 부여받은 신성한 속성이라 여겨졌다. 뇌와 두개골에 대한 연구는 정신작용의 비밀을 캐려는 유물론적 시도였고, 유물론은 무신론으로 이어질 가능성이 있었다. 린네가 뇌 연구를 하지 않았던 이유는 교회와 신학자들에게 유물론자라는 의심을 살지 모른다는 걱정이 있었기 때문으로 보인다.[19] 하지만 린네는 인간과 동물을 연속선상에 배치하는 분류만큼은 포기하지 않았다. 『자연의 체계』 제1판에서 그는 인간을 동식물과 동일한 분류체계에 포함시켰다. 그리고 인간에게만 특별히 '호모사피엔스' 즉, '지혜로운 사람'이라는 이름을 선사했다.

인종의 표지, 피부색

앞서 언급했듯이 린네가 인종주의의 역사에서 특별한 의미를 갖는 이유는 그가 인류를 '피부색'의 기준에 따라 분류한 최초의 인물이었기 때문이다. 인종차별이 낳은 20세기의 비극을 거치고 난 이후 피부색을 언급하는 것은 오랫동안 금기처럼 여겨졌다. 생물학자와 인류학자 들이 피부색에 다시 주목하기 시작한 것은 1960년대부터였다. 인종이 생물학적으로 실체가 없는 개념이라는 게 밝혀지면서 피부색을 둘러싼 논쟁도 더 이상 필요 없는 것처럼 보였지만 여전히 인간의 피부색이 왜 각기 다른지, 어떻게 달라졌는지는 따로 밝혀야 할 관심사였다.

형질인류학과 진화생물학의 연구성과에 따르면 피부색은 식습관과 기후에 적응한 결과다. 인류는 사냥과 육식을 하게 되면서부터 덥수룩한 털 대신 솜털을 갖게 됐다. 인간의 털이 없어진 원인으로는 뜨거운 아프리카에서 사자 등의 포식자가 활동하는 밤 시간을 피해 낮에 사냥하려면 무성한 털이 얇고 짧아지는 게 유리했다는 추측이 유력하다. 솜털만 나 있는 맨 피부가 햇빛에 노출되자 자외선을 차단할 필요가 생겼다. 피부에서 자외선량을 조절하는 역할을 하는 것이 멜라닌(melanin)이다. 멜라닌이 많을수록 피부색은 검어진다. 결국 짙은 피부색도 옅은 피부색도 자외선량에 적응한 진화의 생생한 증거인 것이다. 피부색은 자외선량과 거의 정확하게 일치하기 때문에 지구상의 피부색 분포 지도는 위도에 따라 가지런히 정렬된다. 아프리카에 살던 인류의 조상은 원래 검은 피부색을 지녔으나 위도가 높은 지역으로 이동하면서 옅은 피부색이 생겨났다. 인류의 조상은 원래 검은 피부였고 유럽인의 흰 피부는 돌연변이였다. 약 5,000년 전부터 농경과 정착이 시작되어 농작물을 주식량으로 섭취하게 되었다. 신선한 육류 같은 먹을거리를 통해 비타민 D를 충분히 섭취할 수 없게 되자 멜라닌을 없애고 자외선을 이용해 체내에서 비타민 D를 합성하는 돌연변이가 유익한 방향으로 진화했다. 그 결과 흰 피부가 출현했던 것이다. 우리는 이제 피부색이 자외선 강도라는 환경요인과 관계 있을 뿐 인간을 분류하는 기준이 될 수 없다는 사실을 알게 됐다.[20]

린네로 돌아가 보면, 그의 분류체계에서 인간은 '네발동물(Quadropedia)'강(綱), '영장류(Anthropomorpha, Primates)'목(目), '호모(Homo)'속(屬), '사피엔스(Sapiens)'종(種)에 속한다. '네발동물'은 아리스토텔레스(Aristoteles, B.C. 384~B.C. 322)의 분류를 따른 것이고, '영장류'는 17세기 영국의 자연학자 존 레이(John Ray, 1627~1705)에게서 가져온 것이다.[21] 영장류라는 뜻으로는 Anthropomorpha와 Primates를 썼는데, 엄밀히 말하면 둘은 의미가 다르다. Anthropomorpha는 인간의 형태를 하고 있다는 뜻이고, Primates가 영장류를 뜻한다. 린네는 『자연의 체계』 제1판에서 Anthropomorpha라고 썼다가 이후 판본부터는 Primates로 바꿔 썼다. 린네는 '영장류'를 호모사피엔스, 원숭이, 나무늘보로 나누고, '호모사피엔스'를 다시 유럽인 백색(Europaeus albesc), 아메리카인 홍색(Americanus rubesc), 아시아인 갈색(Asiaticus fuscus), 아프리카인 흑색(Africanus nigr)으로 하위분류했다.

그런데 린네가 『자연의 체계』 제1판에서 피부색을 표현하는 데 사용한 라틴어 분사는 albesc[ens], rubesc[ens], fuscus, nigr[iculus]였다. 이를 정확히 번역하면 백색, 홍색, 갈색, 흑색이 아니라 '희끄무레한 색', '불그스레한 색', '어두운 색', '거무스레한 색'이 된다.[22] 그러다 1758년 제10판에서는 제1판과 달리 피부색을 albus(white), rufus(red), luridus(yellow), niger(black)와 같은 단정적인 명사로 표현하고 있다.[23]

린네의 이명법 이전에도 유럽에는 영국의 학자 레이가 고안한 분류법을 비롯해 50여 개가 넘는 각기 다른 동식물 분류체계가 존재했다. 린네의 공헌은 이를 정합적이고 일관된 체계로 만든 것이다. 1778년경 린네의 이명법체계는 유럽 대부분의 지역에 수용됐다. 동물계에서 호모사피엔스는 '존재의 연쇄(Chain of Being) 사상'에 따라 천사와 동물 사이에 위치하고 있다. 존재의 연쇄 사상이란 아리스토텔레스부터 내려오는 자연계의 위계질서에 관한 설명 모델로서 모든 생명체는 전능한 신의 계획에 의해 창조되었기에 불변의 속성을 갖고 있으며, 거대한 사슬구조로 연쇄를 이루고 있다는 사고방식을 말한다.

그렇다면 린네는 왜 피부색을 변종의 기준으로 삼았을
까? 18세기까지 유럽인들이 인간의 차이를 인식하는 방법은
주로 종교와 복식을 통해서였다. 당시는 이교도를 이방인으로
여기던 때였다. 또한 신분제 사회에서 복장은 인격의 표현이
자 사회적 지위의 상징이었다. 그러나 상업사회가 도래하고 사
회적 이동성이 증가하기 시작하자 드레스 코드는 더 이상 믿을
만한 지표가 되지 못했다.[24] 이런 사회변화에 따라 오래된 의학
이론인 체질론이 새로 발견된 인간의 다양성을 설명하는 데 활
용되기 시작했다. 인종 개념의 전사(前史)로서 체질론은 '피부
색'으로 인간을 구분하는 데 영향을 미쳤다.

'피부색'에 가장 가까운 근대 라틴어는 '콤플렉시오'(com-
plexio)로, 영어로는 '콤플렉시온'(complexion)이다. 안색, 혈
색, 체질, 기질 등으로 번역할 수 있지만 모두 정확하지는 않
다. 콤플렉시오는 '연결', '조합'이라는 뜻으로 고대 로마의 의
사 갈레노스(Claudios Galēnos, 129~199)가 집대성한 4체질
론의 핵심 개념이다. 16세기에 베살리우스(Andreas Vesalius,
1514~1564)의 해부학이 등장하기 전까지 갈레노스의 학설은
서구사회에서 독보적인 권위로 군림했다. 갈레노스의 4체질론
은 모든 생명체를 '건, 냉, 습, 열'의 네 가지 기본 요소가 조합된
상태로 설명했다. 네 가지 체액인 '혈액, 점액, 황담즙, 흑담즙'
은 각기 '공기, 물, 불, 흙'의 4원소에 대응한다. 4체액이 적절한
비율로 섞여 신체의 기질을 형성하고, 이 비율이 변하면 체질이
달라진다는 것이다. 또한 남녀노소의 차이도 콤플렉시오에 영
향을 준다고 보았다. 예를 들어 남자는 여자보다 따뜻하고 건조

한 콤플렉시오를 갖는다든가, 노인은 성장기 아동보다 차가운 콤플렉시오를 갖는다는 식이다. 16세기에 들어서면 콤플렉시오는 신체 표면을 논하는 데도 활용되기 시작했다. 중세까지만 해도 '안색'이 살갗색을 의미하는 동시에 내면의 감정까지 나타내는 단어로 쓰였던 반면, 16세기의 콤플렉시오는 몸의 표면에 물리적으로 존재하는 색 즉, '피부색'으로 인식됐다.[25]

린네가 인류의 피부색을 '네 가지'로 분류한 근원에는 한편으로는 아리스토텔레스의 4원소설과 아리스토텔레스부터 시작해 갈레노스의 의학에서 완성된 4체질설이 있었고, 다른 한편으로는 성경의 세계가 있었다. 린네의 과학적 신념은 기독교 신앙에 뿌리를 두고 있었다. 성경에 따르면 에덴동산은 4구역으로 나뉘어져 있는데 린네는 인간에게도 이런 체계를 적용해 4체질설과 천국의 4구역에 따라 인간을 4유형으로 분류한 것이었다.[26]

4분류법을 통해 우리는 계몽사상의 세례를 받은 자연학자이지만 성경과 우화의 세계에 여전히 머물러 있던 린네의 내면세계를 엿볼 수 있다. 린네는 당시 막 꽃피기 시작한 실험과학에 그다지 관심을 보이지 않았다. 성경과 아리스토텔레스의 자연학, 스콜라철학의 자연학이 그가 의지하는 권위였다. 예컨대 『자연의 체계』 서문에 나오는 과학의 근원적 요소에 대한 설명에서 린네는 우주가 별, 원소, 자연으로 구성되어 있고, 자연은 공기, 물, 불, 흙의 4원소로 이루어져 있다고 썼다.[27]

그렇다면 린네는 인간 분류에 관한 지식을 어디서 얻었을까? 그는 글을 쓸 때 인용문헌을 각주로 거의 달지 않았기에 그 출처를 정확히 알 수 없지만, 소장장서 목록이나 노트, 동시대 출판물 등을 통해 유추해볼 수는 있다. 스웨덴의 자연학자 하랄드 요한슨 발레리우스(Harald Johansson Vallerius, 1646~1716)가 쓴 소책자에는 앞서 언급한 베르니에의 논문 「인종에 따른 세계의 새로운 구분」이 포함되어 있었다. 발레리우스의 책은 웁살라대학에서 1705년 발간됐고, 린네는 1727년부터 1731년까지 웁살라대학에서 연구했으므로 이 소책자를 접했을 가능성이 높다.[28] 린네는 발레리우스를 통해 베르니에의 영향을 받았음을 짐작해볼 수 있다.

  체질론과 함께 피부색에 따른 린네의 인간 분류에 힘을 실어준 또 하나의 과학 이론은 기후론이었다. 성경의 권위는 여전했지만 자연학자들은 세속적 기준에 따라 관찰하고 측정한 결과를 자연을 설명하는 데 끌어들이기 시작했다. 자연학자들은 인간들 사이의 차이는 지리, 기후, 관습 등의 차이에서 유래한다고 생각했다. 특히 일조량, 풍속, 해발고도, 지형, 토질, 식습관 같은 요인이 중요했다. 어디가 사람이 살기에 최적의 기후인가를 놓고 고대 그리스로마 문헌에서는 지중해 지역이 온대기후로서 인간생존에 가장 적합하다고 보았다. 당시 서유럽과 북유럽은 거친 기후에다 야만인이 사는 지역으로 여겼다. 그러다 17~18세기가 되면서 기후론에 중대한 변화가 생겼다. 영국과 스칸디나비아반도는 온대기후의 중심 지역으로, 지중해는 온대기후의 끝자락에 위치한 변방으로 설명되기 시작한 것이다. 고대의 기후론과 체질론에서 흰 피부는 희멀건하고 흐리멍덩한 색으로 경멸적인 뉘앙스마저 풍기고 있었다. 그러나 이제 흰 피부는 더 이상 경멸의 대상이 아니었다. 대신 검은 피부에 부정적 의미가 덧씌워졌다. 18세기 무렵부터는 높은 기온과 강한 햇빛은 기력을 소진시키기 때문에 열대지방에 사는 검은 피부를 지닌 사람들은 게으르고 음탕하다는 차별적 담론이 우세해지기 시작했다.[29] 검은 피부에 대한 부정적 인식이 형성된 배경에는 잘 알려진 대로 노예무역과 노예제 경제가 관련되어 있었다.

체질론과 기후론에서 피부색은 상대적이고 유연한 개념이었으나 생물학적 분류와 결합하면서 보다 견고한 개념이 되었다. 린네는 자신의 분류에 '인종'이라는 명칭을 붙이지 않았고 끝까지 '변종'이라고 썼다.[30] 하지만 린네의 4분류법 이후 '인종'이라는 말이 점차 널리 쓰이게 되면서 이전까지 인간의 다양성을 가리키는 표현이었던 '인간 변종'(human varieties), '인간 차이'(human differences) 등을 대신하게 되었다. 이런 경향과 함께 콤플렉시온도 '피부색'을 가리키는 말로 고정되었다. 1771년 초판의 브리태니카 사전은 콤플렉시온을 "얼굴과 피부의 색을 말한다"고 정의했다.[31] 요컨대 18세기 말 무렵 대부분의 자연학자나 해부학자 들은 인간 변종이 각기 뚜렷이 구분되는 생물학·신체적 특징을 갖는다는 데 이견을 갖지 않게 되었다. 이렇게 해서 피부색은 신체적 특성 가운데서도 가장 두드러진 표지로 떠올랐다.

기독교 세계관에서 인간은 동물보다 천사에 가까운 존재로 인식됐다. 따라서 『자연의 체계』 제1판에서 인간이 네발동물(강)로 분류된 것은 논란을 일으킬 소지가 있었다. 린네는 인간을 네발동물에 포함시키면서 털이 난 몸, 네 발(두 발은 이동을 위해, 두 발은 붙잡기 위한 것), 새끼를 배고 젖을 먹인다는 공통의 속성에 주목했다. 그러나 프랑스의 뷔퐁 같은 자연학자가 인간을 동물로 강등시키는 분류라고 공격해오자 린네는 다른 궁리를 해야 했다. 결국 그는 네발동물을 대신할 다른 용어를 찾아냈다. 이렇게 나온 것이 바로 '마말리아'(Mammalia)로, 1758년 『자연의 체계』 제10판에서는 '네발동물'을 버리고 '마말리아'라는 용어를 만들어 썼다. '마말리아'를 쓰면서 린네는 인간이 처음에 네발로 걸었다는 것은 믿지 못하더라도 여자에게서 태어나 어머니 젖을 먹었다는 사실은 인정할 수 있으리라고 말했다. 그러자 마말리아는 수월하게 받아들여졌다.[32]

'포유류'(哺乳類)는 '마말리아'를 한자어로 번역한 말인데, 사실 뜻이 조금 다르다. 한자어를 풀면 '젖을 먹이는 동물'이 되지만, 라틴어 '마말리아'는 '젖가슴을 가진 동물'이라는 의미다. '젖을 먹이는 동물'은 라틴어로 하면 '락탄티아'(Lactantia)가 된다. 그리고 린네가 '락탄티아'가 아닌 '마말리아'를 택한 데는 나름의 이유가 있었다. 식물을 분류할 때도 린네는 암술과 수술 같은 식물의 생식기관에 집착했고, 동물과 인간의 '젖가슴'에 비상한 관심을 보였다. 암컷의 젖가슴에 대한 린네의 비상한 관심은 그가 '마말리아'를 '강'의 학명으로 선택한 배경이었다.

과학사가 론다 쉬빙어(Londa Shiebinger, 1952~)가 지적한 대로, 린네의 분류학에는 젠더정치(gender politics)의 맥락이 깔려 있었다. 여성의 유방을 곧바로 연상시키는 '마말리아' 대신 보다 성중립적인 명칭, 이를테면 필로사(Pilosa, 털난 동물), 오레카비가(Aurecaviga, 귀가 움푹 들어간 동물), 수게니티아(Sugenitia, 젖을 빠는 동물) 등을 선택할 수도 있었을 텐데 그러지 않았다. 그 이유는 무엇일까?[33] 여기서 우리는 린네의 분류학이 놓인 사회적 맥락과 만나게 된다.

린네는 일곱 자녀를 둔 아버지였다. 18세기 중반 스웨덴과 프랑스에서는 유모를 두는 관습을 공격하고 모유수유를 찬양하는 담론이 유행했다. 개업의이기도 했던 린네 역시 이에 힘을 실어주던 논객 중 한 사람으로, 유모두기 관습을 비판하는 논문을 발표하기도 했다. 1732년 북유럽 라플란드에 조사를 위해 방문했을 때 린네는 그곳의 토착 유목민 사미(Sami)족의 피부가 매끈하고, 다리가 곧으며, 아기들이 토실토실하고 건강한 이유는 모유수유 관습 덕분이라고 보았다. 사미족과 달리 라플란드에 정착한 유럽인들은 젖소 뿔에 우유를 담아 아기에게 먹이는 것이 일반적이었다. 린네는 유럽인의 우유수유 관습을 두고, 그 덕분에 "더 많은 아이를 낳을 수 있겠지만, 아이는 어려서 죽고 만다. 어미가 자식의 살인자인 셈"[34]이라고 맹렬히 비난했다.

포유류가 공유하는 많은 특징들 가운데 유독 젖가슴에 주목한 린네의 명명에 내포된 젠더정치적 의미는 무엇일까? 젖가슴은 암컷뿐만 아니라 수컷도 갖고 있는 기관이라는 점에서 인간을 포함한 동물의 분류체계가 될 수 있었다. 하지만 마말리아는 젖이 나오는 여성의 젖가슴을 곧바로 연상시킨다. 남성에게는 나오지 않는 젖이 여성에게서 분비된다는 사실은 남성에 비해 여성이 동물에 가깝다는 판단을 암시한다. 젖가슴과 모유수유에 대한 관심은 한편으로 여성의 생명 생산능력에 대한 찬양이지만, 다른 한편으로 여성을 생식과 양육이라는 생물학적 역할에 묶어두는 결과를 낳는다. 더구나 당시는 모유수유를 미덕으로 여기는 담론이 등장하던 시기였다. 이런 상황에서 여성의 젖가슴은 여성이라면 누구나 발휘해야 하는 예비된 모성을 상징했고, 이는 여성에게 육아의 역할을 전담케 하는 명분을 제공했다. 결국 린네의 분류학은 18세기 중반 젠더정치에서 남성과 여성의 생물학적 분업을 정당화하고 성별분업 이데올로기가 형성되는 데 일조했던 것이다.

분류의 욕망과 인종주의

1735년의 두 사건, 라 콩다민의 국제과학탐사단 출발과 린네의 『자연의 체계』 출간은 유럽인들이 자연을 보는 기준과 체계를 마련했을 뿐만 아니라 유럽보다 자연과 가까운 곳으로 여겨진 비(非)유럽 세계에 사는 사람들을 보는 시각에 결정적인 영향을 미쳤다. 라 콩다민의 탐사단을 시작으로 유럽은 아메리카와 아프리카의 내륙에까지 '과학적 탐사'라는 중립적 이름 아래 침탈을 가속화하게 됐다. 제자들이 지구 구석구석을 여행하고 표본을 수집해왔기에 린네는 스웨덴의 연구실에 앉아서 식물 분류의 체계를 수립할 수 있었다. 간접적 방법으로 세계를 '정복'하고 자신이 정한 라틴어 이름을 전 지구의 동식물에 붙였다. 명명법(命名法)의 계발은 과학적 성과일 뿐만 아니라 고도의 정치적 행위이기도 했다. 라틴어 명명을 통해 린네는 날것의 자연을 서구 지식체계 안에 길들일 수 있었던 것이다.

미셸 푸코(Michel Foucault, 1926~1984)는 『말과 사물』(Les mots et les choses)에서 17~18세기 '고전주의 시대' 에피스테메의 주된 특징을 '분류'라고 보았다. 그런 점에서 동식물과 인류의 분류법 체계를 수립한 린네는 고전주의 시대 에피스테메의 대표자라고 할 만하다. 인종주의는 차이를 인지하고 분류하려는 욕망에서 출발한다. 그렇다면 린네를 최초의 인종주의자라고 할 수 있을까? 린네가 인류를 여러 인종으로 분류하는 데 있어 피부색을 도입한 것은 사실이지만, 인종 간 차이에 견고한 위계질서를 부여하고 차별을 정당화하는 데까지 이르렀다고 보기는 어렵다. 그는 스웨덴에 앉아 많은 제자들을 세계 각지로 파견해 '분류'라는 '아리아드네의 실'을 자아내고 거둬들이는 동식물의 '제왕'이었지 인종주의의 창시자는 아니었던 것이다. 하지만 린네에 의해 등장한 인류의 4분법이 피부색에 따라 인종을 분류하는 이론의 시발점이 되었던 것만은 틀림없다.

빙켈만의
미학

빙켈만과 고대 그리스

린네의 분류학이 인종론을 구성하는 씨줄이었다면, 빙켈만의 미학은 날줄이었다. 흔히 미학이나 미술사는 인종주의와는 상관없는 학문으로 생각될지 모르지만 사실은 그렇지 않다. 미학은 분류학이나 해부학과 밀접한 관계를 맺으며 발전했다. 르네상스 이래 사실적인 인체 묘사를 추구했던 화가들에게 해부학적 지식은 필수였다. 그리고 무엇이 아름다운가를 정하는 과정은 무엇이 추한가를 밝히는 과정과 다르지 않았다.

고대 그리스는 서구 인종주의가 형성되는 데 매우 중요했다. 고대 지중해 세계에 존재했던 광범위한 동서 문화교류의 흔적을 애써 망각하고 오로지 고대 그리스만이 최상의 문화적 역량을 발휘한 '빛나는 별'이었다고 주장함으로써 서구 근대의 백인우월주의 신화가 만들어졌기 때문이다. 고대 그리스를 근

안톤 라파엘 멩스(Anton Raphael Mengs, 1728~1779), 〈요한 요하임 빙켈만〉, 1777년.

대 유럽문화와 연결시킨 주인공이 바로 미학자 빙켈만이었다.

'그리스미술의 발견자', '근대 미술사학의 선구자'로 불리는 빙켈만은 1717년 북부 독일의 소도시 슈텐달에서 가난한 구두 수선공의 아들로 태어났다. 고학으로 대학을 마치고 귀족 집안의 도서관 사서로 근무하며, 『그리스미술 모방론』(Gedanken über die Nachahmung der griechischen Werke in der Malerei und Bildhauerkunst)을 썼다. 18세기 중반 유럽은 바로크미술이 무르익어 화려한 율동감과 색채가 넘쳐나던 시기였다. 고대 그리스에 대한 동경과 열정으로 가득 찬 이 책에서 빙켈만은 당대의 현란한 바로크양식을 비판했고 고대로 돌아가야 한다는 주장을 펼쳤다. 그는 고대 그리스 조각작품만이 조형미의 모범이자 모방해야 할 유일한 대상이라고 보았다. 『그리스미술 모방론』은 그에게 성공과 명예를 안겨주었을 뿐 아니라 빙켈만은 이 책 덕분에 로마로 갈 수 있는 기회까지 얻었다. 빙켈만은 이 책을 회화와 동전 수집가로 유명한 작센 선제후 프리드리히 대공 아우구스트 1세(Friedrich August I, 1750~1827)에게 헌정했고, 대공의 지속적인 후원에 힘입어 로마로 진출해 교황과 추기경들을 위한 고대미술 전문가로 활약할 수 있었다. 실제로 빙켈만이 말년에 집필한 『고대미술사』(Die Geschite der Kunst des Altertums)는 양식 개념을 도입함으로써 작품의 연대기 나열에 그쳤던 미술사를 혁신했다는 평가를 받는다.

빙켈만은 고대 그리스에 '서구 문명의 원류'라는 위상을 부여했고[35] 빅토리아시대 영국인들은 고대 그리스인, 즉 '헬레네스'(Hellenes)를 '백인 유럽문명의 선구자'라는 반석 위에 올려놓았다.[36] 서구 문명에서 고대 그리스의 특권적 지위는 필연적이고 자연스런 것이 아니라 18세기 중반 빙켈만에서 시작되어 빅토리아시대로 이어진 의식적이고 체계적인 노력의 산물이었다. 그리스 사상과 문화를 숭배하고 되살리려는 근대의 헬레니즘은 범유럽적 현상이었으며, 유럽 여러 민족은 서로 자신이 진정한 그리스의 후계자라고 주장하며 경쟁했다. 하지만 헬레니즘의 그리스는 '역사적 실체로서의 그리스'가 아니라는 사실을 기억해야 한다. 근대 헬레니즘에 의한 그리스의 부활은 당대의 필요에 의한 이상화된 고대 그리스의 '재창조'였다. 유럽 각국에서 발흥하고 있던 민족주의는 헬레니즘과 공존하며 이를 활용했다. 18세기 중반 헤르쿨레니움와 폼페이가 발굴되고 많은 유럽인들이 그리스를 여행할 수 있게 되면서 유럽인들은 그리스를 자신의 "조국의 연장"(extension of home)으로 간주하고 현재 눈앞에 보이는 그리스의 공간을 과장된 고대사로 포장했다.[37] 그리스 여행은 공간적 여행일 뿐만 아니라 고대 그리스로의 시간 여행이었던 셈이다.

　　서구 문명 형성에서 고대 그리스의 특권적 지위와 인종주의의 관계를 본격적으로 논한 학자는 마틴 버낼(Martin Bernal, 1937~2013)이었다. 버낼은 역작(力作) 『블랙 아테나』(Black Athena)에서 도시국가 아테네의 수호여신인 아테나의 얼굴이 검었을지도 모른다는 도발적인 주장을 펼쳤다. 에게해를 사이에 두고 인접한 그리스와 이집트, 레반트가 활발히 교류했으리라는 사실은 짐작하기 어렵지 않다. 그럼에도 불구하고 왜 오랫동안 아테나 여신의 피부색이 검었을 가능성은 배제되어왔을까? 버낼은 그 답을 빙켈만의 신고전주의 미학에서 찾고 있다. 그리스를 근대 유럽 문명의 직접적인 조상으로 신격화하는 '아리안 모델'은 그리스의 젊음, 아름다움, 순수함을 찬양한 독일인 빙켈만에서 시작됐다는 것이다.[38]

버낼은 고대 그리스문화가 근본적으로 유럽적인 것 혹은 아리안 계통이라고 보는 견해를 '아리안 모델'이라고 비판했다. 대신 버낼은 '수정 고대 모델'을 주장했다. 그리스문화의 인도유럽어족 요소를 인정하되 보다 근본적으로는 이집트와 근동의 영향을 많이 받았다고 보는 게 합당하다는 것이다. 19세기에 아리안 모델이 확고해지면서 고대 그리스 문명이 인접한 선진 이집트 문명이나 오리엔트 문명과 주고받은 영향과 교류의 산물이었다는 사실은 은폐되어왔다는 것이 버낼의 주장이다.[39]

빙켈만은 바로크미술이 대세이던 시대에 고대 그리스로 돌아가자는 주장을 펼쳤다. 『그리스미술 모방론』에서 그는 "그리스 걸작들의 탁월한 특징은 결국 자세와 표현에서의 고귀한 단순성과 고요한 위대성이다. 바다 표면이 사납게 날뛰어도 그 심해는 항상 평온한 것처럼 그리스 조각상들은 휘몰아치는 격정 속에서도 침착함을 잃지 않는 위대한 영혼을 나타낸다"[40]고 했다. 빙켈만은 "고귀한 단순성과 고요한 위대성"이 가장 잘 묘사된 작품으로 〈라오콘〉(laocoon)을 들었다. 〈라오콘〉은 기원전 25년경 고대 헬레니즘 시대 작품으로 16세기 초 이탈리아에서 발견됐다. '라오콘'은 원래 그리스비극에 나오는 트로이의 제사장으로, 트로이를 멸망시키기 위해 성 안에 목마를 들여보내려는 신들의 계략을 눈치챈 죄를 지어 두 아들과 함께 거대한 바다 뱀에 의해 살해됐다. 빙켈만은 〈라오콘〉이 큰 뱀에게 물어뜯겨 죽는 극심한 육체의 고통 속에도 고요함을 잃지 않는 영혼의 위대함을 표현했다고 극찬했다.

흰 그리스 조각상

빙켈만으로 대변되는 고대 그리스 조각에 대한 독일의 신고전주의 논의는 '색'(色)과 '문화'를 두 가지 차원에서 연결시켰다. 첫째, 대리석의 흰색은 간접적이지만 유럽인의 흰 피부색과 연결되었다. 고대 예술로 재현된 이상적 신체는 흰 피부를 지닌 인간으로 전이될 수 있었다. 둘째, 문명이 발전하면 원시인의 바디페인팅 같은 신체 채색과 장식뿐만 아니라 조각의 채색도 사라진다고 인식되었다. 서구 문명에서 색의 부재(不在)는 문명의 높은 발전 단계와 연결된다고 봤던 것이다. 흰 표면에 색칠하는 일을 조각의 형태를 망가뜨리는 것으로 보았다. 고대 그리스로마의 건물이나 기념비, 조각들이 밝게 채색되었고, 때로는 유치할 정도로 여러 색깔로 칠해져 있었다는 사실은 19세기 중반에 이르러서야 광범위한 고고학적 조사를 통해 밝혀졌다.[41]

　　빙켈만의 신고전주의 미학에서 가장 이상적인 인체의 아름다움을 보여주는 작품으로 등극한 것이 로마 바티칸 궁전 벨베데레 정원에 있는 대리석 아폴로 조각상 〈아폴로 벨베데레〉(Apollo Belbedere)였다. 이 조각상은 15세기 말 로마 근교의 소도시 안치오의 네로 황제 별장에서 발견됐다. 빙켈만은 〈아폴로 벨베데레〉가 그리스 시대의 원작이라고 믿었지만, 사실은 기원전 4세기경 아테네 아고라에 있던 레오카레스(Leochares, B.C. 360~330년경)의 청동상을 로마 시대에 와서 대리석으로 모작한 작품이었다. 로마 시대 대리석상에서 빙켈만은 그리스 예술을 보았던 것이다. 심지어 빙켈만은 이 상을 "고대 예술이 이룩한 기적"으로 불렀는데, 조각상의 이상적인 아름다움을 칭송하는 빙켈만의 언어는 실로 감각적이다. "그의 육체는 모든 현실성을 초월하여 숭고하고, 그의 자세는 내부에 흐르는 위대함을 증명하기에 충분하며, 그의 발걸음은 경쾌한 바람의 날개를 입고 있다. 거기에는 영원한 봄이 매력으로 가득 찬 남성의 육체에 감미로운 청춘의 옷을 입혀 부드럽게 애무하고 있다."[42]

빙켈만은 그리스 조각상을 통해 인체미의 이상을 제시했을 뿐 아니라 그리스 조각을 하얗게 '표백'했다. 영국박물관(British Museum) 과학조사부는 2007년 조각상에 강력한 LED 조명을 비춘 후, 남아 있는 색을 감지해내는 특수 시스템을 통해 파르테논 신전과 에레크테이온 신전에 다채로운 색상이 쓰였다는 사실을 밝혀냈다. 영국박물관은 완전하게 채색된 파르테논을 가상 이미지로 복원했다. 복원한 그래픽 이미지를 보면 파르테논 신전의 '메토프스'(metopes)와 '프리즈'(frieze)는 이집트에서 수입한 이집트 블루색을 비롯해 황금색과 붉은색으로 칠해져 있었다.[43]

18세기만 해도 고대 그리스 신전과 기념물, 조각에 채색

〈아폴로 벨베데레〉, B.C. 4세기.
바티칸미술관의 팔각형 정원 '벨베데레의 뜰'(Cortile del Belvedere)에 전시되어 있어
'아폴로 벨베데레' 혹은 '벨베데레의 아폴로'라고 불린다. 벨베데레의 뜰은 원래
15세기 말 건축가 도나토 브라만테(Donato Bramante, 1444~1514)가 교황 인노첸시오
8세(Papa Innocenzo VIII, 1432~1492)를 위해 지은 별장 정원이었다. 교황 율리오 2세
(Papa Giulio II, 1443~1513)가 조각공원으로 조성해 〈라오콘〉과 〈아폴로 벨베데레〉 등
고대 그리스로마의 조각작품들을 전시했다. 이 작품은 기원전 4세기의 청동상을
로마시대에 대리석으로 모방한 작품으로, 태양신 아폴로가 그리스의 도시국가 델피를
공포로 몰아넣었던 큰 뱀 퓌톤(Python)을 활로 쏘아 죽이고 난 직후의 모습이다.

이 되어 있었다는 사실은 잘 알려져 있지 않았다. 그렇다면 빙
켈만은 이 사실을 몰랐을까? 그렇지 않다. 고전학에 정통했던
그는 플라톤이 언급한 그리스 조각에 대한 묘사 등을 통해 채
색 여부를 이미 알고 있었다. 하지만 눈과 눈썹에 화장을 하는
정도 이상의 채색은 상상하지 않았다.[44] 빙켈만의 신고전주의
미학 이론에서 그리스 조각은 '하얗게 빛나야만' 했기 때문이
다. 빙켈만에게 〈라오콘〉이나 〈아폴로 벨베데레〉 같은 고대 조
각의 이상적인 아름다움은 "깊은 샘에서 떠온 순수한 물과 같
이 (…) 모든 이질적인 요소들을 깨끗이 제거했기 때문에 맛은
덜하지만 몸에는 더 좋아 보이는 것"[45]이었다.

빙켈만은 고대 예술 가운데 유독 조각을 편애했다. 여기에
는 그가 미를 판단하는 요소 가운데 흰색을 선호했고 색채보다
형태, 명암보다 윤곽을 중시했다는 점이 자리한다. 빙켈만의
미학 이론에 따르면, 미의 본질은 형태로 구현되기 때문에 채
색은 미의 본질을 인식하는 데 방해 요소에 지나지 않는다. 그
리스 조각의 하얗게 빛나는 대리석 표면은 현란한 색채에 마음
을 빼앗기지 않고 오롯이 형태에만 집중하게 만듦으로써 우리
를 아름다움의 본질로 이끈다고 보았다. 실물에 가깝게 보이기
위해 조각에 채색을 하는 것은 예술에 대한 잘못된 이해이며
예술미의 본질에서 벗어나는 일이라는 것이다.

사실 색채에 대한 야박한 평가는 빙켈만의 전유물이 아니
었다. 19세기 영국의 평론가 월터 페이터(Walter Pater, 1839~
1894)는 산문집 『르네상스』(Renaissance)의 빙켈만에 관한 장
에서 흰색을 다음과 같이 예찬했다. "붉은 핏자국 같은 성난 행

아우구스투스상(좌)과 채색 복원한 아우구스투스상(우).
아우구스투스상은 2미터가 넘는 대리석상으로 1863년 4월 20일 로마 북쪽 프리마
포르타 인근 리비아의 별장터에서 거의 완벽한 상태로 발굴됐다. 제작 연대는 기원후
15년경으로 추정된다. 제작 당시 아우구스투스는 70대 중반이었음에도 젊은이의 모습을
하고 있다. 갑옷 흉곽 부분에서 왼편이 황제이고, 오른편은 군단기를 넘기고 복속하는
이민족 파르티아인 대장이다. 갑옷을 입고 있지만, 투구를 벗음으로써 정복전쟁의 종식과
평화를, 발아래에 있는 늑대는 로마의 건국신화를, 맨발은 영웅과 신격을 상징한다. 망토
아래 큐피드는 황제가 베누스의 후손이라는 암시다. 2002~2003년, 바티칸미술관에서는
이 상에 채색 복원을 시도했다. 이를 통해 고대 조각에는 부분이 아닌 전체에 채색이 되어
있다는 것이 확인됐다. 특히 황제의 업적을 묘사하는 갑옷 흉곽 부분이 세밀하게 채색된
점이 흥미롭다.

동과 정열의 오점으로부터 말끔히 벗어난 그 흰빛은 인간의 우
연한 속성이 아니라 끊임없이 명멸하는 인생의 사건들과 다른
고요한 신성이 인간 내면에 자리 잡고 있음을 드러낸다."[46]

　서구문화에는 색채공포증(chromophobia)이라는 말이 쓰
일 만큼 화려한 채색을 낮은 문명과 연결 짓는 전통이 있었다.
색채공포증은 플라톤이 감각의 세계를 눈속임이라고 했던 것
에서 시작됐고, 이후 예술에서 사유를 보여주는 것은 콜로레
(colore)가 아니라 디세뇨(disegno)라고 했던 아리스토텔레스
의 철학으로 이어졌다. 디세뇨는 디자인(design)의 어원으로
'고안', '창조', '의도'라는 뜻이다. 콜로레는 '색'을 뜻하는 라틴
어 'color'에서 나온 말로 '숨기다', '감추다', '윤색하다'는 뜻을
지닌 켈로(celo)와 유의어다. 아리스토텔레스는 예술에서 사
유를 보유하는 것은 선(線)으로, 색은 가치가 떨어지는 장식적
인 것으로 여겼다. 미학에서 디세뇨와 콜로레의 대립은 곧 선
과 색의 대립이었으며 그 기원은 아리스토텔레스 철학에 있었
던 것이다. 또한 색은 사물의 부차적 성질이라고 보았던 존 로
크(John Locke, 1632~1704)의 경험론, 화장은 추하고 늙은 것
을 가리는 덧칠일 뿐이라고 했던 롤랑 바르트(Roland Barthes,
1915~1980)에 이르기까지 서구문화에서 색을 폄하해온 역사
에는 실로 긴 계보가 존재한다.[47]

　독일의 위대한 작가 요한 볼프강 폰 괴테(Johann Wolfgang
von Goethe, 1749~1832)도 색채공포증을 강화시키는 데 한몫
을 했다. 괴테는 1801년 색이 가진 물리적 특성뿐만 아니라 색
이 함의하는 도덕성까지 논한 『색채론』(Zur Farbenlehre)을 썼

고대 조각품의 채색 과정.
기원후 2세기경 로마 여신의 조각상이 채색되는 과정을 현대에 재연한 사진이다.
고대 조각작품 중에는 종종 채색된 경우가 있었음을 보여준다.

다. 이 책에는 색에 대한 편견과 함께 인종적 편견을 드러내는 구절도 여러 군데 보인다. 예컨대 3장 화학색 54절 '포유동물과 인간'에는 "우리는 흰색의 인간, 다시 말해 그 피부가 흰색을 바탕으로 황색, 갈색, 불그스름한 색을 띠는 인간, 간단히 말해 피부가 담담한 색이며, 그 어떤 특수한 색으로도 거의 기울지 않는 인간이 가장 아름답다고 감히 주장한다"[48]는 구절이 나온다. 또한 6장 '색채의 감각적, 정서적 영향, 역사적 고찰'에서는 "원시인들, 미개민족, 아이들은 최고도로 에너지를 가진 색 중에서도 특히 주홍색을 크게 선호한다. 그들은 또한 알록달록한 색도 좋아한다"[49]고도 했다. 색은 여성적이고 동양적이고 원시적인 것으로, 부가적이거나 장식적이라서 비본질적인 것으로 여겨졌다. 서구문화의 색채공포증은 이종공포증(heterophobia)의 다른 이름이었던 것이다.

빙켈만은 18세기 중반 오스만튀르크의 그리스 점령과 고전학의 쇠퇴로 유럽 지식인들에게 잊혀져가던 그리스를 살려냈다. 18세기 독일에는 식민지인과의 접촉도, 노예무역과 노예제도 없었다. 같은 시기 영국과 프랑스, 네덜란드가 노예무역과 식민지 플랜테이션 경영에 혈안이 되어 있었던 것에 비하면 독일은 한참 뒤떨어져 있었다. 식민주의에 관해 독일은 후진국이었던 셈이다. 당시 독일에서 새로운 세계로의 모험이란 '신대륙 탐사'가 아니라 '고대(古代)로의 탐사', 폐허가 된 유적을 뒤져 잃어버린 역사와 문화를 찾는 발굴의 성격을 띠었다.[50]

여기서 더 중요한 점은 빙켈만이 고대 그리스 조각의 미를 이미지에 머무는 차원을 넘어 실제 살아 있는 그리스인의 '신체'로 읽도록 유도했다는 점이다. 빙켈만에 의해 그리스인은 이상적 신체의 살아 있는 기념비, 인류 전체의 이상형으로 호명됐다. 특히 하얀 피부는 상찬의 대상이었다. 그는 흰색이 빛을 가장 잘 반사하는 색이기 때문에 쉽게 눈에 띄고, 흰색일수록 더 아름다운 신체라고 했다.[51]

그리스 예술이 뛰어난 이유는 피부가 흴 뿐만 아니라 그리스인이 아름답기 때문이기도 했다. 그리스인은 아름다운 육체를 손상시키는 일을 지극히 꺼렸는데 심지어 고대 아테네의 정치가 알키비아데스(Alcibiades, BC 450~404)는 얼굴이 일그러질까봐 피리 불기를 배우지 않았을 정도였다. 그리스에는 고상한 육체를 손상시키는 천연두 같은 질병이 돌았다는 기록도 없으며, 의복도 신체의 자연적인 발육에 압박을 가하지 않게 만들었다고 빙켈만은 썼다.[52]

빙켈만이 만개한 그리스 예술의 대척점에 놓은 것은 불완전한 이집트 예술이었다. 그는 아리스토텔레스의 주장을 답습해 이집트인 대부분이 안짱다리에 들창코였으며 짙은 피부색을 가졌다고 했다. 즉 이집트에는 예술적으로 표현할 아름다운 신체 모델이 없어서 예술이 발전하기 어려웠으며, 여기에 열악한 자연환경, 극단적 전제정과 다신교와 같은 요인도 함께 작용했을 것이라고 진단했다.[53]

계몽주의 시대 유럽에 인종주의가 등장하는 과정에서 아메리카 정복과 그리스 예술미의 발견은 무관해 보이지만 서로 얽혀 있는 두 가지 중대한 사건이었다. 빙켈만의 미학 이론은 그리스인 찬양과 이집트인 폄하라는 인종적 함의를 띠고 있었다. 계몽사상기 인류학은 빙켈만의 신고전주의를 전유해 백인의 우월함을 증명해 보였다. 빙켈만은 당대의 인종관과 인종론에 영향을 받았으며, 또한 그의 미학 이론은 인종론의 구성에 영향을 주었다.

안면각과 두개측정에서
인종 사진까지

캄퍼르와 블루멘바흐

린네가 피부색에 따라 인간을 네 유형으로 분류하던 무렵, 동시대 해부학자들은 인간을 분류하는 새로운 기준으로 '머리'와 '두개골'에 관심을 쏟기 시작했다. 네덜란드의 피터르 캄퍼르 (Petrus Camper, 1722~1789)와 독일의 블루멘바흐가 그러한 사례였다.

캄퍼르는 네덜란드의 해부학자로 외과학, 산파술, 수의학, 동물학, 교육, 중농주의 정책 등 여러 분야에서 활약했던 다재다능한 학자였다. 그는 당시 학계의 관심사였던 인종의 기원과 해부학적 차이, 존재의 연쇄(chain of being)에서 인간의 위치, 인간과 동물, 특히 인간과 오랑우탄과의 관계, 아름다움의 상대성 등을 연구했다. 캄퍼르를 유명하게 만든 것은 무엇보다도 안면각으로 인종 구분을 시도한 연구였다. 안면각이란

이마 한가운데와 코의 가장 돌출한 부분을 잇는 세로 직선과 코의 돌출부와 귀밑을 연결하는 가로 직선 사이의 각도를 말한다. 그는 긴꼬리원숭이와 오랑우탄에서 시작해 흑인, 유럽인까지 안면각을 측정해 동물과 인간을 일직선상에 배열했다. 안면각에 따라 그리스로마인(Greco-Roman), 유럽인(European), 칼무크인(Kalmuck), 앙골라인(Angolan), 오랑우탄을 순서대로 배치하고 그리스로마인 두상의 안면각은 85~100도, 유럽인은 80도, 칼무크인과 앙골라인은 70도, 오랑우탄은 58도, 긴꼬리 원숭이 42도라고 계산했다.[54]

캄퍼르는 유럽 최초로 대형 원숭이 오랑우탄을 직접 해부한 것으로도 유명했다. 당시 오랑우탄의 존재는 유럽에도 알려져 있으나 직접 관찰한 사람은 드문 상황이었다. 캄퍼르의 아버지는 유복한 목사로 네덜란드 동인도회사의 중심지였다가 네덜란드 식민지가 된 바타비아(오늘날의 인도네시아 자카르타 지역)에서 활동했다. 그는 살아 있는 오랑우탄을 직접 보았고 귀국하면서 보르네오 오랑우탄의 사체를 가지고 왔다. 그렇게 캄퍼르는 아버지와 바타비아에 있는 지인들의 도움으로 오랑우탄 다섯 마리를 해부할 수 있었다.[55] 언젠가 린네는 인간과 대형 원숭이의 차이가 무엇이냐는 질문을 받았는데, 그때 자신은 직접 해부해보지 못했다며 탄식했다. 그런 린네가 오랑우탄에 관한 지식을 접할 수 있었던 것도 바로 캄퍼르의 해부보고서 덕분이었다.[56]

캄퍼르가 가장 이상적인 얼굴 각도를 지녔다고 보았던 대상은 다름 아닌 빙켈만이 상찬한 조각상 〈아폴로 벨베데레〉였

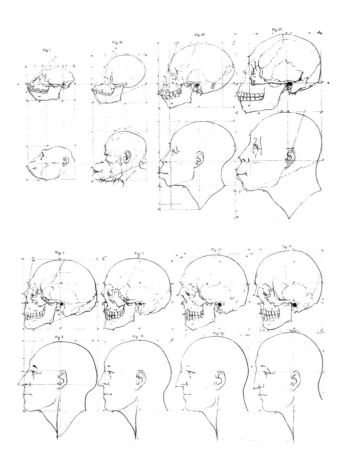

캄퍼르의 안면각 도해1.

위 그림은 왼쪽부터 긴꼬리원숭이, 오랑우탄, 앙골라인, 칼무크인의 안면각을 나타낸다.
아래 그림은 왼쪽부터 유럽인 하나, 로마 조각상 둘, 그리스 조각상 하나의 안면각이다.
유럽인은 80도, 로마 조각상은 85도와 90도, 그리스 조각상은 100도다.

다. 캄퍼르의 안면각 연구는 흔히 인종 간 우열을 주장하기 위한 것이었다고 '오해'되지만, 사실은 다르다. 캄퍼르는 안면각 측정을 통해 앙골라인과 칼무크인은 유럽인과 연속선상에 있기에 모두 평등하다는 것을 보여주려고 했다. 여기에는 서로 다른 대륙에 거주하는 서로 다른 인간집단 사이에는 환경에 따른 상대적 차이만 존재할 뿐이라는 시각이 내재했다. 그의 논의는 유럽인과 아프리카인이 미학적으로 동등하다는 것을 증명하려는 욕망에서 나온 셈이다. 아프리카인의 외모는 유럽과 마찬가지로 자연스러운 것인데, 이는 아프리카인들도 신의 피조물이고 자연권을 가지며, 창조주 앞에서 평등하다는 것을 의미한다고 했다. 캄퍼르는 인종적 편견의 원인이 되는 미학적 호불호를 버려야 한다고 주장했다.[57]

예술·의학·과학 아카데미 등에서 진행했던 많은 대중강연을 통해 캄퍼르는 이 같은 자신의 신념을 전파했을 뿐 아니라, 노예제에 대해서도 강력하게 반대했다. 그러나 캄퍼르가 사망한 후에 텍스트로만 캄퍼르를 읽었던 후대 학자들은 아프리카 앙골라인이 오랑우탄 바로 옆에 그려져 있는 도판을 보고 그의 안면각 연구를 유럽인과 비유럽인 사이의 우열을 나타내는 것으로 해석했다.[58]

사실 캄퍼르의 생각에도 변화 과정이 있었다. 1770년 무렵까지는 빙켈만의 영향을 많이 받아 〈아폴로 벨베데레〉를 가장 아름다운 인간의 반열에 올려놓았다. 1772년 네덜란드 화가 레니에 빙켈레스(Reinier Vinkeles, 1741~1816)가 캄퍼르의 의뢰로 그린 도판은 이 무렵 캄퍼르가 가졌던 생각을 표현한 것

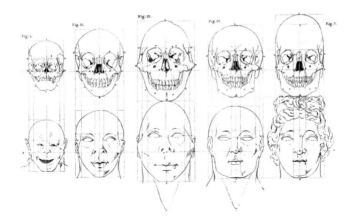

캄퍼르의 안면각 도해2.
왼쪽부터 오랑우탄, 앙골라인, 칼무크인, 유럽인, 아폴로상의 정면 두상이다. 유럽인
다음에 제시된 아폴로상만 머리카락이 표현되어 있다. 캄퍼르의 안면각 도해가 중요한
이유는 빙켈만의 미학과 해부학이 조응하고 있음을 확인할 수 있기 때문이다.

이었다. 하지만 이후 캄퍼르의 미에 대한 태도는 빙켈만의 영향에서 벗어나 창조주의 목적과 섭리에 더 관심을 두는 방향으로 변화했고, 인간은 창조의 목적을 구현하는 피조물로서 저마다의 아름다움을 지니기 때문에 백인의 미적 기준으로 흑인의 미를 평가해서는 안 된다고 인식하게 되었다.[59]

한편 독일 괴팅겐대학의 의학 교수이자 형질인류학(physical anthropology)의 아버지라 불리는 블루멘바흐는 린네의 분류학을 인위적이고 자의적이라며 못마땅하게 생각했다. 그러면서 린네와 다른 독자적인 인간 분류법을 시도했다. 그가 시도한 분류법의 가장 큰 특징은 피부색이 아니라 두개골의 넓이를 측정한다는 점이었다. 블루멘바흐는 캄퍼르와도 달랐는데, 안면각이 아니라 위에서 두개골을 봤을 때의 수평적 넓이를 측정해 두개골들의 형태를 비교·분석했던 것이다. 이를 기초로 그는 인류를 코카서스인, 몽골인, 말레이인, 에티오피아인, 아메리카인 다섯으로 분류했다. 코카서스인은 우랄산맥과 대서양 사이, 이집트와 노르웨이 사이에 사는 아름답고 재능 있는 인종으로 블루멘바흐는 이들이 인류의 기원에 해당한다고 보았다. 시원적 인종인 코카서스인은 이후 에티오피아인, 몽골인, 말레이인, 아메리카인으로 갈라져 나갔는데, 분기의 이유를 환경조건 때문이라고 보았다.[60]

블루멘바흐가 인종주의 역사에 이름을 남길 수 있었던 데는 흔히 백인과 동의어로 쓰이는 '코카서스인'이라는 용어를 만들어냈기 때문이라고 알려져 있다. 코카서스인은 흑해와 카스피해 사이에 있는 반도인 코카서스 지방에 살기 때문에 붙여진 이름이다. 노아의 방주가 도착했다는 아라라트산도 코카서스에 있다고 하니, 경건한 기독교도에게 인류의 발상지가 될 만한 곳이 바로 코카서스였던 것이다. 블루멘바흐는 시원의 인류 코카서스인이 가장 아름다운 두개골을 지니고 있으며 피부색은 확실히 흰색으로 추측할 수 있다고 했다.[61]

블루멘바흐가 코카서스인의 원형(原型)이자 가장 아름답다고 찬양했던 건 조지아인 여성의 두개골이었다. 그는 지인 아쉬 백작 게오르그 토머스(Georg Thomas, Baron von Asch, 1729~1807)로부터 한 조지아 여성의 두개골을 손에 넣게 됐다. 아쉬 백작은 상트페테르부르크 출신으로 괴팅겐대학에서 석사학위를 받은 후 귀국해 군의로 근무하고 있었는데, 블루멘바흐의 두개골 컬렉션에 대해 알고 있었기에 두개골을 보내온 것이었다.[62]

앞서 살펴봤듯이 인간의 다양성을 유형학적으로 분류하려는 시도가 린네에 의해 처음 시도된 이래 캄퍼르와 블루멘바흐는 비교인종분류학이라 할 만한 인종론을 전개했다고 할 수 있다. 그런 점에서 캄퍼르가 노예제에 대한 열렬한 비판자였으며 유럽인의 우월성을 주장하지 않았다는 사실을 의외라고 여길 수도 있을 것이다. 그러나 인종주의의 긴 역사에서 초창기에 해당하는 캄퍼르와 블루멘바흐의 인종론은 인종집단의 개선을 위한 우생학적 방법을 진지하게 고민한 19세기 말 인종주의 과학자들의 논지와 분명히 다른 것이었다.[63]

골상학과 두개측정학

18세기는 신학적 인간관에 대한 유물론적 도전이 제기되던 시기였다. 인간이 자연의 일부고, 동물과 같이 뼈와 살을 지녔다는 인식 즉, 인간의 육신성(corporeality)은 유물론적 인간 이해의 바탕을 이루었다. 동물인 동시에 동물 이상의 존재인 인간에게 가장 중요한 기관은 머리(head)였다. 이것이 골상학 (phrenology)이 등장한 배경이었다.[64] 영혼이 깃든 뇌와 뇌가 담긴 그릇으로서 두개골에 대한 관심은 골상학과 두개측정학에서 뚜렷하게 나타났다.

19세기 초 오스트리아 빈의 의사 프란츠 요제프 갈(Franz Joseph Gall, 1758~1828)이 창시한 골상학은 두개골이 뇌 속에 자리 잡은 다양한 정신기관을 충실히 반영하는 기호라는 믿음, 뇌 기관의 차이가 인간 행동의 차이를 결정한다는 믿음에 바탕을 둔 대중과학이었다. 갈과 그의 제자 요한 카스파르 스푸르츠하임(Johann Kaspar Spurzheim, 1776~1832)은 유럽 전역을 돌며 골상학에 대해 강연했는데, 특히 영국과 미국에서 인기가 높았다.[65]

에든버러의 법률가 조지 콤(George Combe, 1778~1858)은 스푸르츠하임에게서 골상학을 배워 영국에 전파한 인물이다. 그가 쓴 『인간의 구조』(Constitution of Man)는 19세기 말까지 35만 부가 팔린 베스트셀러가 되었다.

골상학이 제시하는 대로 인간의 성격과 기질이 뇌의 모양과 크기에 의해 결정된다면 세습 신분이나 재산보다 개인의 특질이 중요해지는 것이었다. 정치적 개혁을 외치는 급진주의자,

골상학자 갈이 대머리 부인의 머리를 측정하고 있는 모습.

갈과 부인은 이런 대화를 나누고 있다.

부인: 제 머리 검사가 끝나면 수고롭겠지만 내 사랑스런 강아지 푸들 폼페이우스도
봐주시겠어요?

S 박사(갈): 스트레인지웨이 양! 특허받은 두개측정기에 의하면 부인의 지성은
1만 6,542파운드에 해당합니다. 폼페이우스는 두개골 형태를 보아하니
애처가에다가 새끼를 끔찍이 아끼는군요!!!

중하층민, 여성, 유색인이 골상학에 매력을 느꼈던 이유가 여기에 있었다. 콤의 책을 탐독하고 골상학 대중강연에 모여든 청중들은 골상학에서 평등주의적 메시지를 읽어내고자 했다.[66]

골상학에서는 골상으로 표출되는 성격이 형성될 때 환경이 중요한 요인이 된다고 믿었기 때문에 교육을 통한 자기개선과 사회적 상향이동, 사회개혁을 지지하는 입장을 보였다. 콤은 "인도 정복은 범죄"이며 "유럽인에 의한 니그로의 노예화는 자연의 계획이 아니라 우연의 산물"이라며, 노예제와 식민주의에 반대했다.[67]

골상학이 당시 영국에서 얼마나 유행했는지 말해주는 일화가 있다. 찰스 다윈(Charles Darwin, 1809~1882)은 골상학때문에 하마터면 비글(Beagle)호 항해를 못할 뻔했다. 1831년 영국 해군 비글호의 로버트 피츠로이(Robert Fitzroy, 1805~1865) 선장은 식탁 친구를 구하고 있었다. 비글호의 항해 목적은 영국 선박이 거대한 시장으로 성장하고 있는 남아메리카의 항구에 쉽게 접근할 수 있도록 파타고니아, 칠레, 페루 등 남아메리카의 해안과 해협을 측량하는 것이었다. 이를 위해 비글호에는 정확한 측량을 위한 크로노미터(chronometer)◆가 22개나 실려 있었다. 당시 골상학에 심취해 있었던 피츠로이 선장은 면접 보러온 다윈의 '코'에서 '열정과 의지'가 보이지 않는다며 결정을 망설였다.[68] 결국 주변의 설득으로 다윈은 5년간 비글호 항해를 하게 됐고, 그 덕분에 갈라파고스 제도의 핀치새를 실마리로 삼아 자연선택설을 주장할 수 있었다.

◆ 바다에서 경도(經度)를 측정할 때 이용되는 정밀한 시간측정 장치인 선박용 정밀시계를 말한다

골상학의 아이디어는 뇌에 관심을 갖도록 이끌었고, 두개측정학이 등장하는 데 영향을 주었다. 두개측정학은 인체측정학의 한 분과로 다양한 인종의 두개골을 비교연구하는 학문이었다. 이 학문은 흔히 인종주의가 얼마나 기괴하고 우스꽝스러운 집착인가를 보여주는 악명 높은 사례로 인용된다. 식민주의가 전개되면서 백인과 비백인의 우열, 인종 간 서열을 정당화하는 데 활용됐기 때문이다. 그렇다고 두개측정학이 인종적 편견과 차별을 합리화하기 위해 고안된 이론이었던 것은 아니다. 처음부터 식민주의적 침략을 정당화하기 위해 만들어진 과학도 아니었다. 피부색에서 두개골로 관심이 옮겨가는 과정에서 두개측정학은 인종의 표지를 머리모양과 크기에 고정시키는 역할을 했고, 그 결과 인종주의를 정당화하는 과학으로 기능했다.

19세기 초중반에 활동했던 미국의 해부학자 사무엘 조지 모턴(Samuel George Morton, 1799~1851)은 다양한 인종의 수많은 표본을 수집·측정해서 백인의 두개골이 흑인이나 다른 인종에 비해 크기 때문에 가장 진화한 인종이라고 결론을 내렸다. 그는 1820년부터 전 세계에 퍼져 있는 수백여 종의 인간 두개골을 수집하고 분류하는 방법을 찾았다. 두개골의 용량과 모양에 따라 인종의 우열을 객관적으로 증명할 수 있으리라는 신념 때문이었다. 1839년에 출판한 『미국인의 두개골』(Crania Americana)에서 모턴은 백인의 두개골 용량이 87리터인 반면 흑인은 78리터에 불과하다고 주장했다. 사실 모턴의 주장은 쉽게 반박될 수 있다. 두개골의 크기가 지능을 비롯한 인간 형질의 진화 정도를 결정한다는 주장은 모든 남성이 여성보다 지능

이 높다는 결론을 암시하기 때문에 그 허구성을 쉽사리 알 수 있
다. 더구나 모턴은 표본 선정에 있어 의도적 조작을 가했다. 측
정에 사용된 표본을 고를 때 백인은 모두 남성의 두개골을, 흑
인의 경우는 남녀가 섞인 두개골을 골랐고, 아메리카 인디언의
표본은 체격이 작은 부족의 두개골을 일부러 택했던 것이다.[69]

인종적 차이를 의미화하고 인종 간 우열의 위계를 세우는
데 있어서 피부색보다 더 확고한 근거를 세우기를 원했던 과학
자들은 두개골에 열광했다. 피부색은 개인차가 크고, 거주 지
역의 기후와 일조량에 영향을 많이 받기 때문에 가변적인 성격
이 강하다고 보았던 반면, 두개골은 확고한 물질적 토대를 갖
고 있기 때문에 더 신빙성이 있다고 보았다. 하얀 피부에 오똑
한 코, 알맞게 튀어나온 이마, 넓은 안면각이라는 백인의 미적
이상은 골상학과 두개측정학을 거쳐 확고한 신체적 거처를 갖
게 되었다. 피부색과 두개골이라는 신체적 특성에 따른 인종 분
류는 인종 간 차이를 생물학적 토대 위에 안착시킴으로써 '자연
화'(naturalize)하려는 시도였다.[70]

인종 사진과 열등 인종의 가시화

모턴의 영향을 받은 미국의 인종학자 루이스 아가시(Louis
Agassiz, 1807~1873)는 노예 다게레오타입(daguerreotypes)
사진에 관여한 학자로 악명 높다. 아가시는 스위스 출신으로
1846년 하버드대학교에 초빙되어 미국으로 이민왔고, 필라델
피아에서 모턴의 두개골 컬렉션을 보았다. 아가시는 인종의 기

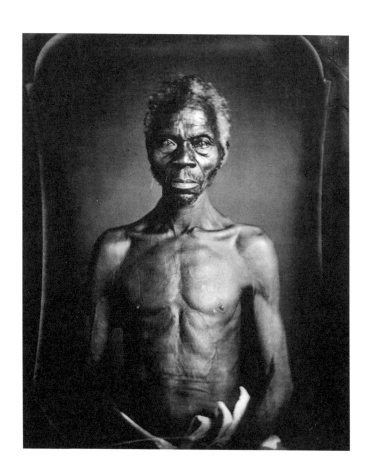

—

질리가 촬영한 노예 렌티의 다게레오타입.
'다게레오타입'이란 프랑스의 다게르(L. J. M. Daguerre)가 1839년 개발한 은판사진술을
말한다. 구리 원판에 유제를 도포하여 이미지를 고정시킨 방법으로 당시 인기가
대단했다. 새로운 사회의 주역으로 부상하던 시민계급은 귀족의 전유물이었던 초상화에
대한 동경과 열망을 지니고 있었는데 다게레오타입 사진은 그런 욕구를 충족시키기에
충분했던 것이다. 저렴한 비용 덕분에 시민들이 초상사진을 남길 수 있게 되면서 '기억을
간직한 거울'이라 불리기도 했다. 다게레오타입은 미국에서 가장 유행했는데 심지어
1853년 뉴욕에는 66개의 사진관이 성업했고 같은 해 미국에서 제작된 다게레오타입
사진이 3,300만 장에 이를 정도였다고 한다. 아가시가 질리에게 의뢰한 노예 사진은
아프리카인의 몸을 나체로 기록한 인종 사진이었다.

원에 관한 과학계 논쟁에서 다원발생론자(polygenists)의 입장을 취했다. 미국에서 일원발생론(monogenism)◆과 다원발생론(polygenism)이 쟁점이 된 것은 흑인 노예제 때문이었다. 모턴과 아가시는 다원발생론자로서 노예제를 지지했다. 1807년 영국이 대서양노예무역을 폐지했기 때문에 '순수한' 인종 샘플을 찾기가 점점 더 어려워지고 있다고 판단한 아가시는 1850년 무렵 '순수한' 아프리카 인종의 해부학적 특성을 규명해 과학적인 표준을 수립하기 위해 미국 남부 컬럼비아주의 한 플랜테이션 농장을 방문해 연구를 진행했다. 아가시는 아프리카 태생 노예와 1세대 자손에 한정해 연구 대상으로 삼을 남녀 노예를 섭외했다.[71]

아가시가 연구를 마친 후 남부 농장의 섭외를 도왔던 로버트 W. 깁스(Robert W. Gibbs, 1773~1820)는 지방 사진사 조셉 T. 질리(Joseph T. Zealy, 1812~1893)에게 노예 사진을 찍게 했다. 이것이 '질리 시리즈'라 불리는 다게레오타입의 시작이었다. 사진의 주인공은 노예 렌티(Renty)와 렌티의 딸 델리아(Delia)였다. 열다섯 장의 사진은 각기 두상, 전신 직립 나체, 토르소 나체로 구성되어 있다. 이 모욕적인 사진에 대해

◆ '일원발생론'이란 인간은 모두 동일한 공통 조상에서 유래했다는 인간기원설이다. 기독교 세계에서 당연시되던 일원발생론은 19세기에 공격에 직면했고 인종 간 차이와 우열을 설명하는 다원발생론이 나왔다. 인종주의의 전성기에 다원발생론은 노예제와 식민지배를 정당화하는 논리로 쓰였다. 현대 과학에서는 대체로 일원발생론과 아프리카 기원론을 정설로 받아들이지만 1990년대 이후 다지역 진화론이 아프리카 기원론에 도전장을 내밀고 있다. 오해를 피하기 위해 말해두자면 다지역 진화론은 과거 인종차별을 합리화했던 다원발생론과는 무관하다. 현생 인류의 놀라운 다양성을 설명하려면 아프리카에서 한 곳에서 나와 전 세계로 퍼졌다고 보기에는 무리가 있고, 여러 지점에서 여러 시점에 다발적으로 현생 인류가 출현했을 가능성이 있다는 생각이다. 여전히 아프리카 기원론과 다지역 진화론 사이에는 격렬한 논쟁이 진행 중이지만, 최근 유전학 연구 결과를 근거로 다지역 진화론이 점차 힘을 얻고 있다.

무암바족 남성의 머리를 측정하는 영국인 사진가 도겟, 1900년경.
인체측정 사진으로는 드물게 측정하는 유럽인이 함께 나온 사진이다. 사진을 찍은 이는
해리 존스턴(Harry Johnston, 1858~1927)이다. 존스턴은 아프리카에서 활약한 식민
관료이자 탐험가였다. 1899~1901년 우간다 보호령 특별위원으로 일할 때 존스턴은
분류학자이자 사진가인 도겟(W. G. Doggett)과 함께 다양한 종족집단의 특징을 진화론에
따라 유형화하는 데 사진을 활용했다. 존스턴과 도겟이 수집한 동식물표본과 인체측정
사진은 영국박물관(British Museam)에 기증됐다.

미국 노예제폐지 운동의 선구자 프레더릭 더글러스(Frederick Douglass, 1818~1895)는 유럽인의 초상화는 언제나 고귀한 모습으로 그려지는 반면, '니그로'는 항상 열등하게 표현된다고 개탄했다. 더글러스는 니그로 역시 유럽인처럼 최상의 유형으로 아름답게 표현되어야 한다고 역설했다.[72]

19세기 인종론은 본격적으로 인종주의를 정당화하는 방향으로 전개됐다. 백인이 흑인이나 황인에 비해 우월하다는 사실을 입증하기 위한 소위 '과학적 측정'이 유행했다. '과학'의 힘을 빌려 작은 안면각과 검은 피부색 등을 열등함의 표지로 해석했다. 더 나아가 작은 안면각, 가벼운 뇌, 돌출된 아래턱, 앞이마 중앙의 미발달 등은 흑인의 특징일 뿐만 아니라 범죄자나 백치같은 열등한 인간의 특성으로 확대 해석됐다.

19세기 말 '우생학'(eugenics)이라는 신조어를 만든 프랜시스 골턴(Francis Galton, 1822~1911)은 살아 있는 인간의 두개골을 측정하는 기술을 활용해 측정값을 얻은 다음 그 수치를 지능, 계급, 인종과 연결시켰다. 골턴은 합성사진 기법을 개발해 이른바 '적격자'(fit)와 '부적격자'(unfit)를 가려내는 분류에 활용했다. 특정 유형에 속한다고 판단하는 사람의 얼굴을 촬영한 후, 같은 유형에 속하는 여러 사람의 사진을 찍고 사진들을 겹쳐서 공통되는 윤곽선을 얻어내는 방식이다. 합성사진 기법을 통해 골턴은 빈민, 범죄자, 유대인 등을 가려낼 수 있다고 주장했다. 인간의 신체적 특징을 인간 유형 분류에 활용함으로써 골턴은 우생학적 개량 기술의 대상이 될 부적격자가 누구인지 가려내고자 했다.[73]

이렇듯 인종주의는 비합리적인 것(the irrational)을 합리화(rationalizing)함으로써 편견과 차별을 정당화했다. '튀어나온 이마와 두툼한 입술, 짙은 피부색을 지닌 흑인', '매부리코에 검은 머리를 한 유대인'이라는 열등한 인종은 두개측정학과 인체측정학이라는 소위 '과학적' 방법을 통해, 그리고 이를 시각적으로 뇌리에 각인하는 인종 사진을 통해 '발명'됐던 것이다.

2.

검은 몸의 노예,
저항의 언어

"겟 아웃!(Get Out!) 흑인이 대통령 8년 했다고 세상이 달라 진 줄 아는 모양인데 착각하지 말라고. 꺼져 이 검둥이들아!" 미국의 제45대 대통령 도널드 트럼프(Donald John Trump, 1946~)를 지지한 백인들 일부는 속으로 이런 말을 외치고 있 었는지도 모르겠다. 바로 이 말, '겟 아웃'을 제목으로 쓴 영화 가 있다. 스탠드업 코미디언에서 영화감독으로 변신한 조던 필 (Jordan Peele, 1979~)의 저예산 작품으로, 인종차별이라는 무거운 주제에 기발한 상상력을 버무려 B급 코미디와 키치적 감성의 스릴러로 승화시킨 탁월한 영화다. 〈겟 아웃〉(2017)은 흥행 돌풍을 일으켰을 뿐 아니라 아카데미 각본상을 최초로 흑 인이 수상했다는 경이로운 기록도 남겼다. 빠른 전개와 반전 에 반전을 거듭하는 스토리, 몰입도도 최고였다. 버락 오바마 (Barak Obama, 1961~) 대통령의 임기가 끝나고 트럼프 시대 가 막 시작된 미국에 드리운 암운(暗雲), 무슨 일이 일어날 것 만 같은 예감이 음산한 음악 사이로 스멀스멀 피어오른다.

영화는 백인 인종주의자들이 할 수만 있다면 감행하고 싶 은 욕망을 보여준다. 납치당하고, 경매로 팔리고, 최면에 걸리 고, 뇌가 잘려나가고, 인격이 제거되어 백인들에게 몸을 빌려 주는 영화 속 흑인들. 스크린을 따라가다 보면 미국 남부 플랜 테이션에서 노예노동에 시달리고, 노예해방 후에는 실업자 신 세로 거리를 전전하다 마약 연기 속에서나 일말의 위로를 얻 고, 때로는 백인 경찰이 쏜 총에 맞아 죽는 미국 흑인의 잔혹사 가 겹친다.

주인공인 흑인 청년 크리스는 백인 여자친구의 부모님을

만나러 시골별장으로 향한다. 1950년대까지도 백인 여성과 사귀는 흑인 남성은 미국 남부에서 린치의 대상이었다. 백인우월주의자 KKK단이 공공연하게 인종폭력을 휘두를 수 있었던 배경에는 감히 백인 여자를 건드린 '검둥이'를 응징해야 한다는 거짓 명분이 자리하고 있었다. 스마트하게 생긴 여자친구 로즈는 자신의 부모님은 오바마에게 세 번이라도 투표했을 분들이라며 걱정하는 크리스를 안심시킨다. 그러나 영화는 로즈의 말과는 다르게 흘러간다. 수상한 로즈 가족이 파티에서 크리스를 단상으로 불러내 소개하자 백인 손님들이 수군거리며 품평하는 장면은 영락없이 노예시장에서 노예를 고르는 모습을 연상시킨다.

압권은 코아귤라(coagular) 수술 장면이었다. 코아귤라 수술은 병든 백인 노인에게 건강한 흑인의 몸을 이식하는 영화 속 가상의 치료술이다. 친절하고 예의바른 로즈 가족과 동네 사람들은 실은 흑인의 육체를 탐하는 백인들이었던 것. 그런데 크리스의 경우에는 반전이 있다. 로즈 가족은 크리스의 젊은 육체만 원했던 게 아니었다. 크리스가 표적으로 납치된 이유는 그가 지닌 사진가로서의 뛰어난 예술적 재능 때문이었다. 크리스가 찍은 사진은 차별의 아픔을 겪어내면서 생겨난 심미안으로 빛났는데 백인들은 그 재능까지 탐냈던 것이다. 정체성의 정치 지형에서 다른 것은 새롭고 신기한 것이며, 자본주의 사회에서 상품가치와 교환가치가 있는 것에 다름 아니다. 흑인의 예술적 능력도 예외가 아니었다. 노예제 시절부터 지금까지 계속되고 있는 흑인에 대한 편견과 차별, 흑인의 몸에 가해지

82

는 인종폭력의 여러 양상들, 인종차별이 배태한 슬픈 심미안까지도 빼앗으려는 백인들의 욕망. 이 모든 것을 끄집어내는 영화가 〈겟 아웃〉이다. 그렇다면 이제 이런 질문을 던져볼 수 있다. 흑인은 어떻게 흑인으로 만들어졌는가? 흑인에 대해 여전한 부정적인 이미지는 어떻게 벗어날 수 있을까?

누가 '흑인'인가?

'한 방울 법칙'과 시선의 권력

우리는 오바마를 미국 역사상 최초의 '흑인' 대통령으로 기억한다. 첫 '흑인' 대통령의 선출은 다인종·다문화사회 미국을 통합할 수 있으리라 기대를 모았다. 그러나 높은 기대와 달리 '오바마 8년'은 인종 갈등을 잠재우거나 인종 불평등을 개선하는 데 이르지 못했다는 평가를 받은 채 막을 내렸다. 이때도 언론은 미국 최초의 '흑인' 대통령 시대가 역사가의 뒤안길로 접어들었다고 썼다. 그렇다면 이렇게 질문해보자. 오바마는 정녕 '흑인'인가? 오바마는 케냐 출신 '흑인' 아버지와 캔자스주 출신 '백인' 어머니 사이에서 태어났다. 엄밀히 말하면 '흑백 혼혈'이다. 그런데 왜 그에게 '흑인'이라고 할까? 오바마의 인종적 정체성은, 어떤 몸을 흑인이라 규정하며 흑인이라는 정의에 어떤 시선의 권력이 작동하고 있는지 풀어갈 실마리를 준다.

'한 방울 법칙'(one-drop rule)이라는 것이 있다. 백인과 흑인, 백인과 라티노, 흑인과 아시아인 등으로 섞인 아무리 다양한 혼혈이라도 흑인의 피가 한 방울이라도 섞이면 흑인이라는 게 이 법칙의 핵심이다. 백인의 '순수한' 피는 흑인의 '더러운' 피 한 방울만으로도 오염된다는 인식이 전제되어 있는 것이다. 오바마의 어머니가 '백인'임에도 그가 '흑인'으로 규정되는 것 역시 '한 방울 법칙'과 무관하지 않다.

오바마는 선거 기간과 임기 첫해에 출생시민권(Birthright Citizenship)◆을 부정하는 음모론에 시달렸다. 이 음모론에 따르면 오바마는 하와이가 아니라 케냐에서 태어났기 때문에 출마자격도 없고 당선도 무효라는 것이다. 결국 오바마는 대통령에 당선된 후 하와이에서 출생증명서를 발급받아와 미국 시민 자격을 증명해야 했다. 근거 없는 음모론을 퍼뜨린 장본인은 바로 트럼프였다. 오바마는 노예의 후손이 아니라 케냐 유학생 출신 이민자의 자손이기 때문에 그나마 대통령으로 받아들여질 수 있었다는 후문도 나돌았다. 오바마의 출생에 관한 논란은 대통령 당선자의 시민권을 문제 삼을 정도로 미국사회에 인종차별이 뿌리 깊다는 사실을 다시 한번 확인시켜주었다.[1]

'한 방울 법칙'의 유래는 노예제 시절로 거슬러 올라간다. 1660년대 버지니아주와 메릴랜드주에서는 흑백결혼을 금지하는 법률을 제정했다. 그럼에도 백인 자유민과

◆ '출생시민권'이란 속지주의(jus soli)에 따라 태어난 곳의 시민권을 자동적으로 부여하는 것을 말한다. 2018년 10월 트럼프 대통령은 출생시민권을 폐지하는 행정명령을 검토 중이라고 밝혀 논란을 낳고 있다. 미국 수정헌법 제14조는 속지주의 원칙을 천명하고 있고 출생시민권은 이 원칙을 근거로 부여되기 때문에 트럼프가 출생시민권 폐지 행정명령을 낸다면 위헌 소지가 있다.

REGISTRATION OF BIRTH AND COLOR--VIRGINIA

FULL NAME...
[GIVEN NAME FIRST. GIVE FULL MAIDEN NAME IF MARRIED WOMAN OR WIDOW.]

PLACE OF BIRTH...DATE...................SEX...............

NAME OF HUSBAND ....
[IF MARRIED WOMAN OR WIDOW]

FATHER
    FULL NAME...

    BIRTH PLACE ....*COLOR...............

MOTHER
    FULL MAIDEN NAME ....

    BIRTH PLACE...*COLOR...............

REMARKS:

*A white person is one with no trace whatever of blood of another race, except that one with one-sixteenth of the blood of American Indian, unmixed with other race, may be classed as white. The date of birth may be omitted if desired.   Form 59—3-17-24—65M.
(OVER)

I hereby affirm that I believe the statements as to color of parents on the other side of this card are correct and that I am signing this with the knowledge that the penalty for making a false statement as to color is one year in the penitentiary.

PERSON REGISTERING
    SIGNATURE ....

    ADDRESS ....

WITNESS TO SIGNATURE ....

ADDRESS OF WITNESS ....

*SIGNATURE OF PHYSICIAN ....

IF NOT SIGNED BY PERSON REGISTERED STATE KINSHIP OF SIGNER ....

PLACE OF FILING..DATE OF FILING ....

If the person signing statement cannot write, he or she must make a mark between the given name and the last name, Thus: his [her]   *If the doctor present at birth signs, it will be accepted as
            John X Doe   to age for labor, school, etc.
                mark
(OVER)

1924년 버지니아주에서 발급했던 출생증명서.
앞면(위)에는 이름, 생년월일과 함께 부모의 피부색을 적도록 되어 있다. 또한 하단에는 "다른 인종의 흔적이 조금도 없어야 백인으로 인정된다는 '한 방울 법칙'이 보인다. 뒷면(아래) 윗부분에는 "부모의 피부색을 허위 신고했을 경우 1년형에 처해진다"고 적혀 있다.

흑인 노예 사이의 인종 간 결혼이 늘어나고 자녀들이 태어나자 이들을 흑인으로 간주하기 시작했다. 여기서 '한 방울 법칙'이 탄생했다. 노예해방 이후 1876년부터 미국에서는 엄격한 흑백 인종분리 제도인 짐 크로(Jim Crow)법♦이 시행됐고 이 무렵부터 비공식적 관습법으로서 '한 방울 법칙'도 정착되기 시작했다. 노예해방은 흑인과 백인 사이에 더욱 엄격한 구별 짓기의 필요를 낳았기 때문이다.[2]

오늘날까지도 미국사회에서 '한 방울 법칙'은 비공식적이지만 암묵적으로 통용되고 있는 인종 분류법이다. 오바마뿐만이 아니다. 한때 골프의 황제로 불렸던 타이거 우즈(Tiger Woods, 1975~)는 한 인터뷰에서 자신의 혈통은 8분의 1 백인, 8분의 1 원주민, 4분의 1 흑인, 4분의 1 타이인, 4분의 1 중국인이라고 소개했으나 언론은 그를 그냥 '흑인' 골퍼라고 불렀다.[3] 긴 역사를 지닌 '한 방울 법칙'은 여전히 인종적 정체성에 영향을 미치고 있는 것이다. 최근에 나온 연구도 '한 방울 법칙'이 여전히 개인과 사회가 인종 정체성을 규정하는 데 강력하게 작동한다는 사실을 보여준다.[4]

수지 길로이 핍스(Susie Guillory Phipps) 사건은 '한 방울의 법칙'이 얼마나 강고하게 작동했는지 보여주는 또 하나의 극단적인 사례다. 루이지애나주에 살던 여성 핍스는 1977년 해외여행을 위해 여권을 신청했는데, 신청서 기재 오류로 발급을 거절당했다. 출생기록부에는 흑인으로 기재되어

♦ '짐 크로법'이란 미국에서 1876년부터 1965년까지 존재했던 인종차별적 법체계를 말한다. 각 주와 지역 단위에서 조직적으로 시행된 각종 짐 크로법은 공공시설 이용에서 흑인과 백인의 분리를 제도화했다. 짐 크로 체제는 1964년 민권법이, 1965년 투표권법이 통과될 때까지 효력을 유지했다.

있는데 여권 신청서에는 백인으로 잘못 표시했다는 것이 당국의 설명이었다. 어디를 보아도 흑인 외모로 보이지 않는 이 여성은 본인, 부모, 조부모뿐 아니라 모든 친척이 백인이라며 출생기록부 정정을 요청했지만 거부당했다. 1983년 주 법원에 제소까지 했으나 결국 패소했다.[5] 그녀가 이런 일을 당한 연유는 이렇다. 당시 루이지애나주 법에 따르면 '32분의 1' 이상의 '흑인 피'가 섞인 사람은 '흑인'으로 규정되었다. 가계조사 결과 핍스는 18세기 말 백인 농장주와 흑인 노예 사이에 태어난 뮬라토의 후손이었다. 5대조 조상 중 한 명이 흑인이었으므로 32분의 1에 해당하니, 흑인이라는 것이다. '한 방울'이라도 '흑인의 피'가 섞여 있으면 '흑인'이라는 법칙, '한 방울 법칙'이 적용된 판결이었다. 눈에 보이는 외모보다 보이지 않는 혈통이 우선이었던 셈이다.

한편 '한 방울 법칙'에 대해 아이티공화국 대통령 프랑수아 뒤발리에(François Duvalier, 1907~1971)는 다음과 같이 통쾌한 전복의 펀치를 날린 적이 있다.

아이티의 독재자 뒤발리에는 아이티 인구의 98퍼센트가 백인이라고 발표했다. 이에 잔뜩 의구심을 품은 한 미국인이 어떻게 그럴 수 있느냐고 물었다. 그러자 뒤발리에는 당신네 미국은 어떻게 흑인을 규정하느냐고 반문했다. 미국인은 당연히 '한 방울 법칙'에 의거해서 흑인의 피가 한 방울만 섞여도 흑인이라고 답했다. 그러자 뒤발리에는 "우리도 마찬가지요. 우리도 당신네가 흑인을 규정하는

그 방식 그대로 백인을 규정한답니다"라고 답했다.[6]

뒤발리에는 '백인'의 피가 한 방울이라도 섞이면 '백인'으로 간주한다며 '한 방울 법칙'을 조롱했지만 이런 전복은 현실에서 결코 일어나지 않는다. '한 방울 법칙'이 여전한 위력을 발휘하는 이유는 간단하다. 백인우월주의가 건재하기 때문이다. '한 방울 법칙'은 '백인의 피'가 얼마나 섞였든 상관없이 '흑인의 피'가 섞이면 흑인일 수밖에 없다고 본다. 이는 백인 혈통의 순수성을 최상의 가치로 보는 백인우월주의 이데올로기의 산물이다.

영국의 문화연구가 스튜어트 홀(Stuart Hall, 1932~2014)은 어린 시절 자메이카에서는 아무도 자신을 '흑인'으로 여기지 않았다고 회상했다. 그러다 가족과 함께 영국으로 이주하고 나서야 자신이 '흑인'으로 분류된다는 사실을 알고 깜짝 놀랐다고 했다. 자메이카에서 짙은 피부색은 마호가니색, 호두색, 흑단색 같은 다양한 이름으로 불렸으나, 영국에서 자메이카인 같은 아프리카계 카리브인은 모두 '흑인'으로 분류됐던 것이다. '백인'과 대비되는 '흑인'이라는 개념을 쓰는 순간, 다채로운 인간 피부색의 스펙트럼은 의식에서 사라져버리고 오직 흑과 백만 존재하는 무채색의 세계만 남게 된다.[7] 다양함을 흑백의 이분법에 가두는 사고방식을 통해 흑인의 몸은 만들어졌다.

또 다른 사례도 있다. 마르티니크 출신으로 정신과 의사이면서 알제리 해방운동가로 활약했던 파농은 자신을 '프랑스인'이라고 생각해왔다. 그는 제2차 세계대전에 프랑스 군인으로 참전해 프랑스 땅을 밟고서야 자신이 '흑인'으로 불린다는 사실을 알게 되었다. 그는 참전군인에게 지급되는 장학금으로 1945년 프랑스 유학길에 올랐고, 리옹 의과대학에서 공부하면서 문학 활동도 했다. 하지만 백인들의 눈에 파농은 그저 흑인일 뿐이었다. 그를 소개할 때는 언제나 '우리 오래된 식민지 마르티니크 출신'이 언급됐고, 훌륭한 프랑스어 구사 능력도 '식민지 흑인이 제법'이라는 식의 호기심을 자극할 뿐이었다.[8]

'흑인'을 '흑인'이라 호명하는 주체는 누구인가? 바로 백인이다. 백인은 보는 주체고 흑인은 보이는 대상이다. 흑인과 백인 사이의 불평등한 관계는 시선의 비대칭성에서 나오는 권력 문제에 다름 아니다. 장 폴 사르트르(Jean-Paul Sartre, 1905~1980)는 「검은 오르페우스」(Orphée noir)◆에서 백인이 누려온 시선의 권력을 다음과 같이 고발했다.

> 백인은 3000년 동안 스스로 보이지 않으면서 바라보는 특권을 향유해왔다. (…) 백인은 대낮처럼 희고, 진리처럼 희며, 미덕처럼 흰 인간이기 때문에 창조의 횃불로 우주를 밝혔고, 존재의 숨겨진 본질로서 흰색을 드러냈다.[9]

사르트르는 이 글에서 이제 잠에서 깨어난 흑인 시인들이 자신의 말을 찾고 발언할 준비를 하고 있다며 그들의 시를 소개했다. 흑인다움을 되찾아야 한다는 의미에서

◆ 「검은 오르페우스」는 세네갈의 시인 레오폴 상고르(Léopold S. Senghor, 1906~2001)가 1948년 아프리카와 라틴아메리카 카리브 지역 프랑스어권 흑인 시인 15명의 시 103편을 수록해 펴낸 시선집 「신(新) 흑인-마다가스카르인 시 선집」(Nouvelle poésie nègre et malgache)에 사르트르가 서문 형식으로 붙인 글이다.

'네그리튀드'(Négritude)를 노래하는 흑인 시인들에게서 사르
트르는 에우리디케를 찾으러 지하세계로 내려가는 오르페우
스의 모습을 보았던 것이다.[10]

흑인에 대한 폄하와 부정은 피부색뿐만 아니라 아름다움
에 대한 가치평가에서도 이루어졌다. 앞서 언급했듯이 빙켈만
은 〈아폴로 벨베데레〉에서 절정을 이루는 고대 그리스 조각의
미를 이미지로서만이 아니라 실제 그리스인의 신체로 읽도록
유도했다. 빙켈만의 감각적 언어는 어떤 다른 이론이나 철학보
다도 선명하게 백인의 신체적 아름다움을 각인시켰다. 빙켈만
에 의해 그리스인과 그들의 후예 유럽인은 인류의 이상형으로
등극할 수 있었다.

백인이 시선의 주체가 되고, 백인의 몸이 미의 기준이 되
자 당연히 백인은 선망의 대상이 되었다. 반면 흑인의 몸은 좌
절과 공포, 혐오의 대상이 되었다. 흑인은 자기 몸에 대해 가장
소외된 사람들이 된 것이다. 여기서 흑인 남성의 몸은 백인에
게 공포를 자아내는 대상이기도 했다는 점이 흥미롭다. 건장한
흑인 노예를 강제노동에 묶어두어야 하는 노예제의 조건에서
사슬을 끊고 주인을 죽이고 도망칠지도 모른다는 공포가 상존
했다. 실제로 식민지 플랜테이션에서 노예의 저항은 빈번하게
발생했고, 마룬(maroon)이라고 불렸던 도망친 노예들이 카리
브해와 아메리카 식민지 곳곳에 공동체를 꾸린 사례도 있었다.
특히 카리브 지역의 프랑스령 식민지 생도맹그에서 1791년 발
발한 노예혁명은 백인 농장주들을 두려움에 떨게 했다. 생도맹
그 노예혁명은 결국 성공해 1804년 아이티공화국이 건국됐다.

헨리 퓨슬리, 〈니그로의 복수〉, 1807년.
흑인 남성 노예가 주먹 쥔 왼손을 들어 올리고 노예선이 침몰하는 모습을 지켜보고 있다.
옅은 피부색에 흰 옷을 입은 여성 노예가 곁에 있고, 그림 오른편 아래에는 어머니로
보이는 또 다른 나이 든 여성 노예가 앉아 있다. 퓨슬리의 유화 원작은 이후 판화로
제작돼 노예제폐지의 대의를 담은 시집에 실리기도 했다. 남성 노예의 포즈는 1968년
멕시코 올림픽에서 우승한 미국 흑인 육상선수 토미 스미스(Tommy Smith, 1944~)와
존 칼로스(John Carlos, 1945~)가 했던 블랙 파워 설루트(black power salute)를
연상시킨다.

흑인 노예가 세운 최초의 공화국이었다. 스위스 취리히 출신으로 영국에서 활동했던 낭만파 화가 헨리 퓨슬리(Henry Fuseli, 1741~1825)의 그림 〈니그로의 복수〉(The Negro Avenged)에서 볼 수 있듯이 흑인 남성 노예는 언젠가 쇠사슬을 끊고 반기를 들지도 모르는 존재로 상상되었던 것이다.

흑인이 자신의 몸에 대해 갖고 있던 인식은 늘상 제3자인 백인의 시선에 의해 재단됐다. 그리고 백인 중심의 세계에서 유색인은 자신의 몸에 대해 온통 부정적인 인식을 갖게 될 수밖에 없었다. 이 점을 예민하게 감지했던 파농은 『검은 피부, 하얀 가면』에서 아래와 같은 문장을 남겼다.

> "엄마, 저 검둥이 봐요! 무서워요!" 무서워요! 무서워요! (…) 여러 지점에서 공격받은 육체의 윤곽은 허물어지고 인종의 피부색이 대신 채워졌다. (…) 기차를 타면 사람들은 내게 한 자리가 아니라 두 자리, 세 자리를 내주었다. (…) 나는 세 겹으로 존재하며 그 공간을 점유했다. 타인에게 다가갔다. (…) 희미해지는 타인, 적대적이지만 알기 어렵지 않은 명백한 타인, 그가 사라졌다. 구역질이 난다.[11]
>
> 나는 내 몸에 대해서 뿐만 아니라 동시에 내 인종, 내 조상에 대해서도 책임을 지고 있었다. 객관적인 관찰에 나를 맡기고, 나의 흑인성, 나의 종족적 특성을 발견했다. 그러자 북소리, 식인풍습, 지적 능력 결핍, 미신숭배, 인종적

결함, 노예선 (…) 이런 말들이 나를 흠씬 두들겨 패고 있었다."**12**

시선과 언어의 폭력 앞에 함부로 재단되는 흑인의 절망, 개인적인 동시에 집단적인 절망, 육체적인 동시에 정서적인 절망에 대한 절절한 문장이다. 차별의 언어로 공격받은 파농의 육체는 위축되고 무너졌다. 허물어진 만큼의 부피는 차별받는 인종의 피부색으로 채워졌다. 기차 안에서 옆자리가 비어도 흑인 옆에는 아무도 앉지 않았다. 더구나 파농의 몸은 파농 혼자만의 것이 아니었다. '흑인' 파농은 내 몸만이 아니라 "내 인종, 내 조상"의 몸을 동시에 갖고 있었다.

패싱, 인종의 경계 넘기

앞서 언급한 핍스 사건은 '한 방울 법칙'이 개인의 인종 정체성을 구속하는 사례였다. 그런데 핍스 사건에는 또 다른 측면이 자리한다. '흑인'이라 규정된 사람들 가운데 외모에 흑인의 특징이 드러나지 않는 사람들이 존재할 수 있다는 가능성 말이다. 그런 의미에서 '한 방울 법칙'은 시각 경험을 '배반'한다. 이렇게 외모와 혈통 사이의 모순에서 발생하는 현상이 '패싱'(passing)이다. 패싱은 피부색이 밝은 흑인이 백인 행세를 하는 것을 말한다. 흑인이지만 백인과 구별할 수 없는 외모를 지닌 흑백 혼혈인이나 다인종 혼혈인이 해당됐다. 패싱은 '한 방울 법칙'의 모순을 이용해 인종차별이 만연한 미국사회에서 살아가기 위한 흑인들의 선택이기도 했다. 인종의 경계가 얼마나 자의적이고 불안정한지를 폭로하는 데 패싱만한 사례가 또 있을까?

'패싱'은 미국 할렘 르네상스를 대표하는 여성 작가 넬라 라슨(Nella Larsen, 1891~1964)이 1929년에 발표한 소설 제목이기도 하다. 소설 『패싱』은 1920년대 뉴욕과 시카고를 배경으로 흑인 중산층 여성들의 패싱하는 삶을 그렸다. 흑인 중산층의 등장으로 흑인은 모두 빈곤하다는 등식은 깨졌다. 그러나 대도시 중산층으로 성장한 흑인들은 사회경제적 지위가 상승했음에도 불구하고 여전히 차별받는 흑인에서 벗어날 수 없었다. 계급의 경계는 넘었으나 인종적 경계 앞에 길이 막힌 이들 가운데 패싱을 통해 경계 넘기를 시도한 경우가 있었다. 『패싱』은 인종 경계를 넘나드는 여주인공들의 위험한 삶을 통해 인종 구분의 모순을 적나라하게 드러낸다. 흑인이 패싱을 하는 1차 이유는 백인 선망 때문이었다. 흰 피부가 누리는 특권은 여전히 부러움의 대상이 될 수밖에 없었다. 계급과 인종의 경계선이 동요하면서 패싱이 가능한 외모를 지닌 중산층 흑인들은 백인의 특권을 나눠 갖기 위해 패싱을 선택했던 것이다.

『패싱』의 두 여주인공 클레어와 아이린은 흰 피부 때문에 흑인으로 보이지 않았다. 클레어는 백인 남성과 결혼한 흑인 여성에게서 태어난 2대 혼혈아로 아버지 사망 이후 백인 고모들의 손에서 성장했다. 가난했지만 빼어난 미모를 지닌 그녀는 흑인 혈통을 속이고 부유한 금융가 존 벨루와 결혼해 신분 상승에 성공했다. 하지만 존이 지독한 인종주의자여서 클레어는 흑인 혈통이 발각될까봐 늘 불안했다. 그러다 어린시절 친구였던 아이린을 통해 흑인 부르주아사회에 발을 들여놓게 되면서 점점 흑인 정체성으로 귀환하고 싶어한다.

아이린은 의사인 남편, 두 아들과 함께 흑인 부르주아 가족을 꾸리고 있지만 마음이 늘 편치 않다. 그녀는 평온한 가정을 유지하는 게 인생 최대의 목표인 현모양처다. 남편 브라이언은 답답한 미국을 떠나 브라질로 이민하고 싶어했다. 실상과는 거리가 있을지라도 유럽인, 아프리카인, 인디언의 광범위한 혼혈로 이루어진 브라질은 미국에 비해 인종차별이 덜하다고 여겨졌기 때문이다. 하지만 아이린은 미국에서의 부르주아 생활을 버릴 수 없었기에 떠나고 싶어하는 남편과 갈등을 빚었다. 또한 클레어에 대해서도 양가적 감정을 갖는다. 패싱하는 흑인으로서 동질감과 연민을 느끼면서도 남편과의 불륜을 의심하며 미워하기도 한다.

아이린과 클레어의 패싱에는 차이가 있었다. 아이린이 백인 전용 미용실이나 고급 레스토랑, 고급 호텔을 이용할 때만 패싱을 조금씩 활용했던 반면, 클레어는 인생을 걸고 패싱을 감행했다. 둘의 패싱은 오랜만에 만난 두 친구가 서로를 알아보지 못할 정도로 완벽했던 것이다. 그러니 백인들이 패싱하는 흑인들을 알아보기란 불가능에 가까웠다. 하지만 그녀들은 아무리 백인처럼 보여도 어디까지나 패싱하는 흑인이지 백인이 될 수 없었다.

어느날 존은 클레어에게 처음 결혼했을 때는 백합처럼 희었는데 점점 피부가 검어진다며, "안녕, 검둥이"라고 농담을 건넨다. 클레어는 "무슨 차이가 있겠어요? 이렇게 오랜 세월이 지난 뒤 설령 내게 흑인의 피가 한두 방울 섞인 것을 당신이 알아낸들 말예요"라고 넌지시 떠본다. 그러자 존은 정색을 하고 딱 잘라 말한다. "나한테 그런 일이란 있을 수 없어. 난 당신이 검둥이가 아닌 걸 알아. 그러니까 괜찮아. 당신이 원한다면 검은 고양이처럼 까매져도 돼. 왜냐하면 난 당신이 검둥이가 아닌 걸 아니까. 거기까지는 괜찮아. 하지만 내 가족에 검둥이는 안 돼. 절대 없었고 앞으로도 절대 없을 거야."[13] 남편의 말은 클레어를 극도의 불안에 떨게 만들었다. 딸 마저리를 임신하고는 딸애의 얼굴이 검을까봐 열 달 내내 공포에 시달리기도 한다. 다행히 마저리는 흰 피부를 갖고 태어났다. 그러나 점차 혈통을 의심하는 남편이 압박해오는 상황에 내몰렸던 클레어는 어느 날 파티에서 자살인지 타살인지 정확히 알 수 없는 모호한 죽음을 맞았다.

『패싱』의 클레어가 보여주는 흑백 혼혈 여성 뮬라타(Mulatta)의 비극적인 삶은 개인이 인종 경계를 넘으려고 할 때 감내해야 하는 고통이 무엇이었는지, 어떤 불행한 결말을 맞았는지 폭로한다. 더 중요하게는 왜 흑인처럼 보이지 않는데 흑인으로 분류되는지, 더 나아가 흑인과 백인이라는 인종적 구분이 대체 무엇인지와 같은 근본적인 질문을 제기한다. 사실 8분의 1만 흑인 혈통을 지닌 '악터룬'(Octoroon)의 겉모습은 거의 백인에 가깝다. 따라서 악터룬은 패싱으로 백인 행세를 할 수 있는 대표적인 흑인이었다. 미국 흑인 화가 아치볼드 모틀리(Archibald J. Motley Jr., 1891~1981)는 악터룬의 모습을 많이

아치볼드 모틀리, 〈악터룬 소녀〉, 1925년.

남겼다. 그중 〈악터룬 소녀〉(The Octoroon Girl)는 인종 분류의 허구성을 조롱하고 인종 구분에 도전하는 작품이다.[14] 그림 속 모델은 실제로 당시 시카고에 거주하던 중산층 엘리트 여성으로, 우아하고 세련된 옷차림을 하고 아름다운 여성성을 뽐내고 있다. 화가는 백인처럼 보이는 이 여성의 초상화에 '악터룬'이라는 제목을 붙임으로써 "자, 어때 구분할 수 있겠나?"라고 묻는 것이다.

패싱은 흑인의 백인 행세로만 한정되지는 않는다. 패싱은 독일인으로 동화하려는 유대인, 일본인과 내선일체(內鮮一體)하려는 식민지 조선인, 해외로 입양된 한국인 등이 겪는 문화적 횡단과 교차, 혼종의 문제로 확장될 수 있다. 패싱의 방향을 역전시켜 보면, 백인 주류사회에 대한 비판과 저항의 의미로 백인이 흑인 행세를 하는 경우 역시 또 다른 의미에서 패싱이라고 할 수 있다. 『블랙 라이크 미』(Black Like Me)를 쓴 존 하워드 그리핀(John Howard Griffin, 1920~1980)의 경우가 여기에 해당했다. 백인 소설가이자 사진작가였던 그리핀은 1959년 10월 28일에서 12월 15일까지 7주 동안 흑인으로 위장하고 루이지애나주, 미시시피주, 앨라배마주, 조지아주 등 미국 남부를 여행한다. 그리고 노예제가 사라졌음에도 여전히 극심한 인종차별이 남아 있는 남부의 실태를 고발하는 글을 남겼다.

『블랙 라이크 미』는 일기 형식으로 써내려간 빼어난 참여관찰기다. 제목은 미국 흑인 시인 랭스턴 휴스(Langston Hughes, 1902~1967)의 시 「꿈의 변주곡」(Dream Variations)에 나오는 시구 "부드러운 손길로 다가오는 나처럼 검은 밤(Night coming tenderly/Black like me)"의 뒤 구절에서 따왔다. 그리핀은 텍사스주 맨스필드 백인 중산층 가정 출신으로 학창시절을 프랑스에서 보냈고 레지스탕스 운동에 참가했으며 제2차 세계대전 때는 남태평양에서 공군으로 복무하기도 했다. 흑인 민권운동이 고조되던 시기에 그리핀은 목사 마틴 루터 킹(Martin Luther King Jr, 1929~1968), 코미디언이자 시민운동가 딕 그레고리(Dick Gregory, 1932~2017) 등과 함께 활동했다. 흑인이든 유대인이든 멕시코인이든 차별받는 사람들의 이야기는 세부사항만 다를 뿐 결국 같은 것이라고 여겼던 그는 흑인의 아픔을 이해하기 위해 스스로 흑인이 되기로 결심했다. 자외선을 쬐고 약을 복용하고 염색물감을 피부에 칠했다. 그렇게 흑인이 되어 거울 앞에 선 그리핀은 자신이 이제껏 알았던 자아가 전혀 알지 못하는 낯선 자의 몸속에 갇혀 버린 느낌이었고, 솔직히 이 몸이 마음에 들지 않았다고 고백했다.[15]

흑인의 피부를 갖게 되자 그는 갑자기 1등 시민에서 2등 시민으로 추락했고, 자신의 몸과 마음에 어떤 변화가 일어나는지 따라가면서 일기를 썼다. 화장실을 바로 앞에 두고도 흑인 전용 화장실을 찾아 한참을 걸어가야 했고, 성실히 일하려고 계속 일자리를 구했지만 얻지 못했으며, 흑인을 더러운 짐승 보듯 하는 '증오의 시선'을 견뎌야 했다. 1950년대 말 미국 남부 백인들은 우아하고 정중하고 예의 바르게 거절할 줄 알았다. 하지만 세상의 모든 예의를 다 동원해도 인종차별이라는 치명적인 무례함은 결코 덮어질 수 없었다. 2등 시민 정도가 아니라 10등 시민으로 취급당하는 경험을 거듭하면서 그리핀은 남부에서 흑백 평등은 겉치레에 불과하다는 사실을 몸으로 느꼈고 이를 폭로했다. 흑인으로 패싱하는 경험을 통해 그리핀이 우리에게 말해주고 싶었던 진실은 '타자'는 결국 '우리 자신'이고, '나처럼 검은 사람'은 바로 '우리와 같은 인간'(Human Like Us)이라는 깨달음이었다.[16]

패싱이 논란이 된 최근 사례로는 '돌레잘 스캔들'이 있다. 돌레잘 스캔들이란 2015년 6월, 미국의 유서 깊은 인권단체인 '전미유색인지위향상협회'(NAACP)의 워싱턴주 스포캔 지부장 레이첼 돌레잘(Rachel Dolezal, 1977~)이 백인이면서 오랫동안 흑인 행세를 해왔던 사실이 밝혀져 지부장직에서 물러난 사건을 말한다. 그는 유색인 인권운동을 하는 데 있어 흰 피부보다 검은 피부가 유리하다고 판단했다고 한다. 돌레잘은 거짓말을 한 것은 잘못이었다고 사과했지만 자신의 이야기가 인종, 민족, 정체성의 핵심을 건드리는 대화, 나아가 인간이란 무엇인가에 관한 대화로 이어지기를 바란다는 입장을 밝혔다.[17]

1960년대 흑인 민권운동 이후 '한 방울 법칙'은 흑인의 외연을 넓혀 광범위한 인종적 연대의식을 만들어가는 계기로 전유되기도 했다. 돌레잘의 행위는 이런 의미에서 일종의 '정치적 패싱'에 해당한다고 볼 수 있다. 실제로 돌레잘 스캔들은 정치적 신념처럼 인종도 선택할 수 있는가라는 논쟁에 불을 지폈다. 인종이 생물학적 사실이 아니라 사회적 구성물이라면 인종도 바꿀 수 있지 않은가, 성전환처럼 인종전환도 가능한 것 아닌가라고 돌레잘을 옹호하는 주장이 있는가 하면, 그녀는 지부장 지위를 얻기 위해 인종 정체성을 속인 거짓말쟁이일 뿐이라

돌레잘 스캔들.
2015년 6월, 돌레잘의 부모는 어린 시절 사진을 공개하며 "내 딸은 백인"이라고
폭로했다. 부모가 입양한 흑인 아이 세 명과 함께 자라면서 돌레잘은 흑인 행세를
하기 시작했고, 대학 입학 후에는 아프리카계 미국인 지도자를 많이 길러낸 대학으로
유명한 하워드대학에 편입하면서 본격적으로 흑인 문화에 동화되고 흑인 정체성을
갖게 되었다고 했다. 부모의 폭로로 돌레잘은 흑인 정체성으로 얻은 일자리와 명성을
모두 잃고 생활고에 시달리게 되었고, 2018년 5월에는 복지 수당을 부당 취득한 혐의로
기소당하기도 했다.

는 반론도 만만치 않았다.[18] 인종 경계가 끊임없이 유동하는 한편 '한 방울 법칙'이 여전히 그림자를 드리우고 있는 상황, 이것이 흑백 인종문제를 둘러싼 현재의 자화상이다.

노예무역, 노예제,
노예가 된 아프리카인

노예무역과 아프리카인의 노예화

'한 방울 법칙'에서 서술했던 것처럼 '열등한' 흑인의 피는 조금이라도 섞이면 오염을 유발한다는 게 인종주의의 논리였다. 그렇다면 이런 폭력적 시선은 도대체 어디서 비롯된 것일까? 흑인의 몸에 동물성과 열등성이라는 가치판단이 달라붙은 계기를 말하려면 노예제의 역사를 빼놓을 수 없다. '흑인'이라는 기표(signifier, 시니피앙)와 '열등성'이라는 기의(signified, 시니피에)의 결합은 특정한 시대, 특정한 경제적 관계의 산물이었다. 그것은 육체적 속성과 경제적 관계가 결합된 결과였다. 흑인이라서 노예가 아니라, 노예라서 흑인이다. 다시 말해 당신이 노예가 된 것은 당신의 피부색이 검기 때문이 아니다. 검은 피부색이 문제가 된 것은 당신이 노예였기 때문이다.[19] 근대 노예제는 아메리카 대륙에서 필요한 노동력을 아프리카인의 강제노동으로 해결하는 데서 생겨났다. 이후 흑인의 육체에 대한 사회적 범주로서 인종 개념이 고안됐고, 인종 만들기 과정을 거쳐 정교한 인종주의 이론이 생성됐던 것이다.

역사 속에서 보면 노예가 된 사람들이 모두 흑인이었던 것은 아니라는 사실을 금방 알 수 있다. 고대 그리스로마 시대와 서양 중세 시대의 노예는 근대의 인종적 기준으로 보면 모두 백인이었다. 고대 그리스로마인들은 시민 공동체 외부의 이방인이나 전쟁포로를 노예로 삼았다. 노예는 스칸디나비아부터 지중해와 북아프리카에 이르기까지 광범위한 지역에서 생산을 위한 필수 요소였고 경제의 중요한 부분을 이루었다. '노예'라는 뜻의 영어 '슬레이브'(slave)의 어원은 슬라브인을 뜻하는 '스클라부스'(sclavus)로부터 비롯됐다.[20] 베네치아와 아랍세계에서 동유럽 슬라브인을 노예화했던 역사의 흔적이 '슬레이브'에 고스란히 남아 있는 것이다. 하지만 여기서 피부색은 중요하지 않았다.

짙은 피부색의 아프리카인을 맨 먼저 노예로 삼은 사람들은 누구였을까? 7세기부터 번성했던 이슬람 왕국은 슬라브인뿐만 아니라 흑인을 노예로 매매하기 시작했다. 흑인의 노예화는 이슬람 세계의 노예무역에서 시작된 것이다. 빌마, 아가즈, 마라케시 같은 사하라사막 횡단 거점도시의 노예시장에서 흑인 노예가 빈번하게 거래됐다. 노예무역의 피해 수치를 정확하게 추산하기는 불가능하지만 남아 있는 항해자료 등을 통해 추산해보자면, 이슬람에 의한 노예무역은 7세기부터 19세기 말까지 지속되었고 피해자는 약 1,100만 명에 달했다. 한편 유럽인에 의한 대서양 횡단 노예무역은 16세기 중반부터 시작해 19세기 말까지 지속됐으며 그 피해자는 약 1,200만 명에 이르는 것으로 추산된다. 그런데 사하라사막 횡단 노예무역과 대서양 횡단 노예무역은 성격이 달랐다. 오스만제국 각지로 팔려간 아프리카인 노예들은 가내 노예나 다양한 직종의 하급노동력으로 활용됐던 반면, 대서양 노예무역으로 팔려간 아프리카인들은 아메리카 플랜테이션의 대규모 강제노동에 동원됐다.[21]

노예는 어떻게 조달했을까? 인간사냥과 다름없는 포획, 납치에서부터 아프리카 부족전쟁의 포로를 사들이는 경우에 이르기까지 노예를 '징발'하는 과정은 다양했다. 유럽인에 의한 조직적인 노예사냥과 노예거래가 있었음은 물론이다. 그러나 흔히 상상하듯이 숲속이니 마을에서 아프리카인을 몇 명씩 '인간사냥'하는 방식으로는 막대한 노예 수요를 조달할 수 없었다. 16세기 유럽인에 의한 대서양 노예무역이 시작되기 이전 아프리카에는 부족전쟁의 포로를 노예로 삼는 노예제가 광범위하게 존재했다. 유럽인 노예상인들이 들어오자 부족장들은 전쟁 포로를 노예상인에게 매매하기 시작했다. 카메룬의 역사가 엥겔베르트 므벵(Engelbert Mveng, 1930~1995)의 표현을 따르면, 노예무역의 역사는 이렇게 요약될 수 있다. "이슬람은 노예시장을 열었고, 유럽은 이를 뒤따랐으며, 아프리카인은 희생자이자 공범자였다."[22]

유럽인들은 총과 대포, 면직물, 사치품을 팔고 아프리카인을 노예로 샀다. 노예로 팔린 아프리카인은 노예선에 실려 대서양을 건너 카리브 지역과 아메리카로 향했다. 노예무역 피해자 약 1,200만 명 가운데 아메리카에 도착한 이는 약 960만 명이었다. 약 20퍼센트에 해당하는 240만 명은 아프리카 내륙에서 항구로 이송될 때, 노예선으로 중간 항로를 건널 때 희생됐다.[23] 인간에 의한 인간의 노예화를 통계 수치로 환원해 죄의식을 덜어내고, 약탈을 무역으로 포장하면서 유럽-아프리카-아메리카를 잇는 삼각무역은 최초의 국제적 자본주의 사업으로 성장했다.

노예무역과 노예제에 관한 많은 연구들은 플랜테이션(plantation)◆에 집중되어 있다. 하지만 『노예선: 인간의 역사』(The Slave Ship: A Human History)를 쓴 미국 역사가 마커스 레디커(Marcus Rediker, 1951~)는 근대 노예제의 역사는 플랜테이션이 아니라 노예선에서 시작됐다고 주장한다. 노예선이야말로 문화형성(cultural formation), 인종형성(race formation), 계급형성(class formation)의 장소였다는 것이다. 노예선에는 수갑, 족쇄, 쇠사슬, 채찍, 나비나사(thumbscrew), 스펙큘럼 오리스(speculum oris) 같은 폭력의 도구들이 실렸다. 나비나사는 엄지손가락을 짓누르는 나비 모양의 고문 도구고, 스펙큘럼 오리스는 먹기를 거부하는 노예의 목구멍에 음식물을 밀어넣는 강제 급식 도구다.

노예선 하갑판은 가능한 한 많은 수의 노예를 싣기 위해 불법으로 개조했고 질식을 막기 위해 통풍구를 뚫었다. 노예선은 끔

◆ '플랜테이션'은 열대, 아열대 지방에서 서양인이 자본과 기술을 제공하고 원주민이나 이주노동자의 저렴한 노동력을 이용해서 수출용 단일경작을 하는 기업적 농업을 말한다. 재배 작물은 사탕수수, 면화, 커피, 바나나, 담배, 향신료 등이 있다. 자본주의 초기 아메리카에 흑인노예 노동력으로 운영된 플랜테이션이 가장 대표적이다.

멍에(위)와 팔찌 및 열쇠(아래).
'멍에'는 19세기 서아프리카에서 사용되던 것으로 나무와 금속으로 만들어졌다. 도보로
이동할 때 도망가지 못하도록 노예의 목에 걸었다. 삼각형 부분을 노예 목에 씌우고,
멍에 두 개를 연결해 두 노예가 한데 묶여 움직이도록 했다. 노예 주인의 이름이 새겨진
팔찌 및 열쇠에는 "S. 보장켓 레이턴 1764년"(S. Bosanguet Layton 1764)이라고 쓰여
있다. 팔찌는 노예 소유주를 명시할 뿐만 아니라 편지를 전달하는 등 출장 용무 중인
노예가 도망노예가 아님을 증명하는 용도로 쓰이기도 했다.

찍한 폭력의 현장이었으며 선장이 휘두르는 폭력에 살해되거나 자살한 노예들은 노예선을 따라 헤엄치는 상어 떼의 먹잇감이 되었다. 하지만 노예선은 파괴만 있는 곳은 아니었다. 앞서 레디커가 말했듯 문화형성과 인종형성이 일어나는 '생산'의 장소이기도 했다. 서부와 중부 아프리카 여러 지역에서 끌려온 이보족, 템네족, 멘데족, 판테족, 골라족, 아샨티족은 서로 쓰는 언어가 달랐지만 노예선 하갑판에서 손짓 발짓으로 의사소통해가며 구전하는 아프리카의 이야기를 나누고 노예들의 문화를 형성했다. 노예선 선장들은 '노예 상품'을 건강한 상태로 유지하기 위해 주기적으로 노예들을 갑판 위로 올려 쇠사슬에 묶인 채 아프리카 북소리에 맞춰 춤을 추도록 했다. 강요된 춤은 때로 자발적인 춤사위와 리듬으로 변모했고, 흑인 재즈의 기원이 되었다.

동시에 노예선은 인종이 형성되는 장소였다. 여러 부족 출신의 아프리카인들은 모두 '흑인'이라 불리며 흑인 '노예'로 다시 태어났다. 흥미롭게도 선원들은 아프리카인이든 유럽인이든 피부색에 관계없이 '백인'이라 불렸다고 한다.[24] 흑인과 백인의 인종적 구분은 노예선상의 역사를 딛고 시작됐던 것이다. 아프리카인이 '노예'로, '흑인'으로 '창조'된 최초의 장소가 어디였는지 묻는다면 이제 플랜테이션이 아니라 노예선이라고 답해야 할 것이다.

그렇다면 노예노동은 왜 필요했을까? 아메리카 대륙에 사탕수수 재배가 시작되고 이를 바탕으로 대규모 플랜테이션을 운영하고 설탕 산업을 가동하기 위해서는 많은 노동력이 필요했다. 산업혁명을 추동한 면직물 산업의 원료인 면화 역시 강도 높은 노예노동 없이는 싼 가격으로 많은 양을 공급할 수 없었다. 플랜테이션 농업 초기에는 아메리카 인디언의 노동력이 투입됐다. 하지만 유럽인의 아메리카 정복 과정에서 자행된 무자비한 학살과 유럽인이 퍼뜨린 질병으로 인해 원주민 인구는 3분의 1로 격감하고 말았다. 노동력 확보가 어려워지자 유럽에서 죄수나 빈농, 빈민을 모집해 연한계약노동자(indentured labour)로서 아메리카로 송출했으나 수요를 채우기에는 턱없이 부족했다. 그러자 아프리카의 풍부하고 저렴한 노동력에 눈을 돌렸던 것이다. 원주민의 급격한 감소와 백인 계약노동력 부족이 흑인 노예제의 원인이 된 셈이었다.[25]

자본주의는 노예제와 분리해서 생각할 수 없다. 다시 말해 노예제는 자본주의 발전을 추동하는 힘이었다. 트리니다드 토바고의 초대 수상을 지낸 역사가 에릭 윌리엄스(Eric Williams, 1911~1981)는 1944년에 미국에서 출판한 『자본주의와 노예제』(Capitalism and Slavery)에서 다음과 같은 테제를 제시한 바 있다. 첫째, 노예제는 경제적 현상이고, 인종주의는 노예제의 원인이 아니라 결과다. 둘째, 영국령 카리브 지역의 노예제 경제는 영국 산업혁명의 원인이 되었을 뿐 아니라 산업혁명에 크게 공헌했다. 셋째, 미국혁명 이후에 노예제 경제는 수익성 면에서 중요성이 하락하고 있었다. 넷째, 노예무역의 폐지와 영국령 카리브 지역에서의 노예해방은 휴머니즘의 결과가 아니라 영국의 경제적 동기와 필요에 따른 결과였다.[26]

윌리엄스의 테제에 대해서는 대서양 노예무역에서 발생

한 이윤이 영국 국내에 투자된 자본의 이윤에 비해 적었다거나 노예무역폐지에서 경제적 동기 못지않게 도덕적·종교적 동기가 중요했다는 반론도 제기되고 있다. 논쟁은 여전히 진행 중이다. 하지만 윌리엄스 테제에 찬성하든 반대하든 『자본주의와 노예제』를 빼놓고 자본주의의 초기 역사를 논할 수 없다는 사실만은 분명하다.

경제사가 스벤 베커트(Sven Beckert)도 노예제와 자본주의가 연결되어 있다고 본다. 베커트에게 노예제와 자본주의의 연결고리는 '백색 황금', 즉 면화였다. 2014년에 나온 저서 『면화의 제국』(Empire of Cotton)에서 베커트는 발생 초기의 자본주의를 설명하는 데 '상업자본주의'라는 친숙한 개념 대신 '전쟁자본주의'(war capitalism)라는 새 개념을 제시했다. 베커트의 전쟁자본주의 개념은 상업자본주의 시대에 벌어진 폭력의 여러 양상을 직시하게 만든다는 장점이 있다. 하지만 주권국가들 사이의 폭력적 대결인 전쟁 개념을 노예제 폭력에도 적용할 수 있는가에 대해서는 의문이 남는다. 이런 개념적 모호함에도 불구하고 그의 연구는 초기 자본주의 시대에 빈번히 발생했던 해외 식민지 쟁탈을 위한 유럽 각국의 왕조전쟁과 식민지 경제를 지탱한 노예노동에 대한 관심을 새로이 불러일으켰다. 노예제는 자본주의로 대체된 것이 아니라 자본주의에 내장된 제도였고, 노예노동은 자본주의의 발달에 부차적 요소가 아니라 본질적 요소였다는 것이다.

'면화'로 자본주의 역사를 읽으면 무엇이 달라질까? 면화라는 작물은 '도시'가 아니라 '농촌'을 보게 한다. 도시가 아니라 들판에서 시작된 변화, 미국 남부 플랜테이션의 노예제와 강제노동, 식민주의 폭력이 본격적으로 시야에 들어오게 되는 것이다. 영국에서 최초의 산업혁명으로 산업자본주의의 발전이 가능했던 원동력을 설명하려면 풍부한 철광석과 석탄 매장량, 전국적인 운송망과 대도시 런던 중심의 소비시장 발달, 재력과 무력을 갖춘 중앙집권적 재정군사국가(fiscal-military state)의 성립 같은 내부적 요인만으로는 충분하지 않다. 면화는 영국에서 재배되지 않는 완벽하게 외부적인 요인이었다. 맨체스터와 리버풀의 면직물공장에 원면을 공급했던 것은 아메리카 남부 조지아주, 앨라배마주 플랜테이션의 노예노동이었다. 그래서 베커트는 자본주의는 공장이 아니라 들판에서 시작됐다고 주장한다. 영국 면제조업의 확대와 산업자본주의의 등장은 대서양 건너편에서 자행되는 폭력에 기대고 있었던 것이다.[27] 윌리엄스와 베커트의 연구가 밝혔듯이 산업자본주의는 아프리카인의 노예화와 강제 노예노동에 힘입고 있었다. 자본주의 세계를 낳은 밑거름은 '노예가 된 아프리카인들'(enslaved Africans)의 피와 땀이었다고 해도 지나치지 않다.

'노예가 된 아프리카인', 올라우다 에퀴아노

올라우다 에퀴아노(Olaudah Equiano, 1745~1797)는 노예가 된 수많은 아프리카인 가운데 한 사람이었다. 에퀴아노는 지금의 나이지리아에 해당하는 베냉 왕국 에보에 지방에서 태어났다. 아버지는 이보족 족장이었고, 에퀴아노는 일곱 남매 가운데 사내아이로는 막내였다. 유럽 노예상인들이 들어온 이래 마을에서는 납치가 빈번하게 일어났는데 에퀴아노도 11살 때 여동생과 함께 노예 사냥꾼에게 납치됐다. 어른들이 모두 일하러 나가고 여동생과 둘만 집에 남아 있었을 때 노예 사냥꾼이 담을 넘어 침입한 것이었다. 그렇게 노예선에 실려 대서양을 건넜고 영국령 버지니아의 농장에서 노예로 일해야 했다. 주인이 여러 번 바뀐 끝에 영국 해군장교 마이클 파스칼에게 팔려 그를 따라 1756년부터 1763년까지 당시 유럽 열강 대부분이 참여했던 7년전쟁에 참전했고 캐나다와 지중해 여러 곳을 여행하기도 했다. 파스칼은 에퀴아노가 자유를 원하자 제임스 도란이라는 선장에게 팔아버렸고, 도란은 다시 에퀴아노를 로버트 킹이라는 상인에게 팔았다. 팔고 팔리는 관계가 반복됐던 것이다. 이후 퀘이커교도였던 킹은 구매 금액인 40파운드를 받고 에퀴아노를 해방시켜줬다. 노예 주인에게서 자신을 되사고 자유의 몸이 된 에퀴아노는 1770년대 영국에 정착했고 자신의 경험을 바탕으로 자서전 『에퀴아노의 흥미로운 이야기』(The Interesting Narrative of the Life of Olaudah Equiano)를 출판하는 등 노예해방을 위해 힘썼다.[28]

에퀴아노가 영국에 있을 때 벌어진 사건이 바로 악명 높은 '종(zong)호 사건'이었다. 노예무역은 부도덕하고 비인간적인 사업이었다. 인간이 다른 인간을 사고판다는 면에서뿐만 아니라 대량 인명살상을 초래한다는 면에서도 그러했다. 종호 사건은 아프리카, 아메리카, 유럽을 잇는 삼각노예무역의 비인간성을 극명하게 보여준 사례였다. 특히 아프리카에서 대서양

윌리엄 터너, 〈노예선〉, 1840년.
영국을 대표하는 풍경화가 윌리엄 터너(J. M. William Turner, 1775~1851)의 그림으로,
종호 사건을 소재로 하고 있다. 그림 왼편 중앙에는 태풍을 만나 난파 위기에 처한 종호가
파도에 흔들리고 있고, 오른편 하단에는 거친 바다에 산 채로 내던져진 노예들이 있다.

을 건너 아메리카로 향하는 중간항로(Middle Passage) 동안 노예들은 노예선 밑바닥에 짐짝처럼 포개져 있어야 했다. 노예선 종호 선장은 자신의 실수로 많은 흑인 노예들이 병들어 죽어가자 132명의 흑인 노예를 바다에 던져버렸다. 노예를 바다에 수장시켜 물과 식량부족을 해결하고 보험금도 받아내겠다는 계략이었다. 사건은 1783년 노예선주 그렉슨(Gregson) 대 보험업자 길버트(Gilbert)의 소송으로 번졌다. 결국 재판과정에서 선장이 고의로 노예를 수장했다는 사실이 밝혀짐으로써 이 사건은 노예무역의 참상을 고발하는 계기가 되었다. 그랜빌 샤프(Granville Sharp, 1735~1813) 같은 복음주의자들은 종호 사건을 노예제폐지 운동을 펼치는 기회로 삼았는데 이 사건을 샤프에게 제보한 사람이 바로 에퀴아노였다.[29]

종호 사건에 앞서 영국에서 노예제폐지 운동의 불길이 타올랐던 계기는 '서머싯 재판'이었다. 1772년 판사 맨스필드경은 도망친 노예 제임스 서머싯(James Somerset)에 대한 재판에서 영국 본국에 있는 한, 흑인은 노예가 아니라고 판결했다. 노예가 아니니 주인이 그를 강제로 식민지에 돌려보낼 수 없다는 것이었다. 서머싯 판결은 영국 땅에서는 노예제가 불법이라는 선언이었다. 미국에서 영국으로 건너온 흑인 노예들에게 이 판결은 일종의 해방 선언으로 받아들여졌고 노예해방을 위한 운동에 힘이 실리는 또 하나의 계기가 되었다.[30]

노예제폐지 운동가로서 에퀴아노의 면모와 위상은 2007년 영국에서 발행된 기념우표를 통해 확인할 수 있다. 1807년 3월 25일 의회는 영제국 전역에서 노예무역을 폐지하는 법

대서양 노예무역폐지 200주년 기념우표.
맨 위 오른쪽이 에퀴아노다.

을 통과시켰다. 2007년은 그로부터 200년이 되는 해였다. 여섯 매 기념우표 한 세트의 주인공은 국회의원 윌리엄 윌버포스(William Wilberforce, 1759~1833), 샤프, 여성작가 한나 모어(Hannah More, 1745~1833), 이그나티우스 산초(Ignatius Sancho, 1729~1780), 토머스 클락슨(Thomas Clarkson, 1760~1846), 그리고 에퀴아노다. 이 중 '흑인'은 산초와 에퀴아노뿐이었다. 영국, 프랑스, 네덜란드, 스페인, 포르투갈처럼 근대 초부터 19세기까지 노예무역과 노예제를 통해 부를 쌓아올린 유럽 국가들에서 노예제는 '기억상실증'에 걸렸다고 할 정도로 거의 공론화되지 않았다. 이런 의미에서 볼 때 영국이 대서양 노예무역폐지 200주년을 기념했다는 것은 매우 이례적인 현상이었다. 하지만 여전히 아쉬움이 남았다. 기념행사는 백인 노예제폐지 운동가 중심으로 진행되었고 주인공은 단연 윌버포스였다.[31](이에 대해서는 다음 절에서 다룬다.)

에퀴아노가 이렇듯 백인 중심의 기념에 '조연'으로 캐스팅되었다는 사실은 여러 가지를 시사한다. 그가 부당하게 감내해야 했던 험난한 삶만큼이나 노예제폐지에 관한 영국 주류사회의 기억 속에서 그에게 할당된 자리는 불편해 보인다. 그럼에도 에퀴아노의 위치는 특별하다. 우선, 그는 '노예가 된 아프리카인'이라는 표현에 정확히 들어맞는 존재였기 때문이다. 산초는 노예선상에서 태어났기에 아프리카 경험이 없었지만 에퀴아노는 '아프리카인'이었다. 더구나 에퀴아노는 앞서 언급했듯 자서전을 저술함으로써 노예서사(slave narrative)◆라는 장르를 개척했다. 영국에서 자서전을 출판한 흑인이 에퀴아노가 처음은 아니었지만, 노예 경험을 통해 노예제폐지까지 주장하는 내용을 담은 자서전을 쓴 것은 그가 처음이었다.

『에퀴아노의 흥미로운 이야기』 초판은 1789년 3월 24일에 출간됐다. 곧 프랑스어, 네덜란드어, 독일어, 러시아어로 번역됐고, 미국과 유럽에서만 19쇄를 발간하는 등 대성공을 거두었다. 에퀴아노 자신이 직접 자서전을 들고 영국 전역을 돌며 책 판매와 노예제폐지 선전을 겸한 '북투어'를 하기도 했다. 자서전에 그려진 에퀴아노의 모습은 다채롭다. 역설적이지만 에퀴아노는 노예였기에 아프리카-아메리카-유럽 대륙을 왕래하는 코스모폴리탄의 삶을 살 수 있었다. 7년전쟁에 참전해 1759년 지브롤터 해전을 경험했고, 1773년 6월에는 찰스 어빙(Charles Irving) 박사의 탐험대를 따라 북위 78도의 그린란드까지 다녀왔다. 에퀴아노의 자서전은 다른 노예 출신 작가의 자서전보다 분량 면에서 월등히 많고, 내용 면에서도 풍부하다. 한 흑인 노예의 자수성가 이야기라는 세속적 성공담으로, 기독교로 개종한 노예의 회심기로, 대륙을 넘나들며 북극까지 다녀온 모험가의 여행기로, 뿐만 아니라 노예제폐지 운동가의 정치 담론으로 다양한 시각에서 읽을 수 있는 이야기를 담고 있었다.[32]

노예는 말을 잃어버린 존재다. 읽고 쓰기를 배우지 못하도록 금지되어 있는 것은 물론 주인에게 말대꾸를 해서도 안 되는 존재가 노예다. 반항하는 노예를 징벌할 때 쓰

● '노예서사'는 노예나 해방노예가 직접 경험한 것을 바탕으로 서술한 기록물로 주로 자서전의 형식을 띠었다. 영국과 미국, 캐나다, 카리브 국가들에서 전해오는 노예서사는 6,000편이 넘고, 책이나 팸플릿으로 출간된 것만 해도 150여 편에 달한다. 종교적 구원에 대한 이야기부터 성공담, 여행기, 노예제폐지 운동 선전물에 이르기까지 내용도 다양했다.

는 아이언 머즐(iron muzzle)이라는 철로 만든 입마개는 목소리를 잃어버렸을 뿐 아니라 먹고 마시는 것도 금지된 극한 상황에 놓인 노예를 상징한다. 목소리는 몸을 통해 생성된다. 몸에서 울려 나오는 것이 목소리다. 노예가 말을 한다는 것, 자신의 목소리를 낸다는 것은 노예의 육체에 덧씌워진 열등성에 정면으로 도전하는 행위다. 이런 의미에서 노예였던 에퀴아노가 자서전을 썼다는 사실은 노예제와 인종주의를 떠받치고 있는 흑인이 원래 열등하다는 부당한 명제를 반박하는 살아 있는 증거다. 스스로 말하는 노예는 백인 노예제폐지 운동가들이 캠페인에 즐겨 활용했던 수동적인 노예 이미지와 대조를 이룬다. "나는 인간도 형제도 아닙니까?"(Am I not a man and a brother?)라고 울부짖으며 해방을 애원하던 노예의 수동성은 자신의 목소리로 말하는 노예에게서는 찾아볼 수 없기 때문이다.

그런데 『에퀴아노의 흥미로운 이야기』에서 들리는 목소리는 하나가 아니다. 때로는 모순된 목소리가 동시에 들려오기도 한다. 우선, 에퀴아노의 이름부터 여럿이다. 노예 주인은 노예에게서 본래의 이름을 박탈한다. 제멋대로 붙인 이름으로 노예를 호명하는 것은 노예를 길들이는 방법 가운데 하나였다. 에퀴아노 역시 중간항로를 항해하는 배에서는 '마이클'로, 버지니아 농장에서는 '제이콥'으로 불렸다. 이뿐만이 아니다. 이 자서전을 통상 줄여 '에퀴아노의 흥미로운 이야기'라고 부르지만 자서전의 원제목은 '아프리카인 올라우다 에퀴아노 혹은 구스타브스 바사, 그가 직접 쓴 흥미로운 인생 이야기'

(The Interesting Narrative of The Life of Olaudah Equiano or Gustavus Vassa, The African, Written by Himself)다. 여기서 '구스타브스 바사'는 주인 파스칼이 지어준 노예명이다. 그렇다면 왜 에퀴아노는 제목에 에퀴아노와 바사, 두 이름을 나란히 썼을까? 사실 이 책에 에퀴아노라는 이름이 등장하는 것은 제목과 서명에서뿐이다. 본문에는 나오지 않는다. 고향 서아프리카의 생활을 묘사한 1장 '저자의 나라, 예의범절, 관습 등에 관한 설명'에서도 "내 이름 올라우다는 우여곡절이나 성쇠를 뜻하는 동시에 (…) 인기 있는 사람이라는 뜻"[33]이라고 서술돼 있지만 에퀴아노에 대한 설명은 따로 없다. 에퀴아노는 이보족에게 흔한 이름인 에쿠노(Ekwuno)나 에쿠아노(Ekweano)에서 나온 것으로 보인다.[34]

　　노예명 '구스타브스 바사'는 작가이자 노예제폐지 운동가로 대중에게 널리 알려져 있었다. 바사는 영제국 신민으로서 법적 이름이자 노예해방 문서에 적힌 이름이었다. 1759년 2월 9일 런던 성 마거릿 교회에서 세례를 받았을 때, 그리고 1792년 4월 7일 백인 여성 수산나 컬렌(Susannah Cullen)과 결혼했을 때도 서명한 이름은 '바사'였다. 바사는 스웨덴 국왕 구스타브스 바사(Gustavus Vassa, 1496~1560)에서 따온 이름이다. 덴마크의 지배로부터 스웨덴 민중을 구하고 자신은 암살당한 바사는 스웨덴 민족의 영웅이었다. 비록 노예 주인이 붙여준 것이지만 에퀴아노는 바사라는 이름이 연상시키는 '해방자'의 이미지를 좋아했던 것으로 보인다. 이는 아마도 고난의 삶 속에서도 신의 섭리를 감지하고 어려움을 헤쳐나갔던 에퀴아노의 운명에 대한 소명의식의 발로였을 것이다.

그렇다면 그는 왜 자서전의 제목에 대중에게 널리 알려진 구르타브스 바사보다 올라우다 에퀴아노를 먼저 써넣었을까? 에퀴아노는 1767년 카리브의 영국령 섬 몬트세랫에서 자상한 주인 킹에 의해 해방 문서를 손에 넣었으나, 런던에서 흑인 소수자로 살아가야 하는 불안정한 위치에서 벗어나지 못했다. 그런 그에게 아프리카 출신이라는 사실은 자신의 뿌리를 확인시켜주는 동시에 자부심과 정체성의 근거가 되었다. '올라우다 에퀴아노'라는 이름은 그가 아프리카 출신이며 납치당해 노예가 되었다는 증거에 다름 아니었기 때문이다. 1792년 흑인 에퀴아노의 명성은 절정에 달해 있었다. 북투어는 성공을 거두었고, 결혼 소식은 신문 지면을 장식했다. 그런데 1792년 당시는 프랑스 본토에서는 1789년 발발한 대혁명의 결과 공화정이 수립됐고, 프랑스령 카리브 식민지 생도맹그에서는 노예혁명의 불길이 한창 타오르고 있었던 시점이기도 했다. 영국에서도 프랑스처럼 혁명이 일어날지 모른다는 불안감은 급진주의 정치 세력과 흑인에 대한 악의적 공격으로 나타났다. 어떤 신문은 에퀴아노가 아프리카가 아니라 카리브의 덴마크 식민지 세인트크로이섬에서 태어났다는 설을 제기하며, 그를 거짓말쟁이라고 비방하기도 했다. 자서전에 굳이 에퀴아노라는 이름을 써넣었던 이유는 의심하는 사람들에 맞서 아프리카 태생이라는 진본성(authenticity)을 강조하기 위한 전략이었을 것으로 보인다.[35]

현대 미국의 노예제 연구자 빈센트 카레타(Vincent Carretta, 1945~)는 에퀴아노가 진짜 아프리카 출신이 아닐 수 있

「에퀴아노의 흥미로운 이야기」 초판본, 1789년.

다는 주장으로 에퀴아노 자서전의 진위성에 문제를 제기하기도 했다. 에퀴아노가 캐롤라이나의 플랜테이션에서 태어났을 가능성이 높다는 것이다. 그러나 앞서 언급한『노예선』의 저자 레디커는 에퀴아노의 출생지가 어디인지는 별로 중요한 문제가 아니라고 일갈한다. 노예들 사이에 떠도는 소문을 집대성한 것이 에퀴아노 이야기일 수 있으며, 그럴 경우 에퀴아노는 구술 역사가, 구전서사의 전승자, '목소리 없는 다수의 목소리'(voice of voiceless)를 대변하는 역할을 부여받게 된다는 것이다.[36] 이러한 레디커의 해석은 노예서사를 어떻게 읽을까에 필요한 지혜를 일깨워준다고 할 수 있지 않을까?

자서전을 좀 더 깊게 읽으면서 에퀴아노가 무엇을 꿈꾸고 무엇을 이루려 했는지 생각해보자. 1757년 에퀴아노는 주인 파스칼과 함께 영불해협에 있는 영국령 작은 섬 건지에 잠시 머물렀다. 항해사의 집에 기거하게 된 에퀴아노는 그 집 딸 메리와 친해진다. 메리는 대여섯 살 된 백인 여자아이였다. 메리의 어머니가 그녀를 씻겨주면 장밋빛 발그스레한 뺨이 어여쁘게 피어났다. 에퀴아노는 자신의 얼굴빛을 메리와 같게 만들고 싶어 자주 세수를 해보았지만 소용이 없었다. 백인 소녀의 하얀 피부에 대한 부러움과 자신의 검은 피부에 대한 자괴감을 에퀴아노는 이렇게 적었다. "나는 내 피부색이 다르다는 사실에 굴욕감을 느끼기 시작했다."[37]

이 대목에는 흑인 주체로서 에퀴아노가 느끼는 부정적 자의식이 엿보인다. 또한 이 일화는 20세기 초 미국의 흑인운동가 W. E. B 듀보이스(W. E. B. Du Bois, 1868~1963)와 파농의 경험을 연상시킨다. 어린 시절 뉴잉글랜드에 살았던 듀보이스는 이웃에 새로 이사 온 백인 소녀에게 인사를 건네지만 차갑게 거절당했다. 앞서 언급했듯 파농은 기차 안에서 '검둥이'라 모욕당하고 자아가 위축되는 경험을 했다. 에퀴아노, 듀보이스, 파농 세 사람의 경험은 자신의 육체가 백인의 눈에 어떻게 보이는가를 깨닫고 인종적 자각을 하게 되는 흑인의 원체험을 구성한다.

노예제폐지는 에퀴아노 같은 흑인이 부정적 자의식으로부터 탈출하기 위해 추구해야 할 대안이었다. 그러나 그에게 노예제폐지는 영국적 가치를 부정하는 것이 아니라 오히려 적극적으로 긍정하기 위해 필요한 조치로 인식됐다. 에퀴아노는 자서전의 마지막 장을 조지 3세의 부인 샬롯 왕비에게 보내는 청원서로 맺고 있다. 1788년 무렵부터 영국에서는 노예제폐지를 탄원하는 청원이 쏟아지며 큰 물결을 이루고 있었는데 그중 가장 유명했던 것이 샬롯 왕비에게 보낸 에퀴아노의 청원서였다.[38] 그의 내면에는 아프리카적 정체성과 영국적 정체성이 공존하고 있었으며, 영국을 향한 애국심이 충만해 있었다. 에퀴아노는 영국 문명에 대한 신뢰의 바탕 위에서 의회에 노예제의 참상을 알리고 개혁을 요구하려고 했던 것이다. 이런 의미에서 에퀴아노는 백인 노예제폐지 운동가들과 같은 꿈을 꿨다고 볼 수 있다. 그의 전망은 노예무역과 노예제를 자행한 영국의 잘못에 대한 비판에 그쳤을 뿐 영국 문명 나아가 백인 문명 자체에 대한 비판으로까지 이어지지는 않았다.

노예제폐지 이후의 대안에 대한 생각도 마찬가지였다. 노예해방을 위해서는 노예무역을 대체할 새롭고 건전한 무역 체계가 필요했다. 에퀴아노는 노예무역이 폐지되고 나면 영국과 아프리카 사이의 상호호혜 관계에 기초한 무역체계가 수립될 수 있을 것으로 보았다. 무역을 통해 아프리카인들이 영국의 문명을 받아들이게 되는 것이야말로 아프리카가 문명화에 이르는 길이라고 믿었던 것이다.

시에라리온 식민지 건설은 무역과 함께 병행된 또 다른 문명화 사업이었다. 1787년 에퀴아노는 이 계획에 참여했다. 관계자의 부정행위를 고발하고 도중에 시에라리온 계획 참여를 그만두긴 했지만, 에퀴아노는 영국에 거주하는 흑인 빈민을 시에라리온으로 이주시켜 그곳에 식민지를 개척하자는 계획을 지지했던 것이었다.

아프리카 서부 해안의 시에라리온은 1896년부터 영국 보호령이 되었다가 1961년에 독립했다. 다이아몬드 같은 자원을 풍부하게 갖고 있었지만 정부군과 반군 사이의 내전이 지속되면서 자국민을 위해 자원을 쓰지 못하는 '천연자원의 저주'의 대표적인 사례로 손꼽히는 국가가 시에라리온이다. 영국은 18세기부터 시에라리온에 관심을 두었고 목재, 상아, 밀랍, 가죽, 금 그리고 흑인 노예를 거래했다. 시에라리온의 선주민은 템네족이지만 그 외의 다수 주민은 크레올이다. 외부에서 들어온 크레올은 영국 흑인 빈민을 비롯해, 미국독립전쟁에 참전했던 해방노예, 자메이카 도망노예 등 세 그룹으로 나뉜다.[39]

에퀴아노가 관여했던 시에라리온 식민지 이주 계획을 시작한 사람은 박애주의자 조너스 핸웨이(Jonas Hanway, 1712~

1786)였다. 핸웨이는 노예제에 반대하는 국교도 자선운동가로서 영국에서 궁핍한 생활을 하던 흑인들을 아프리카로 돌려보내자고 주장했다. 그는 1786년 런던 시티의 부유한 상인, 은행가 18명과 함께 흑인빈민구제위원회(Committee for the Relief of the Black Poor)를 설립해 시에라리온 식민지 건설과 이주 계획을 추진했다. 드디어 1787년 초 376명의 흑인 빈민이 영국을 떠났고, 같은 해 5월 9일 시에라리온에 도착했다. 이주자들 다수는 미국 독립전쟁에서 영국군 병사로 복무했던 흑인 노예들이었다. 이들은 독립전쟁이 끝난 후 약속대로 노예 신분에서 해방되어 영국 땅을 밟았다. '블랙 로열리스트'(Black Loyalists) 혹은 '퍼스트 블랙 브리튼즈'(the First Black Britons)라고 불리며 자유민이 되었지만 빈곤과 인종차별을 피할 수는 없었다. 런던과 리버풀 같은 대도시로 유입된 이들은 최하층 도시빈민으로서 근근이 생계를 유지하며 골칫거리 취급을 당했다. 흑인 빈민문제를 개혁의 대상으로 보았던 박애주의자와 노예제폐지 운동가 들은 시에라리온 식민지에 이들을 이주시키는 계획을 추진했던 것이다.[40]

　　에퀴아노는 이미 세상을 떠났지만, 시에라리온 식민지 계획은 실행됐다. 1807년 대서양 노예무역이 폐지된 이후 해방노예도 시에라리온으로 보냈다. 시에라리온 식민지 건설을 두고 인도주의라고 옹호하는 이들도 있겠지만 이는 식민주의가 어디까지 위선적일 수 있는가를 보여주는 사례일 뿐 휴머니즘과 무관하다. 노예무역으로 아프리카 각지에서 징발되어 강제 이주당했던 아프리카인들은 이번에는 아무런 연고도 없는 시에라리온으로 다시 한번 이주를 당했던 것이다.

　에퀴아노 외에 노예해방을 위해 활약했던 유색인 가운데는 뮬라토 급진주의자 로버트 웨더번(Robert Wedderburn, 1762~1835) 같은 인물도 있었다. 웨더번은 자메이카에서 노예 주인 아버지와 노예 어머니 사이에서 태어났다. 16세 때 해군에 자원해 런던으로 건너와 도망노예, 유대인, 아일랜드인 들과 교류하며 노예제폐지 운동을 벌였다. 웨더번은 노예제와 자본주의를 한꺼번에 공격했다. 자본주의적 임금노동자는 임금노예와 다를 바 없다는 것이었다. 그는 영국 백인 노동자의 운명을 카리브 흑인 노예의 운명과 연결시켰고, 청중을 선동하는 데 성공한 노예혁명인 아이티혁명의 역사와 기억을 소환했다.[41] 노예해방과 노동해방을 동시에 주장한 웨더번에 비한다면, 에퀴아노의 진보성은 미약해 보일지도 모른다. 하지만 에퀴아노가 자유무역과 영국식 문명화를 옹호하는 데만 머물렀다고 단정하기는 성급하다. 자서전 끝부분에서 에퀴아노는 터키 여행을 앞두고 영국인의 위선에 환멸을 느꼈다며 다시는 돌아오고 싶지 않다고 원망을 털어놓기도 했다.[42]

　또한 급진주의자와 교류한 흔적도 있다. 에퀴아노는 당시 유명한 급진주의 단체인 런던교신협회(London Corresponding Society)의 회원이었다. 이 협회를 이끌었던 구두수선공 토머스 하디(Thomas Hardy, 1752~1832)에게 보낸 에퀴아노의 편지가 남아 있다. 1792년 5월 28일 북투어를 위해 방문한 에든버러에서 쓴 편지로, 런던에서는 아프리카 출신이 아니라 세인트크로이섬 출신이라는 중상모략에 시달렸는 데 반해 스코

틀랜드에서는 한결 우호적인 분위기가 느껴진다고 적었다. 짧은 편지는 신께서 나와 당신을 이 사악한 세상으로부터 지켜주시리라 믿는다며 끝맺고 있다. 서명은 '아프리카인 구스타브스 바사'라고 되어 있다.[43] 하디는 당시 영국 정치를 '부패한 구체제'(Old Corruption)라고 공격하며 근본적인 변혁을 요구했고, 흑인의 해방과 백인의 해방은 동전의 양면이라고 보았다.[44] 두 사람이 어떤 교류를 이어갔는지에 대해서는 안타깝게도 사료가 더 남아 있지 않아 알 수 없다. 하지만 두 사람의 대의가 공명했다는 사실만은 분명하다.

자신이 가진 능력에 의지해 바늘구멍 같은 가능성을 뚫고 스스로를 해방시킨 노예, 영국인보다 더 영국인이 되려고 애썼던 해방노예, 소수 흑인 공동체의 일원으로서 백인 노예제폐지운동가들과 조력하며 자신의 입지를 개척해 나가야 했던 에퀴아노에게 공감하지 않을 수 없다. 후대의 오만한 판단으로부터 에퀴아노를 구해내는 일, 자본주의라는 '악의 꽃'이 아직 만개하지 않았던 18세기 말이라는 시간 속에서 에퀴아노를 이해하는 일, 백인 노예제폐지 운동가들과 공유했던 노예해방의 꿈속에서 흑인 고유의 주체성을 가려내는 일은 사려 깊은 역사가의 손길을 기다리고 있다.

노예제의 유산과
기억의 정치

대서양 노예무역폐지 200주년 기념

인간의 피부색 차이를 호모사피엔스 아종의 고정불변한 특징으로 고착화하고, 피부색 차이에 따른 위계를 확정하는 정교한 인종론은 인종적 위계질서에 따른 지배를 정당화하는 인종주의를 낳았다. 여기서 한 가지 잊지 말아야 할 것은 노예제의 비인간성을 폭로하고 노예해방을 주장하는 노예제폐지 운동과 흑인의 인종적 열등함을 증명하는 소위 '과학적' 인종주의의 정립이 병행했다는 사실이다. 흑인의 열등함을 믿어 의심치 않던 백인우월주의와 노예제폐지 운동은 무리 없이 공존할 수 있었다. 2007년 노예무역폐지 200주년 기념을 둘러싼 기억의 투쟁은 백인 노예제폐지 운동의 인도주의가 무엇을 은폐하고 있는지, 선의(善意)는 왜 정의(正義)가 아닌지를 드러낸다.

영국은 노예무역과 노예제에서 단연 주역이었다. 거래 물량과 부의 축적에 있어서 압도적인 일등국이었다. 그러나 영국 안에서는 노예가 보이지 않았다. 노예를 아프리카에서 싣고 아메리카 플랜테이션으로 곧장 이송했기 때문이다. 그렇게 영국에서 노예를 볼 수 없었지만 노예제는 영국 경제와 사회를 떠받치고 있었다. 영국 노예제는 비가시성(非可視性)과 편재성(偏在性)의 공존이라는 특수성을 갖고 있었던 것이다. 그러나 아이러니하게도 영국은 가장 먼저 노예제를 폐지한 국가이기도 하다. 때문에 영국은 노예무역과 노예제를 어느 국가보다도 앞서 폐지했다며 도덕성을 주장하고 있다.

1807년 의회가 대서양 노예무역을 폐지한 지 200년이 지난 2007년, 영국에서는 기념식을 비롯해 텔레비전 프로그램 방영, 출판, 토론회, 진시회 등 다채로운 관련 행사가 열렸다. 전문 학술지에서는 일제히 노예무역과 노예제 특집을 기획했다. 또한 전국의 주요 박물관에서는 2007년 한 해 동안에만 60여 건이 넘는 노예무역폐지 200주년 기념 특별전이 열렸다.

그렇다면 오랜 침묵을 깨고 노예제의 영향과 유산, 노예제 과거사 극복이라는 문제가 영국사회에서 공적 담론으로 떠오른 이유는 무엇인가? 2007년 이전까지 노예무역과 노예제에 관해 영국사회는 집단 망각에 가까운 반응을 보여 왔다. 최근까지도 영국뿐 아니라 유럽 전역은 노예제 역사에 대해 '역사적 기억상실증'에 갇혀 있었다.[45]

200주년 기념은 노예제 역사 해석에서 유럽 중심주의와 백인우월주의라는 '낡은 합의'가 동요하고, 영국의 과거사 책임에 대한 사죄와 배상 요구가 점차 거세지는 가운데 일어난

'사건'이었다. 제2차 세계대전 이후 카리브해 신(新)연방국가에서 영국으로 대규모 이주가 시작되고 본격적인 포스트 식민사회가 도래하자 노예제폐지를 영국의 인도적 간섭주의의 성공으로 보는 담론은 더 이상 힘을 갖기 어려워졌다. 다문화주의를 지향하는 영국의 이민 정책은 '노예의 후손'인 흑인 커뮤니티를 사회통합의 대상으로 삼아야 했고, 이를 위해서는 노예제 역사인식에서 기존의 폐지 담론을 일방적으로 고집할 수 없었다. 2007년 노예무역폐지 200주년 기념은 아프리카–카리브계 영국인 커뮤니티의 존재와 도전에 조응해 어떻게 공통의 경험 위에서 새로운 기억을 만들 것인가라는 과제를 안고 출발했던 것이다. 이러한 거대한 변화의 배경에 흑인 커뮤니티의 세력화와 흑인 정치가와 운동가 들의 활동이 존재했음은 물론이다.

당시 수상이었던 토니 블레어(Tony Blair, 1953~)는 2007년 2월 14일 가나의 엘미나캐슬에서 열린 영국문화원 노예무역폐지 200주년 기념행사에 보낸 축하 영상에서 이렇게 말했다. 200주년 기념은 "노예무역에서 영국의 역할과 이로 인한 개인적·집단적 고통에 대해 깊은 슬픔과 유감을 표현할 기회"라고 말이다.[46] 블레어의 이 발언은 수상이 노예제 역사에 대해 언급한 첫 사례였다. 하지만 "유감"이라고 표명했을 뿐 공식적인 사죄는 아니었다.

정부 관계자들의 발언에는 교묘한 함정이 존재했다. 2004년 내무장관은 "오늘날 노예제는 반인도적 범죄고, 과거 노예무역과 노예제는 인류사의 끔찍한 비극"이라고 했다. 정치적 계산이 깔려 있는 발언이다. 현대 노예제는 '범죄'고, 과거 노예제는 '비극'이라니. 이는 영국이 직접 책임져야 하는 과거 노예제로부터 영국에 직접적인 책임이 없는 현대판 노예제로 관심을 슬쩍 돌리는 논법이다.[47] 이렇게 하면 노예제라는 악행에 손을 댔지만 곧 반성하고 노예제를 철폐했던 인도주의의 '전파자'이자 '해방자'라는 영국의 이미지가 손상되지 않는다. 더구나 노예제가 "인류사의 끔찍한 비극"이라면 동서고금의 모든 노예제를 놓고 함께 반성해야지 유독 영국만 책임져야 할 이유도 사라지는 것이다.

2007년을 전후로 영국 전역에서 진행됐던 다양한 기념행사의 중심에는 '백인' 노예무역폐지 운동가 윌버포스가 있었다. 잉글랜드 요크셔 헐에서 1759년에 태어난 그는 1780년 하원의원이 되었고, 1785년 복음주의로 개종한 후에는 노예무역폐지 운동을 전개해 1807년 노예무역폐지법을 통과시켰다. 영국의 노예제폐지의 역사에서 윌버포스는 오랫동안 인기를 누린 주인공이었다. 윌버포스의 새 전기가 2007년 한 해에만 다섯 권이 출간됐을 정도였다. 또한 노예무역폐지를 향한 인도주의자 윌버포스의 노력을 찬양한 영화 〈어메이징 그레이스〉(Amazing Grace)도 2007년에 개봉했으며, 2007년 윌버포스의 고향인 헐에는 기념관이자 박물관 윌버포스 하우스가 수리를 마치고 재개관했다.

노예제의 장기역사와 노예제폐지 운동사라는 상반되는 역사인식 사이의 충돌은 200주년 기념행사에서 그대로 재연되었다. 심하게 말하면 200년 동안 아무것도 변하지 않았다.

유럽인들의 의식 속에 아프리카의 역사는 여전히 유럽인과의 접촉과 노예제로부터 시작되었으며, 노예제를 종식시킨 주체는 윌버포스였다. 윌리엄스는 『자본주의와 노예제』에서 영국 역사가들은 노예제를 폐지하기 위해 노예제를 연구한다는 말을 남겼다.[48] 정곡을 찌르는 통렬한 비판이다. 비인간적 노예제 폐지를 위해 열정과 노력을 아끼지 않은 백인 폐지 운동가들의 선의를 무시하려는 게 아니다. 하지만 윌리엄스의 비판처럼 영국인들의 관심은 노예제의 긴 역사보다는 노예제를 가장 먼저 폐지한 영국의 인도주의적 위업을 기리는 데 있다는 사실을 부정하기 힘들 것 같다. 따라서 이에 대해 노예의 후손인 아프리카-카리브계 흑인들이 편치 않은 속내를 내보이는 것은 당연한 일이었다.

노예무역폐지 200주년 기념식장에서 있었던 작은 소동은 바로 그런 불편한 감정의 표출이었다. 2007년 3월 25일, 웨스트민스터 성당에서 토인 아그베투(Toyin Agbetu, 1967~)는 기념식 도중 뛰쳐나와 여왕과 블레어 총리가 노예무역과 노예제에 대해 공식 사죄해야 한다고 소리쳤다.[49] 아그베투는 나이지리아 출신으로 범아프리카 운동단체인 리갈리(Ligali)를 이끌고 있는 활동가이자 영화감독이다. 그는 4월 3일자 『가디언』(Guardian)에 기고한 글을 통해 기념식에서 자신이 한 행동은 미친 짓이 아니라 정당한 분노의 표현이라고 밝혔다. 또한 200주년 기념이 마치 '윌버페스트'(Wilberfest)♠ 같다고 비판했다. '윌버포스 축제'를 연상시키는 기념행사

♠ '윌버페스트'란 윌버포스의 '윌버'(Wilber)와 축제라는 뜻의 '페스트'(fest)를 합성해 백인 중심의 200주년 기념을 비꼬는 말이다.

노예제폐지 운동의 이미지.
단단하고 윤기 나는 고급 자기인 재스퍼(jasper)로 만들어진 흑백 카메오 노예 메달(좌)은
1787년 조사이어 웨지우드(Josiah Wedgwood, 1730~1795)에 의해 제작된 것이다.
"나는 인간도 형제도 아닙니까?"라는 문구 역시 그가 직접 쓴 것이다. 웨지우드는 근대
도자기 산업을 일으킨 영국의 대표적인 도자기 브랜드 웨지우드의 창업자다. 그는
스태퍼드셔 에트루리아에 있는 웨지우드 공장에서 이 메달을 약 1,500여 개 만들어
무료로 배포했고 판매용으로도 제작했다. 메달 도안은 담뱃갑, 보관함, 헤어핀, 브로치,
팔찌, 우유병, 설탕 그릇 등에 널리 활용되며 노예제폐지 운동의 아이콘이 되었다.
여성 노예가 무릎을 꿇고 "나는 여성도 자매도 아닙니까?"라고 말하는 여성 노예
이미지(우)는 미국의 시인이자 작가인 엘리자베스 마거릿 챈들러(Elizabeth Margaret
Chandler, 1807~1834)에 의해 1830년 제작된 것이다. 이 역시 선전용 배너, 찻주전자와
찻잔, 설탕 그릇 등 여러 용도로 활용됐다.

의 심각한 문제는 노예제폐지를 향한 수백만 아프리카인의 저항과 혁명이 마치 존재하지 않았던 것처럼 느끼게 만든다는 것이다. 기념식에는 많은 아프리카-카리브계 영국인들도 참석해 있었다. 아그베투는 캔터베리 대주교 로언 윌리엄스(Rowan Williams, 1950~)가 기념식 참가자들 모두에게 신 앞에 무릎 꿇고 용서를 비는 기도를 올리자고 했을 때 그 기도에 응할 수 없었다고 했다. 아그베투의 항의는 아프리카인을 노예로 만든 '가해자' 영국이 '해방자'로 변신해 스스로를 축하하는 기념방식에 대한 명백한 거부의 표명이었다.[50]

윌버포스 숭배가 왜 문제인지 따져보자. 그가 백인이기 때문이 아니다. 노동사가 E. P. 톰슨(E. P. Thompson, 1924~1993)에 의하면, 윌버포스는 노동자들의 권리 운동에 반감을 감추지 않았던 보수적인 인물이었다. 노예제폐지라는 인도주의적 캠페인과 노동자 권리에 대한 반대라는 모순된 조합을 어떻게 이해해야 할까? 1790년대 영국에서는 프랑스혁명에 고무되어 급진 자코뱅주의[◆] 운동이 일어나고 있었다. 노동자들은 토머스 페인(Thomas Paine, 1737~1809)의 저서 『인간의 권리』(Rights of Man)[◆◆]를 읽고 열광했다. 그런데 윌버포스의 동료들은

◆ '자코뱅주의'는 프랑스혁명기 급진적 공화파 자코뱅(Jacobins)의 정치 이념을 말한다. 영국에서 자코뱅주의는 프랑스혁명을 따르는 공화주의 사상을 의미한다.

◆◆ 페인은 미국혁명과 프랑스혁명의 열렬한 지지자였다. 1791년 출간된 『인간의 권리』는 에드먼드 버크(Edmund Burke, 1729~1797)가 『프랑스혁명에 관한 고찰』(Reflections on the Revolution in France)에서 혁명을 비난하고 영국식 헌정질서를 옹호한 것에 분개해 버크를 반박한 책이다. 이 책은 당장 커다란 반향을 불러일으켰다. 1791년에 제8판이 나왔고, 미국에서도 바로 인쇄되어 제퍼슨 협회에 의해 널리 배포되었다. 버크가 응수해오자 페인은 1792년 『인간의 권리 제2부』(Rights of Man, Part II)를 냈다. 혁명과 공화정을 주장했던 페인은 영국에서 반역죄로 기소됐고 『인간의 권리』는 출판 금지됐다.

'잘못된 평등' 사상이 북부 공업지대를 중심으로 확산되고 있다고 걱정하는 편지를 윌버포스에게 보냈고, 그 역시 이 우려에 공감을 표했다. 빅토리아시대 중간계급은 광산노동자, 도자기공, 칼제조공들이 『인간의 권리』를 읽는 것을 보고 '기겁'을 했는데 이런 분위기는 윌버포스와 모어에 의하여 만들어졌다고 톰슨은 썼다.[51] 인간의 권리를 주장하기 시작한 백인 노동자계급에게 베풀 선의가 윌버포스에게는 없었다. 윌버포스의 '선의'는 흑인 노예만을 향했고, 그 '선의'도 '정의'와는 거리가 먼 것이었다.

200주년 기념에서 논란을 낳은 또 하나의 행사는 '부끄러움의 행진'(March of Shame)이었다. '라이프라인'(Lifeline)이리는 기독교 복음주의 단체가 주도한 행사였다. 참가자들은 "너무나 죄송합니다"(So Sorry)라고 쓰인 티셔츠를 입고 쇠사슬로 몸을 묶은 채 행진하며 노예의 모습을 재현했다. 행진 참가자들은 3월 1일 헐에서부터 24일 동안 걸어서 런던 국회의사당에 3월 25일 도착했다.[52] 이런 식의 행진을 어떻게 보아야 할까? 노예의 고통을 그대로 보여주는 것이 제대로 된 역사적 재현과 성찰로 곧바로 이어지는가에 대해서는 의문이 든다. 오히려 치유 불가능한 트라우마를 너무 쉽게 전유하는 행위는 '공감'이 아닌 '연민'만을 불러일으키지 않을까? 노예를 수동적 주체로 재현하는 것은 심각한 문제를 남기지 않을까? 왜 노예는 항상 사슬에 묶인 모습으로 재현되어야 하는가? 무릎을 꿇고 "나는 인간도 형제도 아닙니까?", "나는 여성도 자매도 아닙니까?"라고 애원하는 남녀 노예의 이미지는 19세기 백인 폐지 운동가들이 만들어내길 원했던 '침묵하는 희생자'에 딱 들어맞는다. 이런 노예는 전혀 위험하지 않다. 시혜를 베풀어주어야 비로소 인간이 되는 비(非)인간에 불과하다. 이처럼 200주년 기념에서 재현되는 노예의 몸은 수동성의 덫에 갇혀 있었다.

또 하나 기억해야 하는 사실은 노예제폐지와 인종주의 전개의 선후관계. 1834년 영국에서, 1848년 프랑스에서 노예제가 폐지됐다. 본격적인 인종주의는 노예무역과 노예제폐지 이후에 전개되었다. 즉, 합법적 제도로서 뒷받침되던 노예제가 폐지된 이후 백인과 흑인 사이의 우열관계를 입증해야 할 필요는 더욱 절실해졌던 것이다. 피부색과 두개골의 차이를 고정 불변하는 인종의 특징으로 고착화하고 위계를 확정하는 정교한 인종론과 인종주의는 노예제폐지 이후의 역사적 산물이었다.

노예제 기억과 이미지 정치

2007년 노예무역폐지 200주년 기념은 18~19세기 노예제폐지 운동가들이 발명한 시각 이미지에 의존하면서, 대서양 노예제에 대한 스테레오타입을 영구적인 것으로 만들고 있다. 가장 두드러진 예로 무한히 반복되는 노예선 '브룩스'(Brooks) 이미지를 들 수 있을 것이다. 브룩스호는 1781년 리버풀에서 건조된 노예선으로 비인간적 노예무역을 고발하는 캠페인에 그 이미지가 동원돼 유명해졌다. 브룩스호 그림은 1788년 1월 윌리

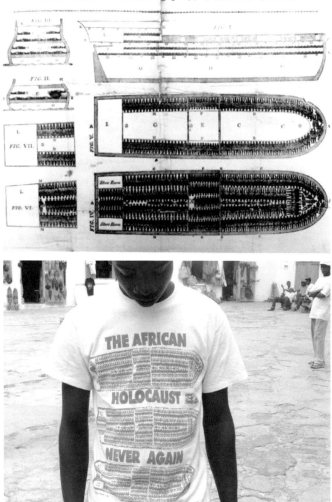

노예선 브룩스(위)와 가나에서 판매되고 있는 브룩스 도안 티셔츠(아래).

엄 엘포드(William Elford, 1749~1837)와 노예무역폐지실행협회(the Society for Effeting the Abolition of the Slave Trade)가 제작해 브리스틀에서 처음 인쇄됐다. 이후 영국과 미국에서 수없이 다시 그려지고 재인쇄·재출판됐다. 윌버포스가 하원 토론에서 동료 의원들을 설득하기 위해 노예선 브룩스의 목제 모형을 제작하기도 했다.

브룩스호는 1804년 일곱 번의 항해를 마치고 은퇴했지만, 노예무역폐지 운동단체가 제작한 브룩스 이미지는 향후 수십 년 동안 노예제폐지 운동을 진전시키는 데 활약했고, 지금도 항해를 계속하고 있다. 노예선 브룩스는 보편적 저항의 아이콘이 되어버린 느낌마저 있다. 여러 박물관에서 브룩스호의 모형을 그대로 복원해 전시하거나 도면을 직접 전시하는 경우가 많다. 브룩스 이미지의 상업화도 흔히 보인다. 노르웨이의 화가 에드바르트 뭉크(Edvard Munch, 1863~1944)의 그림 〈절규〉(Skrik)나 별이 그려진 베레모를 쓰고 턱수염을 기른 아르헨티나 출신 혁명가 체 게바라(Che Guevara, 1928~1967)의 사진처럼, 브룩스의 이미지도 상업화되고 있는 것이다. 기념우표 도안에 브룩스 이미지가 삽입되거나 티셔츠 디자인에도 프린트가 되어 있기도 하다. 가나에서 판매되는 티셔츠에는 '아프리칸 홀로코스트 네버 어게인'(The African Holocaust Never Again)이라는 문구와 함께 브룩스호가 그려져 있는 경우도 있다.[53]

노예제의 비인간성을 폭로하고 노예해방을 주장하는 노예제폐지 운동과 흑인의 인종적 열등함을 증명하는 '과학적' 인종주의의 정립은 나란히 진행하는 흐름이었다. 앞서 언급했듯이 흑인, 즉 '노예가 된 아프리카인'의 열등함을 믿어 의심치 않는 백인우월주의와 노예제폐지 운동은 무리 없이 공존할 수 있었다. 백인 중심의 노예제폐지 운동 중심의 기억을 넘어서, 아프리카인 홀로코스트 '마파'(Maafa)♦를 기억하기 위해 먼저 필요한 것은 노예를 수동적 존재로 재현하는 이미지를 전복하는 일이다. 스테레오타입의 영속화야말로 노예제의 가장 나쁜 유산이기 때문이다.

그렇다면 대안적 이미지는 어떻게 찾을 수 있을까? 노예제의 역사적 재현에서 가장 중요한 것은 '노예'를 '노예'로 보지 않는 시각이다. 결국 문제는 행위자로서 아프리카인을 어떻게 드러낼 것인가에 있다. '노예'는 원래 '노예'가 아니었다. 노예가 되기 전 아프리카인들은 마을의 건실한 농부였고, 솜씨 좋은 수공업자였으며, 때로는 강건한 전사였다. '노예' 대신 '노예가 된 아프리카인'으로 바꿔 부름으로써 '노예'를 '노예'로 보는 것을 그만둘 수 있다. 노예는 잔인한 폭력과 강제이주에서 살아남아 어떻게든 견디는 방법을 도모했던 사람들이다. 그들은 어려운 상황에서도 삶을 영위하는 방법을 찾아내고자 하는 주체였다.

아이티혁명을 예로 들어보자. 아이티혁명은 프랑스혁명과 동시대에 일어난, 성공한 노예혁명이었지만 오랫동안 잊혀져왔다. 서구 중심주의에 매몰된 역사학은 아이티혁명이 내건 보편적 해방의 깃발에 대해 침묵하고 망각해왔다. 미국의 정치철학자이자 지성사가 수잔 벅모스(Susan Buck-Morss)는 2009년에 쓴 『헤겔, 아이티,

---

♦ '마파'는 스와힐리어로 '재난', '파국'이라는 뜻이다.

보편사』(Hegel, Haiti and Universal History)에서 헤겔이『정신 현상학』(Phänomenologie des Geistes)을 쓰게 된 데는 구체적인 모델이 있었다고 주장했다. 헤겔의 유명한 주인과 노예 변증법, 주인과 노예 사이의 인정투쟁은 추상적 추론의 산물이 아니라 역사적 현실로부터 영감을 얻었다는 것이다. 헤겔은 애독하던 잡지『미네르바』(Minerva)를 통해 아이티혁명 소식을 접했음에 틀림없다고 벅모스는 주장했다. 프랑스령 카리브해 식민지 생도맹그에서 1791년 시작된 노예혁명은 1804년 아이티공화국 건국으로 결실을 맺었다. 벅모스는 헤겔을 끌어들여 서구 사상이 자신의 역사를 만드는 과정에서 식민지 경험을 배제해 온 방식을 문제 삼았다. 프랑스혁명과 동시에 진행된 아이티혁명이 철저하게 침묵당하는 과정이야말로 서구 근대성의 반(反)보편성을 말해준다는 것이다. 벅모스는 서구 학계에 '폭탄 던지기'를 한 셈이었다.[54]

　　최근 국내외에서 일어나고 있는 아이티혁명에 대한 관심은 아이티를 침묵시켜온 서구 역사학에 대한 질타와 흑인 노예를 정치적 주체로 상상할 수 없었던 빈곤한 역사학에 대한 자기반성을 반영하는 현상이다. 서아프리카 노예무역 중심지였던 가나의 케이프코스트캐슬 수용소에서 노예선에 오르기 전에 얼마나 많은 아프리카인들이 필사적으로 도주했는지 돌이켜 본다면, 그들을 무기력한 희생자가 아니라 행위자로 자리매김하는 일이 얼마나 오랫동안 부당하게 무시되어왔는가를 깨닫게 된다.

　　'노예가 된 아프리카인'을 행위자로 재현하는 것은 어떻

〈사슬을 끊는 노예〉, 19세기 말.
아메리카에서 제작된 것으로 추정되는 높이 1.9미터의 목각상으로, 영국 리버풀에 위치한
국제노예제박물관의 메인 컬렉션 가운데 하나다. 노예를 수동적 희생자가 아니라 스스로
억압의 사슬을 벗어던지는 능동적 주체로 표현하고 있다.

게 가능할까? 리버풀 국제노예제박물관(International Slavery Museum)의 한 전시품이 실마리를 제공해준다고 생각한다. 국제노예제박물관은 2007년 노예무역폐지 200주년 기념의 일환으로 건립된 박물관이다. 이 박물관에서 가장 주목할 만한 전시품은 〈사슬을 끊는 노예〉 목각상이다. 아메리카 플랜테이션에서 무명의 노예 예술가가 새겼을 것으로 추정되는 이 목각상은 두 발로 당당히 서 있다. 무릎 꿇고 애원하는 노예가 아니라 스스로 사슬을 끊는 노예를 형상화하고 있는 것이다. 노예선 브룩스의 이미지나 노예제폐지 운동의 이미지와 비교해보면 이 목각상의 능동성은 한층 뚜렷하다. 노예들은 단식, 자살, 사보타지, 선상 반란, 선박 탈취, 귀향 등 할 수 있는 모든 방법으로 저항했다. 실패할 것을 알지만 감행했던 투쟁이었다. 실패는 그들의 힘이었다. 어떤 상황에서도 노예들은 저항할 수밖에 없었는데 이는 저항하는 행위만이 유일하게 자신이 인간임을 증명해주었기 때문이다. 두 명씩 수갑과 족쇄로 묶여 오물과 배설물을 뒤집어 쓴 채 배 밑바닥에 갇혀 대서양을 건너는 항해, 운동을 위해 북소리에 맞춰 갑판 위에서 억지로 춤을 춰야 하는 참담한 비극 속에서 저항은 노예를 인간이게 하는 유일한 희망이었다.

노예제 경제는 유령산업(phantom industry)이라 불릴 만큼 인간 노동력의 소모와 파괴에 근거하는 경제체제였기에 흔적을 많이 남기지 않았다. 노예제의 자본은 기계가 아니라 인간인데 그 인간은 이미 세상을 떠났기 때문이다. 노예노동을 강요당했던 사람들의 행위자성을 중심에 놓는 재현을 위해서는 노예가 된 그들의 몸에 가해졌던 채찍과 수갑과 족쇄의 폭력을 재현하는 방법에 대해 고민해야 한다.

　노예제는 결코 과거의 역사가 아니다. 여전히 노예제가 남긴 폐해와 씨름하는 국가들이 있다. 저항적 이미지가 유통되는 것보다 더 중요한 일은 정의를 회복하는 구체적인 행동과 실천에 나서는 일일 것이다. 노예제의 유산에 대한 고발은 이미지와 재현의 영역에만 머물 수 없기 때문이다. 2013년 7월 초 자메이카, 앤티가바부다, 아이티, 수리남 등 카리브해 연안국가들로 구성된 지역공동체인 카리콤(CARICOM) 14개국이 300여 년 만에 노예제 과거사를 청산하기 위한 싸움을 시작했다. 노예무역과 원주민 대량학살의 과거를 보상받기 위해 영국·프랑스·네덜란드 3개국 정부를 상대로 공동 법정투쟁을 벌이기로 결의한 것이다. 케냐 독립운동에서 고문 피해를 입은 마우마우 운동가들의 개인배상 소송을 승리로 이끈 영국 법률회사 리데이가 카리콤 보상위원회의 법률 대리인을 맡았다.[55]

　1833년 영국에서 노예제폐지법(the Slavery Abolition Act)이 통과되고 보상받은 건 노예가 아니라 노예 소유주였다. 노예 소유주들이 정부로부터 받은 보상은 4만 6,000건에 이르렀다. 영국 정부는 약 3,000곳의 노예 소유주 가문이 입은 금전적 손실에 대해 2,000만 파운드에 달하는 보상금을 지급했는데, 이는 당시 재무부 1년 지출예산의 약 40퍼센트에 해당하는 거액이었다. 19세기 후반 영국 자유당 정치가로 수상을 네 번이나 역임한 윌리엄 글래드스턴(William Ewart Gladstone, 1809~1898)의 아버지 존 글래드스턴(John Gladstone,

1764~1851)은 가장 많은 보상금을 받은 노예 소유주였다. 그는 영국령 기아나의 아홉 개 플랜테이션과 2,508명의 노예를 상실한 대가로 10만 6,769파운드(현재 화폐 가치로 약 8,300만 파운드, 한화로 약 1,240억 원)를 보상받았다.[56] 미국에서도 1863년 에이브러햄 링컨(Abraham Lincoln, 1809~1865) 대통령이 노예해방선언(Emancipation Proclamation)을 했지만, 해방노예에 대해서 아무런 권리 회복이나 물질적 배상은 없었다.[57] 따라서 노예제 피해자의 보상은 현재까지 전혀 이루어진 게 없다고 할 수 있다.

그러나 400년간 1,200만 명의 아프리카인이 노예무역과 노예제를 통해 입은 수많은 피해를 어떻게 추산하고 어떻게 배상할 것인가? 예상대로 2019년 봄까지도 재판은 열리지 못하고 있다. 하지만 재판의 상징적 의미는 크다. 노예제 배상과 과거 극복은 피해자만을 위한 것이 아니다. 노예제의 유산 위에 구축된 국가에서 살아가는 가해국의 미래세대를 위해서도 절실하다. 다음 장에서는 인종주의가 흑인 여성의 몸을 어떻게 억압하는지에 관해 살펴보자.

3.

인종, 계급, 젠더가 교차하는 여성의 몸

2018년 4월 17일, 뉴욕 센트럴파크에 있던 동상 하나가 철거된 일이 있었다. 바로 제임스 마리온 심스(James Marion Sims, 1813~1883)의 동상이다. 심스는 누구인가. 미국 "부인과학의 아버지"라 불리는 의사이자 뉴욕에 최초의 여성병원을 건립한 인물이다. "마리온은 우리의 영웅이 아니다"(Marion is not our hero)라고 여성 활동가들이 외치는 가운데 심스 동상은 그가 잠들어 있는 뉴욕 브루클린 그린우드 묘지로 이전됐다. 이스트 할렘 커뮤니티가 여러 해 동안 주장해온 철거 요구를 뉴욕시가 수용한 결과였다. 1894년에 건립된 심스 동상은 1970년대부터 이미 논란의 대상이었다. 이에 가장 큰 이유는 노예제가 건재하던 시절 남부 앨라배마주의 개업의였던 심스가 흑인 여성 노예에 대한 수술로 명성을 쌓아올렸기 때문이다.[1]

노예제와 식민주의, 제국주의 같은 부정적 역사를 담은 기념물을 철거하자는 운동은 점점 전 세계적인 이슈로 떠오르고 있다. 남아프리카공화국 케이프타운대학에서는 영국 제국주의자 세실 로즈(Cecil John Rhodes, 1853~1902)의 동상이 철거됐고, 미국 대학들에서도 노예 농장주의 기부로 지은 건물 같이 노예제와 연루된 과거가 비판의 도마에 오르고 있다. 2015년 사우스캐롤라이나주 찰스턴 흑인 교회에서 백인 극우 청년이 총기를 난사해 아홉 명이 사망하는 사건이 발생한 것을 계기로, 미국에서는 노예제와 인종차별의 상징인 남부연합기와 남부군 주요 인물들의 조형물을 철거하자는 운동이 갈수록 거세지고 있다. 2017년에는 버지니아주 샬롯츠빌에서 로버트 리(Robert Edward Lee, 1807~1870) 장군의 동상 철거를 둘러싸고 폭력사태가 벌어지기도 했다. 시정부가 남부연합의 상징인 리 장군 동상의 철거를 결정하자 '대안우파'(Alt-right)를 자칭하는 6,000여 명의 백인우월주의자들이 폭력시위를 벌였고, 흑인 민권운동단체의 맞불시위가 이어지면서 세 명의 사망자가 발생했던 것이다.

심스 동상 철거 역시 노예제 과거 청산이라는 시대적 요구와 맞닿아 있으며, 그의 의료 행위는 노예제라는 역사적 맥락을 떠나서는 평할 수 없다. 부인과 의사로서 심스의 명성은 질검경(speculum) 발명과 방광질루(vesicovaginal fistula, 膀胱膣瘻)♦ 수술치료 개발로 얻은 것이었다. 그는 1845년부터 1849년까지 흑인 여성 노예 환자들에게 방광질루 수술을 했는데 그중 환자 이름이 알려진 경우는 아나차(Anarcha), 루시(Lucy), 베티(Betsy) 세 사람뿐이다. 심스는 1849년 5월 아나차의 30번째 수술이 드디어 성공했다고 기록했다.

물론 심스의 수술은 '고문'이 아니라 '치료'였다. 병으로 고통받는 여성 환자를 치료하는 '의술'이었다. 하지만 환자가 백인 여성이었다면, 과연 검증되지 않은 수술을 수십 차례나 할 수 있었을까? 심스가 과감한 시도를 할 수 있었던 이유는 그의 환자가 '노예'였기 때문이다. 그리고 흑인 여성 노예의 몸을 활용해 개발한 수술법 덕분에 백인 여성에게도 혜택이 돌아갔다. 의술의 발전은 질병치료에 혁신을 가져오고 많은 이의 목숨을 구한다. 하지만 때로 의학은 환자의 희생을 딛

♦ '방광질루'란 방광과 질 사이의 조직에 천공이 생긴 상태를 말한다. 산부인과 수술 후 발생하는 경우가 많으며, 질에서 소변이 새어나오는 증상이 나타난다. 19세기 흑인 여성 노예의 경우 강간, 임신, 영양부족, 감염 방치 등의 이유로 방광질루가 자주 발생했다.

고 발전해왔다. 특히 인종적 소수자나 빈곤층은 의료실험의 희생양이 되기 쉬웠고, 이런 상황은 지금도 크게 달라지지 않았다. 심스의 수술은 '흑인'이자 '노예'이자 '여성'이었던 환자의 몸을 새로운 치료술 개발을 위한 의료실험의 대상으로 삼은 사례였다. 흑인 여성 노예의 몸은 '인종차별'과 '계급차별'과 '성차별'이 교차하는 '배틀그라운드'(battleground)였던 것이다.

사르키 바트만,
3중의 억압 아래서

사르키 바트만(Saartjie Baartman, 1789~1815), 메리 프린스
(Mary Prince, 1788~1833), 서저너 트루스(Sojourner Truth,
1797~1883). 여기 세 흑인 여성이 있다. 그녀들은 모두 '인종'
과 '계급'과 '젠더'가 교차하는 억압 아래에 놓여 있었다. 표면
적으로 그녀들은 슬픈 운명에 휘둘린 불쌍한 존재로 보일 수 있
다. 하지만 마냥 가여운 희생자는 아니었다. 모두 한 번뿐인 생
을 힘껏 살아내고자 노력했고, 억압과 차별에 저항하며 스스로
를 삶의 주인공으로 세우고자 했다. 이제 그녀들을 만나보자.

'호텐토트의 비너스'

사르키 바트만이라는 이름은 우리에게 낯설지만은 않다. 2006
년 EBS의 〈지식채널e〉에 짧지 않게 소개된 적이 있고,[2] 영국

전기 작가 레이철 홈즈(Rachel Holmes)가 집필한 바트만 전기 『사르키 바트만』(The Hottentot Venus)이 국내에 소개되어 있기도 하다.[3] 이 책의 번역자 이석호는 아프리카문학·문화연구자로, 연극 〈사라 바트만과 해부학의 탄생〉을 직접 연출해 2011년 5월 13일부터 21일까지 대학로 소울소극장 무대에 올리기도 했다.

'사르키' 바트만은 '사라'(Sarah, Sara) 바트만이라고도 불린다. '사르키'(Saartjie)는 네덜란드계 남아프리카 주민의 크레올어인 아프리칸스어(Afrikaans)로 '작은 사라'라는 뜻이다. 여기서 '사라'는 그녀가 맨체스터에서 받은 기독교 세례명이다. 바트만은 코이코이(Khoikhoi)족 여성이었다. 1장에서 서술한 대로 유럽인들은 빙켈만이 찬미한 〈아폴로 벨베데레〉를 가장 완벽하고 아름다운 인체로 보았다. 반면 '호텐토트의 비너스'라 불렸던 바트만은 그로부터 가장 멀리 떨어진 추한 몸을 지닌 존재로 자리매김됐다. '호텐토트'란 네덜란드인들이 코이코이족을 경멸조로 부르던 말이었고, 미와 사랑의 여신 '비너스'는 에로틱한 이미지를 풍기기 위해 상투적으로 붙인 별칭이었다.

바트만은 케이프타운에서 런던으로, 다시 파리로 옮겨 다니며 '비정상적'이고 '열등한' 몸을 보여주는 인간전시에 동원됐고, 죽어서는 해부학자의 메스에 난도질당해야 했던 서글픈 이야기의 주인공이다. 그녀의 몸에는 케이프타운에서 네덜란드와 영국이 자행한 식민주의와 인종차별, 가난한 식민지 여성으로 태어나 취업사기와 인신매매의 대상이 되어야 했던 계급

차별 그리고 성적 학대와 신체 전시라는 여성차별의 3중 모순이 교차했다. 식민주의, 인종주의, 여성차별주의의 잔혹함을 한 몸에 집약한 아이콘이 바로 바트만이었다.

바트만은 1789년 프랑스혁명이 일어나던 해에 태어났다. 당시 영국은 네덜란드가 선점한 남아프리카 케이프 식민지를 손에 넣기 위해 격렬한 전쟁을 벌이는 중이었다. 그녀는 어려서 어머니를 여의였고, 곧이어 아버지마저 잃었다. 18세 때 감투스 강가에서 약혼식 축제를 벌이던 날 백인 정찰대의 습격을 받아 아버지와 약혼자가 죽임을 당했던 것이다. 가족을 모두 잃고 혼자가 된 바트만은 케이프타운 출신 코이코이족 자유민 헨드릭 세자르(Hendrick Cesars)의 집에서 보모 겸 하인으로 일하며 생계를 꾸려갔다. 세지르는 케이프타운 군통합병원의 영국인 군의관 알렉산더 던롭(Alexander Dunlop)에게 고용된 하인이었다. 바트만은 하인으로 일하며 선술집에서 노래도 불렀고, 군악대원과 결혼해 아이도 낳았다. 하지만 아이는 얼마 지나지 않아 죽었고 결국 남편과도 이별했다. 한편 귀국을 앞두고 있었던 던롭은 바트만을 유럽으로 데려가 돈벌이에 이용할 계획을 세우고 실행에 옮겼다. 코이코이족 원주민이 식민지를 떠나 이주하는 것은 금지였음에도 불구하고, 던롭은 세자르와 공모해 1810년 바트만을 몰래 영국 런던으로 데려가는 데 성공했다.[4]

바트만이 런던에서 해야 했던 일은 피커딜리에서 열리던 괴물쇼(freak show)에 출현하는 것이었다. 괴물쇼는 기이한 인간이나 동물을 보여주며 도착적인 흥미를 자극해 돈을 버는 비즈니스였다. 이는 19세기에 유행했던 유흥문화로, 바트만 같은 식민지인뿐만 아니라 샴쌍둥이, 비정상적으로 몸집이 작거나 큰 '이례적' 신체의 소유자들을 무대에 올렸다. 디즈니 만화 〈피터팬〉에 나오는 요정 팅커벨처럼 체구가 아주 작은 여성이나 온몸이 긴 털로 뒤덮인 거인도 인기를 끌었다. 피커딜리가 괴물쇼에서 바트만을 선전하는 문구는 바로 아프리카에서 온 코이코이족 미녀, '호텐토트의 비너스'였다.[5]

19세기 괴물쇼가 수행했던 '타자화'의 기능은 일차적으로 아프리카인을 짐승과 다름없는 존재로 연출함으로써 흑인이 동물에 가깝다는 통념을 강화하는 데 있었다. 그러나 흑인의 동물성과 열등함 확인이라는 일차적 기능보다 더욱 중요한 것은 괴물쇼가 인종형성 과정에서 수행하는 모종의 역할이다. 괴물쇼에는 '비정상적' 신체를 가진 백인도 출현했다는 사실을 잊지 말자. 백인 괴물쇼 출연자는 기형(奇形)으로, 정상에서 일탈한 이형(異形)으로 인식됐다. 흑인은 어땠을까? 흑인 괴물쇼 출연자는 그들 인종의 '전형'이자 '표본'으로 전시됐다.[6] 특이한 몸을 지닌 백인은 '백인종'의 대표성을 띠지 않는 반면, 흑인은 그들 인종의 대표라고 인식됐던 것이다. 바트만의 경우도 '호텐토트'라 불린 코이코이족의 대표로서 여겨졌다. 유럽인들은 코이코이족 남성은 고환이 한쪽밖에 없고, 여성은 음순이 기다랗게 늘어져 '호텐토트의 에이프런'을 이루고 있다고 믿었다. 괴물쇼 관람자들은 바트만에게서 코이코이족 여성의 전형적인 특징을 확인하고 싶어했다. 결국 괴물쇼는 코이코이족의 정상적인 몸은 백인의 기준에서 보면 '기형'이라는 암시를 불러일으키는 장치였던 것이다. 흑인의 '정상'은 백인의 '비정상'이었던 셈이다. 또한 코이코이족의 기형적인 몸은 '흑인'이라는 열등 인종 전체의 정상적인 몸을 대표했다. 이로써 식민지인의 몸은 '비정상의 표본' 위치에 놓이는 것이다. 이것이 괴물쇼가 인종형성에서 수행한 역할이었다.

아이러니하게도 괴물쇼를 통한 '호텐토트의 비너스' 보여주기와 노예제폐지 운동은 역사 속에서 동시에 진행됐다. 바트만이 활동하던 시기는 영국에서 노예제폐지를 둘러싼 정치적 공방과 대중적 논쟁이 절정에 달했던 때였다. 1807년 의회는 마침내 대서양 노예무역을 불법화하는 법안을 통과시켰다. 이에 바트만을 보는 사람들은 그녀가 노예가 아닌지 의심하게 됐다. 결국 노예무역폐지에 찬성하는 '아프리카내륙탐험증진협회'(The Association for Promoting the Discovery of the Interior Parts of Africa, 이하 '협회')♦라는 단체가 1810년 던롭과 세자르를 고발하면서 바트만은 법정에 서야 했다. 법정의 쟁점은 그녀가 노예인가 자유인인가, 그녀의 노동이 강요에 의한 것인가 자유의사에 의한 것인가였다. 재판은 괴물쇼와 인간 전시의 도덕성을 문제 삼지 않았다. 괴물쇼 비즈니스 종사자의 노동이 노예노동인가 자유노동인가가 중심이었다.

당시 강제노동과 자유노동을 구분하는 일은 중요했다. 노예노동을 폐지하고 자유로운 임금노동을 도입하자는 주장은 '협회'

♦ '아프리카내륙탐험증진협회'는 왕립학회장을 오래 지낸 거물 자연학자 조셉 뱅크스(Joseph Bankes, 1743~1820)의 주도로 1788년에 설립된 단체다. 1805년 감비아강을 따라 아프리카 내륙 탐사에 성공했다. 협회의 활동은 훗날 1830년 왕립지리학회(Royal Geographical Society) 설립의 기반을 마련했다.

처럼 아프리카 탐험을 내세워 식민지를 확장하려는 측에서 내세웠던 논리였다. 더 이상 유지될 수 없으며 또 유지될 필요도 없는 노예노동은 자유로운 임금노동으로 대체되어야 했고, 임금노동과 자유무역의 호혜성을 앞세워야 아프리카를 개발하고 제국주의적 팽창을 도모하는 데 유리했다.[7] 따라서 '협회'는 노예제폐지의 대의를 내세우며 던롭과 세자르를 고발했던 것이다. 당시 불법 노예선이나 인신매매는 너무 흔해서 기삿거리도 못 됐지만 '호텐토트의 비너스'라면 달랐다. 불법 노예무역의 실상을 증명할 얘깃거리로 충분해 보였다. 하지만 '협회'의 시도는 성공하지 못했다. 1811년 11월 27일 법정에 선 바트만은 케이프타운 시절 배운 아프리칸스어로 분명하게 의사를 밝혔다. 자신은 노예가 아니라고. 현재 일자리에 만족하며 아프리카로 돌아가고 싶지 않다고.[8]

　　다음으로 바트만의 쇼를 보던 관객의 관음증에 대해서 생각해볼 필요가 있다. 런던에서 '호텐토트의 비너스'는 140센티미터의 작은 키에 둔부지방경화증(steatopygia)으로 엉덩이가 비대해진 그녀의 몸을 보러 몰려드는 관객들로 큰 성공을 거두었다. 사실 둔부지방경화증이 코이코이족 여성의 일반적인 특징인지 아니면 바트만의 개인적 특징인지에 관해서는 논란의 여지가 남아 있다. 왜냐하면 당시 케이프 식민지에 체류했던 영국인들이 남긴 여행기에는 코이코이족 여성의 신체적 특징에 대해 상반되는 관찰기록이 존재하기 때문이다. 1814년에 나온 한 여행기는 영국에서 잘 알려진 '호텐토트의 비너스'와 이곳 여성들의 모습은 전혀 다르다고 했고, 1822년의 한 여행기도 코이코이족 여성 모두가 엉덩이가 큰 것은 아니라고 썼다.[9] 어쨌든 쇼 무대에서 바트만은 관객의 관음증적인 시선을 한 몸에 받아야 했다. 그렇다고 그녀가 알몸으로 무대에 올랐던 것은 아니었다. 그녀는 짙은 색 전신 스타킹인 레오타르를 착용했고, 장신구로 주요 부위를 가렸으며 기린 가죽 망토를 둘렀다. 피부색과 같은 레오타르를 착용함으로써 벗은 건지 아닌지 확인하려는 관객들의 호기심을 자극했다. 어느 부족의 것인지 정확히 알 수 없는 온갖 '아프리카적'인 장신구도 목에 치렁치렁 걸었다. 노래 솜씨뿐 아니라 아프리카 전통악기인 람키의 연주 솜씨가 빼어났던 바트만은 코이코이족 민요와 영국 민요를 함께 불러 인기를 끌었다.[10]

미국의 문화사가 샌더 길먼(Sander Gilman, 1944~)은 바트만에 대한 선구적인 연구에서, 19세기 아프리카인의 섹슈얼리티는 동물적 지위를 확인하는 지표로 받아들여졌다고 논했다. 그리고 아프리카인 남성보다는 여성이 서구인의 특별한 성적 호기심의 대상이 되었다고 지적했다. 비대한 생식기와 왕성한 섹슈얼리티를 지녔다는 아프리카 여성에 대한 성적 판타지가 '호텐토트의 비너스' 인기의 비밀이었던 셈이다.[11] 19세기 유럽의 구경꾼들은 바트만의 과도하게 돌출한 가슴과 엉덩이를 통해 '비정상적'인 몸을 보고자 했다. 이런 시선은 인간을 살덩어리로 환원하는 것이었다. 바트만이 가슴, 엉덩이, 생식기 같은 파편화된 육체와 동일시되면서 그녀의 인격은 사라졌다.[12]

1814년까지 바트만은 영국 전역을 돌며 순회공연을 했다. 하루 열 시간이 넘는 쇼 출연과 밤 늦게까지 개인고객의 파티에서 여흥을 돋우는 일을 하다가 과로와 고독이 겹치면서 바트만은 점차 피폐해졌을 것이다. 이런 가운데 던롭이 돌연 사망했다. 그러자 동업자를 잃은 세자르는 바트만을 데리고 프랑스로 밀입국해 레오(Réaux)에게 바트만을 팔아넘겼다. 레오는 파리 국립자연사박물관(Muséum National d'Histoire Naturelle)과 암거래하는 동물조련사이자 박제사였다. 바트만을 넘기고 한몫 챙긴 세자르는 케이프로 귀국해버렸다.

　파리에서 바트만은 이전에 경험하지 못했던 삶을 살았다. 바로 과학자들 앞에서 '몸을 보여주는' 신세가 된 것이다. 레오의 주선으로 바트만은 국립자연사박물관의 해부학자 조르주 퀴비에(Georges Cuvier, 1769~1832) 앞에서 옷을 벗고 관찰 대상이 되었다. 퀴비에는 생전의 바트만에 대해 이 여성의 얼굴만큼 원숭이와 흡사한 인간의 얼굴을 일찍이 본 적이 없다고 회상했다.[13]

　과로와 향수로 건강이 나빠진 바트만이 1815년 겨울 숨을 거두자 레오는 곧장 시신을 퀴비에에게 넘겼다. 사망한 지 24시간도 채 되지 않아서 장례식도 없이 바트만의 시신은 퀴비에의 손에 의해 해부됐다. 유품이라고는 던롭과 맺은 계약서와 1811년 맨체스터에서 받은 세례증명서, 그리고 구겨진 손수건 한 장이 전부였다.[14] 그녀는 생식기가 유리병에 담기고 뼈는 분리되어 박제가 된 채 파리의 인간박물관(Musée de l'Homme)에 전시됐다. 1889년 파리 만국박람회에서는 대형 일러스트가, 1937년 파리 국제박람회 때는 석고 모형이 3,000여 명의 관람객 앞에 전시되기도 했다.[15]

영화 〈블랙 비너스〉의 한 장면.
〈블랙 비너스〉(Vénus noire)는 압둘라티프 케시시(Abdellatif Kechiche, 1960~)
감독의 2010년도 작품이다. 케시시는 튀니지 출신 프랑스 감독으로 이민자들의 소외된
삶을 주로 담아왔다. 〈블랙 비너스〉는 바트만이 영국에 도착한 1810년부터 1815년
파리에서 죽음을 맞이할 때까지 약 6년간의 삶을 따라가며 괴물쇼, 재판, 퀴비에와의 만남
등 주요 사건을 중심으로 바트만의 생애를 그려냈다. 바트만 역은 쿠바 출신 프랑스 배우
야히마 토레스(Yahima Torres, 1980~)가 맡았다. 평단의 평가는 인종주의 비판에 힘을
실어준다는 긍정적인 반응과 노골적인 묘사로 불쾌감만 줄 뿐 예술적 재현에 실패했다는
부정적인 반응으로 극명하게 갈렸다. 한국에서는 개봉되지 않았다.

바트만 유해의 인간박물관 전시는 1974년까지 이어졌고, 그 이후에는 수장고에 잠들어 있었다. 1980년 미국의 저명한 고생물학자 스티븐 제이 굴드(Stephen Jay Gould, 1941~2002)가 발견할 때까지는. 굴드는 프랑스의 해부학자이자 인류학자 폴 브로카(Paul Broca, 1824~1880)의 뇌 표본을 찾다가 우연히 '호텐토트의 비너스'라는 이름표가 붙은 바트만의 생식기가 담긴 유리병을 발견했다.[16] 이로써 그녀는 세상에 알려지게 되었다.

귀향(歸鄕)과 귀사(歸史)

바트만은 어떻게 고향으로 돌아갈 수 있었을까? 1994년 인종 차별로 악명 높은 아파르트헤이트(apartheid) 체제◆가 종식되고 넬슨 만델라(Nelson Mandela, 1918~2013)가 남아프리카공화국 최초로 흑인 대통령에 선출됐다. 만델라는 취임 초기부터 바트만의 유해 반환에 관심을 기울였다. 프랑스를 국빈 방문했을 때 프랑수아 미테랑(François Mitterrand, 1916~1996) 대통령에게 바트만을 직접 거론하면서 귀환을 위한 노력을 시작했다. 프랑스박물관 소장품은 모두 국유재산이라 해외 반출이 불가능하다는 법 때문에 협상은 어려움을 겪었지만 대세는 유해 반환 쪽으로 기울었다. 2002년 1월 29일 프랑스 상원에서 표결에 들어갔을 때, 찬성파 상원의원 니콜라 아부(Nicolas About,

◆ '아파르트헤이트'는 '분리', '격리'를 뜻하는 아프리칸스어로 1948년 네덜란드계 백인의 단독정부 수립 이후 더욱 강화되어 법률로 공식화된 남아프리카공화국의 흑인에 대한 극단적인 인종분리와 차별 정책과 제도를 말한다. 남아프리카공화국에서는 이로 인해 16퍼센트의 백인이 84퍼센트에 이르는 비백인을 차별했다. 1994년 5월 넬슨 만델라의 집권과 함께 폐지됐다.

1947~)는 "이 여성은 살아생전 괴물 취급을 당했습니다. 그러나 누가 진짜 괴물입니까?"[17]라고 발언했다. 그리고 나서 아부는 남아프리카공화국의 여성 시인 다이애나 퍼러스(Diana Ferrus, 1953~)의 「나, 당신을 고향에 모시러 왔나이다 : 사라 바트만에게 바치는 시」(I've come to take you home : Tribute to Sarah Baartman)를 낭송했다. 2월 21일 프랑스 의회는 만장일치로 바트만의 유해 반환을 결정했다.

퍼러스가 바트만에 대해 처음 알게 된 것은 그녀가 네덜란드 유트레히트대학에서 공부하던 1998년 무렵이었다고 한다. 밀랍표본이 되어 유리 상자에 유폐된 바트만의 사진을 우편엽서에서 보았다. 그때 충격으로 몸을 떨며 이 시를 써내려갔던 것이다.

나, 당신을 고향에 모시러 왔나이다 :
사라 바트만에게 바치는 시

다이아나 퍼러스

나, 당신을 고향에 모시러 왔나이다, 고향에!
그 너른 들판이 기억나시는지요,
커다란 너도밤나무 밑을 흐르던 빛나는 푸른 잔디를 기억하시는지요
그곳의 공기는 신선하고, 이제는 더 태양도 불타오르지 않습니다.
나, 언덕 기슭에 당신의 보금자리를 마련했나이다.

162

부추 꽃과 민트 꽃들로 만발한 이불을 덮으소서.
프로티아 꽃들은 노랗고 하얀 모습으로 서 있고,
냇가의 시냇물은 조약돌 너머로 조잘조잘 노래를
부르며 흐르나이다.

나 당신을 해방시키려 여기 왔나이다
괴물이 되어버린 인간의
집요한 눈들로부터
제국주의의 마수를 가지고
어둠 속을 살아내는 괴물
당신의 육체를 산산이 조각내고
당신의 영혼을 사탄의 영혼이라 말하며
스스로를 궁극의 신이라 선언한 괴물로부터![18]

2002년 5월 2일, 드디어 바트만은 남아프리카공화국 항공 275편으로 귀향했다. 바트만은 세상을 떠난 지 187년 만에 감투스 강가에서 장례식을 치른 후 흙으로 돌아갔다. 장례식이 거행된 8월 9일은 남아프리카공화국이 제정한 '여성의 날'이자 유엔이 정한 '세계 원주민의 날'이었다.

필자는 퍼러스 시인을 만난 적이 있다. 2011년 5월 시인이 인천에서 열린 제1회 아시아·아프리카·라틴아메리카문학포럼(Asia Africa Latin America Literature Forum, AALA) 참석차 한국을 방문했을 때였다. 그녀의 설명에 따르면 바트만의 매장지를 선정할 때 웃지 못할 광경이 벌어졌다고 한다. 갑자기 많

2002년 8월 9일, 사르키 바트만의 장례식 모습.
바트만은 세상을 떠난 지 187년 만에 비로소 흙으로 돌아갈 수 있었다.

은 사람들이 자신이 코이코이족 후손이며 바트만이 자신의 조상이라 주장하고 나섰다는 것이다. 동부, 서부, 남부, 북부 케이프에서 서로 매장지를 유치하겠다고 했다. 어차피 고향이 어딘지 정확히는 모르니 누가 이겨도 이상하지 않았다. 오래 연락이 끊겼던 친척이 부자가 돼서 돌아오니 너도나도 친족이라고 우기는 것처럼, 유해로 돌아온 바트만은 갑자기 남아프리카공화국 국민의 공통 자산이 되었던 것이다. 최종 매장지로 선정된 곳은 바트만의 고향에 가장 가깝다고 추정되는 동(東)케이프 행키였다. 동케이프는 케이프타운에서 버스로 여덟 시간이나 걸리는 곳이라고 한다. 2019년 현재 행키에는 '사라 바트만 메모리얼 센터'(Sarah Bartmann Centre of Remembrance)가 정부 재원으로 건설 중이다. 전시관과 강당, 숙소를 갖춘 복합 문화시설로 한가운데 연못을 만들고 연못 바닥에는 앞서 인용한 퍼러스의 시를 새겨 넣을 예정이라고 한다.[19] 퍼러스는 빈곤층 여성들을 초청해 바트만의 무덤을 방문하는 행사를 조직하고 있다고 했다. 바트만의 귀향은 남아프리카공화국 여성들에게 자긍심을 불어넣고 여성을 세력화하는 기회를 만들어내고 있음에 틀림없어 보였다.

한편 바트만의 장례식에서 대통령 타보 음베키(Thabo Mbeki, 1942~)는 귀환한 바트만을 반(反)아파르트헤이트 투쟁과 새로운 국가의 상징으로 치켜세웠다.[20] 그녀는 귀향과 동시에 남아프리카공화국에서 융숭한 대접을 받았던 것이다. 물론 그녀를 '쇼걸'로 보는 시선도 있다. 행위주체로서 그녀의 결정을 존중한다면 전자보다는 후자의 관점이 더 타당할 수도 있을 것이다. 하지만 이러한 이분법적 구도로는 그녀의 삶을 다 설명하지 못한다. '영웅 만들기'와 '깎아 내리기'는 둘 다 문제적이기 때문이다.

1980년대 이후 오늘에 이르기까지 '사라 바트만 산업'이라 불릴 정도로 페미니즘, 포스트콜로니얼리즘, 인종주의 분야에서 관련 연구가 쏟아져 나오고 있다. 예술작품과 대중문화에서도 이미지가 넘쳐난다. 그러나 과잉가시성(hyper-visibility)이 '인간 사르키 바트만'을 비가시성(in-visibility)의 영역으로 물러나게 하고 있는 것은 아닐까? 바트만의 '기형적 몸'에 관한 이미지의 홍수 속에서 실존 인물 바트만은 오히려 보이지 않는 것이 아닐까? 바트만은 고향으로 돌아왔지만 역사 속으로 돌아가지 못했다. 이제 남겨진 문제는 바트만을 어떻게 '귀사'(歸史)할 것인가이다.

바트만을 역사 속 인물로 돌려보내기 위해서는 희생자로 보는 시각과 관음증적 시선을 둘 다 거둬들이는 것이 필요하다. 이 문제를 세 가지로 나누어 정리해보자. 첫 번째 문제는 '바트만을 희생자화하는 시선에서 어떻게 벗어날까?'다. 희생자에서 벗어나게 하기는 곧 행위주체로서의 바트만을 어떻게 복원할 것인가의 문제와 같다. 그녀의 행위주체성은 어디서 찾아야 하는가? 그녀를 식민주의와 인종주의의 일방적인 희생자로만 보는 것은 올바른 이해가 아니다. 바트만은 런던과 파리 생활에 만족해하지 않았지만 그렇다고 집으로 돌아가고 싶어 하지도 않았다. 케이프에서 기다리고 있는 건 결국 하인생활뿐이었기 때문이다. 그렇다고 그녀가 이주노동자 '쇼걸'이었다는 해석처럼 과도하게 행위주체성을 강조하는 것 역시 흔쾌히 찬성하기 힘들다. 노예제폐지 운동이 고조되던 19세기 초의 시대적 맥락을 무시한 해석이기 때문이다. 그녀는 예속된 상태에서 일했던 게 분명하기에 자발적 이주노동자였다고 보는 것은 무리다.

두 번째 문제는 '사르키 바트만을 보는 관음증적 시선을 어떻게 걷어낼 수 있을까?'다. '호텐토트 비너스'의 이미지를 반복·재생산하는 것에 대한 비판이 필요하다. 현재 남아 있는 바트만의 모습은 괴물쇼 선전 포스터나 파리 자연사박물관 화가들이 남긴 세밀화로 재현된 것이다. 자연사박물관 전속화가 레옹 드 바이(Léon de Wailly, 1804~1864)가 1815년에 그린 바트만의 정면 초상화는 2002년 남아프리카공화국 정부의 공식 이미지로 선정되기도 했다. 그렇다면 강의에서 포르말린에 담긴 바트만의 생식기 사진을 보여줘도 괜찮은 걸까? 바트만을 비정상적인 몸으로 묘사한 그림들을 보며 우리는 비정상적 몸을 '상상'하고 '날조'한 식민주의와 관음증적 시선에서 얼마나 자유로울 수 있을까? 이런 의문들이 끊이질 않는다. 그녀를 분석하고 해부하는 백인 권력의 시선이 남겨 놓은 이미지를 이 책에 싣기 망설여지는 이유도 이와 무관하지 않다.

『컬러 퍼플』(The Color Purple)을 쓴 미국 작가 앨리스 워커(Alice Walker, 1944~)는 "현대 포르노그래피의 뿌리는 흑인 여성에 대한 포르노그래피적 취급에서 발견된다. 흑인 여성은 노예제도로 진입한 순간부터 (…) 성과 폭력이 논리적으로 합류하는 지점인 강간에 노출되었다. 강간은 한마디로 정복이었다"[21]라고 지적했다. 유럽 도시를 돌며 쇼를 해야 했던 바트만을 바라보는 남성 관객들의 시선은 포르노그래피를 소비하는 시선과 다를 바가 없었다. 현대 대중문화의 맥락에서 보자면, 킴 카다시안(Kim Kardashian, 1980~)의 자발적인 누드는 흑인 여성 몸의 성적 상품화라는 의미에서 바트만의 이미지와 얼마나 다를까? 유럽인들이 씌워 놓은 흑인 여성에 대한 스테레오타입을 어떻게 긍정적인 이미지로 전환할 것인지 고민스러운 지점이다.

　　세 번째 문제는 '대항서사(counter-narratives), 대항미학(counter-aesthetics)을 구성한다는 선의(善意)로 식민주의적 틀을 반복하는 지식을 어떻게 비판할 것인가?'다. 여기서 이중의 위험에서 바트만을 구해내야 할 필요가 제기된다. '백인, 남성'에 의한 인종차별과 성차별의 시선뿐만 아니라 '비백인, 여성'에 의해 여전히 반복되는 스테레오타입화의 위험 말이다. 이와 관련해 남아프리카공화국의 페미니스트 학자이자 작가인 품라 디네오 지콜라(Pumla Dineo Gqola)는 궁극적으로 '알 수 없음의 힘'(unknowability)을 받아들일 것을 주문한다. 바트만에 대한 넘쳐나는 이미지 속에서 오히려 '알 수 없다'고 받아들이는 것이야말로 그녀의 인간성을 온전하게 받아들일 수 있는 길을 열어줄 수 있다는 것이다.[22] 알 수 없음에 대한 인정 위에서 바트만에 대해 말한다는 것은 무엇을 의미하는가? 그것은 우리가 역사 속 인물로서 그녀에 대해 낱낱이 알 수 없다는 한계를 받아들이는 일이다. 이는 신중하고 조심스럽게 바트만과 대면하는 일이며, 그녀의 몸을 산산조각 냈던 서구 근대의 해부학적 시선과 지식의 오만에서 벗어나자는 선언인 동시에 식민주의적 인식의 틀을 거부하겠다는 정치적 선택이다.[23]

바트만은 괴물쇼 포스터와 관찰자들이 남겨 놓은 과장된 그림이나 인간박물관에 전시된 몸으로만 남아 있을 뿐 자신의 생각을 말과 글로 남기지는 못했다. 이제 자신의 이야기를 남긴 흑인 여성들에 대해 살펴보자.

메리 프린스,
여성 노예는 말할 수 있는가?

여성 노예의 이야기

2018년 2월 7일, 버뮤다제도에서는 여성 노예 프린스의 명판 제막식이 열렸다. 버뮤다 내셔널 트러스트(Bermuda National Trust)가 그녀가 살았던 집에 소박한 기념물을 마련한 것이었다. 버뮤다 내셔널 트러스트 대표는 제막식 연설에서 프린스의 자서전을 소개하며 과거 노예제부터 현재 미투(Me too)운동에 이르기까지 희생자 여성이 목소리를 낼 때 그 이야기는 강력한 힘을 갖게 된다고 말했다.[24] 또한 지난 2007년에는 런던 시내 중심가 블룸즈버리의 런던대학 본부가 있는 건물 세닛하우스 (Senate House)에 프린스 기념 명판이 만들어졌다. 프린스는 한때 이 근처에 살았었다.[25] 프린스에 대한 기념은 대서양 양안에서 조금씩 시작되고 있다.

프린스는 카리브해 버뮤다에서 태어나 영국으로 건너온

여성 노예였다. 앞서 살펴본 바트만에 대해서는 넘치도록 많은 몸 이미지가 존재하지만 프린스에 관해서는 아무런 이미지도 남아 있지 않다. 오직 하나. 프린스가 구술로 남긴 자신의 생애가 있다. 1831년 런던과 에든버러에서 동시 출판된 프린스의 『메리 프린스의 생애』(The History of Mary Prince, A West Indian Slave, Related by Herself)(이하 『생애』)는 최초의 흑인 여성 노예 자서전이었고, 카리브 여성 노예 최초의 노예서사였다. 『생애』는 앞서 2장에서 살펴본 에퀴아노의 자서전 『올라우다 에퀴아노의 흥미로운 이야기』에 비견되는 노예서사다. 하지만 텍스트의 성격은 다르다. 에퀴아노의 자서전은 글을 아는 '남성 해방노예'가 서술한 텍스트였다. 반면 『생애』는 프린스가 직접 쓴 것이 아니었다. 프린스는 문맹이었기 때문에 자신의 경험을 구술했을 뿐이고, 백인 여성이 글로 받아 적었으며, 백인 남성이 편집과 서문을 맡았다.

프린스는 1788년 10월 1일 영국령 버뮤다에서 출생해 버뮤다, 터크스제도, 앤티구아 같은 카리브해 작은 섬들의 플랜테이션에서 노예로 살았다. 『생애』에는 프린스가 비참한 노예 생활을 견디다가 주인을 따라 영국에 오게 될 때까지의 이야기가 담겨 있다. 그녀는 우드(Wood) 부부의 노예로 13년간 일했고 주인과 함께 영국 땅을 밟았다. 프린스는 이 기회를 놓치지 않고 도움을 청하기 위해 런던 이스트엔드 올더맨버리에 있는 반노예제협회(Anti Slavery Society) 본부의 문을 두드렸다. 영국에서는 1772년 서머싯 재판을 계기로 브리튼섬에는 노예제가 존재하지 않는다고 간주됐기 때문에 노예라도 일단 영국 땅

해피버스데이 메리 프린스.
구글 두들(Google Doodle)에서 2018년 10월 1일 프린스의 230주년 생일을 기념하며
올린 배너. 카리브에서 태어난 프린스가 자서전을 손에 들고 망망대해를 응시하고 있는
장면을 담았다. 프린스는 자선학교에서 글을 배웠지만 자신이 구술한 자서전을 읽을 수
있었는지는 분명치 않다. '글'이 된 자신의 '말'이 그녀에겐 낯설지 않았을까?

을 밟으면 자유민 신분이 될 수 있었다. 당시 반노예제협회 총무는 스코틀랜드 출신의 시인 토머스 프링글(Thomas Pringle, 1789~1834)이었다. 런던 이슬링턴 클레몽스퀘어에 살던 프링글은 도움을 청하러 온 프린스를 자신의 하인으로 들이고 그녀의 이야기를 듣기 시작했다. 프링글은 1820년부터 1827년까지 남아프리카에서 살았고, 귀국한 후에는 잉글랜드에서 반노예제 운동에 참여하며 문필가로 활동하고 있었다.[26] 프린스의 구술을 영어 문장으로 옮기는 작업은 백인 여성 수산나 스트릭랜드(Susanna Strickland, 1803~1885)가 맡았다. 스트릭랜드는 노예제폐지 운동보다는 문단의 연줄로 프링글과 알게 됐고 프링글과의 친분은 그녀의 경력에 도움이 되었다.

『생애』는 1인칭 서사의 형식을 취하고 있다. 문법적으로 매끈하지 못하고 문학적 기교도 없는 프린스의 묘사는 오히려 그녀가 노예 신분이라는 진정성을 입증해주는 구술로 받아들여졌다. 구술화자는 크레올어로 말하고, 구술기록자가 영어로 번역하고, 편집자 프링글도 개입했다. 따라서 기록자와 편집자가 여성 노예 프린스의 목소리를 변형시켰을 가능성이 높다. 프링글과 반노예제협회는 프린스의 구술증언을 토대로 노예제의 참상을 고발함으로써 노예제폐지의 대의에 대한 지지와 후원을 끌어내려는 정치적 목적을 가지고 『생애』를 출판했다.

그렇게 세 사람의 '협업'으로 탄생한 책 『생애』는 세 사람의 목소리가 혼재하고 경합하는 다성적 텍스트다. 그렇다면 여기서 여성 노예 프린스의 목소리를 어떻게 가려낼 수 있을까? 프린스의 주체적 목소리는 과연 드러날 수 있을까? 1988

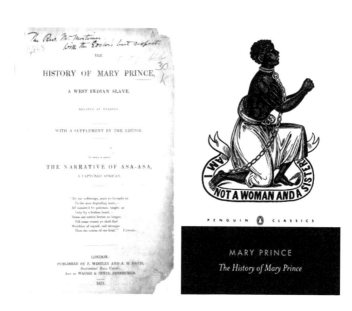

「메리 프린스의 생애」 1831년 초판본(좌)과 2000년 펭귄 클래식판(우).
에퀴아노의 자서전 초판본에는 젠틀맨 복장을 한 저자의 초상이 실렸던 반면 프린스의
자서전 초판본에는 저자의 그림이 없다. 이는 노예제폐지 운동에서 남성 해방 노예
에퀴아노와 여성 노예 프린스의 위상 차이를 반영한다. 펭귄 클래식판 표지는 여성
노예를 해방을 애원하는 수동적 존재로 묘사하는 스테레오타입을 반복하고 있다는
비판에서 자유롭기 어렵다.

년 발표한 논문 「서발턴은 말할 수 있는가?」(Can the Subaltern Speak?)에서 인도 출신인 미국 여성 철학자 가야트리 차크라보르티 스피박(Gayatri Chakravorty Spivak, 1942~)은 서벌턴을 재현·대변(represent)하는 텍스트에는 '빈 공간(blankness)'이 있게 마련이라는 사실을 인정해야 한다고 지적했다.[27] 서벌턴은 완전히 재현·대변될 수 없고 완전히 동화되거나 통합될 수 없기 때문에 그들에게 '빈 공간'이 부여되어야 한다는 것이다. 스피박에게 '빈 공간'이란 역사 속에 "실재하는" 서발턴이나 "재현·대변되지 못한 자들"을 밝히기 위한 가능한 장소로서의 위상을 갖는다.[28] 스피박의 통찰은 프린스의 목소리를 듣기 위해 『생애』와 같은 텍스트 내부에 어떤 빈 공간을 부여해야 하는지 고민하게 한다. 프린스의 이야기가 구술서사로서 프링글과 스트릭랜드에 의해 매개되었음을 고려하면 프린스 자신에 의해 이루어진 부분은 과연 얼마나 될까? 어쩌면 작은 부분에 지나지 않을지도 모른다.

　『생애』의 내용을 살펴보기에 앞서, '메리 프린스'라는 이름부터 따져보자. 메리는 어떻게 '프린스'라는 성(姓)을 갖게 됐을까? 아버지의 성이 프린스였는지는 확실치 않다. 프린스라는 이름을 최종적으로 명명한 것은 프링글이었기 때문이다. 프링글은 "우리는 택했다"는 말로 그녀를 '메리 프린스'라고 부르기로 했다고 밝혔다. 프링글은 프린스가 갖고 있었던 교회 자선학교 철자책에 "메리, 프린세스 오브 웨일즈"(Mary, Princess of Wales)라고 쓰여 있었다는 근거를 들어 그녀의 성이 프린스라고 추측했다는 것이다. 프링글은 노예에게 어울리지 않는 우스꽝스럽고 거창한 이름을 붙여 조롱하는 관행에 대해 잘 알고 있었을 것이다.[29] 그런데도 프링글은 왜 그녀에게 이름을 먼저 물어보지 않았을까? 그녀가 결혼했고 남편 성이 '제임스'라는 사실을 알고 있었음에도 불구하고 프링글은 왜 '제임스'가 아니라 '프린스'라는 이름을 붙였을까? 또 프린스는 왜 자신이 메리 제임스라고 주장하지 않았을까?

의문은 계속 풀리지 않는다. 『생애』를 보면 1829년 청원 때 프린스는 세 가지 이름으로 불렸다는 것을 알 수 있다. '메리 프린스' 외에도 '몰리 우드'(Molly Wood), '메리 제임스'(Mary James)가 그것이다. 하지만 셋 다 그녀가 주장한 이름이 아니었다. 여기서 에퀴아노의 경우와 비교하지 않을 수 없다. 노예주가 '구스타브스 바사'라고 불렀지만 에퀴아노 사신은 아프리카 이보족 이름을 고집했던 일 말이다. 결국 프린스는 자신의 진짜 이름이 무엇인지에 대해 아무런 결정적인 진술도 남기지 않았다.

프린스의 또 다른 이름은 '몰리 우드'였다. '몰리'(Molly)는 '매춘부'라는 뜻으로, 영국에서는 여성 역할을 하는 남성 동성애자 창녀를 부르는 말이기도 했다. 식민지와 노예제 농장에서 여성 노예는 가정부이기도 했고 종종 매춘부이기도 했다. 노예주 우드는 시종일관 프린스를 '몰리라는 여자'(the woman Molly)라고 불렀는데 이는 우드와 프린스가 성적인 관계를 맺고 있었을 가능성이 높음을 암시한다. 기독교 박애주의자 프링글은 '몰리'의 성적 뉘앙스를 꺼렸고 그래서 이 이름을 피했을 것이다. 한 여성 노예에 대해 우드와 프링글 두 백인 남성이 논쟁하고 갈등하는 과정에서 그녀의 이름은 이렇게 정치화되었다.[30]

프린스의 이야기를 더 따라가 보자. 프린스는 1788년 버뮤다의 브래키쉬 폰드에서 찰스 마이너즈(Charles Myners) 소유의 노예로 출생했다. 그러다 열두 살 때 '캡틴 I'(Captain I), 윌리엄즈(Williams)에게 노예로 팔려가며 가족과 이별했다. 그때 자매들도 각기 다른 소유주에게 팔려갔다. 프린스는 그때 "영혼이 파괴되는" 고통을 느꼈다고 구술했다. 열일곱 살에는 '미스터 디'(Mr. D)에게 팔려 터크스제도에서 염전노동을 했다. 그러다 스물한 살에 다시 존 우드(John Wood)에게 팔려 그의 간병인과 세탁부 노릇을 맡아 하다가 잉글랜드로 따라오게 된다. 프린스는 노예주를 차례로 거치면서 비인간적 노예상태에서 어떻게 살아남았는지를 이야기하며 "노예가 없는" 나라 영국에 호소했다. 이는 에퀴아노의 자서전에서도 보이는 노예서사의 전형적인 구조다.

프린스는 노예 주인의 매질에 대해 과감하게 '노'라고 말하는 모습을 보여주기도 했다. 동료 노예에 대한 주인의 학대와 폭력을 상세히 구술했고, 자신에게 매를 든 주인에게 단호하게 하지 말라고 했더니 더 이상 매질을 당하지 않았다고 했다. 자유를 얻기 위해 열심히 돈을 모으기도 했다. 노예해방은 노예시장에서 노예주가 지불한 금액 이상을 노예가 해방금으로 주인에게 지불할 때 이루어졌다. 아무리 자비로운 주인이라도 재산상의 손실이 나는 노예해방을 무상으로 해주는 경우는 드물었다. 자유를 사기 위해서는 경제력을 갖춰야 했다. 우드가의 노예로 있는 동안에도 따로 세탁 일을 했고, 자신의 식량을 팔기까지 했다. 그러나 우드가 계속 거래를 거절했기 때문에 프린스의 해방은 좌절되고 말았다.

또한 프린스는 자유민 신분인 다니엘 제임스(Daniel James)와 우드의 허락 없이 결혼을 감행하기도 했다. 이에 대해서는 노예들도 사랑할 수 있었고 결혼할 수 있었다는 단순한 논의를 넘어 노예들의 사랑과 성, 결혼이 갖는 사회·문화·이념적 가치를 재조명하는 것으로 이어져야 한다. 주인 우드는 프린스의 결혼에 대해 당연히 노발대발했다. 프린스에게 제임스와의 결혼은 인간으로서 존엄성의 선언과 같은 의미였을 테지만 결국 그녀는 제임스가 있는 앤티구아섬으로 돌아가지 않음으로써 결혼생활보다는 자유를 택했다. 영국 땅에서는 자유민으로 살아갈 수 있지만 앤티구아섬에 가면 다시 노예가 되어야 했기 때문이다. 영국에서 자유를 얻겠다는 열망이 제임스와의 결혼생활보다 프린스에게 더 절실했던 것이다.[31]

노예 주인의 매질에 대한 작은 저항들, 자유의사에 따른 결혼 이외에도 프린스의 주체성이 드러나는 지점은 더 있다. 프린스는 상처 입은 자신의 몸을 저항의 도구로 내세웠다. 프린스의 생활은 고된 노동과 육체적 고통으로 얼룩졌다. 특히 터크스제도에서 했던 염전노동은 가혹했다. 그녀는 심한 관절염에 걸렸고, 그로 인한 장애로 노동할 수 없는 지경이 이르렀다. 더 이상 일할 수 없는 쓸모없는 몸이 되고 나서야 주인에게서 벗어날 꿈이라도 꾸게 된 것이다. 프린스의 노동력은 노예 주인에게 가치 있는 자원이고, 프린스의 몸은 노예 소유주가 소유한 상품이었다. 하지만 프린스에게 상처 난 몸은 '약자의

무기'로서 저항을 위한 자원이 될 수 있었다.[32]

노예의 상처 난 몸은 노예제의 증거인 동시에 노예제폐지를 주장하는 데 증거물이 된다. 육체적 고통은 희생자의 자아와 의식을 무력화시키고 희생자의 세계를 해체해버린다.[33] 『생애』는 몸의 고통에 대해 말하고 있는 텍스트다. 하지만 『생애』 서술의 주체가 하나가 아니듯 프린스의 몸에 관한 이야기 역시 하나가 아니다. 프린스, 협력자, 편집자, 현대의 비평가는 각기 여성 노예 프린스의 몸에 가해진 고통의 재현 과정에 관여한다. 프린스는 육체적 고통을 저항의 중심 장소로 전유하고 활용했다. 『생애』에는 프링글의 부인 마거릿 프링글(Margaret Pringle)이 버밍엄의 노예제폐지 운동단체인 '니그로 구제를 위한 버밍엄 레이디협회'(Birmingham Ladies' Society for Relief of Negro Slaves)의 서기 루시 타운센드(Lucy Townsend)에게 보낸 편지가 수록되어 있다. 이 편지에서 마거릿은 프린스의 몸에 난 확실한 흉터에 대해 묘사하고, "메리는 이 모든 흉터가 그녀가 이야기한 각종 잔인한 징벌에 의해 생긴 것이라고 확인해주었다"[34]고 덧붙였다. 엘렌 식수(Hélène Cixous, 1937~)가 『메두사의 웃음』(Le rire de la méduse)에서 남성의 글쓰기에 대한 대항 담론으로 여성 몸의 적극적인 역할, 몸으로 쓰기와 몸에 대해 쓰기를 주장했듯이, 여성의 글쓰기란 말과 글이 하나된 것이며, 그 둘이 만나는 장소가 바로 여성의 몸이었다.[35] 프린스의 몸은 이런 의미에서 노예 기억의 저장소라고 할 수 있을 것이다.

프린스에게는 자녀가 없었다. 카리브 여성 노예의 출산율은 미국 노예 여성보다 낮았다. 그 이유는 고된 노동으로 인해 출산율이 저하됐기 때문이기도 했고, 주인의 매질로 유산이 잦았기 때문이기도 했다. 프린스는 『생애』에서 자신을 '이모'라고 부르며 따랐던 동료 노예 해티(Hetty)가 주인에게 채찍으로 맞아 사산까지 했던 경험을 전하고 있다.[36] 또한 출산조절과 출산거부를 하는 경우도 있었다. 하지만 프린스에게 왜 자녀가 없었는지에 대해서는 그 이유를 정확히 알 수 없다.

카리브 출신의 영국 시인 그레이스 니콜스(Grace Nichols, 1950~)는 시집 『나는 오래된 기억을 지닌 여성』(i is a long memoried woman)에서 여성 노예들의 기억과 그 기억이 새겨진 몸을 노래한다. 니콜스는 과거를 몸에 새겨진 것으로 상상한다. "기억은 쭈글쭈글한 주름 사이에 쓰여진다"고 본다.[37] 몸을 역사로 보는 니콜스는 여성 노예의 몸도 역사 전달의 매개체로 보았다. 「한 대륙에서 / 다른 대륙으로」(One Continent / To Another)에서 니콜스는 노예무역의 중간항로를 "자궁"으로 형상화하고, 강제로 끌려온 노예들을 "중간항로 자궁의 아이"라고 쓴다. 비록 강제이주로 인한 것이더라도 아메리카 대륙에서 아프리카인의 생명을 생산한 여성의 몸은 창조의 원천이었다.[38] 기억의 저장소, 기억의 전달자이자 미래의 창조자로서 여성 노예의 몸을 노래함으로써 니콜스는 여성 노예를 일방적 희생자에서 창조자로 구원한다. 비록 프린스는 모성을 실현하지 못했지만, 많은 여성 노예들이 아프리카인의 후손을 카리브해와 아메리카 땅에 낳았다.

여기 한 조각작품이 있다. 자메이카의 조각가 로라 페이시(Laura Facey, 1954~)의 〈그들의 영혼은 사라지고〉(Their Spirits Gone Before Them)다. 이 작품은 2014년 1월부터 9월까지 영국 리버풀 국제노예제박물관에서 특별 전시됐다. 멀리서 보면 2장에서 언급한 노예선 브룩스 이미지를 차용한 조각배처럼 보인다. 미루나무로 만든 약 1.8미터 길이의 카누가 사탕수수나무줄기 위에 떠 있는 형상이다. 배 밑바닥에는 빽빽하게 노예들이 누워 있다. 그런데 가까이 들여다보면 두 손과 두 발이 옆 사람과 묶여 있는 노예가 아니다. 벌거벗은 수백 명의 흑인 남녀가 한 쌍씩 마주보고 누워 있다. 사실 〈그들의 영혼은 사라지고〉에서 표현된 흑인 남녀는 자메이카 킹스턴 해방공원에 있는 페이시의 대표작 〈구원의 노래〉(Redemption Song)의 미니어처다. 페이시는 이 조각을 통해 노예선에 실려 중간항로를 건너는 역경을 겪으면서도 끈질기게 살아남은 아프리카인 디아스포라의 생명력을 노래하고 있는 것이다.[39]

프린스가 고통받은 몸을 드러내는 데 집중했던 반면, 프링글은 프린스의 성애화된(sexualized) 몸에 집착했다. 프링글은 『생애』를 편집하면서 '보론'에 프린스의 주인 우드의 편지를 수록해 프린스가 음란했다는 중상모략을 거들었다. 프링글은 프린스의 성애화된 몸에 관심을 가짐으로써, 저항의 장소로서 자신의 몸을 활용한 프린스의 주장과 대립하며 프린스의 의도를 방해했다. 프린스의 성적 행동에 대해 상세히 전하고 은연중에 여성은 정숙해야 한다고 암시함으로써 프링글은 프린스 이야기의 진정성이 그녀의 성적 행동으로 인해 손상될 수 있음을 독자들에게 알리는 효과를 낳고 있는 것이다.

로라 페이시, 〈그들의 영혼은 사라지고〉, 2006년.

　　그런 점에서 프링글은 노예제폐지론과 노예제옹호론이 공유하는 여성 노예에 대한 스테레오타입을 영속화하고 있다. 옹호론자는 여성 노예의 도덕적 타락이 '흑인의 원시성' 때문이라고 주장하고, 폐지론자는 여성 노예의 성적 타락을 노예제 악습 탓이라고 주장한다. 둘 다 흑인 여성의 성적 타락을 전제하고 있기는 마찬가지다. 여성의 성적 타락을 '흑인'의 선천적 특성이라고 보든, 노예제 탓에 흑인 여성이 성적으로 타락한다고 보든, '흑인 여성'은 타락한 존재가 되기 때문이다. 프링글은 프린스의 몸을 희생시키고, 그녀를 노예제폐지라는 대의를 연기하는 여배우로 만들고 있었던 것은 아닐까?[40]

　　『생애』의 출판으로 프린스의 몸은 노예제 찬성과 반대 진영 사이의 전쟁터가 되었다. 상처 입은 여성 노예 프린스의 몸은 그녀가 노예제를 고발할 수 있는 가장 생생하고 강력한 증거였지만, 그 증거를 제시하는 과정은 결코 녹록치 않았다. 프린스의 몸의 증거와 주체로서 프린스의 목소리는 여러 겹의 복잡한 텍스트의 행간에서 간간이 몇 마디씩 들려올 뿐이다.

서저너 트루스,
흑인 여성의 여성성과 모성

"나는 여성이 아닌가요?"

트루스는 미국의 흑인 노예제폐지 운동가이자 여성권리 운동가로, 2009년 흑인 여성으로는 처음으로 워싱턴 명예의전당에 동상이 건립된 인물이다.[41] 트루스의 본명은 이사벨라 바움프리(Isabella Baumfree)다. 그녀는 1797년 뉴욕주 얼스터카운티 스와르테킬에서 흑인 노예 제임스와 엘리자베스의 딸로 출생했다. 이 가족의 주인은 반 바게너(Van Wagener)라는 사람이었다. 이후 노예로 계속 팔리며 다섯 명의 주인을 두었던 그녀는 1826년 탈출해 노예제폐지 운동가들과 친교를 맺기 시작했다. 그리고 1843년 '진실을 전하고 다니는 사람'이라는 의미의 '서저너 트루스'라는 이름을 스스로 지었다. 이때부터 트루스는 신에게 부름받은 자를 자청하고 전국을 떠돌며 설교도 시작했다. 트루스를 유명하게 만든 계기는 애크런 연설이었다. 1851년 5월 29일 오하이오주 애크런에서 열린 여성참정권운동 집회에서 트루스는 「나는 여성이 아닌가요?」(Ain't I a woman?)라는 유명한 연설을 했다. 그녀는 이 집회에서 발언한 유일한 흑인 여성이었다. 다소 길지만 인용해본다.

"여러분, 이렇게 야단법석인 곳에는 뭔가 정상이 아닌 게 있음이 틀림없어요. 내 생각에는 남부의 검둥이와 북부의 여성 모두가 권리에 대해 얘기하고 있으니 그 사이에서 백인 남성들이 곧 곤경에 빠지겠군요. 그런데 여기서 얘기되고 있는 건 전부 뭐죠?

저기 저 남성이 말하는군요. 여성은 탈것으로 모셔 드려야 하고, 도랑은 안아서 건너드려야 하고, 어디에서나 최고좋은 자리를 드려야 한다고. 아무도 내게는 그런 적 없어요. 나는 탈것으로 모셔진 적도, 진흙구덩이를 지나도록 도움을 받은 적도, 무슨 좋은 자리를 받아본 적도 없어요. 그렇다면 나는 여성이 아닌가요? 날 봐요! 내 팔을 보라구요! 나는 땅을 갈고, 곡식을 심고, 수확을 해왔어요. 그리고 어떤 남성도 날 앞서지 못했어요. 그래서 나는 여성이 아닌가요? 나는 남성만큼 일할 수 있었고, 먹을 게 있을 땐 남성만큼 먹을 수 있었어요. 남성만큼이나 채찍질을 견뎌내기도 했어요. 그래서 나는 여성이 아닌가요? 난 13명의 아이를 낳았고, 그 아이들 모두가 노예로 팔리는 걸 지켜봤어요. 내가 어미의 슬픔으로 울부짖을 때 그리스도 말고는 아무도 내 말을 들어주지 않았어요. 그래서 나는 여성이 아닌가요?

그런 일을 사람들이 머리와 관련해 얘기할 때 뭐라고 부르죠? (청중 속에서 중얼거린다. "지성") 맞아요. 그거예요. 지성이 여성의 권리나 흑인의 권리와 무슨 관계가 있는 거죠? 나의 잔이 1파인트도 담지 못하고, 당신의 잔이 2파인트를 담고 있는데, 당신은 내 보잘 것 없는 절반 크기의 잔을 채우지 못하게 할 만큼 야비하지는 않겠지요?

저기 검은 옷을 입은 작은 남자가 말하네요. 여성은 남성만큼의 권리를 가질 수 없다고요. 왜냐하면 그리스도가 여성이 아니었기 때문이라고요! 당신들의 그리스도는 어디서 왔죠? 어디서 왔느냐고요? 신과 여성으로부터 왔잖아요! 남성은 그리스도와 아무런 관계가 없었죠.

신이 만든 최초의 여성이 혼자서 세상을 엉망으로 만들 만큼 강했다면, 이 여성들이 함께 세상을 다시 올바른 방향으로 되돌려 놓을 수 있어야 해요. 그리고 지금 여성들이 그렇게 할 것을 요구하고 있고, 그렇게 하도록 하는 게 더 좋을 겁니다.

내 말을 들어야만 해요. 이제 늙은 서저너는 더 이상 할 말이 없어요."[42]

트루스는 위의 연설에서 연약하고 무기력한 여성성을 거부하고 농장과 들판에서 남성과 똑같이 노동하는 흑인 여성의 삶의 토대 위에서 여성성을 다시 정의하려고 시도했다. 누구보다도 강렬한 웅변조로 여성이자 흑인 노예인 자신에 대해 말하고 있다. 그녀는 자신의 정체성을 여성이나 노예 어느 한쪽에 따라 개념화하는 게 부당하다는 것을 증명했다. 트루스의 시도는 인종주의에 대한 저항일 뿐만 아니라 페미니즘의 중요한 성과다. 인종차별과 성차별이 교차하는 지점에서 이중 차별을 모두 공격할 수 있는 입장을 제시하고 있는 것이다.

트루스는 인종과 젠더를 가로지르는 교차성(intersection-ality) 이론, 혹은 교차성 페미니즘(Intersectional Feminism)의 선구자로서, 뒤이어 안젤라 데이비스(Angela Davis, 1944~), 벨 훅스(bell hooks, 1952~), 킴벌리 크렌쇼(Kimberle Cren-shaw, 1959~) 같은 여성 이론가들이 '블랙페미니즘'(Black Feminism)을 전개하는 출발점이 되었다. 인종차별은 성차별, 계급차별과 따로 존재하지 않는다. 1960년대부터 부상한 블랙페미니즘은 흑인 여성을 짓누르는 인종, 계급, 젠더라는 3중 억압 속에서 배태되었다. 1980년대 말 블랙페미니즘에서 나온 교차성 이론은 인종, 계급, 젠더 세 범주 중 어느 하나만으로 결정되거나 환원되지 않는 차별의 복합성을 규명하기 위해 제시된 분석 개념이었다. 인종, 계급, 젠더의 교차성을 인식하지 못하고 특정한 차별에만 매달릴 때, 어느 차별이 더 끔찍한가에만 집중해 차별의 우열을 겨루는 소모적인 논쟁에 빠져들 수 있다. 이렇게 되면 정작 차별의 복합적인 본질을 놓치고 차별의 구조도 비판하지 못하는 우를 범하게 된다. 3중 차별이 어떻게 얽혀 있는지를 제대로 분석해야만 억압받는 인종, 계급, 젠더의 연대를 꿈꿀 수 있다.

인종과 젠더가 어떻게 얽혀 있는지를 밝혀야 한다는 교차

국립 아프리칸아메리칸 역사문화박물관의 서저너 트루스.
국립 아프리칸아메리칸 역사문화박물관(National Museum of African American History & Culture)은 2016년 9월 24일 워싱턴 D. C. 더 몰(The Mall)에 개관한 스미소니언의 19번째 박물관이다. 노예에서 자부심 넘치는 미국 시민으로 성장한 아프리칸아메리칸의 역사와 문화를 담은 박물관으로 흑인 세력화와 정체성 정치의 산물이다. 박물관 개막식 때는 오바마 전 대통령이 연설을 하기도 했다. 2018년 3월 26일 필자가 이곳에 방문했을 때는 박물관 입구에서 트루스 초상 사진이 반겨주고 있었다. 그 뒤에는 미국의 국가 정체성의 상징인 워싱턴 기념비가 보인다.

성 개념을 처음 논한 인물은 미국의 흑인 여성 법학자 크렌쇼라고 알려져 있지만 사실 교차성 개념의 기원은 트루스의 앞서 인용한 연설로부터 시작한다고 보아도 틀리지 않을 것이다.[43] 크렌쇼는 1989년과 1991년에 발표한 논문에서 '교차' 개념을 제시했다. 크렌쇼는 인종과 젠더 중 하나만을 고려하는 단일축 분석틀에 토대를 두는 흑인운동과 여성운동 모두를 비판하며 흑인 여성은 단일축 분석틀 사이의 교차로에서 피해를 입고 있다고 밝혔다. '교차성'이란 말 그대로 흑인 여성은 교차로에 서 있다는 뜻이다. 인종차별과 성차별이라는 구조적 차별이 교차하는 지점에 위험하게 서 있는 흑인 여성은 백인 여성처럼 여성으로 대표되지도 못하고, 흑인 남성처럼 흑인이라는 인종으로 대표되지도 못한다. 흑인 남성을 중심으로 구성된 인종 정치학과 백인 여성을 중심으로 구성된 페미니즘 정치학은 흑인 여성의 경험을 배제하거나 왜곡하면서 흑인 여성을 대표성의 공백 상태로 남겨둔다는 것이 크렌쇼의 분석이다.[44]

트루스를 시작으로 흑인 페미니스트들은 가정과 일터, 가사노동과 임금노동의 이분법이 유색인 여성이나 노동계급 백인 여성의 삶에는 적용되지 않는다고 주장했다. '가정의 천사'로서 가족에게 따뜻한 보살핌을 제공하는 일은 유색인 여성과 백인 노동계급 여성들의 생활에서 결코 중심이 될 수 없었다. 가정에서 아내와 어머니의 역할을 다하면 노동시장에서 임금노동의 부담을 갖지 않아도 되는 상황이 아니었기 때문이다.[45] 사적 영역(가정)과 공적 영역(사회)을 분리하고 여성이 있어야 할 곳을 사적 영역으로 한정하는 가정중심 이데올로기는 애초부터 흑인 여성, 유색인 여성 및 백인 노동계급 여성의 삶과는 무관한 것이었다.

트루스는 가정중심 이데올로기를 넘어 여성성을 재정의 했을 뿐만 아니라 흑인 여성의 모성에 대해서도 전복을 시도했다. 1850년대 말, 여러 집회에서 트루스는 널리 알려진 '흑인 유모'(black mammy)로 자신을 재현하면서도 이를 전복하는 시도를 보여주었다. 바로 여성 노예로서 가슴을 내보이는 방식을 통해서였다. 백인 아이들에게 젖을 빨린 가슴, 자기 자식들은 젖을 빨지 못했던 가슴을 헤쳐 보였던 것이다.[46] 노예제 아래서 여성 노예는 백인 여성이 낳은 아이들을 양육하고 모든 것을 주면서도 자신의 생물학적 자녀에게는 아무 것도 해줄 수 없었다. 트루스는 오직 백인 주인을 위해서만 모성을 수행해야 하는 여성 노예의 비극을 가슴을 풀어 헤쳐 보이는 행위를 통해 고발했던 것이다.

노예해방 이후 흑인 여성 노동자가 할 수 있는 일자리는 주로 가정부였다. 흑인 여성은 백인 가정에서 가사노동과 양육 노동을 하면서 자신이 양육하는 백인 아이와 강력한 감정적 유대관계를 형성하기도 했다. 그러나 흑인 여성은 자신이 일하는 백인 가정에 결코 소속될 수 없다. 그녀는 경제적으로 착취당하는 노동자일 뿐이며 백인 가정의 바깥에 있었다. 이런 의미에서 흑인 여성 가사노동자는 '내부의 외부인'(outsider within)이었다.[47]

'내부의 외부인'으로서 '흑인 유모'의 스테레오타입은 노예제 시절 민스트럴쇼(minstrel show)◆를 통해 대중화되었고 남북전쟁 이후에도 계속 인기를 끌었다. 펄제분회사가 만든 팬케익 믹스의 패키지에 등장하는 미소 짓는 흑인 가정부 '제미마 아줌마'(Aunt Jemima)는 흑인 유모의 전형이었다. 제미마 아줌마 캐릭터는 1875년 흑인 배우 빌리 커샌드(Billy Kersands, 1842~1915)가 부른 〈올드 앤트 제미마〉(Old Aunt Jemima)에서 유래했다. 이 노래는 민스트럴쇼의 단골 레퍼토리였다. 노예제폐지 이후 흑인 유모는 인종평등을 걱정하는 백인들에게 안도감을 주고 노예가 있던 좋았던 시절의 '올드 사우스'(Old South)에 대한 노스탤지어를 불러일으켰다.[48]

1899년 시카고 세계박람회에서는 흑인 여성 요리사 낸시 그린(Nancy Green, 1834~1923)이 고용되어 팬케이크를 만드는 제미마 아줌마를 연기해 큰 인기를 끌었다. 뚱뚱하고 헌신적이며 의존적인 흑인 여성 캐릭터는 신문, 잡지, 라디오, 텔레비전에서 끊임없이 재현되었고, 인형, 공, 소금·후추통, 저금통 등의 상품으로도 제작·유통됐다. 흑인 유모 캐릭터는 영화에도 진출했다. 영화 〈바람과 함께 사라지다〉(1939)에서 여주인공 스칼렛 오하라의 드레스 코르셋을 조여주던 뚱뚱한 중년 흑인 여성이 바로 그 예다. 이 역할을 맡았던 흑인 여배우 해티 맥다니엘(Hattie McDaniel, 1895~1952)이 1939년 흑인 배우 최초로 아카데미 여우조연상을 수상했다. 이는 미국 대중문화에서 흑인 여성에게 할당된 자리가 어디였는지를 보여주는 사례로 씁쓸함을 자아낸다. 1960

◆ '민스트럴쇼'는 남북전쟁 전후에 유행했던 미국 엔터테인먼트 쇼 중 하나로 얼굴을 검게 칠한 백인이 흑인 역할을 맡아 춤과 음악, 촌극 등을 공연했다. 이때 백인이 연기하는 흑인은 우둔하고, 게으르고, 미신이나 믿는 태평스런 어릿광대로 묘사되면서 흑인에 대한 부정적 스테레오타입을 생산했다.

제미마 아줌마 저금통(위)과 〈제미마 아줌마와 벤 아저씨의 해방〉(아래).
흑인 여성을 유모 '제미마 아줌마'로 재현하는 스테레오타입을 보여주는 저금통이다.
일상용품에서 반복되는 흑인에 대한 부정적 이미지야말로 노예제의 부정적 유산인
인종주의를 지속시키는 장치다. 〈제미마 아줌마와 벤 아저씨의 해방〉(Liberation
of Aunt Jemima and Uncle Ben)은 자메이카 출신인 미국 여성 르네 콕스(Renée
Cox, 1960~)의 1998년 작품으로, 스테레오타입을 전복한 이미지를 제시한다. 제미마
아줌마와 벤 아저씨가 육감적이고 관능적인 '몸짱' 남녀가 되어 팬케이크 가루와 브라운
라이스로부터 탈출하고 있다. 또한 콕스 자신은 두 남녀의 팔을 끼고 씩씩하게 걸어가는
영웅의 모습을 하고 있다. 콕스는 노예, 하인, 유모로 재현됐던 흑인 여성 이미지를 영웅,
여왕, 가모장으로 전복함으로써 흑인 여성의 주체성을 회복하는 작품을 선보이고 있다.

년대 흑인민권 운동 시기가 되어서야 흑인 유모 이미지는 인종 차별이라고 비판을 받기 시작했다.

흑인 레즈비언 페미니스트이자 시인인 오드리 로드(Audre Lorde, 1934~1992)는 『시스터 아웃사이더』(Sister Outsider)에서 관련된 경험을 이렇게 소개했다. 로드는 1967년 뉴욕의 한 슈퍼마켓에서 두 살짜리 딸을 카트에 태우고 장을 보고 있었다. 그때 똑같이 엄마가 끄는 카트에 타고 있던 백인 소녀가 신이 나서 이렇게 외치는 것이 아닌가. "오! 엄마, 봐! 애기 식모야!"[49]

파농이 직면했던 혐오의 말, "저기 검둥이 좀 봐! 무서워요!"는 흑인 남성에 대한 인종적 모욕이었다. 그러나 로드의 두 살짜리 딸에게 가해진 혐오는 인종차별만으로 설명되지 않는다. 여기에는 인종과 젠더가 교차하는 차별이 자리하고 있었다. 노예제 시절부터 내려오는 흑인 유모라는 스테레오타입이 백인들에게 얼마나 자연스럽게 스며들어 흑인 여성에 대한 부정적 인식을 낳고 있었는가를 이 사례는 말해준다.

흑인 유모는 과거의 전유물이 아니다. 오늘날 세계에는 타인을 위한 가사노동에 종사하면서 정작 자신의 가정과 아이는 돌볼 수 없는 수많은 유색인 여성 가사노동자들이 존재한다. 미국과 캐나다 백인 중산층 여성들의 사회 진출은 '세계화의 하인들'이라 불리는 필리핀 여성들의 가사노동에, 홍콩과 싱가포르 여성들의 높은 경제활동 기여도는 '메이드'라고 불리는 필리핀, 인도네시아, 스리랑카 여성 가사노동자들에 의해 지탱되고 있다. 필리핀 이주노동자의 다수는 여성이고, 이들 대부분은 가사도우미로 취업한다. 필리핀 여성 가사노동자는 일하는 지역도 다양하다. 싱가포르, 대만, 홍콩 같은 아시아 국가들뿐만 아니라 이탈리아와 미국으로 퍼져 '상상의 글로벌 공동체'를 형성하고 있는 것이다.[50]

　문제는 유색인 가사노동자들의 상당수가 기본적인 인권마저 위협받는 열악한 처지에 놓여 있다는 사실이다. 가령 고용주 가족의 오붓한 시간을 위해 휴일이면 갈 데 없이 거리를 배회해야 하는 건 그나마 나은 편이다. 홍콩, 싱가포르, 말레이시아에서 가사노동자로 일하는 인도네시아나 미얀마 여성들은 노예와 같은 환경에서 학대와 폭력, 인종차별과 성폭력에 무방비로 노출되는 경우도 많다. 2011년에는 인도네시아 출신 이스티 코마리야는 말레이시아 쿠알라룸푸르의 풍콩명 부부 집에서 학대 끝에 주검으로 발견됐는데 당시 몸무게가 26킬로그램에 불과했다.

　오늘날 가사노동은 제국주의, 자본주의, 인종주의가 연결되어 작동하는 장이다. 초국적 이주를 통한 가사노동자의 이주노동은 국경의 문제, 가정의 문제, 초국적 가족의 문제, 민족의 문제, 인종의 문제, 친밀과 돌봄 노동의 문제, 제국의 문제, 복지국가의 문제, 임금의 문제, 여성노동의 양극화, 여성들 사이의 계급화, 인신매매 등이 중첩되는 지점이다. 그만큼 가사노동의 분업은 지구지역적 차원에서 인종적·계급적·국가적 불평등 구조가 어떻게 작동하는지 보여준다. 돌봄노동의 국제적 분업이 일어나면서, "재생산 노동의 인종적 분업"이 유지되면서 여성들 사이의 위계화가 형성되고 있는 것이다.[51]

무지한 스승

다시 트루스의 이야기로 돌아가 보자. 트루스는 흑인 유모 같은 옷을 입고 있었지만 백인을 위해 묵묵히 일하는 '제미마 아줌마'가 아니었다. 트루스는 연설에서 사자후를 토하며 자신을 적극적으로 드러내고자 했다. 그런 그녀가 중요하게 여겼던 수단은 사진이었다. 사진이야말로 그녀에게 무형의 자립심을 선사하는 매체였던 것이다. 특히 글을 읽고 쓸 줄 몰랐던 그녀에게 사진은 글쓰기보다 강력하고 효과적인 소통수단이 되어주었다. 실제로 사진은 트루스가 고상한 담론이나 언어에 깊이 뿌리 박힌 인종적 편견을 우회하는 데 도움이 되었다.[52]

노예제에 대한 저항의 사진 이미지는 '니그로 전시'(The Negro Exhibit)에서 효과를 톡톡히 발휘했다. '니그로 전시'란 노예제폐지를 위한 집회 시 연단에서 노예제를 고발하는 센세이셔널한 증거로서 도망 노예의 상처 난 몸을 보여주는 것을 말한다. 채찍질로 상처 난 고든(Gordon)의 등을 찍은 사진이 대표적인 사례다. 1863년 7월 4일자『하퍼스 위클리』(Harper's Weekly)에 게재된 〈고든의 상처 난 등〉(The Scourged Back of Gordon) 사진은 유명해졌지만, 정작 사진의 주인공 고든에 대해서는 별로 알려진 바가 없다. 신문 편집자는 루이지애나주에서 도망쳐 남북전쟁에 북군으로 참전한 노예 고든의 개인 이야기를 의도적으로 삭제하고, 그에게 '니그로의 전형'이라는 공적 역할만을 부여했다. 영국 출판업자들은 이 사진을 명함판으로 인쇄해 유통시켰고, 이 상품은 곧 영국에서 미국을 뛰어넘는 인기를 얻게 되었다. 이 사진이 백인 대중들에게 인기를 끌

1863년 7월 4일자 「하퍼스 위클리」에 게재된 〈고든의 상처 난 등〉 사진.

었던 이유는 고든이 자신의 구원을 위해 싸운 도망 노예이자 흑인의 시민권을 향해 싸운 영웅이여서가 아니었다. 피 흘리고 상처 입은 '전형적인 노예'를 재현하고 있기 때문이었다. 고든의 반쯤 벗은 나신과 채찍질로 생긴 등의 상처는 백인의 영혼을 정화하는 부적처럼 유통되는 흑인 몸 이미지라는 한계를 벗어나지 못하는 게 아닐까? 마치 18세기 말 영국의 도자기 제조업자이자 노예제폐지 운동가였던 조사이어 웨지우드(Josiah Wedgwood, 1730~1795)가 만든 "나는 인간도 형제도 아닙니까?"의 도상처럼 말이다.[53]

트루스도, 더글러스도, 노예제폐지 운동에 관여했던 주요 인물들은 모두 고든의 등 사진을 보았고 다들 사진이 노예제를 정치적 이슈로 대중에게 전달하는 데 가치가 있다고 간파했다.[54] 그러나 트루스는 결코 고든과 같이 등을 돌린 포즈를 취하지 않았다. 정면 사진만을 고집했던 것이다. 한때는 가슴을 헤쳐 보이는 퍼포먼스도 했던 그녀지만 노예제폐지 운동가로 이름을 알리게 되면서부터는 안경을 쓴 채 단정하고 단호하게 정면을 응시하는 사진으로 자신을 드러내기를 원했다.[55] 트루스의 정면 사진은 18세기 말 영국 노예제폐지 운동에서 백인 운동가들이 생산한 애원하는 여성 노예의 수동적 이미지와 선명한 대조를 이룬다.

트루스는 평생 문맹이었다. 『톰 아저씨의 오두막집』(Uncle Tom's Cabin)의 작가로 유명한 노예제폐지 운동가 해리어트 비처 스토(Harriet Beecher Stowe, 1811~1896)는 1863년 『애틀랜틱』(Atlantic)에 실은 글에서 트루스가 교육을 받았더라면 좋

I Sell the Shadow to Support the Substance.

SOJOURNER TRUTH.

서저너 트루스, 1864년.

트루스가 67세 때 디트로이트에서 촬영한 것으로 추정된다. 단정한 가운을 입고 암전한 하얀 삼각형 숄을 둘렀으며 모자를 쓴, 양식 있는 중간계급 여성의 모습으로 정면을 응시하고 있다. 또한 흑인 여성 노예의 여성성을 드러내기 위해 뜨개질하는 모습을 연출했다. 사진 하단에는 "그림자를 팔아 본질을 추구하다"라고 적혀 있다. "그림자"는 사진 이미지를, "본질"은 노예제폐지의 대의를 의미한다. 트루스는 선전과 모금을 위해 같은 문구를 적은 명함판 초상사진을 여럿 제작해 판매했고, "노예로서 다른 사람을 위해 팔렸지만, 이제는 나 자신을 위해 나(이미지)를 판다"라고 말하기도 했다.

앗을 거라며 안타까워했다. 트루스가 살았던 뉴욕주에서는 남부와 달리 노예에 대한 글 읽기 교육이 금지되어 있지 않았고, 1827년 노예제가 폐지되고 난 후에는 성경을 읽는 교육이 장려되었다. 그런데도 트루스는 읽고 쓰기를 배우지 않았다. 메릴랜드주 출신의 더글러스는 노예에게는 글을 배우지 못하게 하는 상황에서도 거리에서 백인 아이들을 구슬리며 기어이 글을 배웠다. 그렇다면 메릴랜드보다 자유로웠던 뉴욕에서 트루스가 글을 배우지 못했던 이유는 무엇이었을까?[56]

우선 그때 이미 그녀는 58세였다. 글을 배우기 위해 노력을 했지만 "머리가 굳어 버렸다. 어릴 때 배웠어야 하는데. 글씨가 온통 뒤죽박죽. 정렬이 안 되는" 상황이었다. 그래서인지 트루스의 필적이라고는 1880년 죽기 3년 전에 남긴 이름 사인이 유일하다. 확실한 이유는 알 수 없지만 난독증과 시력장애가 있었던 것이 아닌가 의심된다. 그리고 어린 시절의 트라우마도 작용했을 것으로 보인다. 처음 노예로 팔렸을 때 주인의 말을 못 알아들어 심한 채찍질을 당했고 이 경험이 상처로 남아 읽고 쓰는 것을 배우는 데 방해했던 것이다. 트루스는 네덜란드어를 쓰는 지역에서 어린 시절을 보냈기 때문에 영어를 못 알아 들었다.[57]

문맹은 확실히 활동에 핸디캡이었지만 트루스는 문맹을 장점으로 활용하려고 했다. 영민한 그녀는 빼어난 연사가 되는 데 문맹이 신비로운 아우라를 입힐 수 있음을 간파했던 것이다. 180센티미터가 넘는 큰 키에 새까만 피부색, 낮고 굵은 목소리. 그녀의 새까만 피부색은 '순혈 흑인'이라는 증거가 되었다. 백인 아버지를 둔 더글러스에게는 역시 백인 혈통이 섞여서 똑똑하다는 편견이 따라다녔지만 트루스는 이런 억측을 피해갈 수 있었다. 트루스는 정확한 영어를 구사할 줄 알았지만 생애 후반으로 갈수록 문법을 파괴하고, 흑인 특유의 방언을 많이 섞어 말했다. 청중이 열광했기 때문이다. 현실문제는 회피하고 장황하게 먼 과거 이야기만 늘어놓는 목회자와 지식인을 조롱했고, 대학에서 강연할 때면 열심히 노트에 메모하는 학생들에게 자신처럼 머릿속에 메모하라고 충고하기도 했다. 트루스는 도발적으로 말하기를 즐겼다. "나는 책은 읽지 못하지만, 사람을 읽을 수 있다", "당신은 책을 읽지만, 신께서는 내게 친히 말씀하신다"고 말이다.[58]

모든 인간이 평등한 지적 능력을 지녔음을 믿어 의심치 않았던 트루스는 비록 문맹이지만 기죽지 않고 당당하게 연설했다. 트루스는 흑인이고 여성이라는 이중 차별을 뚫고 기존 여성성과 흑인성을 전복함으로써 블랙페미니즘으로 가는 길을 열어젖혔다. 그렇다면 트루스는 자크 랑시에르(Jacques Rancière, 1940~)가 말하는 '무지한 스승'(Le Maître Ignorant)이 아니었을까? 문맹을 이상화하거나 신비화할 필요는 없고 그래서도 안 된다. 하지만 "나는 읽을 줄 아는 남성 위인들보다 무엇이 옳은지 더 잘 알고 더 잘 행동할 수 있다"라든가, "세상의 모든 악은 글을 읽을 줄 아는 사람들이 만든 것이지 글을 읽을 줄 모르는 사람들이 만든 건 아니다"라는 트루스의 발언은 의미심장하다. 글쓰기와 교육이 불합리한 기성 질서를 정당화하고 재생산하는 데 봉사해서는 안 된다는 경고로 들린다. 랑

시에르의 말처럼 해방하지 않고 가르치는 자는 바보를 만들 뿐
이기 때문이다.[59]

흑인 여성과 모성

흑인 여성 노예에게 '여성성'과 '모성'은 무엇일까? 남북전쟁
이전 아직 여러 주에서 노예제가 존재하고 있었던 미국사회에
서 여성 노예는 노동자, 양육자, 아내, 첩이라는 복합적 역할
을 해야 했다. 노예제 구조 속에 인종과 젠더는 밀접하게 얽혀
있어서 둘을 분리하는 것은 애초에 불가능하다. 백인 농장주가
구축하는 사회질서는 분리할 수 없는 두 요소 위에 구축된다.
첫째, 인종주의에 토대를 둔 아프리카인의 비인간화이고, 둘
째, 여성의 섹슈얼리티와 재생산 능력에 대한 통제다. 즉, 인종
과 젠더의 이 끔찍한 결합 위에 노예제는 기반을 두고 있는 것
이다.[60]

　　여성 노예의 가치는 노동력 가치만으로 그치지 않는다. 재
생산 노동력으로서 여성 노예의 가치는 노예무역과 노예제의
변화에 따라 다르게 매겨졌다. 1780년대 말 노예제폐지론이 정
치무대와 공론장에 본격적으로 대두하고 대서양노예무역의
폐지가 예상되는 상황에서, 플랜테이션 노동력의 항상적 확보
는 중요한 문제였다. 1780년대 이전까지는 노예매매 시장에서
생산성 높은 남성 노예를 선호했고, 여성 노예는 반쪽짜리 노
동력으로 간주됐다. 출산과 양육 역시 귀찮고 성가신 일에 불
과했다. 그러나 노예제가 지속되지 않을 수 있다는 가능성은

여성 노예의 재생산 능력을 다시 보게 되는 계기가 됐다. 따라서 노예주는 흑인 여성의 모성을 장려하기 시작했다. 이렇듯 노예제 옹호론자는 여성 노예를 노예제를 지속하기 위한 항속적인 노동력 공급 수단으로 보았던 반면, 노예제폐지론자는 자유노동자 인구를 생산하는 수단으로 보았다. 노예제가 폐지된다면 노예노동을 자유노동으로 대체해야 할 테지만 어쨌든 노동력은 확보해야 했기 때문이다. 어느 견해든 흑인 여성 노예의 몸을 볼모로 삼고 있는 것은 마찬가지였다.[61]

흑인 여성 노예는 생명을 낳는다 해도 모성의 주체가 되기는커녕 낳은 생명마저 노예로 만드는 모성을 경험해야 했다. 1662년 버지니아주 법은 흑인 여성 노예와 백인 남성 사이의 자녀를 노예로 삼은 최초의 법이다. 흑인 여성의 모성 경험은 재생산의 자율권을 가장 야만적으로 부정당하는 사례다. 주인에게 여성 노예는 노동력으로서 상업적 가치와 재생산 능력 모두를 갖는다. 백인 주인은 노예의 재생산 능력을 통제한다. 임신을 장려하거나 보상하고, 출산을 거부하면 처벌하고, '번식'을 강제하고 강간한다. 이런 상황에서 여성 노예는 저항의 한 방편으로 백인 주인 가족의 음식에 독을 넣기도 했다. 미국 워싱턴 D. C.에서 발간되는 한 주간 신문은 1857년 9월 19일 앨라배마주 파이크카운티에서 일어난 독극물 사건을 보도했다. 흑인 여성 요리사가 음식에 비소를 넣어 이 음식을 먹은 37명 가운데 여섯 명이 사망했던 것이다.[62] 백인 주인 가족의 일상생활을 지탱하는, 가사노동을 담당하는 '내부의 외부인'이었던 여성 노예는 이런 무시무시한 일을 저지를 수도 있는 존재였다. 이 요리사는 결국 화형을 당했다.

다. 이 요리사는 결국 화형을 당했다.

흑인 여성 노예의 모성과 모성애는 때로 낙태와 영아살해로 나타나기도 한다. 이런 행위는 여성 노예가 처한 모성의 특수한 측면을 드러낸다. 함부로 도덕적 판단과 단죄의 대상이 되어서는 곤란하다. 여성 노예의 자식살해로 유명한 사건이 마가렛 가너(Margaret Garner, 1834~1858) 사건[63]으로, 흑인 여성 작가로는 처음으로 노벨문학상을 수상한 미국 작가 토니 모리슨(Toni Morrison, 1931~)의 소설『빌러비드』(Beloved)의 소재가 되기도 했다. 1856년 1월 28일 켄터키주 리치우드에서 오하이오주 신시내티로 도주한 노예 가너가 주인의 추격을 받던 끝에 28개월 난 딸 메리를 살해했다. 다섯 째 아이를 임신한 상태였던 가너는 나머지 아이들마저 죽이려다가 체포되어 재판을 받게 되었고, 이 재판은 전국의 이목을 집중시켰다. 가너 사건은 도망 노예 사건인가, 존속살해 사건인가, 노예제는 존속 혹은 폐지되어야 하는가 등 수많은 질문과 논란을 낳았다. 노예제폐지론자들은 이 사건이 노예제폐지의 대의를 위한 불씨를 다시 지필 것이라 기대했지만, 예상과 달리 남북전쟁 이후 급속히 잊혔다. 이 사건이 부활한 것은 100여 년이 지나고 모리슨이 소설『빌러비드』를 썼을 때였다.

왜 이렇게 오랫동안 망각됐을까? 흑인 여성 노예에 의한 친딸 살해라는 끔찍한 사건. 흑인도 백인도 기억하기 힘든 치부, 잊을 수 없지만 기억하기 힘든 과거였기 때문이다. 가너 사건의 핵심은 흑인 여성 노예의 모성을 둘러싼 문제들의 여러 측면을 드러낸다는 데 있다. 흑인 여성 노예에게 모성은 무엇

캐리 매 웜스, 〈키친 테이블 시리즈〉, 1990년.
노예해방 이후 중산층 흑인에게 온 가족이 단란하게 둘러앉을 수 있는 키친 테이블은
가정의 중심 공간으로서 특별한 의미를 지녔다. 미국 흑인 여성 예술가 캐리 매
웜스(Carrie Mae Weems, 1953~)는 〈키친 테이블 시리즈〉(The Kitchen Table
Series)에 대해 "키친 테이블은 나 자신이고, 어머니이고, 아버지다. 키친은 여성에게
속하는 장소인 동시에 가족, 부부갈등, 세대갈등, 일부일처제 등을 둘러싼 배틀이
벌어지는 장소이기도 하다. 가정에서 가장 사회적인 장소 키친을 어떤 장소로 바꿀
것인가의 고민을 제시하기 위해 작품을 만들었다"고 했다. 키친 테이블에 둘러앉은
어머니와 세 딸은 어떤 대화 혹은 배틀을 벌이고 있을까? 미국 뉴욕에 위치한 구겐하임
미술관은 2014년 1월 24일부터 5월 14일까지 웜스의 30주년 기념 개인전을 개최했는데,
흑인 여성으로는 첫 초대전이었다.

인가, 흑인 노예의 모성은 어떻게 억압되었는가, 노예제하에서 흑인 여성의 모성은 백인 여성의 모성과 어떻게 다른가와 같은 근본적인 질문을 던지기 때문이다.

가너 사건은 농장의 노예들이 대단히 만족하며 살아간다는 남부의 신화가 허상이라는 사실을, 흑인 여성 노예에 대한 백인 노예주의 성 착취가 얼마나 만연한지를 드러냈다. 노예제 지지자들은 마가렛의 딸 살해를 광기와 정신착란의 결과로 보았다. 친자 살해는 노예가 야만인이라는 증거라고 주장했다. 반면 노예제폐지론자들은 딸을 지키기 위한 영웅적 행위이며 자식을 참혹한 운명으로부터 보호하겠다는 모성애의 극치로 보았다. 어머니가 되기에 부족하고 불완전하다고 여겨졌던 흑인 여성의 모성을 희생을 감내하는 숭고한 모성으로 재탄생시켰다. 지상에서 자유를 얻을 수 없다면 천상에서 찾고자 했던 결정이었다는 평가도 있었다. 노예제폐지를 위한 명분으로 전략적 차원에서 가너 사건은 적절한 상징으로 동원되었다.

마가렛은 왜 메리를 살해했을까? 어린 나이에 출산하고 7년간 다섯을 낳는 반복된 임신과 산후우울증으로 인한 정신질환에서 비롯된 것인가? 아니면 상습적 강간으로 "영혼을 살해한" 노예주에 대한 저항인가? 노예주와의 사이에서 태어난 노예주의 재산에 손실을 입히는 행위는 분명 저항이었다. 흑인 여성 노예는 자식을 사랑하고, 탈출을 감행해가며 자식을 있는 힘껏 잘 키우려 하지만 최악의 경우 '살인'인줄 알면서도 자식을 '살해'했다. 노예를 대물림하지 않겠다는 의지의 표현이 결국 자식살해였던 것이다. 모성에 근거해 모성을 파괴하는 이 역설을 어떻게 이해해야 할 것인가? 가너 사건은 인종과 계급의 차이가 얼마나 모성을 다르게 정의하는지, 사회적 맥락은 모성을 얼마나 달리 발현하게 하는지, 흑인 여성에게 자율적 모성의 실현은 얼마나 어려운 일이었는지를 알려준다. 동시에 모성은 불변의 생물학적 본능이 아니라 사회·역사적 맥락에 따라 구성되는 것이라는 사실을 새삼 일깨워준다.

4.

혐오스러운 몸에서
강인한 육체로

2018년 8월 21일 필자는 폴란드에 위치한 아우슈비츠-비르케나우 강제 수용소를 방문했다. 거대한 집단학살 수용소가 원형대로 보존된 곳. 가스실과 화장장, 교수대를 보면서 점점 가슴이 답답해져왔다. 쾌청한 여름 날씨와 수용소는 서로 어울리지 않았지만 겨울에 왔다면 우울한 기분을 못 이겨 전부 돌아보지 못했을 것이다. 넓은 수용소 두 곳을 보느라 점심을 걸렀는데 배고픔의 신호를 보내오는 내 몸이 참 낯설게 느껴졌다. 전시실에는 7톤이 넘는 머리카락과 수천 켤레의 신발이 유리벽 안쪽을 가득 채우고 있었다. 신발 가죽 냄새와 신발 주인의 발 냄새가 풍겨올 것 같을 정도로 생생했다. 장애인이 벗어 놓은 의수와 의족 같은 보조기구도 있었다. 작은 어린아이가 입었을 파란 스웨터와 빨간 원피스, 레이스 양말도 보였다. 파괴되고 사라진 유대인의 몸을 소거법(消去法)으로 보여주는 유물이었다. 신발과 의복, 장애보조기구는 모두 살(flesh)이 닿았던 물건이고, 살의 흔적이 남아 있는 유물이다. 홀로코스트를 재현한 영화 두 편이 생각났다. 바로 〈밤과 안개〉(Nuit et Brouilard)와 〈쇼아〉(Shoah)다.

〈밤과 안개〉는 프랑스의 알랭 레네(Alain Resnais, 1922~2014) 감독의 1955년 작품이다. 레네는 얼마 남지 않은 기록 필름을 찾아내 학살 당시의 수용소 모습과 남아 있는 수용소의 잔해를 비추며 홀로코스트가 얼마나 무시무시한지를 그려냈다. 600만 명의 유대인 학살이라는 형용하기도 어려운 행위가 저질러졌다는 시각적인 증거를 관객 앞에 내놓고, 참혹한 순간과 대면하라고 거침없이 몰아붙인다. 가축용 화차의 문이 열리면 겹겹이 쌓여 있는 질식사한 시체가 보인다. 인간성을 박탈당한 채 손과 발이 뒤틀리고 굽어버린 인간의 사체가 쌓여 있다. 시체는 뼈와 가죽밖에 남아 있지 않다. 그 순간 아마 대부분의 관객들은 나처럼 눈을 감아버리고 싶을 것이다. 더 이상은 볼 수도, 보고 싶지도 않기 때문이다.

반면 클로드 란츠만(Claude Lanzmann, 1925~2018) 감독의 〈쇼아〉(쇼아는 히브리어로 '절멸', '파국'이라는 뜻이다)는 〈밤과 안개〉와는 전혀 다른 접근을 보여준다. 란츠만이 선택한 방법은 과거의 재현을 의도적으로 거부하고 오로지 증언에만 의지하는 것이었다. 죽은 자를 대신해 말하는 살아남은 자들의 증언을 기록한 다큐멘터리영화가 바로 〈쇼아〉인 것이다. 란츠만은 1970년대 중반부터 11년 동안 전 세계에 거주하고 있는 유대인 생존자와 그 자손 들, 수용소 근처에 살았던 이웃 사람들을 찾아다니며 인터뷰했고 이를 온전히 담아 영화로 만들었다. 러닝타임이 무려 9시간 30분에 달한다. 영화는 부헨발트, 아우슈비츠, 비르케나우, 트레블링카, 소비보르 등 독일과 폴란드에 산재했던 절멸수용소로 가는 열차, 죽음의 장소로 이어진 숲길, 지금은 너무나 조용한 일상이 흘러가고 있는 곳곳을 비추며 홀로코스트의 '말할 수 없음'에 대해 말을 걸고 있다.

그렇다면 나는 왜 유독 아우슈비츠의 신발에 마음을 빼앗겼을까? 신발 전시는 영화 〈밤과 안개〉의 세계와 〈쇼아〉의 세계를 동시에 느끼게 했기 때문이다. 부재하는 유대인의 몸이 그들의 살이 닿았던 신발을 통해 느껴졌다. 이런 감각은 나만의 것이 아닐 것이다. 자살하는 사람은 신발을 가지런히 벗어

놓지 않던가. 한때 세상에 존재했음을 알리고 세상에 고하는 마지막 인사인 것이다. 신발은 부재와 존재를 동시에 알려준다. 그래서 희생자의 신발은 공감의 매개물이 된다. 그렇다면 홀로코스트를 낳은 유대인 혐오의 정체는 무엇일까? 반유대주의는 어떻게 홀로코스트로 폭발하게 되었을까? 희생자 유대인이 세운 국가 이스라엘이 또 다른 희생자를 낳고 있는 현실을 어떻게 보아야 할까?

누가 '유대인'인가?

이스라엘의 민족국가법 제정

이스라엘 의회 크네세트(Knesset)는 건국 70주년을 맞은 2018년 7월 19일, '민족국가법'(Nation State Law)을 찬성 62 대 반대 55로 통과시켰다. 민족국가법은 "이스라엘은 유대인들의 역사적 조국이며, 그들은 배타적 자결권을 지닌다"고 천명하고 있다. 여기에는 의문이 들 수밖에 없다. 이스라엘은 원래 유대인의 국가가 아니었던가? 지금 유대 국가 정체성의 재확인이 새삼스레 왜 필요할까? 미리 말하자면 민족국가법 통과는 결코 단순한 확인 선언이 아니다.

민족국가법이 통과되던 날 베냐민 네타냐후(Benjamin Netanyahu, 1949~) 총리는 오늘은 "이스라엘 국가와 시온주의 역사에서 결정적 순간"이라며 곧바로 환영의 뜻을 밝혔다. 아울러 "이스라엘의 민주주의는 비(非)유대계 주민의 시민권을 계속 보장할 것이다. 하지만 다수의 유대인들 또한 권리를 지녔으며, 압도적 다수인 그들은 미래 세대를 위해 우리나라의 유대 국가적 성격을 분명히 하길 원했다”고 덧붙였다. 이스라엘은 유대인의 국가이지만 민주국가임을 포기하지 않겠다는 말이다.

하지만 그날 아랍계 국회의원들은 투표용지를 찢으며 격렬하게 항의했다. 민족국가법 통과는 건국 이래 이스라엘이 일관되게 추진해온 유대인 중심 국가 건설 노선의 귀결인 동시에 유대인이 아닌 이스라엘 국민들에 대한 심각한 공격이기 때문이다. 이스라엘에는 동유럽 및 러시아계 유대인 이외에도 중동 유대인, 에티오피아 유대인 그리고 아랍인이 함께 살고 있다. 팔레스타인 토착민을 몰아낸 땅에 건국한 이스라엘은 출발부터 다민족국가일 수밖에 없었다. 그런데 새로 제정된 민족국가법은 이스라엘이 유대인의 배타적 민족국가라는 선언이다. 이스라엘이 유대 국가라면 900만 이스라엘 인구의 약 20퍼센트를 차지하는 180만 아랍계 주민은 어떻게 되는 것인가? 이 법은 사실상 아랍계 주민을 국민에서 배제하겠다는 표명으로 받아들여질 수밖에 없지 않은가?

당장 히브리어와 함께 공용어였던 아랍어는 이 법에 따라 특수어로 지위가 내려갔다. 네타냐후 총리는 비유대계의 시민권을 보장하겠다고 약속했지만, 그렇지 않아도 2등 시민 취급을 당해온 아랍인의 지위가 더욱 고착되는 건 아닌지 우려하지 않을 수 없다. 과거 남아프리카공화국의 악명 높은 아파르트헤이트 체제와 다를 것 없지 않느냐는 비판이 제기되고, 아랍계

2018년 7월 19일, 이스라엘 민족국가법 통과.
민족국가법은 2011년 발의됐지만 이스라엘 정치권과 아랍계의 반발로 오랫동안
표류해왔다. 2018년 7월 19일, 8시간이 넘는 토론을 거친 끝에 민족국가법은 통과됐지만
아랍계 의원들은 법안 복사본을 찢으며 항의했다. 8월 11일 밤, 수도 텔아비브 시내
광장에는 수천 명의 아랍인과 유대인 주민이 모여 반대 시위를 벌였다. 이스라엘 국회의
아랍계 의원인 아이만 오데(Ayman Odeh, 1975~)는 "아랍계 주민 수천 명이 유대인
민주단체들과 합동으로 텔아비브에 운집한 것은 처음이다. 이들은 이번 집회가 시위의
끝이 아니라 민족국가법에 대항하는 전쟁의 첫걸음이라고 말하고 있다"고 전했다.

이스라엘 국민들의 반대 시위가 확산되고 있는 것도 당연한 반응이다.[1]

민족국가법의 통과로 절정에 달한 배타적 유대 국가 이스라엘의 건국 배경에는 시온주의(Zionism)가 만들어낸 유대인의 직선적 역사와 유대인은 단일민족이라는 관념이 함께 작동하고 있었다. 시온주의는 팔레스타인에 유대인 국가를 세우자는 유대 민족주의 운동으로, 19세기 후반 오스트리아의 언론인 테오도르 헤르츨(Theodor Herzl, 1860~1904)에 의해 본격화됐다. 20세기에 들어 유럽의 유대인들이 팔레스타인으로 이주하면서 아랍 민족들과 피의 충돌이 이어졌다. 1948년 5월 14일 이스라엘이 건국되자 시온주의는 결실을 거두었으나 끝날 줄 모르는 팔레스타인전쟁의 씨앗도 동시에 뿌려지고 말았다.

역사적으로 보면 유대인의 직선적 역사뿐만 아니라 '유대민족'이나 '유대 인종' 같은 개념도 명백한 허구다. 유대인은 원래 종교적 개념이지 민족적 개념이 아니기 때문이다. 유대인은 아시아, 유럽, 아프리카에서 유대교로 개종한 혼성적 집단으로 같은 종교를 믿는 혼혈민족이라고 보는 것이 실상에 가깝다. 그러니 유대인의 외모가 다양한 건 전혀 이상한 일이 아니다. 그런데 오늘의 이스라엘은 유대인을 세속적 '민족'으로 재(再)정의하려 하고 있다. 민족국가법 통과가 바로 그런 시도다. 더구나 새롭게 정의되는 세속적 유대민족에는 인종적으로 '백인' 유대인을 의미한다는 암묵적 합의가 담긴 건 아닌지 의심하지 않을 수 없다. 이스라엘에서 피부색이 더 짙은 중동 유대인이나 에티오피아 유대인은 같은 유대인이지만 2등 시민 취급을 받으며 차별 대상이 되고 있기 때문이다. 유대 인종을 만든 건 유럽의 반(反)유대주의와 아돌프 히틀러(Adolf Hitler, 1889~1945)였다. 홀로코스트 생존자 가정에서 태어난 이스라엘의 좌파 지식인 슐로모 산드(Shlomo Sand, 1946~)는 이스라엘이 이런 길을 간다면 결국 히틀러가 이긴 것이냐고 절규했다.[2] 그의 탄식이 결코 과장처럼 들리지 않는다. 그렇다면 또 묻지 않을 수 없다. 도대체 누가 유대인인가?

유대인 혈통?

유대인은 오랜 세월 동안 여러 지역에서 여러 민족과 섞여 살아온 탓에 외모만으로 그 여부를 식별하기가 어렵다. 이와 관련해 2014년 7월 2일 흥미로운 뉴스가 보도된 적이 있었다. 뉴욕 세인트존스대학 화학과 교수로 있는 해시 레빈슨 태프트 (Hessy Levinson Taft, 1934~)라는 유대인 여성의 사연이었다. 그녀의 부모인 레빈슨 부부(Jacob and Pauline Levinsons)는 라트비아에서 베를린으로 이주한 유대인이었다. 1934년 유대인 탄압이 날로 심해져 미래가 불안해지던 무렵 부부에게 딸이 태어났다. 이듬해 부부는 예쁜 딸의 모습을 사진으로 남겨두고 싶어 사진관을 찾았다. 그런데 평소 나치의 유대인 탄압에 반감을 품고 있던 사진관 주인이 나치를 조롱하기 위해 '예쁜 아리아인(Aryan) 아기 선발대회'에 아기 태프트의 사진을 몰래 출품했다. 결과는 놀랍게도 1등 당선. 태프트의 사진은 1935년 나치 선전 잡지 『집안의 햇살』(Sonne ins Haus)의 표지를 장식했다. 일이 커지자 부부는 자신들이 유대인이라는 사실이 발각될까봐 전전긍긍해야 했다. 결국 가족은 유대인 탄압을 피해 1938년 파리로 향했고, 파리에서 스페인과 포르투갈을 거쳐 쿠바에 도착해 몇 년을 지낸 후 1949년 미국에 정착했다. 완벽한 아리아인 아기의 진실은 80년이 지나서야 밝혀졌다. 사진의 주인공 태프트는 2014년 예루살렘에 있는 홀로코스트 추모관 겸 박물관인 야드바셈(Yad Vashem)을 방문해 원본 잡지를 아카이브에 기증했다. '야드바셈'은 히브리어로 '기억과 이름'이란 뜻이다.[3]

이 이야기는 유대인과 아리아인을 구별하기가 얼마나 어려운가를 웅변한다. 독일과 동유럽 지역에 거주하던 아슈케나짐(Ashkenazim)은 유럽인과의 광범위한 혼혈로 인해 금발에 푸른 눈을 지닌 경우가 많았고 아리아인과 구분하기 어려웠다. 아니 '유대 인종'과 '아리아 인종'을 외모로 나눈다는 건 애초부터 의미 없는 일에 가까웠던 것이다.

현대 이스라엘의 이민법과 이민 정책은 탈무드 전통에 따라 모계를 기준으로 누가 '혈통적'으로 유대인인가를 정하고 있다. 1950년에 제정된 이스라엘 귀환법 제1조 제1항은 "모든 유대인은 이스라엘로 귀환할 권리를 가진다"고 명시한 다음, 유대인이란 "유대인 어머니로부터 태어난 사람으로 다른 종교를 신봉하지 않는 자, 또는 유대교로 개종한 자"를 의미한다고 정의했다. 1952년 국적법이 제정됨에 따라 이스라엘로 이주한 유대인은 즉시 국적을 취득할 수 있게 됐다. 그런데 1967년 6일 전쟁(제3차 중동전쟁)으로 웨스트뱅크와 가자지구를 이스

태프트가 자신의 아기 시절 사진이 실렸던 잡지를 들고 있는 모습.

라엘이 점령하자 아랍계 인구가 급증하게 되었다. 1967년 이후 이런 변화를 반영해 더 많은 유대인 디아스포라를 받아들여야 할 필요가 생겨나자, 1970년에 귀환법이 개정됐다. 개정 귀환법에서 귀환 자격은 유대인, 유대인의 비유대계 배우자, 유대인의 자녀, 유대인의 손자손녀, 유대인의 증손자손녀의 배우자로 확대됐다.[4] 현대 이스라엘은 혈통적 유대인의 범위를 점점 확대함으로써 해외 유대인 디아스포라의 귀환, 즉 '알리아'(Aliah)♦를 적극적으로 받아들이고 있는 것이다.

그런데 유대인에 대한 '혈통적' 정의는 나치가 시도했던 것이다. 1935년 나치는 뉘른베르크법을 제정해 유대인의 시민권을 박탈했고, 유대인과 독일인의 결혼뿐만 아니라 성관계도 금지했다. 뉘른베르크법은 '제국 국기(國旗)법', '제국 시민법', '독일혈통 및 명예보존법'이라는 세 개 법률의 총칭이다. '제국 시민법'과 '독일혈통 및 명예보존법' 제정을 위한 논의 과정에서 나치는 미국의 시민법과 혼혈금지법을 적극적으로 검토하고 참조했다.

나치 제3제국이 성립하기 이전에 잘 발달된 인종법을 갖추고 있던 국가는 미국과 남아프리카뿐이었다. 나치의 군사동맹국은 일본과 이탈리아였지만 나치는 법률 면에서 미국을 따랐다. 미국에서는 남북전쟁으로 노예해방이 이루어졌으나 흑인을 '합법적'이고 '효과적'인 방법으로 2등 시민에 묶어두는 인종주의적 법률이 작동하고 있었다. 나치는 인디애나주에서 플로리다주까지, 오리건주에서 사우스캐롤라이나주까지 미국 전

♦ '알리아'란 세계 각지에 흩어져 사는 유대인이 이스라엘로 돌아오는 것을 의미한다.

역의 주법률을 수집하고 연구했다.[5]

나치 인종법의 제정 과정에는 치열한 논쟁이 있었다. 나치 과격파는 가장 광범위한 유대인 정의를 선호했고, 1933년 7월 제정된 '국적 박탈 및 독일 시민권 취소에 관한 법률'에서 조부모 가운에 한 명만 유대인이어도 유대인으로 규정하는 법 초안을 마련했다. 하지만 이는 곧 반대에 부딪쳤다. 나치 정책의 기준에서도 지나친 규정이었기 때문이다. 유대인을 가능한 한 넓게 정의하려는 나치 과격파와 보수적 법 해석으로 유대인을 가능한 한 좁게 정의하려는 법률가들 사이에 치열한 논쟁이 2년여 동안 벌어졌다. 보수적인 법률가들도 반유대주의자였지만, 그들은 유대인과 피가 섞인 독일인의 시민권을 최대한 보호하려는 입장을 취했다. 결국 1935년 확정된 법률에서는 조부모 네 명 중 세 명이 유대인이면 유대인이 되었다. 4분의 1이나 2분의 1 유대인●은 유대교를 믿지 않거나 유대계와 결혼하지 않는 경우에 한해서만 독일 시민으로 인정받았다.[6] 이 법이 바로 뉘른베르크법이었다.

나치에게 유대인을 정의하는 일은 간단하지 않았다. 독일 유대인과 비유대인 사이의 결혼과 혼혈의 역사가 길고도 복잡했기 때문이다. 혼혈이 분명하지만 세부적인 혈통 관계가 불분명한 경우도 많았다. 1935년 나치 공식 집계에 따르면, 독일에 사는 순수 유대인과 4분의 3 유대인은 55만 명, 2분의 1 유대인은 20만 명, 4분의 1 유대인은 10만 명이었다. 도대체 유대인의 피가 얼마나 섞여야 순수한 '아리아인'을 오염

● '4분의 1'은 조부모 중 한 명이 유대인인 경우를, '2분의 1'은 부모 중 한 명이 유대인인 경우를 의미한다.

220

시킨다고 볼 수 있을까? 미국 남부처럼 조상 32명 중 한 명만 흑인이어도 흑인으로 규정되는 이른바 '한 방울 법칙'을 받아들이기에 독일 제3제국은 너무 '혼종적'이었다. 따라서 우선은 법 제정을 통해 유대인과 독일인의 성적 결합을 '범죄화'하는 것이 최선의 선택지였다. 그런 점에서 미국의 인종 간 결혼 금지법은 나치에게 훌륭한 영감을 제공해주었던 것이다.[7]

물론 나치의 유대인 박해는 시민권 박탈과 결혼 금지 정도에 그치지 않았다. 유대인 문제의 '최종해결'(Endlösung)로 가는 길은 여러 단계를 밟아 실행됐다. 예정된 목적을 향해 한 단계씩 실행에 옮기듯 강제수용소와 가스실 학살로 치달은 것이 아니라 각 단계마다 갈림길이 있었다. 그때마다 히틀러와 나치 지도부는 면밀하고 세심하게 선택했다. 먼저 시민권을 박탈하고 결혼을 금지하는 단계에서는 헌법상 평등함에도 불구하고 실제로는 인종별로 시민권에 차등을 두고 인종 간 결혼을 금지하는 미국 시민권법과 결혼 금지법을 참조했다.

그 다음 단계로 독일인의 '생활공간'(Lebensraum) 확보를 위해 유대인을 국외로 추방하려는 계획을 세웠다. 멀리 동아프리카의 마다가스카르섬까지 검토 대상에 올랐다. 이 단계에서 박해가 없는 땅에 유대인 국가 건설을 열망해온 시온주의자들의 꿈과 나치의 이송 계획이 일부 이해관계를 같이 했다고 해서 이상할 것은 없었다.

동유럽에 노동수용소 건설과 이송, 그리고 학살은 마지막 단계였다. 유대인 국외 추방 계획은 차질을 빚었고, 1939년 독소불가침조약 체결로 소련 남부와 우크라이나에서 밀의 수입을 기대했으나 소련으로부터의 식량조달은 생각보다 원활하게 진행되지 못했다. 곧 제2차 세계대전이 발발했고 심각한 식량위기가 초래되자 수용소 인구를 먹여 살리는 일은 더욱더 부담이 되기 시작했다. 유대인 문제에 대한 최종 해결책으로서 가스실 구상과 반제회의(Wannseekonferenz)에서의 절멸수용소 계획은 이런 일련의 과정을 거치며 나치 지도부에 의해 '선택'되고 '결정'된 것이었다.

유대주의에서 유대인다움으로, 인종적 반유대주의

유대인을 종교적 타자가 아니라 인종적 타자로 보는 시각은 19세기 중반부터 등장하기 시작했다. 유럽 각국에서 민족주의가 강화되고 민족국가가 전성기를 맞이하게 되자 국가 없이 떠도는 유대인은 점점 더 충성할 조국이 없는 배신자라는 의심을 받게 되었다. 자본주의와 민족주의가 번성하는 근대세계에서 유대인은 자본주의와 운명 공동체로 보였고, 민족과 민족국가 번영의 시대에 '비민족적 민족'(non-national nation), 즉 국가 없는 민족 유대인은 반역자로 낙인찍혔다. 더구나 기독교 사회에 동화된 유대인 가운데 의사, 변호사, 교수 같은 전문직에 종사하거나 예술과 금융업 분야에서 두각을 나타내는 계층이 생겨나자 이와 같이 성공한 유대인들은 시기와 질투의 대상이 되었다. 민족주의는 해묵은 반유대주의 감정을 자극했고, 근거 없는 편견을 날조했으며, 한번 만들어진 편견은 차별을 합리화했다.

　　사실 반유대주의는 유럽문화권에서 그 역사를 고대까지 거슬러 올라가야 할 정도로 오래되고 광범위하게 뿌리내린 차별이다. 하지만 19세기의 반유대주의는 과거의 것과 달랐다. 근대적 반유대주의는 역설적이게도 19세기 중반 유럽 민족국가에서 유대인 해방이 실현되고 유대인에게도 시민권이 부여되면서 등장했다. 유대인 해방과 반유대주의는 동시대적 현상이었던 것이다. 점차 민족들로 채워져가는 세계에서 타고난 코스모폴리탄 유대인은 공백 속에 놓이게 되었다. 아니 공백 그 자체였다. 종교적인 '유대주의'(Judaism)를 생물학적인 '유대인다움'(Jewishness)으로 대체해야 할 상황이 온 것이다. 그렇게 유대인은 생물학적 '인종'으로 정의되기 시작했다. "유대주의로부터는 개종을 통해 도피할 수 있었다. 그러나 유대인다움으로부터 빠져나올 탈출구는 없었다."[8]

　　여기서 반유대주의를 '종교적 반유대주의'(anti-Judaism)와 '인종적 반유대주의'(anti-Semitism)로 구분할 필요가 제기된다.[9] '종교적 반유대주의'는 유대인을 기독교도로 개종시키려는 열정에서 시작됐는데, 유대인이 이를 거부하면 포교의 사명감이 증오로 변했다. 반면 1870년대 이후 새로 등장한 반유대주의는 옛 '종교적 반유대주의'에 생물학적 인종의 요소와 근대성의 요소를 결합한 '인종적 반유대주의', 즉, '반유대주의라는 인종주의'였다. 온갖 형태의 유대인 혐오를 정당화하는 근대 반유대주의를 만든 재료는 고대와 중세의 유대교 배척이라는 오랜 요소에서 가져왔다. 행위로서 반유대주의가 처음 나타난 시기는 기원전 2세기경까지 거슬러 올라갈 수 있다. 알렉

산드리아로 이주한 유대인 공동체에 그리스인과 이집트인 들이 학살을 가하면서 알렉산드리아는 최초로 포그롬(погром)♦이 일어난 도시가 되었다.[10]

　　'인종적 반유대주의'의 기원은 1879년 독일의 빌헬름 마르(Wilhelm Marr, 1819~1904)가 결성한 '반유대동맹'(Antisemiten-Liga)에서 찾을 수 있다. 선동가 마르는 자신의 반유대운동을 이전의 종교적 반유대주의와 차별화하고자 했고, 그래서 새로이 들고 나온 것이 생물학적 인종주의였다. 마르는 셈족의 인종적·생물학적 속성이 유대인의 특성과 연관된다고 주장했다. 1879년에 펴낸 소책자 『게르만족에 대한 유대인의 승리』(Sieg des Judenthums über das Germanenthum)에서 마르는 유대인은 결코 동화될 수 없는 '낯설고 적대적인 인종'이라고 강조했다. 이집트에서 노예로 살던 때 혼혈이 일어났기 때문에 유대인에게는 '니그로'의 피가 흐르고 있고, 그러니 '천한 인종'이라는 것이다. 마르가 더욱 문제적이라고 본 것은 '천한 유대인'이 타민족을 '유대화'시키는 타고난 능력을 발휘한다는 점이었다. 생존 투쟁에 강력한 힘을 발휘하는 악착같은 유대인의 생물학적 기질, 이것이 마르가 만들어낸 낯설고 적대적인 '유대 인종'의 내용물이었다. 전통적인 반유대주의에서는 유대인은 물질주의적이고 교활한 속성을 타고났기 때문에 이상주의적인 게르만족의 문화와 충돌할 수밖에 없다고 보았다. 물욕이 강하고 약삭빠른 유대인 이미지가 만들어지는 배경에는 유대인과 금권을 동일시하

♦ '포그롬'이란 러시아어로 '학살', '파괴'를 뜻한다. 좁게는 19세기에서 20세기 초에 제정 러시아에서 일어난 유대인에 대한 조직적인 탄압과 학살을 이르는 말이고, 넓게는 유대인에 대한 박해를 모두 일컫는 말이다.

고 천박한 물욕이 유대인의 정신적 특성이라는 편견이 자리했다. 마르는 유럽의 오래된 종교적 반유대주의 위에 생물학적 특징을 결합함으로써 결코 섞일 수 없고 화해할 수 없는 '타자' 유대인을 만들어냈던 것이다.[11]

유대인은 백인인가?

그러면 이제 유대인은 '백인'인가?라는 질문을 던져보자. 유대인은 '세파르딤'(Sephardim)과 '아슈케나짐'으로 양분된다. 이 외에도 에티오피아의 '베타 이스라엘'(Beta Israel)과 중동 지방 유대인인 '미즈라힘'(Mizrahim)도 있다. 흔히 유대인이라고 하면 백인을 상상하지만, 유대인이 모두 백인 외모인 것은 아니다. 아슈케나짐은 백인으로 볼 수 있지만, 세파르딤이나 미즈라힘은 중동인과 비슷한 외모를, 베타 이스라엘은 명백히 흑인의 외모를 하고 있다.

세파르딤은 이베리아반도로 이산한 유대인으로, 아랍 및 이슬람 문화와 동화된 경우가 많았다. 1492년 스페인에서 기독교로 개종을 거부한 유대인에게 추방령이 내려지자 약 25만 명이 북아프리카, 이탈리아, 오스만제국으로 이주했다. 오스만제국에서는 유대인을 흔쾌히 받아들였기 때문에 데살로니가는 세파르딤의 중심지가 되었다. 콘베르소 혹은 마라노(Marranos)라고 불렸던 스페인의 개종한 유대인 가운데는 비밀리에 유대교도로 생활한 경우가 많았다. 이들은 16세기에 포르투갈을 거쳐 네덜란드 등지로 이주했다. 세파르딤의 이주는 그 후 영국,

미국, 독일 등으로도 확산됐다. 세파르딤은 아슈케나짐과 비슷하게 수가 많았지만 점차 감소해, 제2차 세계대전 발발 이전에는 전 세계 유대인 인구 약 1,650만 명 가운데 150만 명 정도에 불과했다.

아슈케나짐은 15~16세기 서유럽에서 독일 및 동유럽으로 이주한 유대인을 말한다. 이후 보헤미아, 모라비아, 폴란드, 리투아니아에 주로 모였다. 제2차 세계대전 이전에는 유대인 중 약 90퍼센트를 차지했으나 홀로코스트로 가장 많이 희생당해 그 수가 크게 감소했다.

앞서 '예쁜 아리아인 아기' 에피소드에서 보았듯이, 유대 인종과 아리아 인종을 확연히 구분하기는 사실상 어려웠다. 유대인의 '백인성'(whiteness)에 대해서는 정답을 찾기가 쉽지 않은 것이다. 이는 달리 말해 유대 인종 개념은, '백인'이라는 인종 범주가 사회적 구성물이라는 증거를 보여주는 것이기도 하다. 유대인은 아일랜드인, 슬라브인과 함께 '변두리' 유럽인으로 취급되지만 비(非)백인과 구분된다는 면에서 백인에 속한다고 할 수 있다. 하지만 언제나 '유사 백인'(off-white)이라는 꼬리표가 따라다니는 열등한 백인으로 분류될 뿐이다. 아일랜드인은 '백인 니그로'(white-negro)로, 슬라브인은 '예비 백인'(not-yet-white)으로 불리며 역시 차별을 당했지만 그들은 언젠가 동화될 수 있는 존재로 인식됐다.[12] 하지만 유대인은 달랐다. 유대인 디아스포라는 근대 이전 국가 없는 민족으로 오랜 유랑 생활을 해온 역사적 경험 때문에 근대로 진입할수록 다른 민족들과 종교·문화적 차이가 더욱 뚜렷하게 드러났다.

그리고 어느 순간 차이는 참을 수 없고 받아들여질 수 없는 것
이 되었다. 나치는 이미 존재하던 유대인 차별을 증폭시켜 유
대 '인종'을 발명하고, 절멸의 대상으로 만들었다.

2,000년이 넘는 유대인에 대한 편견과 차별의 역사에
는 분명 연속성이 존재한다. 반유대주의의 대상이 된 유대인
은 '내부의 이방인'이었다. 반유대주의는 분명 디아스포라 현
상, 오랜 기간의 고향상실(homelessness)과 불가분의 관계에
있다. 그러나 근대 이전에 나타났던 유럽 유대인 특유의 타자
성은 그들이 기존 사회질서에 편입되는 것을 차단하지는 않
았음을 기억할 필요가 있다. 신분으로 분할된 사회에서 유대
인은 여러 신분 가운데 하나로 인식될 뿐이었다. 유대인 게토
(ghetto)와 주류사회는 가까이 있었으며 정기적인 물리적 접촉
이 불가피했기 때문에, 오히려 혼인과 친교의 금지 같은 의례
를 통한 거리두기가 지켜져야 했다. 중요한 점은 이런 모든 조
치가 배제(exclusion)하는 동시에 통합(inclusion)하기, 즉 '배
제적 통합'의 수단이었다는 것이다.[13] 예를 들어, 1515년 베네
치아에 유대인 거주 구역인 게토 누보(Ghetto Nouvo)가 건설
된 이유도 이중적이었다. 스페인에서 추방된 유대인이 베네치
아로 많이 유입되자 베네치아공화국은 통제와 보호를 위해 운
하로 격리된 섬에 유대인 거주지역을 마련해 수용했다. 게토는
기독교 주민들의 반감과 공격으로부터 유대인을 보호하는 한
편, 유대인이 납부하는 특별세를 안정적으로 수취하는 수단이
었다. 베네치아 게토는 1541년 게토 베키오(Ghetto Vecchio),
1633년 게토 누비시모(Ghetto Nouvissimo)로 확장됐다.[14] 베

네치아 게토는 추방이 아닌 격리가 목적으로, 공존을 위한 해법이었던 것이다.

유대인에 대한 식별과 낙인찍기가 본격적으로 전개되면서 오랜 기간 유대인과 유럽 여러 민족은 배제적 통합의 방식으로 공존해왔으며, 광범위한 개종과 혼혈의 역사를 공유한다는 사실을 애써 망각해야 했다. '누가 유대인인가, 유대인이 누구인가'라는 질문에 대답하는 것은 유대인에 대한 낙인찍기와 '종교적 유대인'을 '생물학·인종적 유대인'으로 만드는 과정에 다름 아니었다. 유대인의 역사적 고향이라 주장하며 남의 땅을 빼앗아 건국한 이스라엘은 유대인의 희생자 의식을 국가주의적 동원을 위해 활용하고 있다. 그러나 사르트르가 정확하게 지적했듯이, "잊지 말아야 할 진실은 유대인이라는 이름은 유대인 스스로가 지칭한 이름이 아니라 다른 이들이 지어준 이름"이라는 것이다. 유대인을 창조한 것은 반유대주의자였다.[15] 현대 이스라엘의 배타적 유대민족국가 만들기가 불편한 이유는 괴물을 상대하다 괴물을 닮아가는 흉칙한 모습이 보이기 때문이다.

유대인의 몸 담론

유대인 남성은 매달 피를 흘린다

인종적 반유대주의는 민족국가 수립 및 민족주의의 유행과 함께 등장하기 시작했고, 19세기 중반 이른바 '과학적' 인종주의를 통해 공고해졌다. 이후 나치 시대의 유대인은 온갖 부정적인 신체적 특징을 지닌 혐오스런 존재로 묘사됐다. 1936년 독일에서 나온 인간유전학과 인종위생학 교과서에는 유대인은 '평발'이 많기 때문에 군인이 되기에 부적합하다고 서술되어 있다.[16] 유대인 디아스포라의 혼혈현상은 유대인 혐오의 주요 원천이었다. 아리아인은 '순수하고 우수한' 인종인 반면, 유대인은 흑인과 피가 섞였기 때문에 '열등한 잡종'이라는 것이다.[17] 또한 유대인의 '긴 매부리코'는 천박하고 재물욕에 사로잡혀 있음을 상징한다고 보았다. 성욕이 왕성한 유대인들이 매독을 퍼뜨린다는 혐오 어린 시선도 있었다. 심지어 19세기 말

유대인 콘의 죽음을 묘사한 그림엽서, 19세기 말.
그림엽서의 맨 아래에는 "대홍수가 난 베를린", 그 위에는 "대홍수가 나서 콘이
죽었다!!!"라고 적혀 있다. 유대인의 몸을 증명하는 특징으로 큰 코, 커다란 발,
볼록한 배, 다이아몬드 반지가 동원되고 있다. 한 가지 더 눈여겨볼 점은 유대인 콘이
죽었다는 사실이다. 멀리 "역, 프리드리히가(街), 중앙호텔"이라고 쓰인 건물 앞을
지나는 행인들은 비를 피해 뛰어가고 있고, 콘을 바라보고 있는 경찰관은 허리까지 물에
잠겼지만 중심을 잡고 서 있다. 죽어 있는 사람은 콘뿐이다. 유대인의 육체적·도덕적
결함을 죽은 유대인 이미지와 동일시하고 있는 것이다.

발행된 반유대주의 선전 그림엽서에는 베를린에 대홍수가 나서 콘(Cohn)이라는 유대인이 사망한 모습을 그의 큰 코와 커다란 발, 둥둥 떠 있는 불룩한 배, 왼손 검지에는 다이아몬드 반지가 빛나는 장면으로 묘사했다.[18]

사실 유대인의 종교·문화적 특성을 생물학·신체적 열등함과 연결 짓는 유대인 몸 담론에는 오랜 역사가 있다. 13세기경부터는 유대인에게 지겹게 되풀이되는 매부리코, 두툼한 입술, 악취, 피 흘림 같은 신체적 특성이 고착되기 시작했다.[19] 그중 유대인 남성의 월경설은 가장 독특한 몸 담론일 것이다. 유대인 남성이 매달 항문이나 페니스에서 월경혈을 흘린다는 속설이다. 이는 기원후 1세기경 기독교가 유대교에서 분리돼 나오던 초기 기독교 시절부터 널리 퍼져 있었던 것으로, 유대인이 성적으로 왕성하고 문란하다는 선입견과도 연결된다. 유대인의 지나치게 큰 코와 매부리코를 과도한 성욕과 성행위 탓이라 보았던 것이다. 심지어 20세기 초 지그문트 프로이트(Sigmund Freud, 1856~1939)가 활동하던 빈에서는 클리토리스를 속어로 '유대인'이라고 했고, 여성의 자위행위를 "유대인과 놀다"라고 표현했다고 한다. 또한 유대인 남성의 할례는 거세된 남성이나 여성이 된 남성을 의미한다고 여겨졌으며, 할례로 흘리는 피는 여성의 월경혈과 등가로 간주되었다.[20]

피는 인류학적으로 볼 때 집단의 성격과 경계를 규정하는 중요한 표식이었다. 영국의 인류학자 메리 더글러스(Mary Douglas, 1921~2007)는 가래, 피, 젖, 눈물, 오줌, 똥 같은 배설물이 비상한 관심대상이 되어온 원인을 분석한다. 인간의 육체는 외부와 차단되어 있는 것 같으면서도 외부를 향해 열려 있다. 입, 항문, 피부의 숨구멍 등은 인체의 내부와 외부를 연결하는 통로다. 이런 기관에서 배출되는 혈액, 체액, 소변, 대변은 내부와 외부를 연결하는 매개물인 동시에 인간 육체의 경계를 일깨우는 물질들이다. 더글라스는 육체의 배설물을 불결하고 부정하며 위험한 것으로 보는 이유가 경계를 넘나들거나 경계가 불분명한 것을 금기시함으로써 조심하게 만드는 데 있다고 해석했다.[21]

그런 의미에서 여성의 월경은 여러 문화권과 종교에서 부정한 것으로 터부시되어왔다.[22] 구약성서 「창세기」 31장 34절과 35절에는 라헬이 우상숭배를 감추기 위해 월경혈을 숨기는 척 거짓말을 하는 장면이 나온다. "라헬이 (…) 마침 생리가 있어 영접할 수 없사오니"가 바로 그 부분이다. 성경에서 부정한 것으로 취급된 남성의 분비물은 주로 성병의 고름과 정액이었던 반면, 여성의 분비물은 거의 월경혈이었다.[23] 육체의 분비물은 젠더화된 인식구조 속에서 해석되었다. 유대인 남성의 월경설이 유대인에 대한 차별에 동원되는 배경에는 몸의 분비물에 대한 젠더화된 담론이 있었다.

유대인 남성의 월경설은 고대 말기부터 신학 담론과 의학 담론에서 찾아볼 수 있으며, 13세기 이후부터는 서유럽 민간에도 널리 퍼져 있었다. 16~17세기까지도 스페인, 독일, 영국, 프랑스, 이탈리아 등지에서 광범위하게 발견된다.

스페인의 사례를 들어보자. 1632년 펠리페 4세의 궁정의사 후안 데 키뇨네스(Juan de Quiñones, 1600~1650)는 유대인의 병에 관한 논문에서 남성 월경설을 진지하게 주장했다. 유대인 남성은 "여자들처럼 매달 피를 흘린다"는 것이다. 키뇨네스는 유대교를 믿는 자는 몸 밖으로 징표가 드러나지 않기 때문에 숨겨진 징표에 주의해야 한다고 했다. "얼굴로는 알아보기 어려울 때, 우리는 숨겨진 몸의 징표에 의존해야" 한다는 것이다.[24] 키뇨네스에게 월경은 바로 숨겨진 신체적 징표였다. 기독교 전통에서 피 흘림은 불결과 오명의 상징이었다. 근대 초까지도 유럽에서 월경혈에 대한 의학계의 견해는 중세적 사고를 탈피하지 못했다. 월경이 태아에게 영양을 공급하는 역할을 한다고 보는 의사들도 있었으나 키뇨네스는 중세적 관념 속에서 월경에 대해 사고했다. 생리 중인 여자는 독으로 가득 차 있어 쳐다보기만 해도 아기가 죽을 수 있다든지, 기독교 여성 성인은 월경을 하지 않는데 그 이유는 성스런 여성에게는 배출할 나쁜 피가 없기 때문이라는 게 그 골자였다. 여성이 월경을 하는 이유가 불경한 피를 내보내고 정화하기 위함이듯이 유대인 남성에게도 마찬가지라는 것이다. 키뇨네스는 유대인 남성이 "악행과 수치의 영원한 상징으로 궁둥이에서 피를 흘린다"고 했다.

여기에는 유대인들이 예수그리스도를 거부했기 때문에 저주를 받아 남성도 예외 없이 매달 피를 흘린다는 전제가 있었다. 고대 말기의 기독교 저술가들은 배신자 유다가 목매달아 자살했을 때 내장이 모두 항문에서 피와 함께 쏟아져 나왔다고 썼다. 유대인은 그리스도의 십자가형으로 피 흘림에 책임이 있기 때문에 그 벌로 피 흘리는 벌을 받았다는 것이다. 또한 중세

기독교 사회에서 유대인들은 어린아이를 죽여 피를 취한다는 비난을 빈번하게 받아왔다. 살인하는 이유는 매달 흘려 부족해진 피를 보충하기 위해서라는 것이다. 일례로 1170년 잉글랜드 노르위치에서는 마을 사람들이 윌리엄이라는 열두 살짜리 소년을 살해한 혐의로 유대인들을 고발한 사건도 있었다.[25]

유대인 남성이 월경한다는 속설은 17세기 스페인으로 오면서 유대인의 '불순한 피'라는 관념을 만들어냈다. 월경에 관한 의학 담론이 17세기 스페인에서는 법적 담론과 결합해 불결한 유대인이라는 인식을 지어내고 오랫동안 존재해온 반유대주의적 편견을 더욱 단단하게 만들었던 것이다.

키뇨네스가 주장한 유대인 남성 월경설은 반유대주의에 여성혐오(misogyny)가 결합된 것이기도 했다. 남성과 여성이 전혀 다른 신체를 갖고 있다는 젠더의 해부학적 구분, 이른바 '두 개의 성 모델'(two sex model)이 확고해진 것은 19세기가 되면서부터였다.[26] 19세기 이전까지 의학 담론에서 남성과 여성의 몸은 볼록하고 오목한 부분만 다를 뿐, 남성의 외부로 돌출한 생식기는 여성의 함몰된 생식기와 상응한다고 보았다. 아리스토텔레스와 갈레노스로 대표되는 고대 의학에서부터 근대 초 의학에 이르기까지 체질론과 남녀의 해부학적 상동성 이론에 의하면 남성이 규칙적으로 피를 흘린다고 해서 그리 이상할 것은 없었다.[27]

혈액순환설은 17세기 중반에야 증명됐다. 영국의 윌리엄 하비(William Harvey, 1578~1657)가 자신의 팔을 묶는 결찰실험으로 심장에서 나온 혈액이 온몸을 순환한 다음 정맥을 거쳐 다시 심장으로 돌아온다는 사실을 증명하기 전까지 혈액은 음식물을 소화·흡수해 간에서 생성되고 몸의 각 부분에서 에너지로 소모된 다음 사라진다고 생각됐다. 따라서 주기적으로 불필요해진 피를 인체 밖으로 흘려버리는 것은 여성뿐만 아니라 남성에게도 필요한 정상적인 현상이라 여겨졌던 것이다.[28]

나쁜 피를 몸 밖으로 내보내는 사혈(bloodletting) 치료법은 서구문화권뿐만 아니라 인도, 중국, 오세아니아 등의 전통 의학에서 광범위하게 발견되는 현상이다. 한의학에서 부항을 떠서 울혈을 풀어준다거나, 급체했을 때 손가락 끝을 바늘로 찔러 피를 내는 민간요법도 기본적으로 사혈과 같은 범주에 속하는 치료법이다. 서양 의학의 전통에서도 이와 유사한 정맥절개술(venesection), 부항방혈법(cupping), 거머리흡혈법(leeching) 등이 치료술로 널리 활용되었다. 중세 의학에서 월경과 출혈은 상호교환이 가능한 것으로 인식됐다. 여성은 나쁜 피를 내보내기 위해 '자연적으로' 월경을 하지만, 남성은 일부러 '의식적으로' 정맥절제술 같은 사혈을 해야 한다고 보았다. 남성과 여성의 각기 다른 생리현상에 관한 이런 담론에는 '여성은 자연, 남성은 문명'이라는 불평등한 젠더 이분법이 내재되어 있었다.[29]

그렇다면 왜 유대인 남성의 출혈은 나쁜 피를 배출하는 '정상적' 현상으로 인식되지 않았을까? 유대인 남성 월경설의 담론적 효과는 유대인 남성을 '여성화'하는 데 있었다. 유대인 남성이 월경하는 존재라는 몸 담론을 통해 유대인 남성은 여성으로 젠더화되고, 남성이되 남성답지 못한 열등하고 비정상적

유대인이 남자아이를 죽여 피를 뽑고 있는 장면을 묘사한 판화.
1475년 이탈리아 트렌토에서 일어난 사건을 묘사하고 있다. 시몬이라는 세 살짜리
남자아이가 실종, 살해됐는데 유대인 고리대금업자 사무엘이 소유한 집 지하실에서
시몬의 시신이 발견됐고 사무엘은 고문 끝에 범행을 자백했다. 주교는 도시의 모든
유대인을 살인자로 선언했고, 교황 식스투스 4세(Papa Sisto IV, 1414~1484)는 1478년
시몬을 성인으로 시성했다. 이 사건은 유대인의 의식살해로 알려져 반유대주의를
구성하는 주요 에피소드로 끊임없이 인용됐다. 이 판화는 1493년 독일에서 출간된 역사
그림책 『뉘른베르크 연대기』(Nuremberg Chronicle)에 실린 것이다.

인 몸을 지닌 존재가 되는 것이다. 17세기는 근대적 의학 담론이 싹트는 시기였고, 월경이 임신과 관련된 여성 몸의 생리적 현상이라는 사실이 조금씩 밝혀지기 시작하던 때였다. 따라서 정말로 남성이 월경을 한다고 믿었다고 보기는 어렵다. 키뇨네스가 남성 월경이라고 주장한 현상은 치질로 인한 출혈이었을 가능성이 높다. 유대인 남성 월경은 또한 동성애의 암시가 되기도 했다. 유대인 남성 월경설과 유대인 남성의 여성화 담론의 유산은 이분법적이고 불평등한 두 개의 성 모델 매트릭스를 구성하는 데 공헌했다. 결국 유대인 남성 몸 담론의 효과는 양면적이었다. 한편으로는 유대인 남성을 선천적으로 겁이 많고, 수동적이고, 멜랑콜리하고, 생리를 하는 몸으로 여성화하고, 다른 한편으로는 여성을 유대인처럼 열등한 몸을 지닌 존재로 만들어 남여의 위계적 이분법을 고착화했던 것이다.[30]

비(非)인간화 담론

월경설만큼이나 오래된 유대인 몸 담론은 유대인을 동물에 비유하는 것이다. 10~15세기에 유행한 서양 중세의 동물에 관한 상징을 모은 책『동물지』(Bestiarium)의 여러 판본에서 유대인은 만티코라(Manticora)라는 상상의 동물로 묘사되기도 했다.『동물지』에 나타난 중세 동물의 상징과 알레고리는 단순한 미신이 아니라 보편성과 구체성을 지니고 통용되는 이른바 '길들여진 상징'이었다. 중세인들은 동물의 본성을 통해 신의 지혜를 찾고 종교적 가르침을 전파하려 했다. 돼지는 더러움과 탐

만티코라(위)와 유덴자우(아래).
『동물지』에 등장하는 만티코라는 유대인의 표식인 '뾰족 모자'(pilleus cornutus)를 쓰고
사람 고기를 먹는 악마로 표현된다. 1215년 제4차 라테란 공의회에서 교황 인노첸시오
3세(Papa Innocenzo III, 1161~1216)는 유대인은 남녀 불문하고 복장을 통해 다른 기독교
백성들과 구별해야 한다고 명시했고, 이후 유대인들은 유대인 구역을 벗어날 때 항상 끝이
뾰족한 모자를 써야만 했다. 아래 그림은 돼지의 젖을 빨고, 배설물을 먹고 있는 유대인인
'유덴자우'를 소재로 한 1470년경의 목판화다. 유대인은 율법에 따라 돼지고기를 먹지
않는데 이는 유대인을 불결한 동물 돼지와 연결시키는 빌미가 되었다.

식을, 여우는 영리하고 교활함을, 늑대는 탐욕과 약탈을, 암늑
대를 가리키는 루파(Lupa)는 매춘부를 상징했다. 노아에게 올
리브나무 가지를 물고 온 비둘기는 성령을, 자신의 옆구리를
쪼아 피를 내어 죽은 새끼를 살린다는 펠리칸은 그리스도의 대
속을 상징했다. 유대인과 관련된 동물 만티코라는 인도에 사는
전설의 동물로, 삼중 이빨에 사람의 얼굴을 하고 회청색 눈에
피부는 피처럼 붉은색이었다고 한다. 사자의 몸통에, 전갈의
침과 꼬리를 가졌고 사람 고기라면 사족을 못 쓰는 탐욕스런
동물로 묘사됐다. 삽화에서 만티코라는 종종 끝이 뾰족한 유대
인 모자를 쓴 모습으로 형상화됐는데 이는 돈과 관련된 업종에
종사하는 유대인에 대한 반감을 표현한 것으로 보인다.[31]

　　인간을 동물로 부르는 것은 불길한 징후다. 인간을 개, 돼
지, 늑대, 원숭이, 쥐, 바퀴벌레 등에 빗대는 데는 기본적으로
비하가 담겨 있었으며, 박해와 학살로 가는 서막이었기 때문이
다. 예를 들어, 유대인을 돼지에 빗대는 도상 이미지는 12~13
세기부터 시작해 나치 시기까지 계속 이어졌다. 13세기 중반
독일 라인라트 지방에서 탄생한 '유덴자우'(Judensau)는 그림
과 조각, 판화로 제작돼 유럽 전역으로 퍼져갔다. '유대 암퇘
지'라는 뜻의 유덴자우 도상에서 유대인은 아이의 모습을 한
채 암퇘지의 젖을 빨고 배설물을 먹고 있는 모습으로 묘사됐
다. 돼지 젖을 먹는 유대인을 '우리와 같은 인간'에서 분리해 동
물화하고 있는 것이다.[32] 레콩키스타가 한창이던 15세기 가톨
릭 국가 스페인에서 기독교로 개종한 유대인들은 '마라노'라고
불렸다. 마라노는 더럽고 탐욕스런 돼지라는 뜻이다.[33]

'영원한 유대인' 전시 포스터(좌)와 〈영원한 유대인〉의 영화 포스터(우).
1937년 11월 8일, 뮌헨의 독일박물관에서 열린 미술전 '영원한 유대인' 포스터.
나치 선전상 요제프 괴벨스(Joseph Goebbels, 1897~1945)가 기획한 대규모의
전시회로, 기획 의도는 반유대주의와 반공산주의였다. 포스터는 오른손에 금화를,
왼손에는 채찍을 든 유대인이 금권을 이용해 독일을 정복하려고 한다는 점을 부각시키고
있다. 소련의 상징인 '낫'과 '망치'가 그려진 유럽 지도는 유대인이 볼셰비키와 손잡고
유럽 전역에 공산주의를 전파한다는 메시지다. 1938년 1월 말까지 이어진 전시에
약 41만 명이 관람했다. 영화 〈영원한 유대인〉은 하이델베르크대학 출신 감독
프리츠 히플러(Fritz Hippler, 1909~2002)의 작품이다. 그는 괴벨스의 지시로 1940년,
전시와 같은 제목의 다큐멘터리영화를 제작했다. 유대인을 질병을 옮기는 불결한 쥐 떼에
비유해 반유대주의를 선전하는 영화다. 1940년 11월부터 독일 각지에서 상영됐다.

비인간화 담론은 인종적 타자에게로만 향한 것이 아니었다. 계급적 타자도 그 대상이 되었다. 사실 하층민을 돼지에 견주는 태도는 그리 낯설지 않다. 엘리트들이 민중을 불신하고 폄하해온 오랜 역사 속에서 근대를 대표하는 사상가는 에드먼드 버크(Edmund Burke, 1729~1797)였다. 보수주의의 원조격인 그는 『프랑스혁명에 관한 고찰』(Reflections on the Revolution in France)에서 대중을 '돼지'에 비유했다. "혁명의 혼란 속에서 우리 문명이 지켜온 예의범절과 가치가 위협받을 것이며, 학문은 보호자와 후견인 역할을 해온 귀족과 성직자와 함께 진흙탕에 던져져 돼지 같은 대중(swinish multitude)의 발굽에 짓밟히게 될 것"이라고 개탄했다.[34] 이른바 '민중 개돼지론'의 원조인 셈이다. 19세기 말 선거권 확대로 대중민주주의가 도래한 이후에도 하층계급을 동물의 '무리'나 '떼'로 묘사하는 비유는 계속됐다. 예를 들어 귀스타브 르 봉(Gustave Le Bon, 1841~1931)은 『군중심리』(Psychologie des foules)에서 대중은 떼를 지어 모이고, 집단 모방과 집단 심리에 휘둘리기 때문에 최면 상태에 빠져 잘못된 지도자에 열광한다고 비난했다.[35]

나치의 비인간화 담론은 유덴자우의 전통을 이어받아 유대인을 돼지로 묘사했을 뿐 아니라 '쥐'로 비하하기까지 했다. 줄지어 수용소로 이동하는 유대인을 비추며 시작하는 나치 선전 영화〈영원한 유대인〉(Der Ewige Jude)은 우글거리는 쥐 떼를 클로즈업한 다음 곧바로 유대인을 비추면서, "끊임없이 이동하는 동물인 쥐가 식량을 망치고 질병을 옮기는 것처럼 유대인도 전 세계를 유랑하며 기생, 교활, 비겁이라는 역병을 퍼뜨

퇴폐음악 전시회 포스터, 1938년.
1938년 5월 독일 뮌헨에서 열린 퇴폐음악(Entartete Musik) 전시회 포스터. 색소폰을
연주하는 흑인 가슴에 유대인을 상징하는 '다윗의 별' 배지가 달려 있다. 나치는 흑인 재즈
음악과 유대계 작곡가의 음악을 퇴폐음악으로 낙인찍고 대중의 증오심을 유발하기 위해
전시회를 개최했다. '퇴폐'는 19세기 말에 등장한 정신적이고 육체적인 질병을 생물학적
퇴화 및 문명 쇠퇴로 연결시키는 사고방식인 '퇴화론'에서 유래했다. 나치는 퇴화론을
활용해 정신질환자, 유전병환자, 집시, 동성애자, 공산주의자, 유대인, 흑인을 비정상적인
'퇴폐' 집단으로 분류하고 제거 대상으로 삼았다. 국가에 공헌하는 예술만을 권장하기
위해 퇴폐예술에 대한 금지 정책을 펼쳤는데, 퇴폐음악 전시는 그중 하나였다.

린다”고 해설했다. 또한 중동과 중앙아시아에서 쥐가 유럽으로 몰려드는 모습을 그림지도로 비춘 다음, 내레이터는 “동물 가운데 쥐는 가장 간악한 파괴요소다. 인간 가운데는 유대인이 그렇다”고 했다.[36] 유대인을 쥐에 빗대는 혐오표현을 나치가 처음 썼던 것은 아니었다. 1880년 펴낸 반유대주의 팸플릿 〈황금 쥐와 붉은 쥐〉(Goldene Ratten und rote Mäuse)에서 마르는 고리대금업자이자 부도덕한 상인, 사기꾼인 유대인을 ‘황금 쥐’로 묘사했다.[37] 마르의 ‘황금 쥐’가 교활하고 재물욕 많은 특성을 쥐와 유대인의 공통점이라고 했다면, 〈영원한 유대인〉에서는 여기에 더해 더러운 병균을 옮기는 매개체로서 쥐의 특성을 유대인의 이동성과 연결시켰다.

중세 유대인은 상상의 동물에 비유되어 ‘별종’ 취급을 받았지만, 나치는 유대인을 무용한 존재로 만들었다. 히틀러는 ‘붉은 야만인’이라 불린 아메리카 인디언을 절멸시킨 앵글로색슨 국가 미국의 효율성에 찬사를 보냈다.[38] 유대인들은 죄를 짓지 않았다. 본성대로 살았을 뿐이다. 그들을 구제할 방법은 없다. 사악한 본성에 따라 그들은 박멸되어야 하는 것이다.[39] 사람 고기를 먹는 괴물 만티코라는 경멸과 동시에 두려움을 불러일으켰지만, 쥐나 해충은 박멸의 대상일 뿐이었다.

파괴하기와 재생하기

홀로코스트

유대인의 몸은 단지 열등하기 때문에 문제였던 게 아니었다. 유대인의 피는 독일 민족의 순수한 피에 스며들어 오염시킨다고 보았기에 위험했다. 뉘른베르크법으로 유대인과 독일인의 결혼과 성관계를 금지했던 이유는 낯선 이방인의 신체 (Fremdkörper)인 유대인을 독일 민족의 신체(Volkskörper)와 섞이지 못하게 해야 한다는 명분에서였다. 신성한 민족의 신체에 오염된 유대인은 용납할 수 없다는 것이다. 히틀러는 『나의 투쟁』(Mein Kampf)에서 민족 구성원이 된다는 것은 자동차 동호회에 가입하는 것과는 다른 일이라고 강조했다.[40] 히틀러에게 국민은 곧 민족이었다. 히틀러가 보기에 외국인이 독일 땅에 오래 거주했다거나 독일인과 결혼했다고 시민권을 부여받는 일은 용납할 수 없었다. 민족의 피와 땅에 호소하고, 아리아인과 유대인을 구분하고, 유대인을 오염된 존재로 낙인찍는 작업은 박해와 살해로 가는 길의 출발점이었다.

유대인의 '파괴'에는 적어도 다섯 단계가 존재했다. 어느 날 갑자기 유대인이 수용소로 추방되고 살해당한 것이 아니라 한 계단씩 정책을 결정하고 실행하는 단계가 놓였다는 말이다. 1933년부터 1935년까지 제1단계에서는 유대인을 공직에서 추방하는 것이었다. 1935년 9월, 제2단계에서는 뉘른베르크법을 제정했고, 1938년 말 제3단계에서는 유대인의 경제적 기반을 파괴했다. 제4단계는 제2차 세계대전 시기였다. 1941년 9월, 제5단계에 이르면 유대인은 식별의 표지로 가슴에 '다윗의 별'을 달고 강제이송, 총살, 절멸수용소, 홀로코스트로 끌려 들어갔다.[41]

수용소에 도착한 유대인들은 가져온 물건과 입고 온 옷을 모두 소독해야 했다. "더러운" 유대인의 소유물이기 때문이었다. 쓸 만한 물건들은 나치와 수용소 간수들이 나눠가졌고 가방, 안경, 신발 등은 수거해 쌓아 놓았다. 지금은 박물관이 된 학살의 장소 아우슈비츠 수용소 그리고 미국 워싱턴에 있는 홀로코스트 메모리얼 박물관(The United States Holocaust Memorial Museum)에서는 유대인 희생자들이 신었던 신발이 전시되고 있다(홀로코스트 메모리얼 박물관의 신발은 폴란드 마이다네크(Majdanek) 수용소에서 가져온 것이다). 신발 전시에 대해서는 평가가 엇갈린다. 어떤 이는 가방, 신발, 안경, 의복 같은 유물의 전시는 아우슈비츠를 엘비스 프레슬리(Elvis Presley, 1935~1977) 같은 유명 연예인 무덤처럼 만들어버린다고 비판

홀로코스트에서 희생당한 유대인의 신발들.

1945년 1월 27일 소련군이 아우슈비츠 수용소를 장악했을 때 파괴되지 않은 창고 여섯 곳에서 수감자의 유품이 발견됐다. 남성정장 36만 8,820벌, 여성 코트와 스커트 83만 8,255벌, 카펫 1만 3,000개, 컵·그릇·냄비 등 주방용품 1만 2,000점, 산더미 같은 신발, 안경, 칫솔, 틀니, 의족, 의수가 있었고, 포대에 담긴 머리카락도 7톤이나 발견됐다. 이 중 수천 켤레의 신발은 박물관이 된 수용소에 고스란히 전시되어 있다.

워싱턴에 있는 미국 홀로코스트 메모리얼 박물관에도 신발 전시가 있다. 1944년 해방된 폴란드 마이다네크 절멸수용소에서 가져온 것이다. 벽면에는 유대인 시인 모세 슐스타인(Moses Schulstein, 1911~1981)의 「우리는 신발, 우리는 마지막 증언자」의 일부가 적혀 있다. 슐스타인은 홀로코스트 생존자로 제2차 세계대전 후 파리에 정착해 이디시어 시인으로 활동했다.

우리는 신발, 우리는 마지막 증언자.
우리는 손자와 할아버지의 신발.
프라하, 파리, 암스테르담에서 왔지.
우리는 물질과 가죽으로 되어 있지.
피와 살로 되어 있지 않기에
지옥불을 피할 수 있었다네.

했지만 또 다른 이는 '산산조각난 파편'을 보여줌으로써 유대인의 비극을 잘 드러낸다고 긍정적인 평을 했다.[42]

   살의 흔적으로 겨우 신발만을 남긴 채 유대인은 철저하게 파괴됐다. 절멸수용소는 개인의 신체를 파괴하는 장소가 아니었다. 유대인은 수용소로 이송되기 전부터 끊임없는 비인간화에 노출되었고 살해될 당시에는 이미 파괴된 '신체 없는 기관'(organs without body)에 다름 아니었다. 가스실은 더 이상 개인으로서 정체성을 갖지 않게 된 비인간을 파괴하는 곳이었다. 한 아우슈비츠 생존자는 "우리는 마구 쌓아 놓은 벌거벗은 몸의 산더미를 보았다. 팔, 다리, 머리가 뒤섞인 그것은 마치 쓰레기더미 같았다"[43]고 회상했다.

이스라엘의 인종주의

이스라엘은 건국 초기부터 홀로코스트 희생자인 나약한 유대인과 대비되는 강인한 유대인을 새롭게 창조하는 것을 목표로 삼았다. 강인한 유대인의 기원은 시온주의에 있었다. 반유대주의가 정형화해온 유대인에 대한 인종적 스테레오타입은 유대인이 육체적으로 허약하다는 것이었다. 특히 유대인 병사는 약골에 겁쟁이라는 게 일반적으로 통용됐다. 유대인은 머리가 좋고 계산에 빠르다는 스테레오타입은 얼핏 긍정적으로 들릴지 모르지만 육체적 허약함을 다르게 변주한 것에 불과하다. 유대인은 '배우, 체스 경기선수, 의사, 상인' 등의 직업에서 두각을 나타내지만, '농부, 선원, 병사'를 하기에는 열등하다는 주장

"조상의 땅에서 새로 태어나는 민족", 유대민족기금 포스터, 1940년.
뉴욕 15번가 111번지에 있는 유대민족기금(Jewish National Fund) 미국 지부에서
제작한 포스터다. 강인한 유대인으로 '재생'하는 조건은 팔레스타인 땅을 유대인 소유로
만들고 개발하는 것이라고 선전한다. 유대민족기금은 1901년 팔레스타인에서 토지
매입과 개발을 위해 설립된 준국가 단체로, 지금도 이스라엘 토지의 약 13퍼센트를
소유하고 있다. 정착식민지 이스라엘의 건설 과정에서 유대인의 손에 토지가 집중되도록
하는 데 핵심 역할을 했다.

허약한 유대인을 강인하게 '재생'(regeneration)해야 한다는 담론을 제시한 사람은 헝가리의 시온주의 지도자 막스 노르다우(Max Nordau, 1849~1923)였다. 노르다우는 1898년 바젤에서 열린 제2회 시온주의 회의 연설에서 '근육질 유대인'(muscle Jew)이라는 개념을 만들어냈다. 19세기 말 유럽에서는 도시화와 산업화, 노동계급 증가로 농촌의 건강한 삶이 사라지고 혼잡하고 불결한 도시 환경 속에서 인간과 문명이 쇠퇴하고 말 것이라는 '퇴화론'(degeneration)이 유행했다. 노르다우는 퇴화론의 주요 논객이었다. 노르다우의 근육질 유대인론은 게토에 거주하던 나약한 유대인을 유대 국가 건설에 필요한 강인한 국민으로 개조하는 데 활용됐다. 유대인 시온주의자들이 2,000년 전 조상이 살던 땅을 내놓으라며 팔레스타인을 무력으로 점령하고 학살을 자행했을 때, 많은 유대 사상가들은 군사작전과 무력 사용, 팔레스타인의 회복은 강인한 유대인의 부활을 낳을 것이라고 찬양했다.[45]

강인한 유대인을 창조하기 위해 권장됐던 음식이 이스라엘의 국민 음식인 후무스(Hummus)다. 후무스는 원래 팔레스타인 아랍인이 먹던 음식으로, 20세기 초 유대인 식민정착촌이 팔레스타인에 건설되던 시기부터 아랍인에게서 레시피를 전수받아 해먹기 시작했다. 병아리콩이 주재료인 후무스는 값싸고 질 좋은 단백질 음식의 대명사로서 육체노동에 적합한 체력을 길러준다는 이유로 권장됐다. 후무스를 섭취함으로써 나약한 존재로 취급받아온 유대인은 건강한 신체로 다시 태어날

수 있다고 보았다.[46]

이스라엘은 '시온주의 용광로'(Zionist melting pot)라는 슬로건 아래 모든 유대인을 위한 국가 만들기를 표방했다. 그러나 실제로 이스라엘은 홀로코스트의 최대 희생자라는 도덕적 명분을 내세우는 동유럽 아슈케나짐이 주류를 이루는 국가로 건설됐다. 같은 유대인이지만 미즈라힘과 베타 이스라엘은 2등 시민의 지위로 내몰렸다. 나치 인종주의의 희생자가 또 다른 가해자가 되는 현실을 어떻게 이해해야 할까?

미즈라힘은 북아프리카와 중동 예멘 지역에 살던 서(西)셈족 유대인을 말한다. '예멘 아동 실종사건'은 미즈라힘이 받았던 차별 가운데 가장 극단적인 사례였다. 1948~1954년 유대인이 이스라엘로 한창 집단 이주를 할 때 예멘의 가난한 유대인 약 5만 명도 이스라엘로 이주했다. 그런데 이때 수천 명의 아동이 실종되는 사건이 발생했다. 최소 1,500명에서 최대 5,000명으로 추정되는 실종 아동 대부분은 예멘에서 온 미즈라힘 유대인의 아이들이었다. 건국 초기 피해자 부모들은 치료를 위해 병원에 입원했던 자녀들이 죽었다고 통보받았지만 정확한 사인과 매장 장소 등에 관해 어떠한 설명도 듣지 못했다. 히브리어를 모르는 탓에 제대로 항의도 못했다. 부모들은 아이들이 납치되어 아슈케나짐 가정에 입양되거나 팔려갔을 거라고 주장했다. 이후 몇 차례 조사위원회가 꾸려져 사건을 추적했으나 그 실체는 2019년 5월 현재까지도 정확하게 밝혀지지 않았다.[47] 2018년 1월 24일 이스라엘 검찰은 가족과 합의하에 예멘 아동의 매장지를 개봉하고 DNA를 채취해 신원 확인조사

를 진행할 예정이라고 발표했을 뿐이다.[48]

예멘 아동 실종사건은 이스라엘 국가 건설이 여러 지역에서 이주해온 유대인들 사이에 서열을 정하는 과정이기도 했음을 드러내주는 사례다. 이스라엘에서 유대인 사이의 계층화 그리고 비유대인 아랍인에 대한 배제가 형성되는 과정에는 오리엔탈리즘(orientalism)이 작동했다. 이스라엘로 이주하기 이전 서구사회의 주변인으로 살았을 당시 유대인에게는 '서양인'보다 열등한 '동양인'이라는 낙인이 찍혔었다. 그러나 이후 이스라엘로 이주하게 된 아슈케나짐은 자신을 '서양인'으로 자리매김했고, 미즈라힘과 아랍인을 '동양인'으로 취급했다. 이것은 곧 오리엔탈리즘의 아쉬케나짐판(版) 변주에 다름 아니었다.

'유대인 오리엔탈리즘'(Jewish orientalism)에서 미즈라힘은 원시적이고 동양적인 존재로 인식되었다. 교육받지 못한 미즈라힘 유대인 이민자는 이민 수당과 임금을 적게 받거나 질 낮은 주택에 거주해도 괜찮다고 여겨졌다. 예멘에서 온 이민자들을 인원수만 많은 무식한 존재로 보았고, 예멘 가족의 생활비는 아슈케나지 가족의 절반 정도면 충분하다는 주장까지 나오기도 했다. 이스라엘 초대 총리 다비드 벤 구리온(David Ben-Gurion, 1886~1973)은 "우리는 타고난 노동자를 원한다. (…) 오리엔트 유대인의 생활비는 유럽 유대인 노동자보다 낮다"고 말했다. 또한 1884년에서 1914년까지 예루살렘에서 발행된 히브리어 신문 『하츠비』(HaTsvi)에서는 "예멘 노동자들은 타고난 단순 일용직 노동자다. 이들에게는 부끄러움도, 철학도, 시도 없다. 그들의 주머니에게는 칼 마르크스도 없다"고 했다.[49]

같은 유대인 중에 차별받는 존재가 미즈라힘뿐이었던 것도 아니다. 이스라엘의 정책은 '검은 피부'의 유대인, 즉 베타 이스라엘이라 불리는 에티오피아 유대인도 제도적으로 차별하고 있다. 1950년 귀환법에서 에티오피아 유대인에게는 귀환 자격이 주어지지 않았다. 이스라엘은 1948년에 건국됐지만 에티오피아 유대인의 이주는 1980년대 말이 되어서야 실현됐다. 그렇다면 왜 이런 시차가 생겼던 것일까?

이 문제에 관해 이스라엘의 젊은 역사가 첸 탄넨바움-도마노비츠(Chen Tannenbaum-Domanovitz)는 이스라엘 정부와 유대인에이전시(the Jewish Agency) 사이에 오간 편지를 분석해 새로운 사실을 밝혀냈다. 그녀의 최근 연구에 따르면, 이스라엘 건국 당시 베타 이스라엘의 존재는 이미 알려져 있었다고 한다. 유대인에이전시는 유대인의 귀환을 지원하기 위해 1929년에 설립된 비영리기구로 준국가단체의 성격을 갖고 있다. 이스라엘 이주를 원하는 비유대인에게 유대인 배우자를 구해주는 활동도 하고 있다. 그런데 편지로 밝혀진 바에 따르면 유대인에이전시와 정부 당국, 유대교 지도자들은 베타 이스라엘의 이주를 돕지 않았을 뿐만 아니라 오히려 적극적으로 방해했다고 한다. 인종주의적 이유에서였다. 처음에 이스라엘 당국은 검은 피부의 사하라이남 아프리카인이 유대인일 가능성을 부정했다. 에티오피아의 유대교가 유럽이나 중동 유대교보다 고대 이스라엘의 종교적 실천에 훨씬 더 가깝다는 사실이 밝혀지자 이번에는 에티오피아 유대인은 "원시적인" 농업 생활양식 때문에 이스라엘사회에 성공적으로 적응할 가능성이 낮다

앞에서 말했듯이 1967년 3차 중동전쟁으로 가자지구와 웨스트뱅크를 점령한 이후 이스라엘은 귀환법을 통해 혈통적 유대인의 범위를 점차 더 넓게 규정함으로써 해외 유대인 디아스포라의 이주를 장려하는 정책을 폈다. 특히 1977년 당시 이스라엘 수상 메나헴 베긴(Menachm Begin, 1913~1992)은 에티오피아 유대인에게도 이민의 문을 개방하는 정책을 추진했다. 20세기까지 에티오피아 유대인은 세계 다른 지역의 유대인 공동체와 완전히 고립되어 있었다. 1937년 취임한 초대 대통령 멩기스투 하일레 마리암(Mengistu Haile Mariam, 1937~)의 장기집권과 독재로 인해 1980년대 에티오피아는 내전과 기아에서 헤어나오지 못하고 있었다. 유대인들은 정치불안과 식량 부족뿐만 아니라 정부의 공공연한 종교 탄압으로 더욱 어려움을 겪는 중이었다. 이스라엘로의 이주는 에티오피아 유대인이 처한 위협에 대한 대응 차원에서 성사됐다. 처음에는 이스라엘 비밀 정보기관 모사드(Mossad)가 수단의 유대인 난민캠프로 가서 이민을 조직하기 시작했다. 그 결과 약 7,000명의 에티오피아 유대인이 이스라엘에 이주할 수 있었다. 몇 년 후 이스라엘 정보부는 보다 대담한 작전에 착수했다. 바로 1984~1985년의 '모세작전'(Operation Moses)과 1991년의 '솔로몬작전'(Operation Solomon)이었다. 두 작전을 통해 2만 명 이상의 에티오피아 유대인이 이주해오게 되었다. 1991년 멩기스투 정권이 무너진 후에는 이주가 한결 쉬워져 1990년대 말에는 약 9만 명이 이스라엘로 이주했다.[51]

1984년 모세작전(위)과 에티오피아 곤다르의 베타 이스라엘 어린이들(아래).

에티오피아 유대인의 이주 이야기는 이스라엘의 영광과 오욕을 압축해 보여준다. 모세작전과 솔로몬작전은 유대 국가의 자랑이요, 자부심의 원천이었다. '노예'로 삼기 위해서가 아니라 '해방'을 위해 '흑인'을 아프리카 밖으로 구출한 유일무이한 사례라는 '구원의 신화'를 만들어낼 수 있었다. 유대인을 위한 지상 천국을 건설한다는 시온주의자들의 꿈에 충실하게, 유대 국가는 위험하고 값비싼 구출작전을 감수해가며 멀리 에티오피아에서 종교적 박해와 기아, 내전에 시달리는 수만 명의 유대인을 데려왔다. 그렇게 모세작전과 솔로몬작전은 '전설'이 되었다. 하지만 이스라엘에 도착한 에티오피아인 유대인들에게는 끔찍한 인종차별이 기다리고 있었다. 보수적인 랍비들과 주류사회는 이들이 과연 유대인인가 의심의 눈길을 결코 거두지 않았고, '백인' 유대인이 주류인 이스라엘사회에 '흑인'인 그들은 동화되기 어려웠다. 차별은 에티오피아 유대인이 공항에 첫발을 내디디면서부터 시작됐다. 공항에서 곧바로 유대식 이름으로 개명할 것을 요구받았고, 이민자 정착 센터에 오랜 시간 수용되기도 했다. 심지어는 몇 년간 센터에 머물렀던 경우도 있었다. 정부와 관료들은 '문명화 사명'을 완수한다는 식의 온정주의적 태도를 보였다. 이런 대우는 구소련에서 이주한 유대인에게는 해당되지 않는 일이었다.

에티오피아 유대인을 비하하는 말이 '쿠쉬'(Kushi)다. 쿠쉬는 성경의 「창세기」에 나오는 함의 아들 '쿠쉬'에서 유래했다. 함은 노아의 세 아들 셈과 야벳과 함 가운데 막내다. 이스라엘에서 '쿠쉬'는 미국의 '니그로'와 같은 차별어다. 군대에서

쿠쉬라고 놀림과 차별을 받다가 결국 자살하는 사건도 있었다. 군대는 이스라엘사회에서 특별한 의미를 지닌다. 모든 국민은 18세가 되면 군대에 가는데, 남자는 3년, 여자는 2년 군복무가 의무다. 이스라엘 국방군 입대와 군복무는 남녀를 불문하고 이스라엘 국민으로 동화되기 위한 중요한 통과의례이자 사회화 과정이다. 그런데 국방의 의무는 모든 이스라엘 국민에게 동등하게 주어지지 않는다. 아랍계 이스라엘인은 입대 대상에서 제외된다. 또한 하시딤(Hasidim)이라 불리는 정통파 유대인은 종교적 율법에 따라 군복무를 하지 않는다. 에티오피아 유대인은 전체 인구의 1.75퍼센트밖에 안 되지만 95퍼센트 이상의 입대율을 보인다. 하지만 이들에게 군대는 일상보다 더 강도 높은 인종차별이 가해지는 곳이었다. 자살한 군인 가운데 에티오피아 유대인은 10퍼센트나 된다. 흑인 유대인에게 군대는 기회가 아니라 시련이 되기도 했던 것이다.[52]

이민 초기인 1990년대 초 이스라엘 국립혈액은행이 에이즈 위험을 핑계로 에티오피아 유대인이 기증한 혈액을 정기적으로 폐기했던 일이 있었다. 이는 노골적인 배제의 메시지였다. 격분한 에티오피아 유대인 약 1만 명이 시위를 벌였고 경찰의 과잉진압으로 인해 유혈사태가 발생했었다. 또한 이스라엘 보건부에서 에티오피아 이민자 여성들에게 동의절차 없이 장기 효과를 내는 피임약 디포 프로베라(Depo Provera)를 주사했다는 의혹이 제기돼 논란이 일기도 했다.[53] 이는 이미 태어난 흑인 유대인까지는 구출하겠지만 더 이상은 허용하지 않겠다는 뜻일까? '부적합'하다고 여기는 특정 소수집단의 출산을 억제하겠다는 이 같은 조치는 우생학의 악몽을 떠올리게 했다.

학교에서의 분리가 심각하고 교육의 기회도 부족한 상태에서 이스라엘 인구의 1.75퍼센트인 13만 명의 에티오피아 유대인들은 사회 주변부에서 최하층을 이루고 있다. 인종차별, 빈곤, 무력감, 높은 범죄율의 악순환이 계속되고 있는 것이다.[54] 흑인 유대인에 대한 제도적 인종주의가 심화된 결과 최근 이스라엘 대도시에서 에티오피아 유대인과 경찰 사이에 충돌이 자주 발생하고 있다. 대표적으로 2015년 봄, 에티오피아 유대인 데마스 페카데(Demas Fekadeh)가 백인 유대인 경찰관에게 이유 없이 얻어맞는 사건이 발생하자 항의 시위가 본격화된 일이 있었다. 400여 명이 청원을 내고 제도적 인종주의에 항의하는 뜻으로 예비군 훈련을 거부하겠다고 선언하기도 했다. 이런 도전은 이스라엘의 자화상을 돌아보고 수정하도록 촉구하고 있다. 하지만 정부는 대책마련에 여전히 미온적이고, 주류 미디어는 무시로 일관하고 있다. 모세작전과 솔로몬작전을 통해 기아와 내전에 신음하는 에티오피아 유대인을 구출했다는 신화가 여전히 이스라엘에서는 지배적이기 때문이다.[55]

에티오피아 유대인은 '유대인' 정의(定義)의 '검은 구멍'이다. 이들을 통해 이스라엘 주류사회가 겉으로는 전 세계 모든 유대인들의 고향을 표방하지만 그곳의 주인은 결국 '백인'이라는 불편한 진실이 드러난다. 에티오피아 유대인의 존재는 한편으로 유대인이 종교·문화적 공동체라는 현대 이스라엘의 다문화국가 정체성을 뒷받침한다. 하지만 다른 한편으로 에티오피아 유대인은 '흑인'으로서 이스라엘사회의 인종적 위계

인종차별에 항의하는 에티오피아 유대인들.
2015년 5월 18일, 에티오피아 유대인 1,000여 명이 텔아비브에서 대규모 인종차별 반대
시위를 열었다. 이들은 이스라엘사회에 만연한 인종차별과 경찰의 폭력에 항의하며
"사회정의", "인종차별 경찰 체포" 등의 구호를 외쳤다. 에티오피아 유대인의 항의 시위는
4월 26일, 텔아비브에서 백인 경찰관 두 명이 에티오피아 유대인 데마스 페카데에게
폭력을 행사하는 동영상이 공개되면서 촉발됐다. 이 영상에는 군복 차림의 페카데가
자전거를 타고 경찰 통제구역을 지나다가 제지당한 뒤 심하게 맞고 제압당하는 장면이
담겼다. 경찰의 인종폭력은 어제오늘 일이 아닌데 페카데가 우연히 영상에 담겼을
뿐이었다. 폭력보다 더 구조적인 문제는 빈곤이다. 에티오피아 유대인의 평균소득은
아랍계 이스라엘인의 40퍼센트 수준에 불과하고, 41퍼센트 정도는 일자리가 없는 채로
이민 와서 실업자 신세가 된다.

질서 말단에서 차별받는다. 결국 19세기 인종주의가 만들어낸 '백인'과 '흑인'의 인종 구분과 백인우월주의에 의한 차별이 현대 이스라엘에서 새롭게 재현되고 있는 것이다. 팔레스타인인을 폭력적으로 추방하고 국가를 세웠을 뿐 아니라, 유대인 내부의 인종차별을 제도화하고, 유대민족의 배타적 국가를 지향하며 '백인' 중심의 유대인 국가 만들기를 도모하고 있는 이스라엘은 안팎으로 문제적인 국가가 아닐 수 없다.

5.

베일 안과 밖,
그리고 문화정치

2017년 여름, 필자는 영국 런던의 히드로 공항에 내려 입국심사대에서 차례를 기다리고 있었다. 영국은 2016년 국민투표로 유럽연합(EU)을 탈퇴하는 브렉시트(Brexit)를 결정했지만 아직 아무것도 바뀌지 않았기에 여전히 입국 심사대는 '영국시민'(British Citizen), 'EU시민'(EU Citizen), '비-EU시민'(Non-EU Citizen)으로 구분된 상황이었다. 당연히 나는 '비-EU시민' 줄에 서서 곧 'EU시민' 표지도 없어지겠구나, 마중 나와 있을 제자 K와 반갑게 만나겠지, 내일부터는 아침 일찍 일어나 아카이브 조사를 시작해야 할 텐데, 이런저런 생각을 하고 있었다. 그런데, 한참을 기다려도 도통 줄이 줄어들 기미가 보이지 않았다. 영국 입국심사관들이 무례할 정도로 꼬치꼬치 물어보는 탓일 거라고 넘기기에도 기다리는 시간이 너무 길었다. 30분 정도면 입국대를 통과할 텐데 한 시간이 넘어가고 있었으니 말이다. 그제야 주변을 둘러보니, 검은 옷에 니캅(Niqab)을 쓴 무슬림 여성들과 그 가족들 수십 명이 줄지어 서 있는 게 아닌가. 아마 이란이나 사우디아라비아에서 온 비행기와 내가 타고 온 비행기의 도착 시간이 겹쳤던 모양이다. 상황을 보아하니, 니캅을 쓴 여성들이 심사대에 서면서 질문이 끝날 줄 몰랐던 것이다. 결국 두 시간을 넘겨서야 입국 절차를 마칠 수 있었다.

내가 본 그날의 장면은 아랍계나 아시아계 무슬림들이 일상에서 겪는 수많은 불편 중 하나의 사례에 불과하다. 테러의 일상화가 무슬림에게 매우 불리한 환경을 만든 것이다. 이민문제를 쉽사리 안보와 안전의 문제로 비화하고, 특정 이민자 집단을 위험하다며 낙인찍고, 특정 문화와 인간을 공존할 수 없는 대상으로 적대한다. 국경 장벽을 높이고, 지문인식 시스템을 도입하고, 안면인식을 기반으로 하는 생체여권 개발을 추진하고, '사람'의 이동에 대한 감시와 통제는 날로 거세지고 있다. 무슬림 남성의 경우는 보안검색대를 통과할 때 과도한 몸수색을 당하거나 보안 카메라에 여러 번 얼굴사진이 찍히기도 한다. 이를 두고 안전을 위해 어쩔 수 없지 않느냐고 반문할지 모른다. 그 정도 불편은 서로 감수해야 하는 것 아니냐 할지도 모른다. 하지만 테러의 위협을 막는다는 명분으로 행해지는 공항 출입국 관문에서의 태도가 전 사회로 확산되고 이슬람에 대한 혐오로 표출된다면 그건 심상치 않다. 무슬림 복장을 한 사람을 지목해 샅샅이 검사하면 테러를 방지할 수 있다고 믿는다는 건 너무 순진한 생각이 아닐까?

현재 무슬림 인구는 18억 명으로, 전 세계 인구 76억 명 중 약 24퍼센트를 차지하고 있다. 인구 네 명 중 한 명이 무슬림인 셈이다. 그리고 전체 무슬림 가운데 3분의 2가 아시아와 아프리카에 거주하고 있다. 유럽 무슬림은 약 2,500만 명, 남북 아메리카는 약 500만 명 정도다. 유럽에서 가장 무슬림 인구가 많은 국가는 프랑스로 약 570만 명이다. 이들 대부분은 알제리, 모로코, 튀니지 등 북아프리카 마그레브 지역의 옛 프랑스 식민지에서 이민온 이주민들과 그 후손들이다. 그 다음이 독일로 약 490만 명이고, 영국 무슬림은 410만 명 정도이다.

유럽에 거주하는 무슬림은 각국 인구 가운데 많아야 8퍼센트 정도로 소수자이다. 문제는 소수자 무슬림이 이슬람포비아(Islamophobia)의 희생자가 되어 가고 있다는 사실이다. 이슬람포비아는 이슬람문화와 무슬림을 차별 대상으로 삼는 새로운 형태의 인종주의로 테러에 대한 공포를 먹고 증식하는 중이다. 서구에게 이슬람은 가장 가까운 이웃인 동시에 적이었다. 유대인이 종교적 적이라면, 무슬림은 정치적 적이었다. 근대 이후 서구가 식민화했던 이슬람 세계로부터 이주해온 유럽의 무슬림 시민들은 서구가 망각하고 싶은 역사를 환기시키는 존재다. 그래서 이슬람문화가, 무슬림이 불편한 것이다.

테러의 세계화와
이슬람포비아

테러리스트는 모두 무슬림?

현재 전 세계적으로 테러의 위험이 현재진행형이다. 세계 곳곳에서 발생하는 테러는 일일이 헤아릴 수 없을 정도다. 일례로 2015년 11월 13일 프랑스 파리 곳곳에서 자살폭탄과 총기를 이용한 동시다발적 테러가 발생했다. 이슬람국가(IS)는 파리 테러가 자신들의 소행이라고 밝혔는데, 정부시설이나 공공기관이 아닌 공연장, 축구경기장, 식당, 카페 등에서 일반 시민을 향해 저질러진 비열한 공격이었다. 당시의 파리 테러로 132명이 사망하고 350여 명이 부상당해 그해 연말 온 세계가 분노와 애도에 잠겼다. 영국도 예외가 아니었다. 2017년 5월 22일 맨체스터에서는 2005년 런던 테러 이래 최악의 공격이 있었다. 팝가수 아리아나 그란데(Ariana Grande, 1993~)의 공연이 끝난 직후 공연장 밖에서 폭탄이 터져 22명이 숨지고 50여 명이

다쳤다. 체포된 테러리스트는 22세의 리비아계 영국인 살만 라마단 아베디(Salman Ramadan Abedi)였다.

'민주정치'(democracy) 대신 '안보정치'(securitocracy)가 도래했다고 할 정도로 '치안'의 명분 아래 국가가 시민의 자유를 제한하는 조치는 이제 일상이 되어가고 있다. 테러의 한 축에는 이슬람 근본주의가 있다. 반대편 축에는 이슬람에 대항하는 백인 극우 근본주의가 있다. 한편에서는 이슬람 극단주의의 폭탄 테러가, 다른 한편으로는 그에 맞서는 무차별 테러가 전 세계를 위험에 빠뜨리고 있는 것이다. 그러니 무슬림 근본주의자의 폭력과 백인 극우주의자의 폭력, 폭력이 또 다른 폭력을 낳는 질긴 악순환 속에서 이제 누구도 안전하지 않다. 누구나 희생자가 될 수 있다. 세계화의 경로를 따라 폭력도 세계화하는 암울한 현실은 무슬림에 대한 일상적인 공격으로 이어진다. 혐오발언과 공격에 노출되고, 공항에서 입국을 거부당하고, 생존을 위협받는 사건까지 비일비재하다. 무슬림 모두가 테러리스트가 아님에도 불구하고, 서구사회는 무슬림 시민을 잠재적 테러리스트로 취급하는 것이다. 만연한 이슬람포비아로 인해 무슬림 남성은 이슬람 복장에 폭탄을 든 테러범의 모습으로, 무슬림 여성은 베일을 뒤집어쓴 가련한 가부장제의 희생자로 스테레오타입화되고 있다.

심지어 이런 말도 흔히 들을 수 있다. "모든 무슬림이 테러리스트는 아니다. 하지만 테러리스트는 모두 무슬림"이라고. 얼핏 생각하면 맞는 말 같지만, 틀렸다. 팩트 면에서 틀렸을 뿐 아니라 명백한 혐오발언이다.[1] "나는 인종주의자는 아니다. 하지만 검은 피부는 싫다"라는 말이 인종차별 발언인 것과 마찬가지다. 그렇다면 무슬림을 잠재적 테러리스트로 보는 시선이 노골적으로 표출되기 시작한 계기는 무엇이었을까? 바로 2001년 미국에서 있었던 9·11◆이었다. 9·11은 서구사회에 내재한 이슬람에 대한 편견이 이슬람포비아로 폭발하는 발화점이었다. 9·11 직후 이라크, 터키 등 이슬람국가에서 미국 유학을 준비했던 학생들은 줄줄이 입학 허가를 받지 못해 캐나다나 유럽으로 발길을 돌려야 했다. 9·11을 계기로 미국과 유럽 국가들은 '테러와의 전쟁'을 선포했고, 이슬람포비아에는 더욱 가속도가 붙었다.

브레이비크 테러와 이슬람포비아

9·11로부터 10년이 흐른 2011년 7월 22일, 노르웨이 오슬로에서 또 하나의 참극이 발생했다. 테러범 아네르스 베링 브레이비크(Anders Behring Breivik, 1979~)가 정부청사 앞에서 차량폭탄 테러를 자행하고, 우토야섬으로 들어가 집권 노르웨이 노동당 청년캠프에 참가한 10대 청소년들을 향해 총기를 난사했다.

브레이비크의 테러로 정부청사 부근에서 여덟 명, 우토야섬에서 69명으로 총 77명이 사망했고, 151명이 부상당했다. 경찰복 차림에 미소 띤 얼굴로 목표물 맞추듯 한 명 한 명씩 총격을 가한 '살인마'의 행각은 너무 충격적이라 현실감을 상실할 정도였다.

◆ 2001년 9월 11일, 뉴욕 세계무역센터 쌍둥이 빌딩과 미국방부 펜타곤이 알카에다에 납치된 비행기로 테러공격을 당한 사건을 말한다. 약 3,000명이 사망했고, 6,000명 이상의 부상자가 발생했다.

268

　　범인이 노르웨이 태생 백인이라고 언론에 보도되기 전까지 많은 이들이 중동 출신의 이민자가 범인이라고 속단했다. 사건 직후 적잖은 이민자들이 노골적인 인종주의 공격을 받기도 했다. 사실 브레이비크가 목표로 삼았던 공격대상 중 하나는 원로 정치인 그로 하를렘 부른틀란드（Gro Harlem Brundtland, 1939~ ）였다. 부른틀란드의 목을 베는 참수형을 비디오로 녹화하려고 했던 것이다. 노르웨이 최초의 여성수상이었고 세계보건기구（WHO）의 사무총장을 지낸 부른틀란드는 무려 12년 동안 노르웨이 노동당 당수를 지낸 인물이다. 다행히 부른틀란드는 연설을 마친 뒤 일찍이 섬을 빠져나와서 화를 면할 수 있었다.[2] 그렇지만 부른틀란드를 롤모델로 여기며 이주민 출신 최초의 여성수상을 꿈꾸었던 쿠르드계 무슬림 소녀 바노 라시드（Bano Rasid, 당시 18세）가 희생됐다. 그녀는 학살이 일어나기 바로 몇 시간 전 꿈에 그리던 자신의 영웅과 악수했다. 이 장면은 현장에 함께 있었지만 기적적으로 살아남은 여동생 라라（Lara）가 촬영한 영상에 그대로 담겼다.[3]

　　그해 여름의 비극이 차라리 정신질환자의 소행이었다면 충격이 덜했을까? 상식으로 이해되지 않는 흉악범죄를 받아들이는 손쉬운 방식은 개인의 병리로 사건의 원인을 설명하는 것이다. 실제로 2011년 11월 29일 노르웨이 법정은 '오슬로의 학살자' 브레이비크를 '편집증적 정신분열증'이라고 판정했다.[4] 그러나 브레이비크는 수년 동안 치밀하게 테러를 계획해왔고, 범행 몇 시간 전에는 지인들에게 이메일로 1,518페이지에 달하는 선언문 「2083 유럽독립선언」（2083 A European

Declaration of Independence)(이하 「선언」)을 발송했다. 유려한 문장에 완벽한 문법의 영어로 쓴 이 선언문에서 브레이비크는 자신을 마르크스주의와 다문화주의, 그리고 이슬람주의에 맞서 싸우는 "기독교 정의(正義)의 기사(騎士)"로 묘사하고 있다. 법정의 판정이 옳다면, 「선언」은 '정신질환자의 넋두리'란 말인가? 정신감정 결과에 가장 분노한 사람은 브레이비크 자신이었다. 그는 정신분열증이라는 판정이 자신에 대한 모욕이라며 뻔뻔하게 목소리를 높였다. 말하자면 브레이비크는 신념에 따라 범죄를 저지른 확신범이었던 것이다. 결국 2차 정신감정에서는 정상이라는 소견이 나와 2012년 4월부터 브레이비크는 피의자 신분으로 재판을 받았고, 8월 24일 징역 21년형을 선고받고 복역 중이다.

「선언」에서 브레이비크는 무슬림에 대한 혐오를 노골적으로 표출했다. 그는 9·11 이후 가파르게 수위가 올라간 이슬람포비아의 저수지에서 물을 끌어다 썼던 것이다. 기독교 근본주의자였던 그는 무슬림 이민자를 수용하고 다문화 정책을 추진하며 이슬람문화를 허용한 노동당을 악으로 규정했다. 노동당 청년캠프를 공격한 이유도 여기에 있었다. 또한 그는 영국 수상 고든 브라운(Gordon Brown, 1951~)은 영국이 무슬림사회가 되고 런던 시티가 국제 이슬람 금융의 중심지가 되도록 방치했다는 이유로, 찰스 황태자(Prince Charles, 1948~)는 사우디 왕가의 기부로 설립된 옥스퍼드 이슬람연구 센터(Oxford Centre for Islamic Studies)를 후원했다는 이유로 처단해야 할 '배신자'로 지목했다. 가톨릭의 수장 교황 역시 종교적 '배신자'라고 공격했다. 이슬람교와 가톨릭의 대화를 위해 노력했던 교황 베네딕토 16세(Papa Benedetto XVI, 1927~)는 기독교 신앙과 유럽 기독교인을 배신한 비겁하고 무능한 교황이라고 비난했다.[5]

브레이비크는 또한 테러를 감행하기 전에 유튜브에 올린 '2083 템플 기사단'이라는 제목의 동영상에서 한국과 일본의 순혈주의와 단일문화를 바람직한 것으로 보고 유럽이 두 나라를 모델로 삼아야 한다는 발언을 하기도 했다. 「선언」에서도 한국과 일본은 경제적 발전에 성공했고, 다문화주의와 문화적 마르크스주의를 받아들이지 않았기 때문에 강간과 살인의 공포 없이 살 수 있는 가장 평화로운 사회라고 평가했다. 페미니즘에 대한 강한 거부감을 나타내는 대목에서는 한국과 일본을 모델 삼아 가부장제를 회복해야 한다고 주장했다. 현실을 제대로 보지 못한 제멋대로의 평가가 황당하기도 하지만, 다른 한편으로는 한국사회에 분명히 존재하는 순혈주의와 여성차별의 민낯을 들킨 것 같아 낯이 뜨거워지기도 했다.

그렇다면 사회범죄의 원인을 개인 병리로 보는 안이한 해석에 안주하지 않고 브레이비크 테러를 어떻게 설명할 수 있을까? 브레이비크의 일관성 없는 논리를 깊게 읽어내는 방식은 무엇일까? 브레이비크 테러를 통해 드러난 이슬람포비아와 유럽의 위기 양상의 정체는 무엇일까? 몇 사람의 분석을 살펴보자.

이슬람 전문가로 노르웨이 국방연구소 연구원 토머스 힉해머(Thomas Hegghammer, 1977~)는 2011년 7월 31일 『뉴욕타임스』에 기고한 「거대-민족주의자들의 등장」(The Rise of the Macro-Nationalists)에서 브레이비크를 '기독교판 알카에다'(a Christian version of Al Qaeda)라고 명명했다. 브레이비크의 세계관은 백인우월주의, 극단적 민족주의, 기독교 근본주의라는 극우 이데올로기만으로는 설명할 수 없고, '이슬람 대 서구 문명 간의 전쟁'이라는 새로운 원리를 추가해야 한다는 것이다. 브레이비크의 「선언」은 이슬람에서 말하는 성전 지하드(Jihad)에 대항하자는 반(反)지하드(anti- Jihad) 선동이 담긴 노르웨이의 한 인터넷 사이트의 인용으로 가득 차 있다. 알카에다와 브레이비크 모두 자신들의 테러를 방어전쟁이라 부르고, 순교자의 언어를 구사한다. 힉해머는 알카에와 브레이비크 둘 다 '거대-민족주의'(macro-nationalism)를 표방한다고 보았다. 거대-민족주의는 세계화 시대의 변형된 민족주의로서, '서구'나 '이슬람 움마'(Islam Ummah) 같이 국민국가의 단위를 초월해 공동의 정체성을 갖는 단위를 상상하는 것으로 표출된다. 또한 거대-민족주의는 민족주의 일반과 마찬가지로 타자에 대한 반감을 활용해 세력을 확장하고 있다. 알카에다가 미국의 대중동 정책에 대한 무슬림의 반감을 테러리즘에 악용하는 것처럼, 브레이비크는 유럽의 반(反)무슬림 정서에서 동력을 얻고 있다는 것이다.[6]

브레이비크와 알카에다의 유사성을 '거대-민족주의'라는 틀로 설명하는 힉해머의 논지는 새무얼 헌팅턴(Samuel Huntington, 1927~2008)의 '문명의 충돌론'을 연상시킨다. 거대-민족주의가 작동하는 단위는 문명의 구분과 일치한다. 서구 기독교 문명과 이슬람 문명의 충돌은 브레이비크가 「선언」에서 내걸고 있는 신념이기 때문에 힉해머의 분석은 표면적으로는 잘 들어맞아 보인다. 그러나 헌팅턴류의 '문명의 충돌론'은 찬성하기 어렵다. 이 논리에는 문명이나 민족 같은 단위를 본질적 실체로 본다는 문제가 있기 때문이다. 에드워드 사이드(Edward Said, 1935~2003)가 『오리엔탈리즘』(Orientalism)에서 지적한 대로 '서양 대 동양', '기독교 대 이슬람'이라는 구분은 물리적 실재의 반영이 아니라 '상상의 지리'(imaginary geography)에 불과하다고 보아야 한다.[7] 그런데 이런 구분을 마치 현실에 견고한 뿌리를 둔 것처럼 여기면, 공동체 내부의 다양성과 혼종성, 공동체들 사이의 상호관계를 보지 못하게 된다. 더욱 심각한 위험은 이런 논리를 따라간다면 헌팅턴이 "미래의 가장 위험한 충돌은 서구의 오만함, 이슬람의 편협함, 중화의 자존심이 복합적으로 작용해 발생할 것"[8]이라고 예언한 것처럼, 문명, 민족주의, 거대-민족주의 사이의 충돌을 '피할 수 없는 미래'로 예단하게 된다는 데 있다. 이런 종말론적 예언에 무슨 희망이 있겠는가?

한편, 영국에서 인종문제에 대해 적극적으로 발언하고 있는 저널리스트 키넌 말릭(Kenan Malik, 1960~)은 2011년 7월 30일 스웨덴의 신문 『베르겐스 티덴데』(Bergens Tidende)에 「브레이비크 테러의 비극적 아이러니」(The Tragic Ironies of Breivik's Terror)라는 글을 기고했다. 브레이비크와 지하드의 '공생관계'를 지적한다는 점에서 말릭은 힉해머와 논지를 같이한다. 그러나 말릭의 분석은 '문명의 충돌론'과 다르다. 말릭은 브레이비크가 신봉하는 '문명의 충돌론'이 문화에 대한 정태적이고 본질주의적인 사고에 바탕을 두고 있다고 비판한다. 브레이비크도, 이슬람 근본주의 테러리스트도 역사상 실제로는 한 번도 존재한 적이 없는 '진정한'(authentic) 기독교 유럽의 정체성, '진정한' 이슬람의 정체성이라는 '허구'를 불러내고 있다는 것이다. '순수'에 대한 이런 열망은 얽힘과 섞임을 '오염'으로 보고, 나와 다른 사람을 배제하는 것으로 귀결되기 쉽다.

말릭은 또한 다문화주의에 대한 브레이비크의 공격이 얼마나 '아이러니'한지 폭로한다. 브레이비크는 다문화주의를 증오함에도 불구하고, 문명의 충돌에 대한 그의 신념은 문화적 차이와 문화적 정체성 개념에 근거를 두고 있다. 충돌하는 가치와 신념은 토론과 대화를 통해 조절되면서 서로 변화해야 하고 그랬을 때 자유롭고 개방적인 사회를 이룰 수 있는데 브레이비크나 무슬림 극단주의자는 둘 다 이를 무시한다고 말릭은 비판했다.[9]

말릭은 대량 이주로 인해 다양성이 증가된 사회, 즉 '다문화 상태'를 국가가 경영하는 정책을 '다문화주의'라고 봤다. 다문화 정책의 문제점은 사람들을 '에스닉 상자'(ethnic box) 혹은 '문화 상자'(cultural box) 속에 가둔다는 것이다. 공동체와 문화를 테두리가 정해진 상자 안에 갇힌 동질적인 것으로 본다는 뜻이다. 이런 인식 아래서 소수자 공동체는 단일한 '문화'를 공유하는 '동질적' 집단으로 취급된다. 말릭은 영국 다문화주의 정책에 대해 소수자 공동체별로 '에스닉 상자'를 만들고 종교 지도자들이 각 소수자 집단을 대표하도록 함으로써, 이에 조응해 해당 공동체 내부에서 종교적 성향이 짙어지고 심지어 는 극단적인 근본주의자의 영향력이 강해지는 악순환에 빠지 게 됐다고 비판한다. 이런 식의 다문화주의는 보편적 시민권을 약화시킬 우려가 있다는 것이다.[10] 말릭이 보기에 브레이비크 는 다문화주의를 공격하고 있지만, 사실은 고정적이고 정태적 인 문화 개념을 다문화주의와 공유하고 있다. 브레이비크는 잘 못된 다문화주의와 마찬가지로 '서구 기독교 문화'와 '이슬람 문화'를 폐쇄적인 '에스닉 상자'에 가두고, 이슬람의 위협에 대 항해 서구문화를 옹호해야 한다는 논리를 펴고 있다는 것이 말 릭의 진단이었다.

슬라보예 지젝(Slavoj Žižek, 1949~)은 2011년 8월 8일 『가디언』에 기고한 글 「브레이비크 테러의 사악한 논리」(A Vile Logic to Anders Breivik's Choice of Target)에서 브레이비크가 적(敵)을 구성하는 방식에 주목한다. 브레이비크는 마르크스 주의, 다문화주의, 이슬람주의라는 서로 다른 정치사상을 조 합해 마르크스주의 급진 좌파, 다문화주의 자유주의자, 이슬 람 근본주의자 같은 타깃을 만들고 공격한다는 것이다. 과거 파시즘의 역사에서 자주 들었던 볼셰비키 유대인 금권정치, 볼 셰비키 급진 좌파, 자본주의 금권정치 같은 표현들, 즉 상호모 순되는 특성을 몽땅 적에게 갖다 붙이는 파시스트의 낡은 어법 이 브레이비크를 통해 '다문화주의'라는 '새 옷'을 입고 돌아왔 다고 지젝은 지적했다. 브레이비크의 이런 일관성 없는 논리는 위기에 처한 유럽이 네오-파시즘으로 향해가고 있다는 징후 로 읽어야 한다는 것이 지젝의 경고였다.[11]

브레이비크는 영국의 극우단체 '영국수호동맹'(English Defence League)과 접촉했던 것으로 알려졌다. 1930년대 유럽의 파시즘이 '반유대주의'를 먹고 자라났다면, 오늘날 네오-파시즘은 '이슬람포비아'를 자양분으로 삼고 있다는 지젝의 지적이 그리 새로울 것은 없다. 오히려 지젝의 분석에서 눈여겨 볼 만한 대목은 현재 진행 중인 유럽연합의 위기에 대한 진단과 유럽 우파가 브레이비크 테러를 이용하는 방식에 대한 날카로운 지적이다. 지젝은 브레이비크의 공격 대상은 무슬림 이민자가 아니었다는 데 주목한다. 지젝의 말대로 브레이비크의 테러 공격 목표 설정에는 '사악한 논리'가 작동하고 있었다. 그는 외국인이 아니라 무슬림 이민자에 관용적인 다문화 정책을 펼쳤던 집권 노동당의 '미래 지도자들'을 공격했다. 공동체 내부의 배신자를 겨냥한 것이다. 근본적인 문제는 외부가 아니라 '유럽의 정체성'을 바로 세우지 못하는 내부에 있다는 메시지를 브레이비크는 이런 식으로 표출했다. 유럽연합의 위기는 경제와 금융 위기로 나타나고 있지만, 근본적으로는 이데올로기와 정치 차원의 문제다. 2005년 유럽연합 헌법 비준을 묻는 국민투표가 프랑스와 네덜란드에서 부결된 사태가 잘 보여주듯이 일반 유권자들은 유럽연합이 민중을 동원할 전망을 주지 못하는 '테크노크라트들'의 경제연합에 불과하다고 파악하고 있다. 이런 상황에서 이민에 맞서는 '요새유럽'(Fortress Europe)의 방어, 유럽적 정체성의 수호라는 이데올로기가 민중을 동원할 수 있는 유일한 기제로 부상하고 있다는 것이다. 2016년 영국의 브렉시트 결정과 이후 지금까지 이어지고 있는 협상의 표류는 이런 우려가 현실이 되고 있음을 잘 보여준다.

지젝에 의하면 우파가 외우는 상투적인 주문은 이렇다. 브레이비크의 극단적인 행동을 비난하면서도 그가 진정으로 심각한 문제에 대해 합당한 관심을 보였다는 점을 잊어서는 안 된다는 식이다. 주류 정치가 유럽의 이슬람화에 대처하는 데 실패했기 때문에 브레이비크 테러와 같은 극단적인 사태가 발생했고, 이를 교훈 삼아 이제는 유럽의 정체성을 다시 올바로 세워야 한다는 것이 우파의 논리다. 유럽의 정체성이 무슬림에 의해 위기에 처했다는 브레이비크의 진단은 옳다. 다만 제기하는 방식이 실정법에 저촉되었을 뿐이다. 이런 생각이야말로 바로 브레이비크가 노리는 효과가 아닌가!

아울러 지젝은 브레이비크의 일관성 없고 모순된 논리가 '정치적 올바름'이라는 외피를 입고 있다는 점을 지적한다. 브레이비크는 반(反)여성주의자로 심지어 여성에게 고등교육의 기회를 제공해서는 안 된다고 주장하지만 모순되게도 낙태를 지지하고 동성애를 찬성한다고 밝혔다. 지젝은 브레이비크의 논리가 네덜란드의 우파 포퓰리스트 핌 포투인(Pim Fortuyn, 1948~2002)과 닮았다고 본다. 포투인은 2002년 5월에 암살당한 네덜란드의 우파 정치가다. 암살 당시 2주 앞으로 다가온 선거에서 전체 유권자의 5분의 1에 해당하는 표를 획득할 것으로 기대했었다. 그러나 포투인은 모순된 인물이었다. 동성애자이며, 이민자들과 사적으로 좋은 관계를 맺고 있었으며 타고난 유머 감각을 보였다. 우파 포퓰리스트로서 그의 개인적 특성이나 견해는 완벽하게 '정치적으로 올바른' 것이었다. 요컨대 무슬림

우토야섬에 건립된 브레이비크 테러 희생자 추모 조형물 '빈터'.
2015년 노르웨이 노동당 청년동맹은 우토야섬에 희생자 추모 조형물 '빈터'(The Clearing)를 설치했다. 산책로 끝자락 호수가 내려다보이는 언덕에 자리 잡은 '빈터'는 금속 원형 띠 모양을 하고 있다. 희생된 이들의 이름과 나이가 투각기법으로 새겨져 있고 그 사이로 햇빛이 들어온다. 금속 조형물을 소나무들 사이 어른 키 높이 위치에 매달아 허공으로 흩어지는 기억을 붙잡아 놓고 있다.

이민자를 제한해야 한다는 입장을 제외하면 그는 '선량하고 관용적인 자유주의자'였다. 포투인이 구현하고 있는 것은 우파 포퓰리즘 (populism)◆과 자유주의적 정치적 올바름의 교차였다. 우파 포퓰리즘과 자유주의적 관용의 대립이라는 이해는 잘못된 것이며, 양자는 사실상 동전의 양면에 불과하다는 지젝의 예리한 지적은 귀담아들을 만하다.

2018년 브레이비크 테러 7주년을 맞아 이 사건을 다룬 두 편의 영화가 나왔다. 노르웨이 감독 에릭 포페(Erik Poppe, 1960~)의 극영화 〈우토야 7월 22일〉(Utøya : 22 Juli)이 2018년 3월 노르웨이에서 개봉했고, 영국의 영화감독 폴 그린그래스(Paul Greengrass, 1955~)는 넷플릭스 전용 영화로 〈7월 22일〉(July 22)을 2018년 10월 20일 공개했다. 2018년 10월 6일 로스앤젤리스에서 열린 시사회에서 그린그래스는 영화를 만들기 위해 희생자 가족들의 허락을 받으러 처음 노르웨이에 방문했을 때를 회상했다. 사건 이후 많은 논란이 있었지만 우토야를 결국 폐쇄하지 않기로 결정했다는 우토야섬 안내인의 설명에 공감했다고 말했다. 우토야는 제2차 세계대전 이후 최근까지 수십 년 동안 청소년들

◆ '포퓰리즘'은 '인민주의', '대중추수주의'라고 번역하는데 둘 다 원의미를 축소할 우려가 있어 원어대로 부르는 편이다. 포퓰리즘은 인민, 대중이란 뜻의 라틴어 포풀루스(populus)에서 유래됐다. 따라서 포퓰리즘은 인민이나 대중의 뜻을 따르는 정치로 이 맥락에서는 인민주의로 번역된다. 포퓰리즘은 보통사람들의 아래로부터의 요구 대변을 목표로 삼는 정치사상 및 활동이기에 민주주의와 의미가 겹치기도 한다. 데모크라시(democracy)의 유래가 되는 데모스(demos) 역시 그리스어로 인민을 뜻하기 때문이다. 한편 포퓰리즘은 대중의 인기에 영합해 배타적 민족주의와 인종주의를 동원하는 정치가 되기도 하는데 이때는 대중추수주의라는 의미를 띤다. 우파 포퓰리즘은 민족과 인종에 호소하는 포퓰리즘을 말하고, 좌파 포퓰리즘은 계급에 호소하는 포퓰리즘이다. 2019년 현재 폴란드 법과 정의당(PiS) 야로슬라프 카친스키(Jarosław Kaczyński, 1949~) 정권과 헝가리의 빅토르 오로반(Viktor Orbán, 1963~) 정권은 우파 포퓰리즘, 베네수엘라의 우고 차베스(Hugo Chávez, 1954~2013) 전 대통령의 차베스주의는 대표적인 좌파 포퓰리즘이라고 할 수 있다.

영화 〈우토야 7월 22일〉(위)과 〈7월 22일〉(아래)의 포스터.

의 캠프지로 이용되는 곳으로 놀이, 오락, 시민교육이 이루어지고, 세계에 대해 토론하던 장소였다. 따라서 우토야를 열어두는 것은 그 자체로 근본적으로 중요한 일이 된다는 것이다. 만일 우토야를 폐쇄하고 희생자 추념비만을 세운다면, 그건 오히려 브레이비크에게 승리를 안겨주는 일일 수 있다. 현재 우토야 한켠에 이 섬에서 희생된 69명을 기리는 69개의 기둥과 희생자 추모 조형물 '빈터'가 설치되었지만, 여전히 청소년 캠프가 열리고 있다. 정치적 극단주의와 세계가 처한 위험에 대해 토론하는 곳으로 우토야는 건재한다고 감독은 전했다.[12]

이슬람에 대한 노골적인 혐오, 엘리트에 대한 공격, 민주주의를 부정하는 논법 등 브레이비크가 법정증언에서 구사한 수사학은 2011년 당시에는 이례적이었고 충격적이었다. 그러나 8년이 흐른 지금 브레이비크의 수사학은 유럽 정치의 우경화와 극우 민족주의의 득세와 더불어 일상화되고 있는 것은 아닌지 반성해보아야 한다. 이것이야말로 브레이비크 테러의 비극을 딛고 우리가 배워야 할 교훈이다.

무슬림 '베일' 논쟁과
이슬람포비아의 젠더화

젠더화된 이슬람포비아

국정농단으로 탄핵당한 박근혜 전 대통령은 2016년 5월 1일 이란 국빈방문길에 히잡(hijab)의 일종인 루사리(roosari)를 착용한 적이 있다. 머리카락을 가리는 흰 스카프를 쓴 대통령의 사진이 일제히 미디어에 실렸고, 여성 대통령의 히잡은 화제가 되었다. 보수지 가운데는 "우리 VIP 히잡 쓰니 예쁘더라… 남성 정상들보다 훨씬 큰 이슈"라는 아부성 제목의 기사를 내보낸 언론사도 있었다.[13] 보수 기독교계는 평소 이슬람에 대한 반감을 여과 없이 표출해왔지만 대통령의 히잡 착용에 대해서는 아무런 논평도 하지 않았다. 이에 대해 배우 김의성은 SNS에 "박근혜 대통령께서 히잡을 쓰셨다는데 기독교계는 탄핵 추진하지 않고 뭐하나"라고 촌철살인을 날렸다.[14] 말이 씨가 된다고 이 말은 반은 맞고 반은 틀린 결말을 가져왔다. 기독교계가 아니라 국민이 탄핵을 했으니 말이다.

당시 대통령의 히잡 착용을 두고 여성 억압의 상징인 히잡을 일국의 대통령이 왜 썼느냐는 비판론에서부터 국익 차원에서 히잡 한번 쓴 걸 가지고 웬 트집이냐며 이란 순방의 경제효과를 앞세우는 실용론까지 반응은 다양했다. 앙겔라 메르켈(Angela Merkel, 1954~), 힐러리 클린턴(Hillary Clinton, 1947~), 미셸 오바마(Michelle Obama, 1964~) 등은 이슬람국가 순방 때 히잡 쓰기를 거부하거나 순방국 여성들이 히잡을 벗을 자유가 있는지 여부를 따져 선택적으로 히잡을 썼다. 그녀들의 영리한 선택에 비한다면 대한민국 최초의 여성 대통령은 히잡을 둘러싼 페미니즘 이슈에 대해 얼마나 무지한가를 보여준 꼴이기도 했다. 무슬림문화를 존중하고 배려해 히잡을 썼다면서 정작 국민들의 아픔에는 눈감는 불통(不通)을 비판하는 목소리도 높았다. 실제로 그해 박근혜는 3년 연속 제주 4·3 희생자 추념식에 참석하지 않았고, 세월호 2주기에는 안산 합동분향소에서 열린 기억식에 화환만 보냈을 뿐이었다. 국정농단 조사과정에서 드러난 대로 세월호 참사 진상조사를 그토록 조직적으로 방해했으니 기억식에 참석할 수 없었을 터다. 불과 6개월 후 2016년 10월 27일 대통령 퇴진을 촉구하는 촛불이 광화문에서 타오를 줄 그때는 몰랐겠으나, 무능과 부덕은 그때도 드러났던 셈이다.

사실 런던과 파리 같은 대도시에서 히잡 쓴 여성을 만나기란 드문 일이 아니다. 쇼핑센터 계산대나 도서관 데스크에 히잡을 쓴 여성이 앉아 있는 경우는 특별히 눈길을 끌지도 않는 흔한 일상이다. 눈만 내놓고 얼굴을 모두 가리는 니캅의 경우는 길거리에서 하루 동안 두세 명 만날 수 있는 정도로 히잡에 비하면 매우 소수다. 이슬람국가 가운데 가장 세속적이라고 알려진 디기에서도 이슬람 사원을 늘어갈 때는 어김없이 머리에 스카프를 둘러야 한다. 관광객도 예외는 아니다. 남성은 두를 필요가 없는 스카프를 써야 하는 규칙이 썩 기분 좋지 않다. "왜 여성만"이라는 의문이 계속 들 수밖에 없다.

물론 이슬람문화권에서 히잡이 반드시 여성억압을 상징하지는 않는다. 히잡을 착용함으로써 남성의 성적인 시선에서 자유로워지고 남성과 동등하게 공적인 활동의 장에 나갈 수 있다고 보기도 한다. 히잡이 여성억압적인가 아닌가에 대해서는 이슬람국가들마다 시정이 다르고 이슬람 페미니스트들 사이에서도 의견이 일치하지 않기 때문에 한마디로 말하기 어렵다. 인도 출신 미국 페미니스트 연구자이자 활동가 찬드라 모한티(Chandra Mohanty, 1955~)가 지적하듯이 여성들이 베일을 쓰는 것에 접합된 구체적 의미는 역사적·사회적 맥락에 따라 분명히 달라진다. 히잡이나 베일을 쓰느냐 마느냐는 문제의 핵심이 아니다. 베일을 통해 어떤 담론과 억압이 여성의 몸에 가해지는가를 보는 게 핵심이다.[15] 남성에게 육욕의 죄를 짓지 않게 하기 위해 베일로 몸을 가리는 것이나 남성에게 육욕의 쾌락을 선사하기 위해 벗은 몸을 드러내는 것은 결국 같은 것이기 때문이다.

그렇다면 서구사회에서 무슬림 여성의 복장을 놓고 벌어지는 무수한 담론, 논쟁, 정책은 무슬림 여성의 몸을 어떻게 규정하고, 특별한 '인종'으로서 무슬림을 어떻게 구성하고 있는 것일까? 몸에 걸치는 천조각을 두고 왜 이렇게 말이 많은 것일까? 가톨릭 미사포와 수녀들의 복장은 문제 삼지 않으면서 왜 히잡만 문제 삼는 것일까? 인종화 과정에서는 신체적 특징뿐만 아니라 문화적 특징이 조합되어 인종을 구성한다. 무슬림의 인종화의 경우는 '제2의 피부'(second skin)라고 할 수 있는 의복과 관습이 이슬람의 표지(marker)를 이룬다.[16] 무슬림에게 관습적으로 착용해온 의복은 단순한 물품(object)이 아니라 살아온 몸(lived body)과 분리될 수 없는 몸과 통합된 일부다.[17] 따라서 히잡은 한낱 스카프가 아닌 것이다.

히잡 문제가 복잡한 것은 식민주의 역사와 오리엔탈리즘적 시선의 정치학이 떼려야 뗄 수 없이 얽혀 있기 때문이다. 무슬림 여성의 복장을 문제 삼는 것은 무슬림 여성의 몸에 대한 개입을 통해 이슬람포비아를 표출하는 방식이다. 베일 쓴 여성에 대한 공격은 '젠더화된 이슬람포비아'(gendered islamophobia)다. 정작 핵심은 베일에 있지 않다. 베일 논쟁의 핵심은 무슬림 남성과 여성의 몸을 둘러싼 담론의 작동과 그 효과이다. 무슬림 여성의 몸을 '볼모'로 잡고 이슬람 종교와 문화를 원래부터 젠더불평등한 것으로 낙인찍은 후 무슬림을 '악마화'(demonization)함으로씨 서구사회와 공존할 수 없는 존재로 또다시 낙인찍는 결과를 낳았다는 것이 베일 논쟁의 본질이다. 이슬람에 대한 오랜 오리엔탈리즘의 '귀환'이고 '재림'인 것이다.

베일 vs 히잡·니캅·부르카·차도르

서구에서는 무슬림 여성들이 머리에 쓰는 스카프를 통칭해 '베일'(veil)이라고 한다. 그런데 '베일'은 이름 그 자체로 문제다. 흔히 농담처럼 이렇게 말한다. 이슬람 여성들이 너무 아름답기 때문에 가려야 했다고, 그런데 가리니까 더 매력적으로 보인다고. 이집트의 페미니스트 파드와 엘 귄디(Fadwa El Guindi, 1941~)가 지적한 대로 영어 'veil'과 동일한 의미를 갖는 아랍어는 없다.[18] '베일'이라고 한 단어로 뭉뚱그려 지칭하는 것 자체가 서구적인 발상인 것이다. '베일'이라는 일반명사는 히잡, 니캅, 부르카(burka), 차도르(chador) 등 머리와 얼굴을 감싸는 서로 다른 형태의 베일을 여성들이 쓰는 이유뿐 아니라 저마다의 사정, 자발적 선택과 타율적 강제 사이에 존재하는 차이를 삭제해버릴 위험성이 있기 때문이다.

그렇다면 대체 히잡, 니캅, 부르카, 차도르 같은 베일이 무엇이기에 전 지구적 범위에서 이토록 격렬한 반응을 일으키고 있는가? 우선 베일은 이슬람 고유의 문화가 아니다. 베일은 유대교와 기독교에도 존재한다. 이스라엘에는 온몸을 세 겹으로 가리는 부르카를 입는 하레디(Haredi)라는 유대교 근본주의 소수파가 존재한다. 중동 지역에서 베일은 이슬람교가 등장하기 이전 고대 사산조 페르시아 시대부터 볼 수 있던 풍습이었다. 아라비아와 지중해 여러 지역에는 여성이 베일을 쓰는 관습이 있었다. 이 지역이 이슬람의 세력권에 들어가면서 피정복민의 관습인 베일 쓰기가 무슬림 여성에게 전해졌다. 마호메트 시대에는 마호메트의 부인들만 베일을 착용했으나 점차 고귀

함의 상징으로 상류층 여성들 사이에서도 유행하게 됐다. 예언자 무함마드의 첫 부인 카디자는 남편보다 25세 연상의 여성이었다. 부유한 상인이었던 첫 남편이 죽은 후 무함마드와 재혼했다. 무함마드는 고용인으로 일하다가 카디자의 남편이 되었다. 카디자가 베일을 썼다는 기록은 없지만, 카디자가 세상을 떠난 후 무함마드가 두 번째 부인으로 맞이한 아이샤부터는 베일을 착용했다. 이슬람사회에서 점차 부계 중심의 가부장제 권력이 공고해져 가면서 베일 쓰는 관습도 확산되었다.[19]

무슬림 여성의 베일은 테러, 안전, 이민자 통합, 다문화주의의 성패에 관한 논쟁이 표출되는 통로가 되고 있다. 따라서 히잡, 니캅, 부르카에 대한 부정적 이미지의 뿌리가 어디에 닿아 있는지 밝히는 것이 중요하다. 현재 서구에서 벌어지고 있는 무슬림 여성의 베일을 둘러싼 논쟁과 베일 쓴 여성에 대한 공격은 이슬람포비아의 깊은 뿌리가 어디에 닿아 있는지, 어떻게 번성하는지 보여준다는 면에서 주목해야 할 현상이다.

미국 9·11 테러와 영국 7·7 테러 이후 미국과 유럽에서 증폭되고 있는 이슬람포비아 현상이 무슬림 여성의 몸을 대상으로 벌어지고 있다는 점에 주목해야 한다. 스피박은 「서발턴은 말할 수 있는가?」에서 사티(Sati)♦를 당하는 인도 서발턴 여성이 놓인 딜레마에 대해 말했다. 사티 금지법을 제정해 사티 당하는 여성을 구하겠다는 서구 자유주의자 남성과 사티를 힌두의 미풍양속으

♦ '사티'란 남편이 죽으면 남겨진 아내를 불구덩이에 순장하는 힌두의 악습이다. 벵골 지방의 관습이었던 사티는 '과부 상속제'와 관련이 있었고, 사티를 강요당하는 정도는 남편이 죽은 여성이 상속할 수 있는 재산의 크기에 비례했다. 1829년 영국 식민정부는 사티 금지법을 제정함으로써 힌두 가부장제로부터 인도 여성의 구원자를 자임했다.

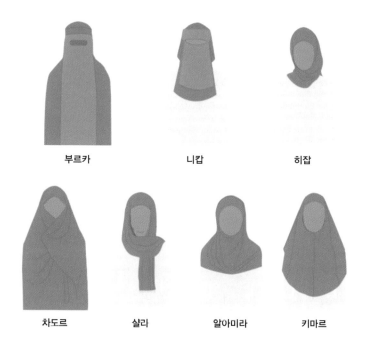

부르카 니캅 히잡

차도르 샬리 알아미라 키마르

무슬림 여성 베일들.

'부르카'는 얼굴과 몸 전체를 가리는 가장 보수적인 베일로 눈 부분만 망사로 되어 있다. '니캅'은 얼굴과 머리를 모두 가리는 베일로 눈만 내놓게 되어 있다. '히잡'은 일상에서 가장 많이 쓰는 베일로 머리만 가리는 형태다. '차도르'는 이란 여성의 전통복장으로 얼굴은 드러나고 발목까지 내려오는 베일이다. 샬라(shayla)는 사우디아라비아와 걸프 지역에서 많이 쓰는 베일로 얼굴이 나와 있는 니캅이라고 보면 된다. 알아미라(al-amire)는 모자와 스카프 두 부분으로 나뉘어진 베일이다. 키마르(khimar)는 얼굴만 나오게 뒤집어쓰는 베일로 부르카와 차도르보다 짧다.

로 찬양하는 인도 민족주의자 남성 사이에서 정작 사티에 희생되는 당사자 서발턴 여성의 목소리는 들을 수 없게 된다는 것이다.[20] 사티를 둘러싼 논쟁 구도는 무슬림 여성 베일 논쟁에서도 반복된다. 서구 자유주의자는 베일이 여성억압이라고 말하고, 이에 맞서 이슬람 전통주의자는 고유한 문화라고 말한다. 베일 쓴 무슬림 여성이 가부장적이고 여성차별적인 이슬람 문화의 희생자로 묘사되면 될수록 무슬림 남성은 여성을 억압하는 폭력적 가부장으로 재현된다. 그러면서 결국 당사자 여성이 무슨 생각으로 베일을 쓰는지는 들을 수 없게 되고 마는 것이다.

베일 논쟁뿐만이 아니다. 강제결혼, 여성성기절제, 일부다처제, 명예살인 등 이른바 '여성에 해로운 문화적 관행들'(harmful cultural practices to women)이라는 범주를 둘러싼 서구사회의 담론은 오히려 이슬람에 대한 편견과 혐오를 증폭시키는 기제로 작동하고 있다. '여성에 해로운 문화적 관행들'은 1990년대 초부터 국제연합(UN)의 문제제기를 통해 주목받기 시작했다. 문화적으로 용인되는 관습이 여성에 대한 폭력을 묵인하고 여성 인권을 침해하는 사례에 국제연합이 눈을 돌렸다는 사실은 여성운동이 그동안 펼쳐온 캠페인의 성과임에 틀림없다. 그러나 여성억압적 관행에 대한 국제사회의 접근방법은 서구 주류문화의 경우 '여성해방적'이고, 이슬람문화는 '여성억압적'이라는 이분법을 암묵적으로 전제하고 있다는 점에서 문제적이다. '여성에 해로운 문화적 관행들' 담론은 서구 대도시에는 여성에게 해로운 '전통'이나 '문화'가 없는 것처럼 간주

하거나, 서구사회의 여성에 대한 폭력은 특수하고 개인적인 것
인 반면 이슬람사회에서의 폭력은 이슬람문화 자체에 내재한
문제라는 스테레오타입을 만들어내는 데 일조하고 있다. 누구
도 사이코패스 살인이 기독교문화 때문이라고 말하지 않지만,
이슬람사회에서 벌어지는 살인은 쉽게 이슬람문화 탓으로 환
원되는 것과 유사한 논리다.[21]

잭 스트로우와 영국의 니캅 논쟁

오늘날 벌어지고 있는 무슬림 여성의 베일 논쟁은 전 지구적
현상이다. 무슬림 여성의 베일은 현재 영국, 프랑스, 독일, 네
덜란드 등 유럽 국가들뿐만 아니라 터키와 미국에서도 격렬한
논쟁 대상이 되고 있다. 영국에서는 외무장관을 지낸 노동당
의원 잭 스트로우(Jack Straw, 1946~)가 2006년 얼굴과 몸을
모두 가리고 눈만 내놓는 니캅을 금지해야 한다는 발언을 해
논란을 일으켰다. 프랑스는 라이시테(정교분리)의 세속주의 원
칙에 따라 2004년부터 공립학교에서 교사와 학생이 히잡과 유
대인 모자, 십자가를 포함한 모든 종교 상징물을 착용하는 행
위를 금지했다.[22] 더구나 2010년 9월 프랑스 의회는 전신을 가
리는 베일인 부르카의 착용을 전면 금지하는 부르카 금지법을
가결했다. 부르카 금지법은 2011년부터 시행되고 있다. 독일에
서는 2004년 이후 16개 주 중 여덟 개 주에서 '히잡법'을 만들
어 공립학교 교육 공무원의 히잡 착용을 금지하고 있다.[23]

　　이슬람국가이지만 정치와 종교가 엄격히 분리된 세속

국가 터키도 모든 공공기관에서 히잡 착용을 금지하고 있다. 1980년대부터 대학에서 히잡을 착용한 여학생들이 등장하자 터키 정부는 이를 '이슬람의 위협'으로 간주하고 금지를 더욱 강화했다. 하지만 터키에서는 히잡 쓴 여성들을 흔히 볼 수 있으며, 대통령 부인과 딸까지 히잡을 착용해 논란이 일기도 했다.[24] 미국 오클라호마주의 한 공립학교에서는 히잡을 쓴 11세 소녀의 모습이 갱을 연상시킨다는 이유로 등교를 금지하는 사건이 발생하기도 했다.[25] 9·11 이후 무슬림 이민자 공동체의 재(再)이슬람화가 가속화되고 이에 조응해 이슬람포비아가 더욱 심화되고 있는 가운데 히잡은 '포스트 9·11의 아이콘'으로 부상하고 있는 것이다.

프랑스에서 히잡 금지법이 도입된 2004년 7월, 런던에서는 이에 항의하는 집회를 겸해 무슬림 여성 활동가들로 구성된 히잡 옹호 모임(the Assembly for the Protection of Hijab)이 '히잡을 선택할 여성의 권리'(Hijab, A Woman's Right to Choose)라는 회의를 열었다. 이날 환영사에서 당시 런던 시장이었던 노동당 좌파 정치가 켄 리빙스턴(Ken Livingstone, 1945~)은 메트로폴리스 런던은 다문화주의 성공의 표상이라고 치켜세웠다. 과장이 섞인 정치가의 발언이지만, 적어도 당시에는 히잡을 쓰고 거리를 활보하는 여성들을 다문화사회 영국의 아이콘으로 보았던 것도 사실이었다.[26] 그러나 무슬림 여성의 베일을 고립과 분리의 표현으로 보는 반(反)이슬람 정서는 이미 수면 아래에서 꿈틀거리고 있었다. 반이슬람 정서가 분출하는 계기가 된 사건이 바로 2005년 7월 7일 런던 테러였다. 평일 오전

러시아워에 런던 시내 4곳의 전철역과 버스정류장에서 폭탄이 터져 52명이 사망하고 700여 명이 다쳤다. 범인이 영국에서 나고 자란 무슬림 시민으로 밝혀져 충격을 주었다. 그리고 곧이어 스트로우의 니캅 발언이 나왔다.

스트로우는 대법관, 외무장관, 법무장관 등 요직을 골고루 지낸 노동당 거물 정치인이다. 그의 선거구는 무슬림 이민자가 많이 거주하는 블랙번이다. 2006년 10월 6일 스트로우는 한 칼럼에서 니캅을 쓴 무슬림 여성들에 대해 불만을 털어놓았다. 몇 년 전 자신의 선거구에서 니캅 쓴 여성과 대화를 나눈 경험을 떠올리며, 완벽한 악센트의 영어를 구사하고 영국에서 교육을 받았지만 이 여성이 니캅을 썼다는 사실 때문에 대화가 매우 불편했다고 했다. 아무리 영어를 살하더라도 베일이 '얼굴과 얼굴'을 마주보는 의사소통을 방해하기 때문에 곤혹스러웠다는 것이다. 여기서 더 나아가 스트로우는 니캅 쓴 여성은 영국사회에서 이주민 통합에 균열을 내고 있으며, 베일은 백인과 무슬림 공동체가 평행선을 달리고 있다는 '분리와 차이의 가시적 표명'이라고 못 박아 영국 무슬림 시민들을 분노케 했다.[27]

스트로우의 발언은 '얼굴을 맞대는 의사소통 방해'라는 개인적 차원과 '분리와 차이의 표지'라는 사회적 차원으로 나눠서 생각해볼 수 있다. 스트로우는 베일이 개인 간 의사소통에 곤란을 초래한다는 사실에서 바로 그 이유 때문에 베일은 스스로 차이를 드러내고 분리하겠다는 사회적 표현이라고 비약하는 담론 전략을 구사하고 있다. 개인적 차원의 의사소통에 베일이 방해가 된다는 논리는 얼굴과 얼굴을 마주보는 의사

소통만이 옳은 방식이라는 가치판단을 전제로 한다. 스트로우
의 발언은 의사소통에서 대면접촉을 중시하는 서구의 문화적
감수성을 유일하고 특권적인 것으로 만들어버린다. 그리고 이
런 서구식 감수성이야말로 '영국적 특성'과 '영국적 생활방식',
나아가 '자유주의'와 '민주주의'를 뒷받침하는 요소라는 생각
을 숨기지 않고 있는 것이다.[28]

스트로우의 말처럼 니캅을 쓰는 여성들이 정말 영국 다문
화주의를 실패하게 한 원인일까? 전혀 그렇지 않다. 그의 논리
는 다문화주의 실패의 원인을 다른 데로 책임 전가하는 것에
불과하다. 이민자 통합이 실패한 진정한 원인은 파키스탄과 방
글라데시 이민자들의 빈곤에서 찾아야 할 것이다. 영국에서 나
고 자란 영국 시민이지만 여전히 이주민 2세, 3세라고 불리는
16~24세 무슬림 청년의 실업률은 무려 20퍼센트에 달한다.
빈곤은 부모에서 자식세대로 대물림되었다. 사실 니캅을 쓰는
여성들은 소말리아나 예멘에서 온 이민자이거나, 종교적 이유
로 세속과의 단절을 표현하려는 경우다. 어떤 쪽이든 이 여성
들의 수는 매우 적다.[29]

스트로우의 발언이 괴짜 정치인들이 잊을 만하면 한번씩
내뱉는 망언이 아니라는 점은 그의 발언을 당시 수상이었던 블
레어가 지지하고 나섰다는 사실에서 알 수 있다. 무엇보다도
스트로우 자신이 노동당의 주요 인물이며 무슬림 공동체와 친
숙한 정치인이기 때문에 니캅에 대한 발언은 결코 우연히 불거
져 나온 것일 수 없다. 오히려 반이슬람 정서에 편승해 동화주
의적 방향으로 여론을 몰아가려는 고도로 계산된 발언으로 보

는 게 타당할 것이다. 이런 발언과 이어지는 논란을 통해, '소수자 중의 소수자'인 니캅 쓴 여성은 스스로 통합을 거부하고 분리를 택한 '이방인'으로서, 다문화주의 실패의 책임을 떠맡는 '희생자'가 되고 마는 것이다.

베일과 오리엔탈리즘

프랑스의 베일 논쟁을 연구한 미국 여성사가 조앤 월라치 스콧(Joan Wallach Scott, 1941~)에 따르면, 히잡이 불편한 이유는 그것이 식민지 과거를 연상시키는 표상이기 때문이다. 문제의 핵심은 유대교도와 기독교도, 백인 유럽인들이 구 식민지 출신의 시민들에 대해 적대감을 품기 시작했다는 사실에 있다. 프랑스의 무슬림 히잡 금지법은 탈식민주의 사회의 인종주의와 민족주의에 의해 촉발됐고 여기에 여성의 섹슈얼리티가 얽혀 있다고 스콧은 보았다.[30]

오리엔탈리즘은 그 자체가 성적(性的) 뉘앙스를 강하게 함축하고 있었다. 중세부터 19세기까지 서구사회에서 '동양'을 구성하는 가장 강력하고 지속적인 이미지는 '하렘'(harem)과 '베일'이었다. 하지만 이슬람 여성 이미지가 원래부터 그러했던 것은 아니다. 근대 이전 서양이 바라보는 이슬람 여성은 무력한 희생자가 아니라 능동적 유혹자, 음탕한 여왕이었다. 유럽의 식민지 개척이 본격화되는 17세기를 기점으로 이슬람 여성은 유럽 남성의 은밀한 쾌락의 대상이 되기 시작했다. 이때부터 하렘은 온갖 성적 판타지가 난무하는 에로티시즘의 무대로, 이슬람 여성은 '하렘'과 '베일'이라는 두 단어로 지시되기 시작했다. 베일은 단순한 의상이 아니라 '벗기고 싶은 대상', '문명화를 위해 벗겨야 하는 기표'가 되었다.[31]

히잡, 니캅, 부르카, 차도르를 모두 포괄하는 베일이라는 이름은 '베일 쓰기'와 '베일 벗기' 사이에 존재하는 여성의 행위주체성, 선택과 강요 사이의 차이를 가려버린다. 이렇게 문화적 차이와 다양성이 지워진 '베일'은 이슬람과 관련된 온갖 여성억압과 부정적 이미지의 상징이 된다. 베일 쓴 여성의 이미지는 서구인의 눈에 '이슬람 문제'를 재현하는 방식으로 오랫동안 자리 잡았다. 베일이 이슬람과 여성의 지위에 대해 여러 논쟁을 유발하는 거대한 자석이 되는 이유는 공포, 적대감, 조롱, 호기심, 매혹 같은 복잡하고 모순된 감정을 불러일으키는 재료가 된다는 데 있다. 그리고 이런 감정들은 식민주의적 정복과 지배를 통해 경험한 것이었다.[32] 그래서 파농은 프랑스의 알제리 정복을 비판하는 글에서 유럽인 정복자 남성의 꿈속에서 히잡을 찢는 행위는 알제리 여성에 대한 강간에 앞서 일어난다고 썼다.[33]

그런데 베일을 쓴 시선은 식민주의자의 의도를 배반한다. 베일은 훔쳐보기를 거부할 뿐만 아니라 '카메라의 눈'을 갖게 한다. 특히 머리부터 발끝까지 온몸을 감싸는 부르카를 쓰면 '보여지는 것'(seen)은 거부하면서 '보는'(seeing) 시선을 획득하게 된다. 베일 쓰기는 여성에게 '시선의 역전'(逆轉)을 부여해, 수동적인 보는 대상에서 벗어나 능동적 관찰자가 되게 한다.[34] 식민주의자의 손길에 한없이 순응해야 할 식민지 여성이

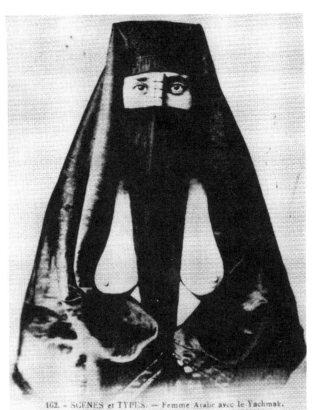

162. - SCÈNES et TYPES. - Femme Arabe avec le Yachmak.
SCENES and TYPES. - Arabian woman with the Yachmak.

1920년대 알제리 식민지에서 제작된 사진엽서.
알제리 점령기 프랑스 식민주의자들은 알제리 식민지 여성에 대한 에로틱한 상상을
위와 같은 이미지로 표현하기도 했다. 사진사는 누군지 알려지지 않았지만 스튜디오에서
제작됐을 것으로 추정된다. 사진 속 여성은 눈만 남겨두고 얼굴과 몸을 모두 가리는
니캅을 쓰고 있지만 가슴은 노출하고 있다.

스스로 보는 눈을 획득하게 된다는 것은 참을 수 없는 반역인 것이다. '보고 있지만 보이지 않는' 베일을 쓴 여성의 이런 특징은 무기를 감추고 은밀한 모반을 계획해 저항운동에 가담할 수 있다는 불안감을 식민지 지배자에게 심어주는 데까지 나아간다. 베일은 카메라가 되거나 무기를 감추는 은신처가 되기에 충분한 것이다.

아프가니스탄전쟁 당시 서구 언론은 아프가니스탄 여성에 대해 희생자와 저항자라는 이름의 담론을 생산하는 데 결정적인 역할을 했다. 바로 자미나(Zamina)라는 여성의 처형 장면이 담긴 비디오 필름을 공개했던 것이다. 그런데 자미나의 처형 비디오는 1999년 아프간여성혁명협회(RAWA)의 멤버가 부르카 밑에 디지털카메라를 몰래 숨기고 들어가 촬영한 것이었다. 카불의 축구경기장에서 벌어진 처형 장면을 담은 이 비디오 필름의 스틸사진은 미디어에 의해 반복 재생산되면서 아프가니스탄 탈레반 정권에 의한 여성억압의 상징적 수사인 동시에 저항의 도구인 부르카의 증거물이 되었다.[35] 자미나 비디오를 통해 '억압받는 여성'과 '저항하는 여성'이라는 베일의 이중적 의미가 동시에 재현된 것이었다.

이렇게 베일 쓴 여성에게는 전근대적 가부장제에 의한 억압의 가없은 '희생자'라는 이미지와 식민지배에 저항하는 '투사'라는 이미지가 겹쳐진다. 식민지 환상에 그 기원을 갖는 베일 쓴 여성의 모순되는 이중적 이미지는 오늘날 베일 논쟁에서 서구사회에 통합되지 못하고 스스로 고립을 자초하는 무슬림 이주민 여성이라는 이미지와 안전을 위협하는 무슬림 테러리스트라는 이미지로 반복 재생산되고 있다.

베일 쓴 무슬림 여성의 몸을 부정적 거울로 삼는 서구의 왜곡된 시선을 비판하는 동시에 따져 물어야 하는 것은 무슬림 여성에게 베일이 지닌 이중석 의미다. 베일 쓰기는 서구의 눈에 여성차별적 관습으로 보이지만, 이슬람문화권에서는 오랜 전통으로 정착된 관습으로 '살아온 몸'의 일부이자 '제2의 피부'이다. 네가 무엇을 입는가가 바로 네가 누구인지 말해준다. 히잡을 휘날리며 일터를 누비고 다니는 무슬림 여성이 낯설거나 이상하지 않은 것처럼 문화적 관행으로서 베일 쓰기는 이슬람문화권에서 여성이 공적 영역에 진출해 남성과 평등하게 활동하도록 보장해주는 장치로서 기능하기도 한다. 원론적으로는 히잡을 쓰거나 벗을 자유가 인정되고 여성에게 자유의사에 따라 히잡을 선택할 수 있는 권리가 주어져야 한다는 전제가 필요하다. 벗고 싶을 때 벗지 못하고, 반대로 쓰고 싶을 때 쓰지 못한다면 문제적인 것이다. 히잡을 둘러싼 서구사회의 논쟁에는 인종과 젠더가 교차하는 동시에 식민지 환상의 긴 그림자가 드리워져 있다. 무슬림 여성 베일은 이토록 복잡한 기호다.

무슬림의
'악마화'와 '인종화'

올덤 소요사태와 무슬림의 악마화

영국에서 무슬림 이주민이 악마화되는 과정은 올덤 소요사태를 통해 확인할 수 있다. 2001년 봄, 영국은 20여 년 만에 최악의 '인종 소요사태'(race riots)를 경험했다. '소요사태'를 의미하는 'riot'는 한국어로 번역하기 매우 까다롭다. 흔히 '폭동'이라고 번역되지만, 이 번역어는 사태를 진정시키려는 정부와 경찰의 치안 담론에서 벗어나지 못한다. 사건이 '폭동'이라면 가담자는 '폭도'가 되고, 사건에 참여한 행위주체의 동기와 목적, 주장을 경청하기 어려워진다. 반면, '사태'라는 번역어는 지나치게 중립적인 표현이기 때문에 저항과 항의가 함축된 의미를 놓치고, 단순한 소란이나 무질서와 구분하기 어렵게 만든다. '폭력을 수반하는 자연발생적이며 무정형(無定形)한 정치운동'인 riot의 의미를 살리기에는 '폭동'도 '사태'도 부족한 번역어다. 그래서 잠정적으로 택한 게 '소요사태' 정도다.

　　브리튼섬 한가운데서 타오른 폭력사태의 불길은 같은 해인 2001년 가을 대서양 건너편 뉴욕을 강타한 9·11만큼이나 영국인들에게 충격으로 다가왔다. 5월 중순 잉글랜드 북부 소도시 올덤에서 시작된 소요사태는 인근 도시 번리와 브래드퍼드로 번져 남아시아인과 백인 사이에 유혈 충돌사태로 이어졌다. 1980년대 런던 브릭스턴, 리버풀 톡스테스, 맨체스터 모스사이드 소요사태는 경찰의 인종차별과 과잉진압에 카리브계 흑인 공동체가 폭력시위로 맞선 사건이었다. 공권력과 흑인 공동체의 대결 양상을 보였던 1980년대 인종 소요사태와 대조적으로, 2001년 북부 잉글랜드 소요사태에서는 남아시아계 무슬림 이주민 2, 3세대 청년들과 백인 청년들이 충돌했다.

　　올덤은 잉글랜드 북서부 맨체스터 광역시와 요크셔 전원지대 사이에 위치한 인구 10만의 소도시로서 인구 7만의 번리보다는 크고, 인구 30만의 브래드퍼드보다는 작은 규모다. 2001년 가장 격렬한 폭력사태를 경험한 도시는 올덤이 아니라 브래드퍼드였다. 326명의 경찰이 부상당했고 경찰 집계 피해액은 1,000만 파운드에 달했다. 체포된 시민은 297명, 그 가운데 187명이 기소되어 재판을 받았다. 올덤에서는 경찰 90명과 시민 21명 부상, 수백만 파운드의 재산 피해가 났다. 올덤 소요사태로 기소되어 처벌받은 시민은 백인 12명, 아시아인 22명이었다. 올덤은 브래드퍼드에 비해 폭력 정도나 피해규모는 덜했지만 2001년 사태의 첫 분출이었다는 상징성이 있다. 하지만 올덤에 주목하는 이유가 '최초'라는 점 때문만은 아니다. 보다 중요한 점은 올덤 소요사태가 주류사회가 구축하는 남아시아계 무슬림에 대한 스테레오타입적 이미지에 전환의 계기를 제공했다는 데 있다.

올덤, 번리, 브래드퍼드는 남아시아계 이주민이 많이 거주하는 지역인 동시에 실업률이 높고 빈곤하다는 공통점이 있다. 2001년 인구센서스에 의하면, 올덤의 무슬림 주민은 약 11퍼센트고 파키스탄 출신 주민은 6.3퍼센트다. 브래드퍼드와 번리의 무슬림은 각각 16.1퍼센트와 6.6퍼센트, 파키스탄 출신은 각각 14.5퍼센트와 4.9퍼센트다.[36] 세 도시 모두 산업화 시대 북부 면직물 공업이 중심을 이루며 오늘날에도 제조업 노동자 인구가 50퍼센트를 넘는 전형적인 '블루컬러' 도시다. 그러나 탈산업화 시대를 맞아 섬유 산업이 쇠퇴하고 서비스업 중심으로 산업구조가 재편되면서 지역경제는 쇠락의 길을 걷기 시작했다. 특히 인종별로 분리된 노동시장에서 남아시아계 무슬림 이주민은 백인보다 더욱 혹독하게 실업과 빈곤의 고통을 겪어내야 했고, 이는 2001년 소요사태를 배태하는 장기적이고 구조적인 원인이 되었다.

이주민 1세대의 곤궁한 삶은 2, 3세대에게 그대로 대물림되었다. 만성적인 실업과 빈곤은 영국에서 태어나고 자라 스스로를 영국 시민이라고 생각하는 무슬림 청소년들에게서 희망을 빼앗아갔다. 이들의 좌절과 분노는 학업 실패로, 청소년 비행과 일탈로 나타났다. 때로는 마약 거래와 폭력을 일삼는 진짜 범죄자가 되는 경우도 있었다. 그렇다고 소요사태의 주인공이 범죄자 '아시안 갱'은 아니었다. 소요사태의 본질은 작가이자 이슬람 전문 저널리스트 아룬 쿤드나니(Arun Kundnani)가 정확하게 지적한 대로 "폭력에 상처 입은 자들의 폭력"(the violence of the violated)[37]이라는 데 있다. 인종 소요사태는 몇몇 소수의 일탈한 이주민의 난동이 아니라 만연한 빈곤과 지속되는 인종폭력 앞에 달리 저항할 방법을 갖지 못한 사람들이 발언하는 방식이었다.

뿐만 아니라 인종 소요사태는 이주민 2, 3세대의 '인정투쟁'(struggle for recognition)이었다. 1989년 루슈디 ♦ 사건과 걸프전 이후 영국사회에서는 무슬림 종교와 문화를 악마화하고, 무슬림을 '문제 집단'으로 보는 시각이 팽배해졌다. 정부의 다문화주의 정책은 무슬림 공동체를 보호하기는커녕 '인정의 정치'(politics of recognition)의 혜택을 받지 못하는 소수자 집단으로 만들었다. 백인의 인종폭력에 맞서고, 바리게이트를 치고 경찰과 대치할 때 그들은 자신이 과연 누구인가를 묻고 있다. 왜 '브리티시'이면서 동시에 '파키스타니', '방글라데시'이고 '무슬림'일 수는 없는 것인가? 그들은 주체의 혼종적 정체성에 대한 인정을 요구하고 있는 것이다. 미국 정치 철학자 낸시 프레이저(Nancy Fraser, 1947~)가 언급했듯이, 인정의 정치는 정체성에 대한 인정에 그쳐서

♦ 아흐메드 살만 루슈디(Sir Ahmed Salman Rushdie, 1947~)는 인도 출생의 영국 소설가로 1988년 발표한 소설 『악마의 시』(The Satanic Verses)로 인해 이슬람 원리주의자들로부터 살해 위협을 받았다. 무함마드의 생애를 다룬 이 소설에서 루슈디가 이슬람교를 희화화하고 무함마드의 부인들을 창녀로 묘사했다는 이유였다. 1989년 이슬람 시아파 지도자인 이란의 루홀라 호메이니(Ruhollah Khomeini, 1902~1989)는 루슈디의 처형을 명령하는 파트와(fatwa)를 내리고 그의 목에 현상금을 내걸었다. 그러자 이에 항의해 미국과 유럽, 아랍의 문인들이 루슈디를 지지하는 성명과 책을 냈고, 『악마의 시』는 표현의 자유를 뜻하는 상징이 되었다. 파트와는 1998년 이란과 영국 외무장관에 의해 철회됐지만 계속된 테러 시도 때문에 루슈디가 영국 정부의 신변 보호와 가명에서 완전히 벗어난 건 2002년이었다.

는 안 된다. 경제적 재분배의 정의에 대한 요구가 소수자의 문화와 정체성에 대한 인정과 결합될 때만이 인정의 정치는 비로소 평등의 실현을 향해 한 걸음 더 다가갈 수 있다.[38]

올덤 소요사태 때 남아시아계 무슬림 이주민 2, 3세대 청년들과 백인 청년들이 서로 폭력을 주고받는 과정에서 백인 노인이 공격당하는 사건이 발생했다. 2001년 4월 21일, 웨스트우드에서 혼자 길을 걸어가던 백인 연금생활자 노인이 남아시아 청년 세 명에게 습격당했다. 피해자 월터 체임벌레인(Walter Chamberlain, 당시 76세)은 광대뼈가 부러지고 얼굴 전체가 손상되는 중상을 입었다. 체임벌레인 습격 사건이 발생하자 경찰과 남아시아계 공동체 지도자는 범인 검거를 위해 1만 3,650파운드의 현상금을 내걸었다. 결국 10월 1일, 포크룰 이슬람(Fokrul Islam)이 범인으로 체포되었고 4년형을 선고받았다. 반(反)아시아계 성향의 지방 신문『올덤 이브닝 크로니클』(Oldham Evening Chronicle)은 이 사건을 대문짝만하게 보도했고, 피멍이 들고 심하게 부어오른 피해자의 얼굴 사진이 전국 미디어에 대서특필됐다. 5월 27일『올덤 이브닝 크로니클』에 화염병이 투척된 사건은 체임벌레인 사건에 대한 이 매체의 선정적인 보도에 반대하는 의사표현과 무관하지 않았을 것이다.

대중매체는 체임벌레인 사건을 아시안 갱 이미지를 가시화하는 드라마틱한 사건으로 다루었다. 마치 올덤 소요사태의 핵심이 백인 노약자에 대한 아시안 갱의 비열한 폭력인 것처럼 보이게 했다. 이로써 체임벌레인 사건은 아시안 갱의 이미지를 재확인하는 계기가 되었다. 아시안 갱의 이미지를 보수 성향의 신문뿐 아니라 『가디언』 같은 자유주의 성향의 언론도 공유했다.[39] 체임벌레인 사건은 영국국민당(British National Party, BNP)의 총선 캠페인에 좋은 먹잇감이 되었고 선거에서 극우정당인 영국 국민당은 이 기회를 놓치지 않고 "억압받는 백인", "백인의 권리 회복" 같은 구호를 외쳤다.

　체임벌레인 사건의 중요성은 여기서 그치지 않는다. 이 사건은 남아시아 무슬림 이주민의 위치를 '희생자'에서 '가해자'로 바꾸어 놓는 데 결정적인 역할을 했다. 이미 올덤 총경 에릭 휴잇(Eric Hewitt)은 2001년 2월 2일, 올해 올덤에서 발생한 572건의 인종 범죄 가운데 62퍼센트가 아시아인에 의한 백인 공격이라고 발언해 통계의 신빙성 논란에 휩싸인 바 있었다. 그해 12월에 발간된 올덤 소요사태에 대한 올덤 시의 조사 보고서인 『리치 보고서』(Ritchie Report)에서도 인종폭력은 백인에 의한 아시아계에 대한 폭력도 있지만, 그 반대 경우도 많았다고 결론 내리고 있다. 2011년 5월 24일자 『올덤 이브닝 크로니클』의 소요사태 10주년 특집 기사는 다음과 같은 문장으로 피해자와 가해자의 역전 현상을 간명하게 표현했다. "인종주의는 한 방향의 문제가 아니다(Racism is not a one-way issue)."[40]

　남아시아 무슬림 이주민은 어떻게 해서 가해자로 악마화되었는가? 아시안 갱으로 함축되는 무슬림 남성의 공격성은 어떻게 가시화되었는가? 사실 무슬림 이주민 남성의 위험성에 대한 이미지 구축은 1990년대부터 대중매체와 공적 담론에서 이미 시작되고 있었다. 이는 1970~80년대 아프리카-카리브

계 흑인 남성의 이미지가 범죄자로 구성되는 것과 유사한 과정을 밟았다.[41]

그렇다면 희생자와 가해자를 뒤바꿔 놓은 남아시아 무슬림 남성의 공격성이라는 이미지의 실상은 무엇일까? 한마디로 백인의 인종폭력과 이에 대한 남아시아계의 대항폭력(counter violence)이다. 인종폭력에 대한 대항폭력이 범죄로 재구성되고 있는 것이다. 아시아계 남성을 어떻게 범죄자로 구성하는가에 대한 연구에서 사회학자 콜린 웹스터(Colin Webster)는 흑인과 백인, 아시아계 사이에 범죄율의 유의미한 차이가 없다는 사실을 밝히고 있다. 파키스탄, 방글라데시 출신 이주민 3세대 중에서 학업을 중도에 포기하는 학생 비율이 50퍼센트에 이르고 청년 실업률이 60퍼센트에 달한다는 사실을 감안한다면 이들의 범죄율은 백인에 비해 결코 높지 않다. 아시아계의 범죄율이 높다거나 아시아계는 14~20세의 10대 인구가 많기 때문에 앞으로 10년 동안 범죄율의 가파른 증가가 우려된다는 등의 범죄 담론은 주류사회가 표출하는 일종의 패닉 현상이지 실상이 아니라는 것이다.[42]

폭력과 대항폭력의 아포리아를 배태한 구조적 문제는 무엇일까? 바로 인종주의라는 폭력이다. 인종주의는 '구조적 폭력'일 뿐만 아니라 '극단적 폭력'이다. 에티엔 발리바르(Étienne Balibar, 1942~)에 따르면, 말살이나 대학살, 노예화, 강제된 인구이동 같은 현상만이 '극단적 폭력'은 아니다. '극단적 폭력'을 그는 이렇게 정의한다. "모종의 고질적 지배가 무한정 반복"되고, "사회나 문화의 토대와 일체화되어 폭력으로 보이거나 식별되지도 않는" 폭력이라고.[43] 제도화된 인종주의(insti-tutionalized racism)가 바로 이런 폭력이다. 올덤의 무슬림 공동체와 청년들은 발리바르가 말하는 구조적이며 극단적인 폭력, 즉 제도화된 인종주의에 장기간 노출되어 있는 상태였다.

루슈디 사건을 기점으로 시작된 무슬림의 악마화는 2001년 절정을 향해 가파르게 달려갔다. 주류사회와 미디어는 소요사태에 연루된 남아시아계 무슬림 청년들을 마약을 거래하고 불법행위를 일삼는 아시안 갱, 경찰과 시가전을 벌이는 위험천만한 '폭도'라고 매도했다. 1980년대까지만 해도 아시아계의 이미지는 법과 질서를 준수하고 영국사회에 순응하는 온순한 소수자였다. 하지만 2001년 남아시아계 무슬림은 이제 더 이상 준법시민이 아니었다. '유순한 소수자'라는 인종적 스테레오타입은 '범죄자'라는 또 다른 스테레오타입으로 변주됐다. 올덤 소요사태를 계기로 인종차별과 인종폭력의 희생자였던 무슬림 청년들이 아시안 갱이라는 오명을 쓰고 가해자로 자리를 옮겼다. 이렇게 해서 가해자와 피해자의 위치가 뒤바뀌는 '가해자와 피해자의 역전(逆轉)' 현상이 올덤 소요사태에서 또렷하게 나타났던 것이다. 뿐만 아니라 폭력사태로 치달아가는 과정에서 백인의 희생자 의식이 수면 위로 떠오르고, 이를 활용하는 극우정당 영국 국민당과 국민전선의 동원과 인종 소요사태 사이의 길항관계가 선명하게 드러났다는 점에서도 2001년 올덤 소요사태는 주목할 만하다.

무슬림의 인종화

무슬림은 종교적 분류이지 인종적 분류가 아니다. 무슬림은 이슬람교를 신앙하는 사람들을 지시하는 종교적 구분이니 무슬림이 단일한 인종 집단을 형성하는 것이 아니다. 무슬림 가운데는 백인도 흑인도 아시아인도 있다. 특히 백인 개종자의 사례는 무슬림이 어떻게 인종화되는지, 백인성의 전제가 무엇인지를 보여준다. 2008~2009년 맨체스터 광역시에서 37명의 백인 개종자를 대상으로 이루어진 사회학자 레온 무사비(Leon Moosavi)의 심층 인터뷰 연구 결과에 따르면, '백인-무슬림-개종자'는 이슬람포비아라는 일상적 인종주의(everyday racism)에 상시적으로 노출되어 있었다(인터뷰 대상자는 남성 15명, 여성 22명이었고, 연령은 18~74세 사이였으며, 인종적으로는 백인 27명, 흑인 네 명, 혼혈 여섯 명이었다. 직업, 계층, 교육 정도는 다양했다).

특히 백인 개종자의 경우는 개종 이전과 이후의 변화가 뚜렷했다. 백인 개종자 당사자에게 당혹스러울 만큼 무슬림으로 개종하고 무슬림 복장을 채택하자마자 즉시 백인으로서의 특권은 박탈됐다. 그동안 백인으로서 특권을 누려왔다는 사실을 그때서야 비로소 깨달았다고 한다. 백인성이 몰수된 무슬림 개종자는 쉽게 이슬람포비아의 공격에 노출됐다. 가족이나 동료로부터 '배신자', '국가의 적', '테러리스트' 취급을 당하게 되었고, '파키'(Paki), '화이트 파키'(white Paki), '이라키'(Iraqi), '아프가니'(Afghani), '더러운 아랍놈'(dirty Arab)이라는 놀림의 대상이 되었다. 44세의 한 남성 치료사는 결혼식장에서 옆

Emile Courte. Probably 1940 Vichy France.

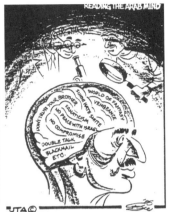

Noah Bee. JTA. c. 1956.

골상학자 갈의 방법에 따른 유대인과 무슬림의 의식.
1893년 프랑스 반유대주의 잡지 『자유의 언어』(La Libre Parole)에 실린 에밀
콜(Emile Cohl, 필명 Emile Courtet, 1857~1938)의 만화와 1956년 노아 비(Noah
Bee, 1916~1992)의 〈아랍인의 마음을 읽는다〉는 놀랍도록 닮아 있다. 『자유의
언어』에서는 유대인의 정신적 특징으로 '물신숭배,' '애국심 결여', '부정직함', '비겁함'이
부각되었고, 비의 카툰에서 아랍인의 머릿속은 '환상의 세계', '복수심', '형제도 믿지
마라', '이스라엘과 평화 없다', '비타협', '허튼소리', '협박' 같은 말들로 가득 차 있다.
비는 그래픽 아티스트이자 정치만화가로 유대전신기구(Jewish Telegraphic Agency)와
유대민족기금, 여러 유대인 신문에서 일했다.

자리에 앉은 남성이 "백인 남자가 왜 무슬림인가?", "영국에서 태어났고 부모님이 영국인인데, 당신은 무슬림이라고?"라며 집요하게 괴롭혔다고 털어놓았다. 한 소년의 경험담에 의하면, 가족에게 개종을 말하자 어머니는 울음을 터뜨렸고, 아버지는 화를 내며 "우리 아들에게 대체 무슨 일이 일어난 거지"라는 반응을 보였다고 했다. 마치 동성애 커밍아웃과 비슷한 상황이었다는 것이다.[44]

일상에서 이슬람포비아는 미묘한 형태로 나타나는 경우가 많다. 블레어 전 수상의 처제 로렌 부스(Lauren Booth, 1967~)는 2010년 10월 무슬림으로 개종하고 히잡을 착용하기 시작했다. 유명 저널리스트인 부스의 개종에 대해 미디어는 "왜 영국 캐리어 우먼이 무슬림으로 개종하냐"며 호들갑을 떨었다.[45] 부스는 한 인터뷰에서 히잡을 쓰고 난 이후의 변화에 대해 이렇게 말했다. 택시 운전사는 영어 못하는 외국인 대하듯 "어-디-가-세-요?"(Where are you going?)라고 묻고, 방송계의 오랜 동료는 무슬림에게 실례되는 발언을 지껄인 다음 웃으며 "이봐요. 당신들 무슬림은 왜 그리 유머감각이 없어요? 그저 농담이었다고요"라고 했다고. 부스는 이런 '사소한 공격'(microagression)이야말로 상대방을 숨막히게 만드는 새로운 형태의 극단주의이며 혐오발언이므로 당장 그만두어야 한다고 경고했다.[46] 미묘한 이슬람포비아는 농담의 형태로 발화되는 경우가 많다. "어이, 히잡, 폭탄은 어디 숨겼냐?"라든가, 무슬림 친구들 만나러 간다고 하면 "지하드 하러 가냐?"라고 한다.[47] 농담은 농담 이상의 무엇이고, 그 의도와 효과는 분석 대상이다. 사소한 것은 결코 사소하지 않기 때문이다. 이런 류의 농담은 농담이 아니라 인종혐오의 배설이다. 해롭지 않아 보이는 농담의 반복이 인종적 편견을 자연스럽고 당연한 것으로 만들기 때문에 심각한 것이다.

백인 개종자에게 이슬람교로의 개종은 백인으로 인종화가 끝났음을 의미하며, 백인성이 기입됐던 몸에 이제 비-백인성이 기입되는 재-인종화 과정이 시작된다는 것을 의미했다. 종교적 개종이 인종적 개종으로 받아들여지는 것이다. 무슬림의 경우, 에스니서티와 인종과 종교는 결합되는 양상을 보인다. 말레이시아 무슬림은 말레이인으로, 나이지리아 무슬림은 하우사인으로, 미국 무슬림은 아랍인으로, 독일 무슬림은 터기인으로, 프랑스 무슬림은 마그레브인으로, 영국 무슬림은 파키스탄, 방글라데시, 인도인과 같은 식으로 에스니서티와 연결된다. 그러니 인종과 에스니서티의 경계를 가로지르는 백인 무슬림 개종자에게는 설 땅이 좁은 것이다.

오늘날 무슬림은 점점 본질적 특성을 공유하는 하나의 '인종' 집단인 것처럼 취급되어가고 있다. 그리고 무슬림 '인종'에게는 온갖 부정적 특성이 투사된다. 이런 현상이 바로 무슬림의 '악마화'이고 '인종화'인 것이다. 1930년대 유대인과 2000년대 무슬림 사이에는 공통점이 발견된다.[48] 유대인은 종교적 소수자에서 인종적 소수자로 전환했다. 무슬림 역시 마찬가지다. 마치 19세기 후반 반유대주의가 유대인을 '인종'으로 발명했던 것처럼 이슬람포비아도 무슬림 '인종'을 만들어내고 있다.[49] 유대 인종의 발명과 낙인찍기가 박해와 학살로 귀결되었던 역사를 알고 있기에 반유대주의와 이슬람포비아 사이의 유사성은 불길할 수밖에 없다.

날로 거세지는 이슬람포비아에 무슬림이 대응하는 방식 가운데 하나가 다시 히잡 쓰기다. 현재 이민 2, 3세대가 주를 이루는 영국의 무슬림 여성들은 다양한 이유로 히잡이나 니캅을 쓰고 있다. 모든 무슬림 여성이 베일을 착용하는 것은 아니지만 9·11과 7·7 이후에도 히잡 착용은 계속되었고 오히려 증가하는 추세를 보였다. 더 많은 여성들이 베일 쓰기를 선택하거나 혹은 강요받고 있는 것이다. 주류사회의 차가운 시선을 받게 되자 자신이 속한 무슬림 소수자 공동체의 정체성이 다시 중요해지는 현상이다. 영국 무슬림인권위원회(Islamic Human Rights Commission) 조사 보고서가 밝히고 있듯이, 히잡 쓰는 여성은 영어도 못하는 나라에서 온 이방인 취급을 당하거나, 테러리스트로 보는 노골적인 적대감에 시달리고 있다(이 보고서는 직접 조사 800명, 온라인 조사 325명 등 합계 1,125명의 무슬림을 대상으로 실시한 사회학적 조사 보고서로 양적 조사와 함께 질적 인터뷰 조사도 병행되었다. 조사대상 중 남성은 64퍼센트, 여성은 36퍼센트였다).[50]

법적인 금지가 없다고는 하지만 현재 영국에서 히잡을 쓰는 일에는 용기가 필요하다. 인종차별을 당할 수도 있다는 각오를 해야 하는 일일 수도 있다. 남아시아계 무슬림 이민과 이민의 후손들을 호스트 사회가 반감을 가지고 차가운 시선으로 보고 있기 때문이다. 여기서 다시 한번 베일이 단순한 종교적 표현이 아니라 식민지 과거와 통합되지 않은 무슬림을 연상시

시린 네샤트, 〈침묵의 도발〉, 1994년.
시린 네샤트(Shirin Neshat, 1957~)는 이란 출신의 미국으로 망명한 여성 작가다.
제1세계 중심부에서 활동하며 '이란'과 '여성' 사이에서 질문을 던지고, 이슬람
원리주의가 여성에게 가하는 억압을 사진, 비디오, 영화 등으로 표현한다.
〈침묵의 도발〉은 '알라의 여인' 연작 중 하나로, 차도르를 쓴 여성의 얼굴에 페르시아어가
쓰여 있고 총신이 그녀의 얼굴 절반을 나누고 있다. 텍스트는 언제나 다시 읽히고 다시
쓰인다. 경전과 율법의 글자가 쓰인 여성의 몸은 하나의 텍스트로, 읽고 쓰는 읽히고
쓰이는 과정에 따라 그만큼 변화의 가능성을 품고 있다고 네샤트는 말하고 있다.

키는 기표임을 확인하게 된다. 요컨대 영국에서 히잡은 단순한 '차이'의 표현이 아니라 순응을 거부하는 표현으로 받아들여지기 때문에 히잡을 쓰기 위해서는 용기가 필요한 것이다.

무차별 테러범죄에 대해서는 단호하게 대처해야 한다. 하지만 좌절과 무력감에 빠진 이주민 2, 3세 젊은이들이 극단주의로 빠지는 불행에 대한 책임을 개인에게만 물을 수 없는 노릇이다. 구조적 문제를 등한시하고 개인에게만 잘못을 물어봐야 답은 나오지 않는다. 미국의 사회학자 사스키아 사센(Saskia Sassen, 1947~)은 9·11 다음날, 이렇게 썼다.

> 이 공격은 최후의 말이었다. 억압받고 학대받은 자들은 지금까지 다양한 언어로 우리에게 말을 걸어왔다. 하지만 우리는 그 의미를 번역하는 데 실패했다. 때문에 그들 중 두세 명이 이제는 번역이 필요 없는 언어로 말할 것을 결정했다.[51]

9·11로부터 10여 년, 이제는 이슬람포비아를 거두고 무슬림의 말을 알아들어야 하지 않을까? 우리에게 필요한 건 낙인찍기와 혐오가 아니라 진지한 말이 오가는 대화다.

6.

한국에서 다양한 몸과
함께 살아가기

2012년 8월 8일부터 10월 1일까지 서울 국립민속박물관에서
'내 이름은 마포포 그리고 김하나'라는 기획 전시가 열렸다.
'국립민속'박물관에서 '한국적인 것'이 아닌 '다문화'와 관련
된 것으로 특별전을 연다는 발상이 참신했다. 더구나 미얀마
출신 결혼이주여성 마포포(한국 이름 김하나)가 객원 큐레이터
를 맡아 더욱 각별한 전시였다. 동남아시아에서 한국으로 '시
집'온 이주여성들이 무엇을 소중하게 품고 왔는지, 어떤 꿈을
지니고 한국에서 살아가고 있는지 보여주자는 것이 취지로 여
겨졌다. 전시를 가서 보니 부모님의 유품, 가족사진, 졸업장 같
은 어느 이민자의 가방에나 들어 있을 법한 물건들이 대부분이
었지만, 남편과 주고받은 연애편지 같이 내밀한 개인사의 기록
을 내놓은 여성도 있었다. 열렬한 연애를 통해 결혼이 성사되
었음을 보란 듯이 공개하고 싶었던 것일까? 자신의 결혼을 국
제결혼 브로커에 의해 중개되는 '매매혼'으로 바라보는 한국사
회의 시선을 강하게 의식하며 그런 인식에 저항한다고 느껴지
는 대목이었다.

　　낭만적 연애와 결혼 이데올로기에 기대어 자신의 결혼과
이주에 의미를 부여하는 여성의 이야기 앞에도 발길이 오래 머
물렀지만, 정작 필자를 사로잡은 건 따로 있었다. 결혼이주여
성들의 인터뷰를 담은 짤막한 영상 전시에서 대만 출신의 한
여성은 이렇게 말하고 있었다. "개인적으로 저는 다문화라는
단어를 좋아하지 않아요. 다문화라면 한국문화도 포함되어야
하는데 한국문화와 다문화 이렇게 나뉘져 있잖아요." 마포포
역시 "한국에서 다문화라는 말이 없어졌으면 좋겠어요"라고

말했다. 이주민이 싫어하는 '다문화'라니? 그제야 '다문화가정', '다문화가족', '다문화자녀', '다문화여성' 같은 지시어의 대상이 되는 당사자들이 '다문화'라는 수식어를 어떻게 생각하는지 한번도 물어본 저이 없다는 사실을 깨달았다.

외국인 이주노동자, 결혼이주자, 귀화자, 유학생을 포함해 국내에 체류하고 있는 외국인은 2019년 3월 말 현재 237만 명을 넘었다. 2015년 행정안전자치부 통계에 따르면 외국 출신 주민은 전체 주민등록 인구의 3.4퍼센트를 차지하고 있다. 한국사회가 더 이상 동질적인 순혈사회가 아니라는 현실은 새로울 것도 없다. 한국사회가 '다문화사회'라는 현실 진단에도, '다문화사회'로 나아가야 한다는 지향에도 크게 이의를 제기할 사람은 많지 않을 것이다. 문제는 이주민, 특히 결혼이주자를 대상으로 '다문화'라는 수식어를 붙이는 경우다. 정치적으로 올바른 시민, 깨어 있는 시민을 자처할수록 '다문화자녀'에게 도움을 주는 '좋은 일'에 기꺼이 자원한다. 이렇게 선의와 배려의 의미로 '다문화'를 쓰고 있는데 정작 '다문화'의 지시대상인 이주민들은 왜 이 말을 달가워하지 않을까?

답은 간단하다. 앞서 인용한 대만 여성의 발언에서 알 수 있듯이, '다문화'라는 말이 '한국문화'와 '다문화'를 나누고, '한국인'과 '다문화인' 사이의 경계를 설정하기 때문이다. 한국사회에서 범람하고 있는 '다문화' 담론에서 '다문화'란 '한국문화'를 제외한 '외국문화'를 말한다. 여러 다양한 문화가 있고 그 안에 '한국문화'와 '다른 문화'가 있는 것이 아니라 '한국문화'와 대립되는 개념으로 '다문화'가 있는 것이다. 더 정확

더 솔직히 말하면 한국보다 '못해 보이는' 나라의 문화만 '다문
화'라는 이름으로 불리고 있는 것이 아닐까? '다문화가정', '다
문화자녀'를 발화하는 순간 '한국인'과 '외국인', '한국문화'와
'다문화' 사이에는 명확한 경계선이 그어진다. '인간'이 있고,
'다문화인간'이 따로 있기라도 하다는 것인가? '다문화'라는
수식어는 아무리 선의에서 나온 것이더라도 듣는 이에게 사회
적 낙인을 찍는 행위일 수 있지 않을까? 왜 한국의 다문화 정책
은 차별을 없애기는커녕 조장한다는 비판에서 자유롭지 못할
까? 한국사회의 인종주의에 대해 살펴보며 그 답을 찾아보자.

한국인,
외국인, 이주민

2014년 10월 한국을 공식 방문한 무투마 루터에레(Mutuma Ruteere) 유엔 인종차별 특별보고관은 "관계 당국에서 관심을 둬야 할 심각한 인종차별이 분명히 존재"한다고 밝혔다. 이후에도 유엔 인권위원회는 인종차별, 특히 이주노동자에 대한 인종차별을 시급히 시정할 것을 한국 정부에 수차례 권고했다. 일상적으로 접하게 되는 사례도 많다. 한국에 거주하는 비백인 외국인이 차별받는 건 어제오늘 일이 아니다. 더구나 한국에서 인종차별은 피부색에 출신국의 경제적 지위가 더해져 발생한다. 아시아나 아프리카에서 온 이주노동자가 부당한 모욕을 당하는 일, 미국 시민권자 '흑인'이 영어학원 강사 면접을 거부당하는 일, 길을 물어보는 백인에게는 친절하지만 동남아시아인은 외면하는 일, 히잡 쓴 무슬림 여성을 의심의 눈초리로 빤히 보는 일 등 일일이 열거하기 힘들 정도다. 비교적 최근인 2014

년 2월에는 짐바브웨와 부르키나 파소에서 온 예술가들에게 월 60만 원도 안 되는 저임금을 주며 쥐가 나오는 열악한 기숙사에서 생활하게 하는 노동착취를 자행한 포천 아프리카예술박물관 '노예노동' 사건도 있었다.

한국에서 인종차별은 흑인에 대한 차별이 대표적이다. 2장에서 살펴봤듯이 흑인 차별은 백인우월주의의 산물이고 백인우월주의는 가장 대표적인 형태의 인종차별이다. 노예제라는 경제적 관계와 검은 피부색이라는 육체적 특징이 결합해 '열등한 흑인, 우수한 백인'이라는 허구적 이분법이 생겨난 것이다. 그렇다면 대서양 노예제의 역사와 무관한 한국에서는 왜 흑인 차별이 벌어질까? 먼저 뿌리 깊은 백인 선망을 지적하지 않을 수 없다. '하얀' 피부색에 대한 선망은 어디서 온 것일까? 한국인의 백인 선망, 서양인 동경은 구한말의 인종 경험까지 거슬러 올라간다. 한국에서 '인종'에 대한 인식이 생겨난 때는 1876년 조선의 개항을 즈음한 시기로 잡을 수 있다.[1] 서양 지식을 받아들인 개화파 학자들은 서구의 인종적 서열 속에서 '조선인'의 위치를 파악하고자 했고, 열등한 조선인을 갱생시킨다는 명분으로 민족 개조를 주장했다. 한국에 인종 개념이 수용되던 당시 백인 서양인은 세계를 지배하는 우월한 권력자였다. 백인을 우월한 인종으로 경험하면서, 강자와 자신을 동일시하게 되었고 비백인에 대한 편견이 만들어졌다. 여기에 약육강식의 논리인 사회진화론과 서양이 동양을 보는 오리엔탈리즘이 합쳐지면서 백인우월주의는 한국인의 심성에 강하게 내면화되었다.[2]

여기서 한 가지 유념할 점은 한국은 밖에서 보면 인종차별이 심각한 국가인데 정작 한국인들은 그렇게 여기지 않는다는 것이다. 왜일까? 이는 인종차별에 대한 개념 정의와 관련이 있다. 한국인들은 생물학적 인종주의나 나치의 인종주의만 인종주의라고 인식하는 경향이 강하다. 그러니 흑인 차별이나 유대인 차별에 대해서는 인종주의라고 인식하지만 새로운 형태의 인종주의인 무슬림에 대한 차별이나 아시아인에 대한 차별은 인종주의라고 의식할 기회를 갖지 못한 것이다. 하지만 무슬림 차별도 아시아인 차별도 분명히 인종차별이다.

한국사회의 인종주의에 대해 논할 때 개인 차원의 인종차별 행위보다 더 중요하게 보아야 할 것은 국가 제도 속에 인종주의가 어떻게 기입되어 있는가다. 1948년 유엔이 선포한 '세계인권선언'에 따르면 모든 인간은 단지 사람이라는 이유만으로 동등하고 존엄하며, 인종, 피부색, 성, 언어, 종교, 정치적 견해 등으로 차별당하지 않을 권리를 갖는다고 천명하고 있다. 세계인권선언은 국제적 관습법으로 받아들여지고 있으며, 인종차별을 하지 않을 국가의 의무는 1965년 유엔총회에서 채택된 '모든 종류의 인종차별 철폐에 관한 협약'으로 구체화되었다. 2018년 현재 한국을 포함해 179개국이 이 협약에 가입해 있다. 따라서 대한민국 정부는 원칙적으로 모든 사람이 인종차별을 당하지 않을 권리를 보호할 의무가 있다.[3]

한국에 거주하는 모든 사람이 인종차별을 당하지 않을 권리를 국가가 실현하려면 정책적 뒷받침이 필요하다. 이와 관련해 가장 중요한 것이 외국인과 이주민에 대한 정책이다. 한국사회에서 인종차별을 당할 가능성이 큰 사람은 한국인보다는 외국인이기 때문이다. 한국 정부는 재한외국인 처우 기본법을 통해 한국에 체류하고 있는 유학생, 이주노동자, 결혼이주여성, 이주아동 등 다양한 외국인에 대한 정책을 마련하고 있지만 그 적용 대상을 합법적 외국인으로 제한하고 있고, 권리를 침해당했을 때 적극적인 구제 노력은 미흡하다. 또한 한국에는 이민 정책이 없다. 기본적으로 이주민의 정주를 허용하지 않기 때문이다. 이주노동제도로서 고용허가제와 결혼이민자에 대한 정책적 지원제도가 있을 뿐이다. 한국사회에서 '인종'이 일상과 제도 속에 기입되는 '인종화' 과정은 이민 정책이 부재한 상황에서 '고용허가제'라는 이주노동 정책과 '다문화 정책'이라는 결혼이민자 지원 정책, 두 개의 축을 중심으로 이루어지고 있다고 보아야 할 것이다.

이주노동 정책의 근간은 2004년부터 시행되고 있는 '고용허가제'다. 고용허가제는 정착을 인정하지 않는 단기노동이 주제도다. 성년 노동력 생산에 필요한 보육, 교육, 복지비용을 이주노동자의 출신국에서 지출했지만 이에 대한 보상 없이 노동력이 극대화된 연령(20~39세)의 노동자를 단기 고용했다가 돌려보내는 제도다. 국제앰네스티 보고서에서 비판한 것처럼 단물만 빨아먹고 버리는 '일회용 노동자' 제도라는 비난을 면하기 어렵다. "노동력을 불렀는데, 사람이 왔다"는 말이 있다. 1970년대 노동력 부족을 메우기 위해 터키 노동자를 받아들였던 독일에서 나온 말이다. 독일은 초청노동자(Gastarbeiter)라고 부르는 단기이주노동자를 받아들였지만 결국 이들은 독일

사회에 정주(定住)를 원했고 실제로 성공했다. 터키 노동자들 뿐만 아니라 서독으로 간 한국인 광부와 간호 여성들도 정착에 성공했다. 단기노동이주제도의 실패를 보여주는 사례다. 이주 노동제도가 허용하지 않는다 하더라도 정주는 이루어지며, 오히려 인간이 인간으로 대접받지 못할 가능성만 높일 뿐이다. 실제로 한국의 고용허가제는 미등록 체류의 증가를 막지 못하며, 사업주에게 부당한 대우를 받아도 회사를 옮길 수 없게 하며, 인종차별에 방패막이가 되지도 못한다.

　다문화 정책도 문제다. 결혼이주자와 그 가족을 지원 대상으로 삼는 다문화 정책은 저출산 극복과 '한국인 늘리기'를 목표로 삼는 인구 정책의 일환으로 설계된 성격이 강했다. "출산력을 불렀는데 사람이 왔다"고 해야 할까? 결혼이주여성을 한국인 남성의 자녀를 낳는 존재로 보는 한국인들의 시선이 당사자 여성들을 한 사람의 인간으로 보는 걸 방해한다. 원래 다문화주의는 다양한 문화와 정체성의 인정을 전제로 하는 원리지만 한국에서 말하는 다문화주의란 역설적이게도 결혼이주여성과 자녀를 한국문화에 동화시키는 것을 의미한다. 그러니 '다문화'라는 수식어는 아직 한국문화에 동화되지 못한 열등한 외국인이라는 일종의 낙인을 작동시키고, 다문화가정, 다문화자녀, 나아가 다문화장병은 '2등 한국인'으로 배제적 포섭의 대상이 되고 있는 것이다.

　인종혐오와 인종주의의 문제는 한국사회가 다민족·다문화사회로 진입하고 있다는 하나의 징후다. 인종혐오는 이질적인 것에 대한 공포인 이종공포증에서 기인한다. 이종공포증이

외국인을 향하면 '제노포비아'(xenophobia)가 된다. 낯선 이에 대한 거부감이 만남을 거듭하다 보면 자연스레 해소될 것이라는 기대는 순진하다. 인종혐오와 제노포비아는 외국인과의 일상적인 접촉이 이루어지는 곳에서 싹트고 일자리를 놓고 경쟁을 벌이는 곳에서 자라난다. 접촉의 빈도가 증가하면 할수록 혐오도 증대되는 역설이 발생하는 것이다.

사실 인종주의의 재등장은 지구화와 궤를 같이 하며 벌어지는 전 세계적인 현상이다. 최근 유럽에서 벌어지고 있는 이민자에 대한 공격과 폭력사태의 밑바닥에는 반(反)이민 포퓰리즘과 결합된 인종주의가 둥지를 틀고 있다. 한국에서도 "차별에 찬성"한다고 공공연하게 말하는 젊은이들이 등장하고 있고, "다문화 반대"와 인종차별을 부추기는 혐오표현을 인터넷에서 쉽게 접할 수 있다. 지금 여기, 한국에서 인종차별이 더욱 심각한 사회문제로 불거져 나올 가능성은 상존한다. 한국사회에 심어지고 있는 인종주의의 정체는 무엇이며, 여기에 맞서 무엇을 할 것인가? 현실에 대한 진단과 분석으로부터 출발할 수밖에 없을 것이다.

'혼혈'에서
'다문화'로

한국인이 낳은 한국인

한국인은 누구인가? 한국인은 민족인가 국민인가? 한국인이 누구인지 묻는다는 것은 '우리'의 범위가 어디까지인가를 묻는 질문에 다름 아니다. '우리'라는 범주가 역사적으로 어떻게 달라져왔는지, 어떤 방식으로 설정되어왔는지 탐색해보는 것은 현재 한국사회에서 나타나는 인종주의를 성찰하는 데 실마리를 줄 수 있기 때문이다.

흔히 한국의 강고한 순혈주의는 1990년대 결혼이주여성이 본격적으로 들어오면서 동요하기 시작했다고 말한다. 이후 국제결혼으로 이루어진 가족의 이야기는 TV 프로그램에서 즐겨 다루는 소재로 정착했다. 2005년부터 2015년까지 방영됐던 KBS의 〈러브 인 아시아〉나 2019년 현재 방영 중인 EBS의 〈다문화 고부열전〉 같은 시사교양 프로그램이 그런 예에 속한다. 〈다문화 고부열전〉의 최근 편에서는 시어머니가 외국인 며느리의 친정으로 여행을 떠나 '역지사지'(易地思之)의 시간을 갖는 모습을 보여주기도 했다. 이런 프로그램들이 한국문화로의 동화를 은근히 조장한다는 비판도 있지만, 한국사회에서 결혼이주여성과 그 자녀가 더 이상 낯선 존재가 아님을 보여준다는 것은 틀림없다. '피의 순수성'에 호소하는 한민족 순혈주의는 점차 설 자리를 잃어가고 있는 것이다. 현재 한국이 처한 상황은 단일민족 신화가 약화되는 가운데 결혼이민자와 이주민 2세를 어떻게 수용할 것인가가 문제로 떠오르고 있다고 할 수 있다.

여기서 다시 질문해보자. 그러면 1990년대 이전까지 한민족은 '순혈적' 존재였는가? 조금만 생각해봐도 그렇지 않다는 것을 금방 알 수 있다. 한민족을 구성하는 과정에서 혼혈인을 보이지 않는 존재로 배제해온 역사는 길다. 고려시대에는 몽고인과의 혼혈, 조선시대 초에는 여진족(女眞族)과의 혼혈이 있었다. 조선을 건국한 이성계도 여진족일 가능성이 높다. 2014년 방영된 KBS 대하드라마 〈정도전〉에서는 이성계를 함경도 사투리를 구사하며 여진족을 이끄는 리더로 묘사했다. 일국사적 시각에서 이성계는 '고려인'으로 이해돼왔지만 사실 그는 '변경'에서 성장한 혼종적 인물이었다. 신흥무인세력으로 사대부와 힘을 합쳐 조선을 건국한 이성계의 근거지는 북동의 함경도였고, 측근이자 건국공신이 되는 이지란(퉁두란)은 여진족이다. 이성계 추종세력의 다수가 여진족이었던 것은 분명하지만 이성계가 여진족인지에 대해서는 여전히 논란이 있다.

전라도 전주의 세도가였던 이성계의 4대조 이안사가 지방관의 미움을 받아 170여 가구를 이끌고 여진족 거주지로 이주했다는 것이 조선 건국 이후 정사(正史)의 설명이지만, 이는 후대에 지이낸 기록일 가능성이 높다.[4] 긴국 초 이성계의 적극적 여진정벌도 북방계라는 기원, 여진족 혈통과의 의도적 구분 짓기로 보는 것이 타당한 해석일 것이다.[5] 한국인이 단일민족이며 단군이 '민족의 시조'라는 관념이 확산된 시기는 대체로 고려 말 조선 초로 잡을 수 있다는 것이 현재 한국 사학계의 통설이다. 고려 말 문헌에는 신라, 고구려, 옥저, 부여, 예·맥 등이 모두 단군의 자손이라거나 삼한 70여 국이 단군의 후예라는 기록이 나온다. 이는 한반도 거주민이 모두 혈연적 동질성을 지닌 집단이라는 의미가 아니다. 단군이 중국에 뒤지지 않는 시기에 국가를 건설했으니 단군을 계승한 고려와 조선은 중국에 필적하는 문명국이라는 의미로 읽어야 할 것이다. 단군 이래 반만 년 역사의 한민족이라는 순혈주의는 민족의 기원신화이자 '만들어진 전통'(invented tradition)일 뿐 역사가 아니다.[6]

이 외에 해방 후 기지촌 여성들과 미군 사이에서 태어난 혼혈인이나, 혼혈아들 다수가 해외로 입양된 것도 떠올려볼 수 있다. 한국전쟁과 냉전을 거치면서 복잡하고 불편한 한미관계가 전개된 탓에 한국인에게 미국은 수호자인 동시에 점령자라는 이중의식과 콤플렉스를 유발하는 대상이었다. '혈맹'이자 '점령군' 미군에 대한 거북함과 좌절감이 투사되면서 혼혈아는 한국 가부장제 질서에 흠집을 내는 몸으로 인식됐다. 기지촌 혼혈아의 몸에는 어머니는 '비천한' 직업에 종사했으며, 아버

지는 부재했다는 증표가 새겨져 있다고 보았기에 멸시와 배제의 대상이 되었던 것이다.[7]

국가와 사회가 동등한 국민으로 인정하지 않았기에 혼혈아는 민간단체의 주도로 해외로 방출되듯 입양됐다.[8] 혼혈아와 전쟁고아의 해외입양은 최근까지도 계속됐고 한국은 '고아 수출국'이라는 오명을 입고 있다. 미국 국무부에서 2008년부터 공개하고 있는 미국 가정으로 입양된 해외 아동수 국가별 통계에 의하면, 한국은 중국·에티오피아·우크라이나·우간다 등과 함께 '고아 수출국 탑5'에 들었다.[9] 혼혈인은 한국인의 경계 외부에 놓인 타자들로 한국인의 범주에 속하지 못하고 배제된 존재였다. 한국인이 누구인가를 정의하는 데는 타인종과의 구분선뿐만 아니라 '우리 안에 있으되 우리가 아닌 자' 혼혈인에 대한 배제가 함께 작동했다. '한민족은 순혈'이라는 단일민족 신화가 만들어지는 역사 속에서 혼혈인은 보이지 않게 치워져 왔던 것이다.

한국사회에서 보이지 않는 존재였던 혼혈인을 꾸준히 사진에 담아 기록해온 사진작가가 있다. 바로 이재갑 씨다. 그는 20여 년 동안 혼혈인들의 친구가 되어 일상을 나누며 그들을 카메라에 담았다. 혼혈인의 사진을 찍은 이가 이재갑뿐이었던 것은 아니다. 1966년 4월 '홀트씨 고아원'이라는 제목으로 주명덕 작가의 사진 전시회가 서울 중앙공보관에서 열렸다. 전시 제목에서 짐작되듯 카메라에 담긴 건 홀트아동복지회의 혼혈 고아원생들이었다. 1969년 주명덕은 사진집 『섞여진 이름들』(The Mixed Names)을 출간했다(이 책은 이후 여러 번 재출간

1998년 2월, 경기도 양평에서 이재갑 작가가 촬영한 박근식.
언젠가 한 방송국 피디가 박근식에게 "이재갑 씨는 어떻습니까?"하고 물으니,
"좋아는 하지만 아직 사랑하지는 않습니다"라고 했다고 한다. 이재갑 작가는 그 후로도
꾸준히 박근식의 모습을 카메라에 담았고 둘의 인연은 2009년 박근식이 사망할 때까지
지속됐다.

됐다. 현재 『섞여진 이름들』(시각, 2015)로 유통되고 있다). 사진집 속 아이들 눈빛에는 경계와 불안의 기색이 역력하다. 카메라의 눈은 정체성의 혼란을 겪는 아이들을 연민으로 바라보지만 '그들' 혼혈인과 '우리' 한국인 사이의 정서적 거리감을 결코 좁히지 못했다.[10] 이에 비해 이재갑의 시선은 한층 따뜻하다. 성인이 된 혼혈인을 그들의 어머니와 함께 담음으로써 그들 가족을 또 다른 한국인으로 받아들이는 마음씨를 보여주고 있다는 점에서 특히 그러하다. 이재갑의 사진 속 혼혈인들은 남루한 단칸방에서 늙은 어머니와 함께 있지만 때론 익살스럽게 웃고 때론 차별에 분노한다.

이재갑의 두 권의 사진집 『또 하나의 한국인』[11]과 『빌린 박씨』[12]는 한국 혼혈인의 몸에 대한 생생한 보고서다. 이 중 제목이기도 한 '빌린 박씨'는 6·25 전쟁 직후 미국인 아버지와 한국인 어머니 사이에서 태어난 박근식이 자신을 자조적으로 가리키던 말이다. 아버지 성 대신 어머니 성인 '밀양 박씨'를 '빌려'왔다는 이유에서다. 그는 1973년 양복 안주머니에 박정희 대통령에게 보내는 진정서를 품은 채 수면제 수십 알을 삼키고 자살을 기도했다. 다행히 극적으로 살아난 그는 혼혈인협회회장으로 활동하며 혼혈인의 지위 향상을 위해 힘썼다. 2005년 노무현 대통령에게 보내는 편지에서 그는 대한민국 국민이면서도 한국인으로 대접받지 못하는 자신이 '정신적 장애인' 처지에 있다고 호소했다. 된장찌개를 좋아했고 마을 이장이 되고 싶었던 그는 끝내 꿈을 이루지 못한 채 2009년 병으로 세상을 떠났다.

〈내가 낳은 검둥이〉 포스터.

김창근 원작, 김소동 각본, 김한일 감독의 영화로 1959년 5월 16일에 개봉했다. 주인공인 혼혈인 쥰 역할은 최지희가, 쥰의 어머니 남주 역할은 이민자, 쥰의 양아버지 역할은 최무룡이 연기했다. 남주는 머리에 스카프를 쓴 정숙한 여성의 이미지를 보이는 반면, 쥰은 도도하게 다리를 꼬고 앉아 있다. 양아버지는 두 여성을 외면하듯 등을 돌리고 있다. 맨 위에 "국제혼혈아들의 고난과 가시덤불의 생활백서!"라는 문구가 보인다. 이 영화는 5·16 군사정변 직후 영화 재검열에서 "사회문란과 사상불순"이라는 이유로 〈오발탄〉, 〈의적 일지매〉, 〈아아 백범 김구선생〉, 〈하녀〉 등과 함께 유해 영화 35편 목록에 오르기도 했다.

한국인에서 배제된 혼혈인에게 주어진 선택지는 여러 인종이 섞여 사는 미국으로 가거나 한국에 남아 모욕과 멸시를 견디는 길밖에 없었다. 특히 흑인 혼혈인에게 가해지는 차별은 가혹했다. 흑백 인종주의와 백인우월주의가 한국인에게도 내면화되어 작동했기 때문이다. 김한일 감독의 영화 〈내가 낳은 검둥이〉(1959)에는 드물게 흑인 혼혈인이 주인공으로 등장한다. 남주는 한국전쟁 중 자신의 목숨을 구해준 미군 흑인병사 쌔크(쌔크라멘토)와 사랑에 빠져 딸 준을 낳는다. 그러나 한국 사회의 인종차별을 견디지 못하고 괴로워하던 두 사람은 결국 파탄에 이르고 쌔크는 홀로 귀국한다. 남주는 악착같이 돈을 벌어 호텔까지 경영하는 사업가로 성공한 후 딸과 함께 화려한 생활을 한다. 그러다 우연히 호텔에 투숙한 준의 아버지와 재회하고, 결국 준은 아버지 품으로 미국행을 택하게 된다는 줄거리다. 영화는 혼혈인이 야기하는 인종적 이질성에 대한 불안이 다인종 국가 미국으로 혼혈인을 보냄으로써 은폐되고 봉합되는 것처럼 보여준다. 이 영화에서 미국은 혼혈인들이 마땅히 속해야 할 땅으로, 한국은 그렇지 않은 곳으로 묘사된다.[13] 안타깝게도 2019년 현재 〈내가 낳은 검둥이〉의 필름은 유실되어 시나리오만 한국영상자료원에 남아 있다.

아이의 장래를 생각해서 혼혈아를 아버지의 나라로 보내는 이야기는 기지촌 여성 김연자의 자서전 『아메리카 타운 왕언니 죽기 오분 전까지 악을 쓰다』(삼인, 2005)에도 나온다. 김연자는 기지촌에서 성매매 여성들의 권리를 찾기 위해 쉼터와 자치조직을 만들고 활동했던 여성이다. 1992년 송탄에서 참사

랑선교회를 열기 전까지 그녀는 군산, 동두천, 송탄의 기지촌에서 미군을 상대로 성매매를 했다. 송탄 시절 언니 동생하며 친하게 지내던 박미애가 아이를 낳자 둘이 같이 키우기로 결심한다. 엄마 둘에 아이 하나, 새로운 가족의 탄생이었다. 하지만 박미애가 백인 남자 스미스를 만나 결혼해 미국으로 가게 되면서 이 의사(擬似) 가족은 해체된다. 한국인과 피부색이 다른 아이 '영아'는 스미스의 자식인 '리처드'가 되어야 했고, 그래야 행복해질 수 있다고 믿었다. 리처드가 된 영아는 여섯 살 때 미국에 가면서 훌륭한 사람이 돼서 만나러 오겠다고 다짐했다. 김연자는 그림자처럼 사라진 아이 리처드가 우리를 기억할지 궁금하다고 회상했다.[14]

미국인과 결혼해 미국으로 갈 수 있다면 그래도 운이 좋은 편이지만, 아이만 입양 보내야 하는 경우는 가슴 아픈 이별을 해야 했다. 이 경우도 친자식을 입양 보내야 한다는 죄책감은 아버지의 나라에서 아이의 미래가 행복하리라는 기원으로 상쇄된다. 미국이 행복을 보증해주는 파라다이스가 아니라는 것을 알면서도 보내야 하는 어머니의 입장에서는 그렇게 믿어야 했을 것이다. 기지촌 '양공주'에게서 태어났다고, 얼굴이 '깜둥이'라고, 키만 멀대 같이 크다고 손가락질 받는 한국을 벗어나는 것만으로도 삶이 나아질 것이라고 생각하고 싶었을 테니까.

미군 '위안부'는 혼혈아와 자신에 대한 사회적 낙인으로 힘겨워했다. 타인의 혐오는 자기혐오로 되돌아왔고 자기혐오의 끝은 우울과 자살이었다. 진정·수면제 세코날을 한 움큼 집어 먹어야 버틸 수 있었고, 말라리아 치료제 키니네를 털어 넣고 자살하기도 했다. 낙태를 하고 온 날도 클럽에 나가 앉아라도 있어야 했고, 낳는다 해도 키우지 못하고 자식을 미국으로 입양 보내는 경우가 많았다. 자식과의 생이별은 개천에 빠져 술을 마시며 울부짖는 "미치겠는" 상태로 만들었다. 자식을 버렸다는 죄책감과 무력감은 스스로를 혐오하고 방치하며 처벌하는 극단적인 선택으로 이어졌다.[15]

우리는 줄곧 태평양전쟁에서 군위안부 제도를 운영한 일본을 비판해왔지만 그 제도가 한국 정부와 미군에게 계승되었다는 사실은 종종 잊는다. '양공주', '양색시', '양갈보'라는 비칭으로 불렸던 미군기지 주변 성매매 여성의 공식 명칭이 바로 '위안부'였다. 1948년 공창제가 폐지되고 성매매가 불법화되었지만 한국전쟁기 육군은 '특수위안대'를 직접 설치·운영했다. 예비역 장군 채명신의 증언에 따르면, 당시 육군은 사기 진작을 위해 60여 명을 한 개 중대로 하는 위안부대를 서너 개 운영하고 있었다고 한다. 한국 군위안부 제도 연구자 김귀옥은 증언과 회고록, 1956년 육군본부가 펴낸 『후방전사』 등의 기록 자료를 토대로 삼아, 한국전쟁기 180~240명 전후의 국군위안부가 존재했고, 1953년에 신설된 네 개 위안 시설의 국군위안부까지 합치면 300명이 넘었을 것으로 추산했다.[16] 국군위안부뿐만 아니라 연합군을 위한 위안소 설치와 운영에도 정부는 개입했다. 보건부가 주둔군의 요청에 따라 민간 업자를 선정해 위안소를 설치·운영하고 위안부 검진에 대한 성병 검진이 이루어졌다. 1954년에 가서야 공창제 폐지에 따른다는 명분으로 군 명의의 영업장을 폐쇄했고, 민간 운영의 연합군 위안소는 클럽과 댄스홀로 바꿔었다.[17] 한국전쟁이 끝나고 미군 주둔이 장기화되자 미군기지촌이 형성됐으나, 한미 양국 정부는 미군 위안부 동원을 묵인하고 관리했던 것이다.

일본군 위안부 피해자들의 경우에는 한국사회가 품고 함께 아파하려는 움직임이 보이지만 미군 위안부의 경우는 아직 그렇다고 말하기 어렵다. 하지만 당사자들의 목소리가 조금씩 나오기 시작했고, 국가에 책임을 묻기에 이르고 있다. 1992년 동두천에서 윤금이 씨가 미군에 의해 비참하게 살해되는 사건이 발생했고 이를 계기로 기지촌 여성들의 분노가 당사자 운동으로 조직화되기 시작했다. 2014년 6월 25일 전직 '기지촌 위안부' 122명은 정부가 성매매 여성에 대한 성병 검진과 등록을 강제하는 관리 정책을 운영하면서 저질러온 격리수용과 강제 치료 같은 일상적 억압에 대해 국가배상을 요구했다. 이 소송은 당사자 여성들이 주체가 되고 여성단체와 변호사, 연구자가 연대해 이루어낸 성과였다. 그리고 2017년 1월 20일 일부 승소 판결을 받아냈다. 서울중앙지방법원은 원고 57명에게 손해 배상금 500만 원을 지급하라고 판결했다. 2018년 2월 8일 서울고등법원 항소심에서도 승소했다. 항소심 재판부는 "피고 (대한민국)는 기지촌 운영·관리에 있어 적극적으로 외국군 상대 성매매를 정당화·조장함으로써, 원고들의 성적 자기결정권 나아가 성(性)으로 표상되는 원고들의 인격 자체를 국가적 목적 달성을 위한 '수단'으로 삼았다. 어느 누구도, 특히 국가는 한 인간의 인격이나 인간적 존엄성에 관한 본질을 침해하고 이를 수단으로 삼아 국가적 목적의 달성을 꾀해서는 안 된다"[18]

고 판시했다. 이로써 한국 정부와 미주둔군 사이에서 이중 억
압에 시달렸던 미군 위안부 문제의 진상규명과 사죄 및 명예회
복을 위한 일보 전진이 시작됐다.

한국인을 낳는 외국인

1990년대 이후 한국사회에서 국제결혼은 국가 인구 정책 및
저출산대책의 일환으로 권장된 측면이 강했다. '농촌총각'의
배우자로 동남아시아 여성과의 결혼을 주선하는 일에 국가는
적극적이었고, 그렇게 들어온 결혼이주여성들은 다문화 정책
의 대상이 되었다. 소위 '다문화가족'이라 불리는 새로운 가족
형태는 더 이상 순혈주의를 유지할 수 없는 한국에서 '혼혈가
족'을 부르는 다른 이름이 되었다.

　　이민자로서 결혼이주여성의 위치는 특별하다. 영구 거주
를 전제로 하는 정착이민을 원칙적으로 허용하지 않는 한국에
서 유일하게 정주를 허용받고 있는 이민자이기 때문이다. 결혼
이주여성은 '한국 최초의 정주형 이민자'가 된 사람들이었던
것이다. 2008년 다문화가족지원법 시행을 시작으로 정부의 지
원 정책은 신속하게 체계화되었고, 2019년 현재는 200여 개의
다문화가족지원센터, 20여 개소의 이주여성쉼터가 운영되고
있다. 정부 다문화 정책의 실효성과 의미에 대한 평가와는 별
개로, 이민자로서 이들의 사회통합을 지원하는 체계는 비교적
신속하게 갖추어졌다고 볼 수 있다. 물론 신속한 정책적 대응
의 이면에는 이주여성을 포함해 여성 인권의 신장을 위해 노력

했던 여성운동과 시민사회단체의 활동이 뒷받침되었음을 잊어서는 안 될 것이다.[19]

　그런데 결혼이주여성들은 '다문화자녀'를 출산할 '미래의 어머니'로 자리매김되었고 결혼 후 정주권을 신청할 때도 자녀가 있어야 유리했다. 정주권은 결혼과 동시에 주어지는 것이 아니다. 한국인과 결혼한 외국인 배우자는 '결혼이민'(F-6) 비자로 체류할 수 있고 통상 2년 이내의 체류 기간이 지난 후 정주권 신청과 심사를 받게 된다. 결혼생활이 체류의 전제조건이 되다 보니, 이혼을 할 경우 체류가 불안정해지고 체류연장이 안 되면 결국 미등록 상태가 되기도 한다.

　결혼이주여성에게 성차별과 인종차별이 교차하며 가해지고 있는 경우도 문제다. 2006년 한국이주여성인권센터 등 여섯 개 단체가 당시 만연해 있던 국제결혼 중개업체의 광고가 성적·인종적 차별을 담고 있다고 국가인권위원회에 진정서를 제출한 적이 있었다. 성차별과 인종차별을 금지하는 별도의 법률이 없기 때문에 관할 지방자치단체가 옥외 광고물에 대한 관리감독을 소홀히 했음을 진정하는 방식으로 문제제기가 이루어졌다. 문제가 된 광고들은 "숫처녀", "도망가지 않음" 같은 표현으로 베트남, 필리핀 여성을 상품화하고 모욕하는 내용이었다. 이런 심각한 표현은 다행히 사라졌지만, 외모품평이나 인종차별 발언은 여전하다. 최근 국제결혼 광고는 유튜브 광고가 주를 이루는데 여성을 소개하는 영상에는 "베트남에서 보기 드문 미인"이라든가, "바람직한 몸매", "한국형 미인" 같은 표현이 등장한다. 심지어 그 밑에는 "무지하게 새까마네. 2세

도 깜둥이 나올 듯", "그냥 얼굴에 동남아라고 쓰여 있다", "몸
매 합격" 같은 댓글이 달리고 있다.[20]

　　한 국제결혼 정보 사이트는 '국가별 신부들의 장점'이라
는 제목 아래 우즈베키스탄, 베트남, 중국, 키르키즈스탄, 네팔
여성들의 특징을 적어 놓기도 했다. 우즈베키스탄 여성에 대해
서는 이슬람의 남존여비 사고방식에다가 30~40년 전 한국 여
성의 순수함과 소박함이 남아 있다고, 베트남 여성은 대가족
전통을 경험했기 때문에 시부모를 잘 모신다고, 네팔 여성은
아직 때 묻지 않은 순수함을 지닌 아름다운 여성이라고 적었
다. 하나같이 아시아 여성에 대한 오리엔탈리즘이 넘쳐나는 문
구다.[21] 정부는 여성을 상품화하는 국제결혼 중개업 온라인 광
고를 퇴출하겠다고 밝힌 바 있지만 2019년 6월 현재에도 이 광
고는 버젓이 공개되고 있다.

　　〈러브 인 아시아〉나 〈다문화 고부열전〉에서와 같이 갈등
을 함께 해결해 나가는 '행복한 다문화가족'은 그리 흔한 경우
가 아니다. 한국이주여성인권센터가 펴낸 피해사례 모음집에
의하면, 한국인 남성의 아내이자 가족으로 살아가는 결혼이주
여성들은 문화적 차이와 갈등, 가정폭력 및 인권침해 등에 노
출되어 있다. 국제결혼 중개업체에 돈을 지
불했다는 이유로 '돈 주고' 사온 '가사노동
력' 취급을 당한 사례부터, 시아버지의 성
폭력을 고소했더니 어린 시절 베트남 고향
에서 납치혼 '빳버'♦를 당했다는 이유로 혼
인취소 소송을 당한 가슴 아픈 경우까지 있

♦ '빳버'는 베트남 소수민족 따
이족에게 남아 있는 약탈혼 유
습으로, 남성이 맘에 드는 여
성을 강제로 끌고가 아내로 삼
는 것을 말한다. 대개 어린 소
녀들이 피해자가 되었다. 다
행히 2002년 베트남 가족법
에서 이를 불법화했다.

한복을 입은 결혼이주여성들이 둘러앉아 송편을 빚는 모습.
이주해간 사회의 언어와 문화를 익히는 것은 이주민의 생존과 적응을 위해 꼭 필요한
과정이다. 새로운 언어와 문화를 접하고 배우는 과정은 두렵기도 하지만 설레는 경험이다.
나의 인격과 내가 떠난 곳이 존중받을 때 타문화와의 접촉은 즐거움이 된다. 일방적으로
한국문화에 적응하고 동화되기를 바라는 것이 아니라 그녀들의 문화에 대해 묻고 귀
기울일 때, 결혼이주여성들이 가져온 문화는 한국문화를 다채롭고 풍요롭게 만들어줄
것이다. 문화란 고정불변한 것이 아니라 늘 새롭게 정의되는 것이기 때문이다.

었다.[22] 빳버 피해를 당했던 베트남 여성은 결혼생활 중 남편의 계부로부터 두 차례 강간과 한 차례 성추행을 당하자 가해자를 고소했고, 1심에서 유죄 판결을 받아냈다. 그런데 항소심 재판 과정에서 빳버 피해 사실이 드러나자 남편은 혼인취소 소송을 제기하고 오히려 여성에게 위자료를 청구했다. 혼인취소 소송 의 상고심에서는 다행히 원심 판결을 뒤집고 파기 환송했으나, 출산 경력에 대해서는 고지할 의무가 있었다고 보았다. 재판부 는 아동성폭력범죄 피해를 당했다는 불가피한 사정을 남편에 게 미리 고지했어야 한다고 판결함으로써 여성의 명예와 사생 활의 비밀에 대한 존중과 배려를 보여주지 못했다.[23]

그렇다고 결혼이주여성들을 무력한 피해자로만 재현해서 는 곤란하다. 그녀들은 자국어와 한국어 통역자로, 다문화수 업 강사로, 인권활동가로 스스로 목소리를 내며 세력화하고 있 다. 그녀들의 이런 노력은 조금씩 한국사회를 변화시키는 계기 를 만들어내기도 한다.

두 여성을 살펴보자. 베트남 출신 결혼이주여성으로 한국 이주여성인권센터 사무국장을 맡고 있는 레티마이투는 결혼 이주여성을 한국인의 아이를 출산하는 '모성의 몸'으로만 규정 하는 현실을 비판하고 이주여성의 성적 자기결정권과 재생산 권을 위한 목소리를 내고 있다. 레티마이투는 아이가 없다. 주 변에서는 왜 아이가 생기지 않느냐며 과도한 관심과 걱정 어린 시선을 보냈다. 아이 없는 결혼이주여성은 '비정상'으로 보일 뿐만 아니라 한국 국적 신청에서도 불이익을 받기 때문이다. 한국 남편과의 사이에 자녀가 있는 경우 평균 1년 정도면 귀화

허가 통지서를 받아 주민등록 신청을 할 수 있는데 그녀는 30개월이나 걸렸다고 한다. 출입국관리사무소에서 위장결혼이 아닌지 의심했기 때문이다. 그녀는 2007년부터 한국에서 일을 하기 시작했지만 2012년에야 한국 국적을 취득해 연금보험에 가입할 수 있었다. 레티마이투는 한국의 결혼이주여성 정책은 결혼이주여성이 한국에 들어와서 자신들의 역량을 강화하여 삶을 스스로 개척할 수 있도록 지원하는 방식이 아니라고 비판한다. 한국사회와 한국문화에 잘 적응해 아내, 며느리, 가정주부로서 역할을 잘 해낼 수 있도록 지원하는 내용이 주를 이루고 있어 결혼이주여성을 가족이란 제도 안에 갇히게 만들기 때문이다.[24]

부산에 본부를 둔 이주민 인권단체 '이주민과 함께'의 활동가 김나현도 베트남 여성이다. 김나현은 1995년 22세 때 산업연수생으로 한국에 왔고, 한국인 남편과 결혼해 두 아들을 두었다. 한국에 온 지 얼마 안 됐을 때 택시 운전사가 "너, 베트콩이지?"라고 무례한 말을 내뱉자, 그녀는 "남의 나라 침략해놓고 무슨 큰소리냐?"라고 당차게 쏘아붙였단다. 2018년 1월 김나현은 '이주민과 함께'에서 의미 있는 활동을 새로 시작했다. 이주민들이 주도하고 구성하는 '이주민 자원활동가단'을 발족한 것이다. '이주민 자원활동가단'은 그동안 '이주민과 함께'에서 자원봉사활동을 하던 결혼이주여성을 중심으로 구성되었는데 부산 지역의 이주민 전체로 범위를 넓혀 동료 이주민들의 어려움을 돕고 지역사회 봉사활동도 펼쳐 나갈 계획이다. 이주민들은 2018년 예멘난민 사태로 촉발된 이주민에 대한 한국사회 구성원들의 혐오발언을 겪으며, 이주민들이 한국사회의 구성원으로서 지역사회에 긍정적인 역할로 기여하는 모습을 더 많이 드러내야 한다고 생각하게 되었다고 했다. 이주민을 복지의 수혜자, 일자리 경쟁자로 보는 한국인의 시선을 이주민 스스로 바꿔나가겠다는 포부를 밝힌 것이다.[25] 이주민 여성들이 한국사회의 구성원으로서 자신의 몫을 주장하고 의무를 다하겠다는 당당한 모습에 박수를 보내지 않을 수 없다.

이주노동자와
인종차별

찬드라 사건과 보노짓 사건

200만 명이 넘는 외국인과 함께 살아가고 있는 한국사회에서 인종이 일상과 사회제도 속에 기입되는 인종화 과정은 현재 진행 중이다. 눈에 띄는 차별행위보다 더 중요한 것은 이미 다인종·다민족사회로 진입한 한국사회에서 '인종적인 것'(the racial)이라는 범주가 어떻게 구성되고 인식되고 관리되는지의 여부다. 외국인에 대한 막연한 공포감을 뜻하는 '제노포비아'가 인종주의라는 구조화된 악으로 전환되어가고 있는 것이다. 여기서 '제노포비아'와 '인종주의'를 구분하는 것이 중요하다. 최근까지도 한국에서의 이민자에 대한 태도는 접촉경험의 절대적 부족에서 오는 제노포비아에 가까웠다고 볼 수 있다. 낯선 것에 대한 두려움에서 오는 제노포비아는 접촉의 빈도가 늘어나고 일상을 함께하는 경험이 증가하면 수그러드는 경향을 보인다. 그러나 인종주의는 다르다. 인종주의는 외국인과의 일상적인 접촉이 이루어지는 곳에서 서서히 등장하고 있다. '찬드라 사건'과 '보노짓 사건'은 이러한 과정을 보여주는 사례다.

2003년 국가인권위원회가 제작한 박찬욱 감독의 영화 〈믿거나 말거나, 찬드라의 경우〉는 네팔에서 온 여성노동자 찬드라 쿠마리 구룽(Chandra Kumari Gurung)이라는 실존 인물의 경험을 바탕으로 한다. 찬드라는 한국사회의 외국인에 대한 몰이해와 인종차별 때문에 부당하게 정신병자 취급을 당했다. 그녀는 1992년 산업연수생으로 한국에 들어와 광진구 자양동에 위치한 한 섬유공장에서 일했다. 어느날 점심을 먹고 나서 지갑을 잃어버려 음식 값을 못 냈는데 한국어가 어눌해 사정을 제대로 설명하지 못하는 바람에 식당 주인과 시비가 붙었고, 결국 경찰까지 출동했다. 경찰관은 이름과 주소도 말하지 못하는 초라한 행색의 이 여성을 행려병자로 판단해 정신병원에 수용을 요청했다. 구룽족은 한국인과 닮은 외모를 하고 있어서 경찰은 찬드라를 한국인으로 오인한 것이었다. 그렇게 찬드라는 정신병자로 오해받은 채, 6년 4개월 동안이나 정신병원과 부녀보호소에 수감됐다. 찬드라에 따르면 병원 측에서는 아무래도 외국인 같다며 경찰서에 상의했지만 경찰이 이를 무시했다고 한다. 찬드라가 백인 여성이었어도 같은 일을 당했을까 묻지 않을 수 없다.

이후 다행히 찬드라는 인권단체의 도움을 받아 국가를 상대로 손해배상청구 소송을 제기했고, 승소했다. 2002년 11월 5일 서울지법 민사합의 13부는 그녀가 "경찰관 등의 과오로 부

영화 〈믿거나 말거나, 찬드라의 경우〉의 한 장면.
28분짜리 단편영화로, 국가인권위원회가 대중의 인권 감수성 개발을 위해 기획한
인권영화 시리즈 〈여섯 개의 시선〉 중 여섯 번째 영화다. 영어 제목 'Never Ending Peace
And Love'는 흔히 네팔(NEPAL)을 일컫는 말에서 가져왔다. 영화는 찬드라가
경찰서, 정신병원, 부녀보호소를 전전하는 동안은 흑백 화면으로, 네팔로 귀향한 이후는
컬러 화면으로 나눠져 있다. 흑백 부분에서는 찬드라의 얼굴은 보이지 않고, 시선만 따라가며
전개된다. 다소 교훈적인 요소도 없지 않다. 경찰차 안에서 경관이 "아우, 냄새!"라고 코를
막자, 네팔 남성 노동자가 "한국 사람은 냄새 안 날 줄 아세요? 김치나 된장 냄새 같은 거
나요"라고 말하는 장면이 끼어들고, 정신분열증이라는 의사의 진단 뒤에는 "아우, 멀쩡했죠.
정신 이상하면 썼겠어요. 널린 게 외국인노동자 애들인데"라는 공장 사장의 말이 삽입된다.
"이름 찬드라 쿠마리 구룽"이라고 수백 번 말했지만 찬드라는 "네팔 사람이라고 주장하는
정신병자"가 된 채 6년 4개월을 보내야 했다. 위의 장면은 찬드라가 네팔로 돌아간 후의
모습이다.

당하게 정신병원에 수용돼 정신적 피해를 봤다"며, "정부는 위자료 2,500만 원을 포함해 총 2,860만 원을 배상하라"고 원고 일부승소 판결을 했다. 재판부는 판결문에서 관할 파출소와 경찰서가 원고를 수용 중인 병원으로부터 네팔인으로 추정된다는 연락을 두 번이나 받았고, 네팔인들의 모임인 '네팔 공동체'로부터 실종신고를 접수하고도 아무런 조치를 취하지 않는 등 연고자를 찾기 위한 노력을 소홀히 해 원고가 본인의사에 반해 정신병원에 수용되는 결과를 낳은 점을 인정했다.[26]

한편 2009년에는 인종차별 발언에 대해 처음으로 법적 처벌이 내려졌다. 인도 델리대학에서 현대사를 전공한 보노짓 후세인(Bonojit Hussain, 당시 28세) 씨는 성공회대의 시민사회 지도자 초청 프로그램에 참여하며 2년째 내한 중이었다. 2009년 7월 10일 그는 부천의 한 시내버스 안에서 한국인 박모 씨로부터 '이주노동자' 취급과 함께 폭언을 당했다. 박 씨의 발언은 동남아시아인에 대한 인종차별인 동시에 동행했던 한국인 여성 한모 씨에 대한 성차별 폭언이기도 했다. 박 씨에게는 형법상 모욕죄가 적용돼 벌금 100만 원령이 내려졌다. 조사과정에서 후세인을 다그치고 반말을 했던 경찰에 대해서는 차별행위 시정과 예방교육을 권고했다. 후세인은 인도에 귀국한 후 한국에서의 경험을 통해 인도사회에 존재하는 흑인에 대한 인종차별을 자각하게 되었다고 말했다.[27] 이 사건은 인종차별이 가시화된 매우 '드문' 경우로, 인종차별을 하면 처벌받는다는 원칙을 확인하게 한 동시에 인종차별을 구조적인 문제로 인식하게 되는 계기를 마련했다. 사실 후세인이 고발과 고소를 할 수 있

었던 것은 그가 지식인이고 대학교수였다는 사실과 무관하지
않았다. 대부분의 이주노동자, 특히 '불체'(不滯)라 불리는 미
등록 이주노동자들은 숱한 인종차별을 받아도 신고조차 못하
는 실정이다. 찬드라의 사례와 후세인 사건에서 확인할 수 있
는 바와 같이 인종차별은 2000년대 들어서면서부터 한국사회
에서 사회문제로 인식되기 시작했던 것이다.

'불법'체류가 아닌 '미등록' 체류

이주노동자에 대해 본격적으로 이야기하기 전에 '용어'의 의미
를 명확히 할 필요가 있다. 먼저 인식전환을 위해 '불체'를 따져
보자. 불체는 '불법체류'의 준말이다.

이주사에서는 '호모 미그란스'(Homo Migrans)라는 개념
을 쓴다. 인류는 원래 아프리카를 떠나 전 세계로 이주와 정주
를 반복한 존재라는 의미다. 집을 떠나고 길을 떠나는 건 인류
의 본능적 속성이라는 것이다. '호모 노마드'(Homo Nomad)
가 자유롭게 이동하는 인간을 신인류로 이상화하고 있다면, 비
교적 최근에 생긴 개념인 '호모 미그란스'는 자발적·비자발적
이주와 정주를 거듭하며 전개되어온 인류 역사를 설명하기에
보다 현실적이며 적합하다. 호모 미그란스는 유럽이주위원회
(Intergovernmental Committee for European Migration) 창립
20주년을 기념해 지오바니 토토라(Giovanni Tortora)가 1971
년에 출간한 카툰 모음집 제목에서 처음 등장했다. 학술 용어
로는 독일 역사가 클라우스 바데(Klaus J. Bade, 1944~)의

1994년 저서 『호모 미그란스: 독일 안팎으로의 이주』에서 첫 용례가 발견된다.[28]

본질주의의 위험을 경계하면서도 이주를 인간 본성에까지 확장해보려는 시도가 '호모 미그란스'다. 여기에는 인간은 누구나 행복을 추구하기 위해 자신이 태어난 땅을 떠나 이주할 권리가 있으며, 자신의 의사에 반해 태어난 곳이나 사는 곳으로부터 강제이주를 당하는 것은 인권침해라는 의미가 함축되어 있다. 그런 점에서 '불법체류자'라는 표현은 잘못됐다. 이주는 국민국가의 경계를 넘나드는 현상이기 때문에 특정 국가의 체류 허가를 받지 못한 상태, 즉 '불법체류'가 상시적으로 발생할 수 있다. 그렇다고 해서 '불법'(illegal)이라는 낙인을 인간에게 붙일 수는 없다. 유엔에서도 '불법'체류자를 '미등록'(undocumented) 체류자로 고쳐 쓰도록 권고하고 있다. 인간은 지구 어디에든 끊임없이 이주하고 정착하며 살아왔다. 민족국가의 경계가 이주에 장벽을 세워온 것은 근대 이후의 역사일 뿐이다. 한국인은 우연히 한반도에 먼저 정착해 삶을 일구어온 선주민일 뿐이고 나중에 들어온 사람들이 이주민이다. 이렇듯 인식의 전환은 언어의 교정에서부터 시작될 수 있을 것이다.

이주자의 '불법성'은 단순히 개인의 문제가 아니라 법 제도의 산물이다. 따라서 미등록 이주자를 무조건 범죄자로 보는 시각에서 벗어날 필요가 있다. 미국으로 이민한 한국인의 예를 들어보자. IMF 때 사업에 실패하고 신용불량자가 되어 미국으로 이민한 한국인들이 있다. 그들의 자녀는 성인이 되어서야 부모와 자신이 미등록으로 체류하고 있다는 사실을 알게 되었다. 한인 미등록 이주자로 살아간다는 것은 이중의 고통이었다. 모범적 소수자로 미국사회에서 역량을 키워가고 있는 한인 커뮤니티의 질시와 냉대가 특히 심했기 때문이다.[29] 2010년 미국 하원은 특정 조건을 만족하는 미등록 청소년에 한해 조건부 영주권을 허용하는 일명 '드림법안'을 통과시켰으나 상원 표결에서 실패했다. 드림법안은 2019년 재추진되어, 5월 28일 연방하원 법사위를 통과했다. 이런 이야기를 들으면 혜택을 받을 한인 청소년이 생겨나 다행이다 싶어진다. 미등록 이주자가 되는 각 사람들의 사정을 다 따질 수는 없다고 하더라도 적어도 어떤 과정을 거쳐 이주가 '불법화'되는지는 생각해보아야 할 것이다. 한국에 온 이주민에 대해서도 마찬가지다.

고용허가제

한국은 한때 서독으로 간호사와 광부를, 중동으로 건설인력을 송출했으나 이제는 노동 송출국에서 노동 유입국으로 지위가 변화했다. 한국 정부는 1990년대 이전까지는 미숙련 외국인 노동인력에 대해서는 노동시장을 개방하지 않는 것을 원칙으로 삼았다. 하지만 1980년대 후반부터 고도 산업화와 소득 상승으로 인해 중소기업과 3D 업종에서 일할 인력이 부족해지자 주변 개발도상국으로부터 이주노동자가 유입되기 시작했다. 특히 1988년 서울올림픽을 계기로 무비자 입국 허용이 늘고 입국심사도 간편화되면서 미숙련 생산기능직에 이주노동자는 꾸준히 유입됐다. 이주노동자를 관리해야 할 필요성이 생정부는 1993년에 산업연수생으로 입국하면 6개월의 연수 기간을 거쳐 취업을 할 수 있는 '외국인 산업연수생제도'를 도입했다. 그러나 이 제도는 기술연수를 명분으로 일을 시키지만 노동자로서의 권리를 인정하지는 않았다. 일종의 '편법'인 이 제도 아래서 이주노동자들은 '연수생'이라는 명목으로 저임금을 강요당했고 기본권을 누리지 못한 채 열악한 노동환경을 감수해야 했다. 송출 비리, 폭행, 여권 압류, 임금 미지급, 산업재해 미보상 같은 인권침해 사례가 빈번했기 때문에 산업연수생제도는 '현대판 노예제'로 불렸다. 게다가 인권유린을 참다 못한 연수생들이 집단으로 사업장을 이탈하게 되었다. 그 결과 이들은 미등록 이주노동자가 되었고, '불법'의 영역으로 편입될 수밖에 없었다.[30]

1994년 경제정의실천시민연합(경실련) 강당에서 벌어진 산업재해 피해 이주노동자들의 농성과 1995년 네팔 산업연수생들의 '명동성당 쇠사슬 농성'은 한국사회에 충격을 안겨주면서 산업연수생제도 문제의 심각성을 알리는 계기가 되었다. '명동성당 쇠사슬 농성'은 1995년 1월 9일, 13명의 네팔인 산업연수생들이 명동성당 입구에 모이면서 시작됐다. 스스로 "한국 땅에 팔려온 네팔인 취업연수생"이라고 밝힌 이들은 몸에 쇠사슬을 두른 채 "때리지 마세요", "우리도 인간입니다", "우리는 노예가 아닙니다"라고 적힌 피켓을 들고 한겨울 추위 속에서 농성을 시작했다. 이후 이들의 직접행동은 한국의 이주노동자 정책과 사회적 인식을 변화시키는 데 큰 기여를 했다. 농성에 참여했던 네팔 산업연수생들은 비록 1년여 만에 모두 추방당했지만, 1994년과 1995년의 농성은 이주노동자의 존재를 알리면서 정부의 이주노동자 정책과 한국사회의 인식에 많은 변화를 이끌어냈다. 무엇보다 가장 큰 성과는 이주노동자 당사자들이 조직적이고 체계적인 대응의 필요성을 깨달은 것이었다. 이주노동자에 대한 지원은 초기 성당이나 교회 같은 종교단체를 중심으로 이루어졌는데 '명동성당 쇠사슬 농성' 이후에는 당사자 중심으로 이동했다. 이후 1995년 7월 농성을 지원했던 이주노동자 단체들과 네팔, 방글라데시, 태국 등 외국인 노동자 커뮤니티들이 함께 '외국인이주노동자대책협의회'(외노협)를 결성했다. 외노협은 최초의 이주노동자 연대조직으로 외국인 인력제도 개선을 위한 투쟁을 벌여 2003년 고용허가제(Employment Permit System, EPS)의 입법에 이르는 제도개선투쟁에서 중심적인 역할을 했다.[31]

정부는 더 이상 지속될 수 없는 산업연수생제도의 대체안으로(산업연수생제도는 곧 바로 폐지되지 않고 존속하다가 2007년에서야 고용허가제로 통합됐다) 2004년 8월 17일부터 고용허가제를 시행했다. 고용허가제를 도입하면서 정부는 미등록 체류자 감소, 3D 업종에 대한 원활한 노동력 공급, 송출 비리 감소를 정책적 목표로 내걸었고, 이주노동자에게는 내국인과 동등한 대우, 노동관계법 적용, 열악한 인권상황 개선 등을 약속했다. 그러나 2003년 8월 고용허가제법이 통과된 후 정부가 가장 먼저 실시한 것은 가혹한 단속과 추방이었다. 2003년 11월부터 전국적으로 법무부 출입국관리소 단속반원들이 무차별적으로 미등록 이주노동자들을 보호소로 잡아가기 시작했다. 사업주에게는 묵인하던 단속과 처벌을 강화하겠다며 협박해 많은 미등록 이주노동자들이 해고됐다. 이러한 상황이 빚어진 원인은 정부가 고용허가제라는 '합법적 이주노동자 송출 제도'를 빠르게 정착시키기 위해서는 국내에 체류하고 있는 미등록 이주노동자를 모두 내쫓아야 한다고 판단하고 무리하게 단속에 나섰기 때문이다. 절망한 많은 이들이 목숨을 내던졌다. 지하철에 뛰어들거나 공장 기숙사에서 목을 매었고, 본국으로 돌아가는 배 위에서 투신하기도 했다. 이주노동자 운동단체들은 전국 곳곳에서 농성을 벌였고, 다시 명동성당에 모인 미등록 이주자들은 단속추방 중단과 미등록 체류 문제해결을 요구하며 2003년 11월부터 380일간 강제추방반대 농성을 벌였다. 명동성당 농성의 경험을 바탕으로 외노협은 이주노동자노동조합으로 발전했다.[32]

그렇다면 큰 희생을 치르며 도입한 고용허가제는 산업연수생제도와 얼마나 다를까? 미얀마 이주민 소모뚜(Soe Moe Thu, 1975~)는 1995년에 산업연수생으로 한국에 들어왔다. 2013년에 쓴 글에서 소모뚜는 한국에서 살아가는 삶의 느낌을 「노예」라는 시로 표현했다. 어머니와 동생들을 위해 용감하게 한국으로 이주했지만, 착취할 대상으로밖에 여겨지지 않는 노예 처지라는 것이다. "제가 제 자신을 노예라고 표현하는 것에 / 울지 마세요. 어머니. / (…) 얼마 전에 책을 한 권 읽었어요. 어머니. / 링컨이라는 사람이 노예제도를 없앴다고 하더라고요. / 하지만 아니에요. 어머니. / 여기 와서 우리를 좀 보세요. / 링컨은 그들의 나라만 바꿨어요. / 그를 존경하지만, 우리들의 처치를 본다면, / 그가 한 일은 역사에 남을 정도로 대단하지는 않아요." 소모뚜는 왜 매년 이주노동자 메이데이 집회에서 "우리는 노예가 아니다", "우리는 기계가 아니다"라는 18년 전 구호를 계속 외쳐야 하는지 반문했다.[33]

고용허가제가 시행된 지 15여 년이 지난 2019년, 문제점은 여러 면에서 드러나고 있다. 우선 직업 선택의 자유, 즉 사업장 이동은 원칙적으로 금지되고, 휴업이나 폐업, 심각한 임금체불이나 폭행 등에 예외적으로만 허용된다. 그러니 고용주로부터 시간 외 무급노동을 강요당하는 식의 부당한 대우를 받거나 인종차별, 성추행, 괴롭힘 등에 시달려도 사업장을 바꿀 수 없는 것이다. 고용허가제 시행의 주요 목적 가운데 하나가 미등록 이주노동자 감소였지만 목표 실현에 이르지 못했다. 고용허가제 시행 직전인 2001년과 2002년의 미등록 체류율은 각각 48퍼센트와 49퍼센트였고, 고용허가제법이 통과된 2003년 8월에는 78퍼센트에 달했다. 시행 후 22.7퍼센트로 급격히 낮아진 것은 가혹한 단속추방 때문이었다. 2004년부터 2018년까지 미등록 체류율은 10~20퍼센트로 유지되고 있으며, 2018년에도 15퍼센트를 기록했다.[34] 고용허가제 고용기간이 끝나고 귀국하지 않아 미등록이 되는 경우도 많다. 중소기업 고용주 입장에서는 고용허가제로 들어와 숙달된 이주노동자를 계속 고용하고 싶기 때문에 미등록을 묵인하기도 한다. 출입국관리사무소 직원이 단속을 나오면 사업주가 오히려 "'불법체류자' 안 쓰면 공장 문 닫아야 한다. 우린 처벌받아도 쓸 수밖에 없다"며 목소리를 높여 항의하는 경우도 종종 있다.[35]

　　고용허가제의 본질적인 문제점은 단기순환 노동제도라는 점에 있다. 고용허가제에 따라 허용된 체류기간 4년 10개월을 채우면 원칙적으로 돌려보내고 새로 받아들이는 방식으로 정착 이민을 허용하지 않는 것이다. 4년 10개월인 이유는 5년 이상 합법 체류를 하면 영주권신청자격이 생기기 때문에 이를 방지하기 위해서다. 단기순환은 사실 철저하게 이주 목적국의 이해만을 추구하는 것인데 이제껏 성공한 나라는 없다. 사람이 일단 들어오면 어떤 식으로든 정주화가 진행되기 때문이다. 노동력만을 불러올 재주는 없는 것이다. 노동력은 곧 사람에게서 나오는 것이기 때문이다. 성인 노동자 한 사람을 길러내는 데 있어 사회는 양육, 교육, 복지의 비용을 지불해야 한다. 이주노동은 귀중한 경제적 자원인 노동 인력을 빈국에서 부국으로 수출하는 일이다. 한 명 한 명의 이주민이 도착할 때마다 저개발국에서 선진국으로 한 사람의 노동자를 길러낸 비용만큼을 희사하는 셈이다.[36] 따라서 노동력이 극대화된 연령의 노동자들을 '단물'만 빨아먹고 돌려보낸다는 것은 국제앰네스티 보고서의 표현처럼 '일회용 노동자' 제도이자 반인권적 제도에 다름 아니다.

　　정부는 안정적 노동력 공급 요구에 부합해야 한다며 2012년부터 '성실근로자 재입국제도'를 실시하고 있다. 이는 한 사업장에서만 4년 10개월을 일한 노동자들이 재고용될 경우 3개월간 본국에 갔다 다시 들어오면 4년 10개월 더 일할 수 있는 제도로서 총 9년 8개월을 일할 수 있게 된다. 성실근로자 재입국제도는 단기순환 원칙이 부분적으로 깨졌음을 보여준다. 10

세계이주노동자의 날을 맞아 노동비자 요구하는 이주노동자들.
2002년 12월 18일, 세계이주노동자의 날을 맞아 단속추방 중지와 노동비자 요구하는
이주노동자들의 모습이다. 국제연합은 1990년 12월 18일 '이주노동자와 그 가족의
권리보호를 위한 국제협약'(International Convention on the Protection
of the Rights of All Migrant Workers and Members of their Families),
일명 '이주노동자권리협약'을 채택했다. 이 협약은 미등록 체류자를 포함한 모든
이주노동자들과 그 가족들의 기본적인 인권 보장을 적극적으로 규정하고 있다.
하지만 협약을 비준한 국가는 2016년 말 현재 28개국에 불과하다. 한국도 비준하지 않고
있다. 국제연합은 2000년부터 협약 비준을 촉구하는 의미에서 이날을 세계이주노동자의
날로 제정해 기념하고 있다.

년 혹은 그 이상을 한국에서 체류하는데도 영주권을 신청할 수 없게 묶어두는 것이다. 고용허가제와 성실근로자 재입국제도는 사실상 장기체류를 유도하면서도 직장 선택권, 노동기본권, 사업장 내 권리를 박탈하고 이주노동자의 권리를 부정한다. 장기체류의 현실을 무시한 채 단기순환 원칙을 고수하면서 단속추방을 일상화함으로써 이주노동자를 한국사회의 아웃사이더로, 권리를 제약해도 되는 취약한 존재로 묶어두게 되는 것이다.[37]

단속으로 이주노동자가 사망하는 일은 계속 반복되고 있다. 단속이나 구금 과정에서 중상을 입거나 사망한 경우는 2003년부터 2018년까지 30여 건이 넘는다. 특히 2018년 8월 22일에는 김포의 한 건설회사에서 일하던 미얀마 출신 청년 딴저테이(Than Zaw Htay, 당시 26세)가 단속을 피해 창문을 넘다가 공사장 7.5미터 아래로 추락해 뇌사 상태에 빠졌고, 결국 사망하는 사건이 발생했다. 이 사건은 딴저테이의 아버지가 아들의 장기를 한국인 네 명에게 기증하기로 한 사실이 언론에 보도되면서 알려졌다.[38] 이주노동자와 시민사회단체 들은 이에 대해 '토끼몰이식 단속'이 부른 죽음이라며 진상규명과 책임자 처벌을 요구했다. 법무부는 "외국인들이 한꺼번에 몰려들어 단속 직원의 제지를 밀쳐내고 창문을 통해 도주해 막을 수 없었다"며 책임 없음을 주장했고, 오히려 '40~50대 가장의 마지막 피난처 건설현장 강력 단속'이라는 제목의 '불법체류·취업 외국인 대책'을 발표했다. 더 나아가 "국민의 일자리를 회복한다는 점에서 고용창출의 효과를 거둘 수 있을 것으로 기대한다"라고 덧붙이며 이주민을 일자리를 위협하는 존재로 묘사했다.[39] 법무부의 이런 태도는 미등록 이주민에 대한 부정적인 여론을 등에 업고, 다단계 하도급이 관행인 건설 노동시장의 현실을 외면한 채 '고용대란' 책임을 이주노동자에게 돌린다는 비판을 면하기 어렵다.

'살인단속 규탄 및 미얀마 노동자 딴저떼이 씨 사망사건 대책위원회'는 사망 사건이 미담으로만 남는 것에 문제를 제기하며 인천출입국외국인청에 과잉단속에 대한 법적 책임을 묻고 책임자 처벌과 재발 방지를 위한 국가인권위원회 직권조사를 요구했다. 2019년 2월 12일 국가인권위원회가 발표한 직권조사 결과는 법무부의 책임과 인권교육 등 권고 이행을 명시했다. 하지만 법무부는 2019년 6일까지 입장을 내지 않고 있다.[40]

2019년 1월 정부는 고용허가제를 일부 개정했지만 여전히 '사업장 이동의 자유'는 빠졌다. 원하는 대로 사업장을 바꿀 수 없다면 사업주의 폭행, 폭언, 부당한 지시를 감내할 수밖에 없기 때문에 여전히 이주노동자의 권리는 무시되고 있다.[41] 이렇게 이주노동자는 사회의 최하층민으로, 계급 아래 계급으로 통합되면서 한국인과는 다른 별종으로 인종화되고 있는 것이다. 한국의 인종주의는 고용허가제를 통해 작동하고 있다.

조선족과 재중교포 사이에서

특별한 이주노동자, '조선족'이라 불리는 '재중교포' 혹은 '한국계중국인' 이야기도 빼놓을 수 없다. 약 60만 명에 달하는 조선족은 국내의 체류 외국인 가운데 절대 다수를 차지한다. 조선족 '아줌마들'이 없으면 식당이 모두 문을 닫아야 한다고 할 정도로 서비스업에서 그들의 노동이 차지하는 비중은 높다. 조선족은 경계의 인간이다. 민족과 인종 면에서 한국인과 다르지 않지만 중국 내 소수민족으로 살아온 역사가 길어 문화적으로는 이질적이라고 여겨진다. 미디어와 영화에서 조선족을 재현하는 방식이 유난히 범죄와 폭력에 맞춰져 있는 것도 이런 부분에서 기인한다.

한국 노동시장에서 조선족은 하나의 계층을 형성하고 있다. 1980년대 후반부터 유입되기 시작했고 1992년 한중수교를 계기로 급격히 증가했다. 조선족은 노동시장에서 에스닉 그룹과 계급적 지위가 연동하는 종족-계급(ethno-class)을 이루고 있다. 조선족은 외국인 노동자와 동포 사이의 경계에 놓인 존재인데, 이들을 '동포'라고 부르는 레토릭은 조선족을 안정적이고 지속적으로 특정 업종(제조업, 서비스업)에 묶어두기 위한 전략의 측면이 강하다. 그 결과 조선족, 정확하게는 '한국계 중국인'들은 한국사회에 2등 시민으로 배제적 통합의 대상이 되고 있다.[42]

조선족에 대한 한국의 인종주의는 '동일 인종 내 인종주의'라고 할 수도 있고, '문화적 인종주의'라고 할 수도 있다. 무슬림에 대한 인종주의와 마찬가지로 피부색이 아니라 조선족의 '문화적 표지'(cultural marker)를 문제 삼는 것이다. 조선족을 위축되게 만드는 것은 말투, 외모, 집단 거주지 같은 일상에서 드러나는 표식이다. 약 200만 명에 달하는 조선족은 중국은 물론 한국, 일본, 북미, 러시아, 유럽, 호주, 아르헨티나 등에 널리 거주하고 있다. 영국에 거주하는 조선족은 '남한 사람에 게 차별받는 것' 외에는 일상적인 차별을 겪지 않는다고 한다. 물론 여기에는 백인 주류사회에 진출할 기회가 제한되어 있으 며, 머무는 지역도 아예 분리되어 있다는 점이 작용한다. 다인 종·다문화사회인 영국에서 겪는 인종차별과 계급차별보다 동 일 민족이라고 여기는 사람에게서 받는 차별이 더 아프게 느껴 질 수 있다는 의미일 것이다.[43]

조선족에 대한 차별에는 또 다른 차원도 있다. 부상하는 중국 경제와 중국 민족주의에 대한 반감이 겹쳐져 있는 것이 다. 즉 혐(嫌)중국 정서가 더해지기도 한다. 이런 상황 등에 기 인해 민족정서를 강조해야 할 때는 '조선족'으로, 외국인으로 거리를 둬야 할 때는 '재중교포'라고 불린다.

예멘난민 사태와 이슬람포비아

드디어 올 것이 왔다. 2018년 봄, 제주에 예멘난민이 들어왔을 때 떠오른 생각이었다. 2010년 아랍의 봄 이후 정부군과 반군 사이에 내전이 심각해지자 예멘인들은 난민이 되어 세계를 떠 돌기 시작했다. 이미 한국에도 한 해 30~40명씩 들어오고 있 었다. 2018년 1월에서 5월 사이에 561명이 제주도로 입국하면 서 갑자기 가시화됐던 것일 뿐이었다. 예기치 않게 제주에 찾 아온 손님이 된 예멘난민은 여러 면에서 한국사회에 근본적인 질문을 던지는 존재가 되었다. 난민혐오와 난민웰컴 사이에 뜨거운 논쟁과 대결이 발생했고, 이슬람의 여성차별과 남성 난민에 의한 성폭행 범죄 발생 가능성을 이유로 난민에 반대한다는 여성주의자들도 등장했다. '국민이 먼저'라며 '국민'의 이름으로 난민을 거부하는 목소리도 광장에 울렸다. 일자리와 복지를 난민과 나눌 수 없다는 주장이었다.

그런 점에서 예멘난민 사태는 한국사회에서 자라나고 있던 이슬람포비아가 표출된 사건이었다. 숫자의 임팩트가 컸지만, 난민이 무슬림이라는 점도 중요하게 작용했다. 예멘난민이 '무슬림'이었기 때문에 더욱 격렬한 반응이 나왔다. 일부 보수 개신교에서는 이슬람포비아를 부추기는 가짜뉴스를 만들어내기까지 했다.[44] 이슬람포비아는 공포를 조장했고, 공정성 논리는 혐오를 합리화했다. 이슬람포비아는 이슬람에 대한 인종주의, 반아랍 인종주의의 다른 이름이다.

제주도로 입국한 561명 가운데 484명이 난민 신청을 했다. 2018년 10월 17일, 339명의 예멘인에게 인도적 체류 허가 결정이 나면서 겨우 1년의 시간을 벌어 놓은 상태다. 인도적 체류 허가를 받아 제주도에서 나와 생업을 찾을 수 있게 되었지만 사회보장 혜택은 주어지지 않는다. 인도적 체류 지위는 난민 인정이 아닌 불인정의 한 갈래로, 1년 미만의 체류할 권리가 주어지고 단순 노무직에 한해 노동할 권리가 부여될 뿐 의료 및 교육과 관련된 기본권은 보호되지 않는다. 결국 2018년 12월 14일 예멘난민신청자 가운데 언론인 출신 두 명이 난민 인정을 받았다. 484명의 신청자 중 단 두 명 인정은 너무 낮은 수치다.

예멘난민 사태를 난민포비아로 키운 책임은 일차적으로 국가에 있다. 한국은 1992년 '난민지위에 관한 협약'에 가입했고, 2013년 아시아 최초로 독립체제 입법으로 난민법을 시행하고 있다. 그러니 난민법 조항에 따라 난민을 인도적으로 보호했어야 한다. 난민신청자는 강제송환이 금지되며, 난민 인정 절차를 안전하게 마칠 수 있도록 체류와 기본 의식주 제공을 보장받는다. 국가가 난민법에 따라 절차상의 공정함을 지키고 대처했더라면 난민 사태는 이처럼 확산되지 않았을 것이다. 정부가 우왕좌왕하고 있는 사이에 미디어는 중립성과 공정성을 담보하지 못한 채 이슬람포비아를 확산시켰다. 촛불 이후 출범한 정부는 '이게 나라냐'는 비판 속에 대통령을 탄핵한 국민이 '국민이 주인 되는 나라'를 표방하면서 세운 정권이다. 국민이 세운 국가라는 후광을 입은 정권이 개혁에 힘쓰고 있다고 해도 기득권 세력의 저항은 만만치 않고, 그런 속에서 겨울 광화문 광장에서 표출됐던 국민을 넘어서는 시민들의 인권을 향한 목소리는 정책에 반영되지 못하는 것이 현재 한국 정치의 현주소다. 이런 상황에서 국민특권주의 정서가 나타나기 쉬웠는데, 정치권은 난민법 개정과 폐지까지 주장하며 이를 부추겼다. 국민특권주의는 예멘난민을 만나면서 '국민이 먼저다'라는 편협한 구호로 집약됐던 것이다.[45]

　　2018년 6월 16일에는 청와대 국민청원 게시판에 난민신청 허가를 폐지해달라는 청원이 올라왔고, 이에 22만 명 이상이 동의했다. 유튜브와 SNS를 중심으로 "난민을 받아주면 안 된다", "이슬람이 걷잡을 수 없이 몰려온다", "난민법 악용한다” 등 노골적인 난민혐오와 이슬람포비아가 떠돌았다. 일부 보수 매체들은 난민반대 집회를 크게 부각시켜 보도함으로써 마치 국민 대다수가 난민에 대해 반대하고 있는 듯한 인상을 심어주었다. 외신도 한국이 소수의 난민들에 히스테리 반응을 보인다는 보도를 내놓았다. 스마트폰으로 무장한 난민들이 브로커를 끼고 한국에 와서 난민신청을 하면 몇 년씩 눌러 앉아 돈을 벌 수 있다는 등의 가짜뉴스가 돌았고, 스마트폰으로 이 것저것 정보를 다 알아보고 영악하게 움직이는데 무슨 난민이냐는 식의 반응이 댓글로 달리기도 했다.[46] 그러나 그들에게 스마트폰은 언어가 통하지 않는 생면부지의 땅에서 거의 유일하게 의지할 수 있는 생존 장비다. 이런 식의 트집과 억지는 무지와 편견의 표출일 뿐이다.[47]

필자가 2018년 8월에 방문했던 독일 본의 '독일역사의 집'(Haus der Geschichte der Bundesrepublik Deutschland) 현대사박물관의 맨 마지막 코너에는 독일에 들어온 난민에 대한 전시가 있었다. 그들이 떠나온 곳과 지난한 여정을 표시한 지도가 걸려 있었고, 2015년 9월 터키 휴양지 보드룸 해변에 밀려온 세 살배기 아기 아일란 쿠르디(Aylan Kurdi)의 사진도 있었다. 난민을 환영한다는 뮌헨 시민들의 손팻말과 난민 반대 집회를 하는 사진도 함께 걸려 있었다. 발길을 한참 머물게 했던 전시품은 스마트폰이었다. 시리아 난민의 것이라는데 물에 젖지 말라고 분홍색 비닐커버에 넣어 목에 걸었던 모양이다. 액정이 다 깨져버린 스마트폰에는 'SAMSUNG'이라는 상표가 선명했다. 난민에게 목숨과도 같은 소지품은 바로 스마트폰이었던 것이다.

2015년부터 시작된 난민 위기로 지난 5년간 유럽연합 국가들이 난민으로 인정하거나 인도적 체류허가를 내준 수는 약 190만 명에 이른다. 스웨덴 약 20만 명, 프랑스 약 14만 명, 이탈리아 약 13만 명, 그리고 독일은 약 100만 명으로 가장 많은 난민을 받아들였다. 한국은 난민협약에 가입했고 1994년부터 난민신청을 받기 시작했지만 난민 인정 비율은 극히 낮다. 1994년부터 2016년 3월 말까지 22년 동안 누적 난민신청자가 1만 6,979명에 이른다. 2009년까지도 2,492명에 그쳤으나 2011년 '아랍의 봄'을 계기로 폭증해 연간 신청자가 1,000명을 넘어섰다. 시리아난민 위기가 본격화한 2014년부터는 1만 336명이 한국으로 피난처를 찾았다. 그러나 2013년까지 난민 인정은커녕 인도적 체류 허가를 받은 신청자가 단 한 명도 없었다. 2015년 말 기준 시리아 난민신청은 모두 1,052건, 그중 난민으로 인정된 것은 2014년 1건, 2015년 2건, 단 3건뿐이었다.[48] 난민인권센터가 펴낸 통계자료집을 보면, 2017년 한 해 동안 전국에서 접수된 난민신청은 9,942건, 난민 지위를 인정받은 사람은 121명, 난민인정률은 1.51퍼센트에 불과하다. 1994년부터 2017년까지 난민 지위를 인정받은 사람은 총 792명뿐이었다.[49] 유엔난민기구(UNHCR)에 따르면 세계 190개국의 평균 난민 인정률은 29.9퍼센트다. 초라한 성적이 아닐 수 없다.

난민이란 누구인가? 난민은 본국의 박해를 피해 외국으로 피신한 사람을 통칭하는 말이다. 난민이 발생하는 이유는 정치적, 종교적, 사상적, 인종적 이유 등으로 다양하며, 지구화의 진전에 따라 그 수는 꾸준히 증가하고 있다. 유엔난민기구는 2011년 현재 전 세계 난민의 수는 2,590만 명에 이른다고 발표했다. 또한 최근 1년 동안 새로 증가한 난민만도 430만 명에 이르고 있다. 이들 가운데 87만 6,100명의 난민이 전 세계 각국에서 망명신청을 한 상태다.

아기 쿠르디의 주검 사진은 시리아 난민들의 절박함을 호소하고 유럽에서 난민 수용 분담을 촉구하는 시민청원운동이 시작되는 계기를 마련했다. 하지만 쿠르디의 죽음은 유럽 땅에 닿지 못하고 지중해에 수장된 수천 명의 목숨 가운데 하나일 뿐이었다. 지중해는 난민의 무덤이 되고 있다. 유럽의 난민 수용 문제는 여전히 해결되지 않고 있지만 쿠르디의 죽음이 굳게 닫혀 있던 요새 유럽의 문을 열게 했던 게 사실이었다. 익명의 통계 숫자보다 구체적인 한 개인의 이야기가 더 깊은 공감 효과를 불러일으킬 수 있음을 쿠르디의 사례에서 확인한다.

제주 예멘난민 사태로 들끓는 와중에 미담도 많았다. 국가인권위원회와 시민단체는 7월 초 이들에 대한 의료와 생계지원을 촉구했고, 제주출입국·외국인청은 제주도 내 일자리 부족 업종에 대한 예멘난민신청자의 취업을 지원했다. 종교단체나 제주 도민 개인 차원에서 삼삼오오 난민에게 거처와 음식을 제공하는 사례도 많았다. 한국과 예멘이 서로를 이해할 수 있도록 방과 후 학교를 연 사례도 있었다. 미담보다 중요한 것은 난민의 인권을 보장해주는 제도를 마련하는 일이다. 난민을 국가안보 차원이 아닌 인간으로 바라보는 인식의 전환이 필요하다.

다문화주의와
인종주의

한국의 '다문화' 담론 비판

다문화주의란 한마디로 '다르게 그러나 동시에 같게 대하라'는 원리다. 다문화주의의 철학적 기초를 제시한 찰스 테일러(Charles Taylor, 1931~)의 '인정의 정치' 이론은 다수의 영국계 주민과 소수의 프랑스계 주민이 공존해야 하는 캐나다에서 등장했다. 다문화주의는 자유주의만으로는 소수자의 평등한 권리를 인정할 수 없다는 문제점을 돌파하기 위해 나온 원리인 것이다. 요컨대 형식적인 평등이 아니라 차이를 인정하면서도 평등을 추구하자는 원리가 다문화주의다. 그런 의미에서 일본의 역사가 니시카와 나가오(西川長夫, 1934~)는 다문화주의를 "21세기의 인권선언"[50]이라고 부르기도 했다.

다문화주의는 본래 인종주의에 방패막이가 되어줄 수 있는 원리다. 영국계, 프랑스계, 북미 인디언 선주민들이 함께 살아가야 하는 캐나다, 영국계 이주민의 나라에서 백호주의를 부정하고 이민사회를 건설한 오스트레일리아, 영제국 지배가 끝나고 구 식민지들이 독립한 후 포스트 식민 이민사회로 급속하게 변모해간 영국에서 '다르게 그러나 동시에 같게 대하기'라는 다문화주의 원리는 인종주의에 저항하고 이주민들이 '여기 있어도 된다'는 존재의 근거를 마련해주는 이념이었다. 존재하고 있는 이주민을 인정하는 최소한의 근거가 된다는 말이다. 쿤드나니는 "다문화주의는 브리튼섬에 들어온 유색인 공동체가 생존과 권리를 요구하고 인종주의에 저항할 수 있는 규범적 근거"[51]를 마련해준다고 말했다.

영국 사회학자 알라나 렌틴(Alana Lentin, 1973~)과 거번 틸리(Gavan Titley)는 "다문화주의는 독(毒)이 든 선물이다. 문제는 다문화주의에 대한 공격이 다문화적 현실에 대한 공격으로 나타나고 있다는 것이다. 소수 극우파의 전유물이었던 다양성의 공존에 대한 공격이 주류 정치 무대로 옮겨오기 시작한 것이 오늘날 신자유주의 시대 유럽 정치가 처한 문제다. (…) 중요한 것은 다문화주의 위기론 이면에서 인종주의가 재등장하고 있다는 사실"[52]이라고 경고했다.

실제로 2000년대 이후 유럽 정치가 우경화되면서 다문화주의 실패 선언이 잇따랐고 그러는 사이에 인종주의가 노골적으로 되살아나는 현상을 보아도 다문화주의를 쉽사리 공격하거나 포기하는 것은 현명한 전략이 아님을 알 수 있다. 2000년대 초반만 해도 다문화주의와 다양성은 주류 정치권이 찬양하는 가치였다. 예컨대, 2001년 4월 19일, 영국 신노동당 정부의 외무장관 로빈 쿡(Robin Cook, 1946~2005)은 런던에서 열린 한 회의석상에서 "치킨 티카 마살라는 인기 있는 국민 음식이 되었다. 다문화주의는 경제와 사회에 긍정적인 요소일 뿐만 아니라 영국성(Britishness)을 구성하게 되었다"[53]며 다문화주의를 찬양했다. 인도의 카레 '치킨 티카 마살라'가 영국의 '피쉬 앤 칩스'와 어깨를 나란히 하는 음식이 되었다는 말이다. '치킨 티카 마살라'와 '피쉬 앤 칩스'의 공존이 상징하듯이, 다문화주의란 한 사회 안에 다양한 문화가 상호공존하는 상태를 바람직한 가치로 본다. 쿡의 발언은 1997년 집권한 이래 '쿨 브리태니아'(Cool Britania)를 내걸고 문화적 다양성이 넘치는 활기찬 영국 건설을 추진해온 블레어 정부의 다문화 정책에 대한 자신만만한 표현이었다.

하지만 그로부터 10년이 흐른 2011년 2월 5일, 보수당 총리 데이비드 캐머런(David Cameron, 1966~)은 뮌헨에서 열린 유럽안보회의에서 '다문화주의 실패'를 선언했다. 취임 후 첫 연설에서 캐머런은 '국가 다문화주의' 원리 아래 주류사회와 분리된 무슬림 소수집단의 존재와 문화를 장려해온 결과, 사회에 소속감을 갖지 못하는 젊은이들이 이슬람 근본주의에 물들어 테러리스트가 되는 과정을 방치했다고 주장한다. 여기에 덧붙여 이제는 다문화주의의 소극적 관용을 버리고 '능동적인 근육질 자유주의'(active muscular liberalism)로 돌아가야 할 때라고 말했다. 이러한 정치권의 성급한 다문화주의 실패 선언과 동화주의로의 전환은 이주민의 삶의 조건을 더 어렵게 만들고 있다.[54]

한국의 상황은 어떠한가? 정부도 언론도 시민사회도 '다문화', '다문화'를 외치고 있으니 영국과 달리 인종차별 걱정은 없는 것일까? 전혀 그렇지 않다. 한국에서는 소수자의 평등에 대한 인정을 요구하는 다문화주의의 본래 의미는 잊혀지고, 다문화주의가 정책 차원에서 매우 협소하게 정의되면서 독특한 '다문화' 개념이 '창조'되었다. '한국인'의 일부를 '외국인' 여성이 재생산하게 된 현실에 대응하고 국가 경쟁력을 높이기 위한 방안으로 탄생한 것이 한국의 '다문화 정책'이었다. 따라서 '다문화 정책'은 결혼이주자에 대한 사회통합 정책으로서 '동화주의'의 성격을 강하게 띠고 있다고 할 수 있다. 한국에서는 국가가 위로부터 아래로 시혜적으로 시행하는 '다문화 정책'이 '다문화 담론'을 주도하고 있는 것이다. 이렇게 형성된 '다문화 담론'이 미디어를 통해 무분별하게 유통되면서 '다문화'가 일종의 사회적 낙인이 되었다고 할 수 있다.

더욱 중요한 점은 '다문화 정책'의 범주에 이주노동자는 포함되지 않는다는 것이다. 이주노동자에 대한 정책은 '고용허가제'라는 별도의 틀 안에서 관리되고 있다. 결혼이주자에 대한 '다문화 정책'이든 이주노동자에 대한 '고용허가제'이든, 이주민의 필요를 아래로부터 건져 올리는 것이 아니라 국가의 인구 정책과 노동 정책 차원에서 사고되고 있는 것이다. 따라서 '다문화사회'를 지향하자는 한국사회의 '다문화 담론'에 기대어 이주민들이 소수자로서 자신들의 권리를 내세우고 차별에 저항하기란 힘든 상황이다.

한국의 '다문화' 담론은 한국인 선주민과 이주민 사이의 경계를 공고히 하고, 이주민을 불쌍한 온정의 대상으로 만들면서 은밀하게 차별을 내면화하는 데 일조하고 있다. 한국사회는 인종주의에서 결코 자유롭지 않으며, 한국의 다문화주의는 인종주의에 무력하다. 아니 더 나쁘게 말하면 인종주의를 조장한다고 할 수 있다.

다문화주의, 무엇이 문제인가?

이제 다문화주의에 대해 비판적으로 따져보자. 사실 '다르게, 그러나 같게 대하기'란 매우 어려운 과제다. 다문화주의는 모든 인간은 자유롭고 평등하다는 형식적인 자유주의 원리만으로는 소수자들의 권리를 보장할 수 없기 때문에 자유주의를 보완하는 원리로 나온 것이다. 원리상으로 보자면 다문화주의는 문화적 차이와 다양성에 대한 인정뿐만 아니라 정치적·경제적 평등과 재분배에 대한 요구를 포함한다. 하지만 실제로 다문화주의 논의에서 주로 거론되는 것은 문화적 다양성을 어떻게 보장하는가의 문제다. 따라서 다문화주의에 대한 첫 번째 비판은 문화적 다양성에 집착함으로써 사회적·경제적 불평등을 은폐한다는 것이다. 프레이저는 다문화주의가 권력관계와 정치적 권리의 배분과 경제적 재분배 문제를 문화적 차이로 치환해 탈(脫)정치화를 해버린다고 비판한 바 있다.[55]

다문화주의의 탈정치성은 문화와 정체성에 대한 본질주의적 이해라는 다문화주의에 대한 두 번째 비판으로 이어진다. 문화란 언제나 변화하는 것이고 혼종적인 것인데 다문화주의에서는 이를 매우 본질적으로 정의하고 있다. 또한 다문화주의는 소수자 집단의 문화를 매우 동질적인 것으로 파악하는 경향을 보인다. 소수자 공동체는 단일한 '문화'를 공유하는 동질적 집단으로 취급되고, 구성원들의 개인적 차이와 계급·젠더에 따른 차이는 쉽사리 망각된다.[56] 집단의 문화적 정체성을 본질주의적으로 파악하게 되면 인간은 그가 태어나 '우연히' 속하게 된 공동체의 특징으로 환원되고, 집단 정체성과 개인 정체성이 갈등을 일으킬 경우 개인의 자유를 억압하는 결과를 낳게 된다.

마지막으로 다문화주의는 쉽게 자본의 논리에 종속된다는 비판이 있다. 즉, 문화적 다양성이 쉽게 상품화된다는 것이다. 프랑스의 철학자 알랭 바디우(Alan Badiou, 1937~)는 오늘날 다문화주의가 정치적으로 적극적인 전망을 열어주지 못하는 이유는 다문화가 자본의 자기유지 수단이 되고 있기 때문이라고 지적한다. 화폐가 일반적 등가물로서 교환수단의 역할을 온전히 발휘하기 위해서는 지속적으로 수많은 새롭고 이질적인 것을 필요로 한다. 결국 '차이'(difference)에 대한 열광은 '다문화의 상품화'로 귀결된다는 것이다.[57] 또한 지젝은 다문화주의를 다국적 자본주의의 문화논리라고 비판한다. 지젝은 우리가 인종적 소수자와 동성애자의 권리, 독특한 삶의 양식을 향유할 권리를 위해 싸우고 있을 때 자본주의는 승리의 행진을 의기양양하게 이어간다고 설파한다.[58]

한국사회에서 다문화주의는 결국 또 다른 인종주의라는 불편한 진실을 어떻게 마주해야 할까? 먼저 한국에서 인종주의는 무의식적 욕망이 투영된 이데올로기로 작동하고 있으며 현재의 다문화주의는 인종주의의 새로운 버전에 다름 아니라는 주장에 대해 검토해야 한다. 다문화주의는 시민사회의 윤리적 규범으로서 제시될 수 있는 원리인가 아니면 탈정치화된 지배 이데올로기의 새로운 버전에 불과한가? 이 문제에 대한 검토가 필요하다. 지젝은 다문화주의란 '변형된 인종주의'에 다름 아니라고 주장한다. 다문화주의는 타자를 폐쇄적이고 자족적인 공동체로 간주함으로써 타자의 문화와 정체성을 존중하고 함부로 개입하지 않도록 거리를 둔다. 이로써 주체의 문화와 정체성이 갖는 보편적 위치는 도전받지 않고 유지될 수 있다. 지젝에게 다문화주의란 '거리를 두는 인종주의'[59]이며, 전 지구적 자본주의 이데올로기에 불과한 것이다.

친근한 예를 살펴보자. 방글라데시 이주민이 많이 거주하기 때문에 '벵글러타운'(Banglatown)이라 불리는 런던 이스트엔드의 브릭레인(Brick Lane)은 1990년대 도시 재개발을 통해 인도 식당가로 변모했다. 2014년 4월 16일 세월호 사건 이후 '세월호의 도시'가 된 경기도 안산은 한때 '이주민의 수도'였다. 안산은 원래 한국에 이주해 들어오기 시작한 이주노동자들이 자연스레 모여 살게 된 곳이었다. 그런데 '다문화'가 유행처럼 번지면서 안산은 '다문화 특구'라는 이름으로 개발되기 시작했고, 집값이 오르고 집세가 올라가면서 이주노동자들은 더 집값이 싼 곳을 찾아 떠날 수밖에 없었다. 현재 그곳은 정비된 거리에 에스닉 레스토랑들이 들어서 있고 사람들은 이국적인 음식문화를 체험하러 온 관광객으로 붐비는 곳이 되었다. 브릭레인과 안산은 다문화가 어떻게 '소비'되는가, 다양한 문화가 어떻게 자본에 의해 손쉬운 소비 대상으로 변신하는가를 생생히 보여주는 사례다.

　다시 지젝의 말을 빌리면, 다문화주의와 인종주의가 연결되는 맥락은 '지구화'다. 지난 20여 년 동안 가속화되어온 지구화 과정은 생활의 모든 층위에서 세계적 표준을 받아들이도록 강요했는데, 이런 세계화, 지구화 과정에서 특수성을 보존하는 방식은 자신이 고유한 영국인, 인도인, 일본인, 한국인이라는 민족적 환상에 집착하는 것이었다. 따라서 최근 증가하는 종교적 근본주의와 외국인 혐오는 초국가적 자본에 위협받는 민족주의의 반응이라는 것이다.[60]

　지젝의 신랄한 다문화주의 비판을 한국사회에 그대로 적용할 수 있을까? 지젝이 단칼에 잘라 말하듯 다문화주의는 새로운 인종주의 이데올로기에 불과하다고 단정할 수 있을까? 다문화주의 논의에서 핵심은 탈정치화 담론으로서 다문화주의를 어떻게 벗어날 것인가에 있다고 할 수 있다. 다문화주의는 적극적 정치원리가 될 수 없는가?

　다문화주의의 한계는 다문화주의이든 동화주의이든 정책 차원에서는 국가가 이주민을 통합하는 방식의 차이에 불과할 수 있다는 데 있다. 하지만 다문화주의는 단순히 이민정책을 실천하는 차원에서 끝나지 않는다. '다문화주의란 무엇인가'라는 질문에 대해 영국의 사회학자 타릭 머두드(Tariq Modood, 1952~)는 새롭게 개혁된 국가정체성이 바로 다문화주의[61]라고 대답했다. 유럽에서 다문화주의는 사람들의 이동, 즉 옛 식민지로부터 들어온 이주민의 유입에 따른 사회통합의 필요성에서 생겨난 것이다. 그리고 이주민들이 자신의 존재 '인정'(recognition)을 요구하면서 기존 백인 유럽인 중심의 국민국가 정체성에 균열이 생겼고 국가정체성을 재정의해야 할 필요성이 생긴 것이다. 미국에서 다문화주의는 흑인, 여성, 동성애자 권리 운동에서 출발한 '정체성 정치'(identity politics)를 칭하는 용어다. 인정받지 못한 소수자 집단의 인정투쟁, 이것이 바로 다문화주의의 핵심이다. 인정은 '허락'과 다르다. 우리는 그 누구도 승인받아야 할 존재가 아니다. 다문화주의에서 말하는 인정이란 차이는 이미 존재하고 있으니, 그 차이를 있는 그대로 인정하라는 준엄한 요구다. 하지만 다문화주의는 '독이든 성배(聖杯)'임에 틀림없다. 약은 곧 독이고, 독은 곧 약이다. 인종주의에 맞서기 위해서는 함부로 폐기하기보다는 고쳐 쓰고 바꿔 쓰면서 다문화주의 그 너머를 상상해야 할 것이다.

이제 우리는 다문화주의에서 더 나아가 '이주민의 권리', '이주민의 인권'을 이야기해야 한다. 다문화주의가 요구하는 윤리는 '관용'이다. 관용은 16세기 유럽에서 일어난 종교개혁 시기에 처음 그 모습을 드러냈다. 가톨릭교회가 보편으로 군림하던 기독교 세계에 프로테스탄트가 등장하면서 보편 세계의 통일성은 깨졌다. 한 마을에 사는 사람들이 구교도와 신교도로 갈라지고 서로 다른 신앙을 갖게 되면서 심각한 갈등이 초래됐고 피비린내 나는 종교전쟁으로 치달았다. 관용은 종교개혁과 종교전쟁을 거치면서 다른 신념을 가진 사람들이 어쩔 수 없이 같이 살아야 할 때 탄생한 윤리다. 싫지만 눈감아주고 인정해

주는 것이다. 관용은 언제나 조건부로 주어지기 때문에, 그 조건이 만족되지 않으면 언제든지 불관용으로 갈 수 있다. 이렇게 소극적인 가치인 관용은 이주민과 함께 살아가야 하는 공존의 윤리도 선주민에 비해 불리한 위치에 놓인 이주민의 권리를 보장하는 평등의 원리도 될 수 없다. 관용이 아니라 인간이면 누구나 가지는 권리, 즉 인권의 문제로 접근해야 한다. 다문화주의와 인권을 함께 이야기해야 하는 이유가 여기에 있다.

바이런 킴, 〈제유법〉, 1991년~현재.
한국계 미국 미술가 바이런 킴(Byron Kim, 1961~)의 작품이다. 커다란 직사각형 화면은
가로 25.4센티미터, 세로 20.3센티미터의 작은 직사각형들로 이루어져 있다.
작은 직사각형은 캘리포니아에서 나고 자란 작가가 지인들의 피부색을 보고 칠한 것이라고
한다. 진갈색, 베이지색, 연분홍색, 커피색, 살구색, 회백색, 흑갈색……. 어느 색 하나
같지 않다. 이 작품의 제목이기도 한 '제유법'은 부분으로 전체를 표현하는 수사법이다.
피부색이란 한낱 피부 한 꺼풀의 색일 뿐인데 인종주의는 피부색이라는 한 부분을 인격
전체로 확대해 있지도 않은 의미를 부여한다. 나와 너를 구분 짓고, 낙인찍힌 사람들을
공동체 밖으로 밀어내며, 권리를 박탈한다. 그러나 이제 우리는 안다. 백인도 흑인도 황인도
없다는 것을. 다양한 피부색을 지닌 개성 넘치는 사람들이 존재할 뿐.

나가는 글

『낙인찍힌 몸』에서 나는 근대 과학이 어떻게 인종을 발명했는지, 인종주의가 어떻게 다양한 인간의 몸을 인종이라는 억지 틀에 가두고 낙인찍어왔는지에 대해 썼다. 흑인, 유대인, 무슬림, 이주민, 난민은 인종화된 몸을 갖게 된 소수자의 이름들이었다. 미국의 인디언 법 전문가 펠릭스 S. 코헨(Felix S. Cohen, 1907~1953)은 이런 말을 한 적이 있다. "인디언은 미국사회에서 유대인이 독일에서 맡았던 것과 흡사한 역할을 하고 있다. 광부의 카나리아처럼 인디언은 우리의 정치적 환경이 신선한 공기에서 독가스로 바뀔 때 그 변화를 알려준다."[1] 미국인에게 인디언이, 독일인에게 유대인이, 이스라엘인에게 팔레스타인인이 그러한 것처럼 한국인에게는 이주민과 난민이 '광부의 카나리아' 같은 존재라고 생각한다.

한국사회에서 이주민의 존재 의미를 생각할 때 떠오르는 이름이 있다. 바로 미누다. 미누는 네팔 사람이고 본명은 미노드 목탄(Minod Moktan, 1971~2018)이다. 1992년 산업연수생으로 입국한 그는 18년을 노동했고, 2009년 10월 이명박 정부 때 표적단속으로 잡혀 화성외국인보호소에 보름 동안 수용되었다가 강제출국을 당했다. 미누는 그를 주인공으로 한 지혜원 감독의 영화 〈안녕, 미누〉(Coming to you, Minu)가 2018년 9월 13일 제10회 DMZ 국제다큐영화제의 개막작으로 선정되어 행사에 참석하기 위해 추방 9년 만에 한국에 올 수 있었다. 그런데 귀국 한 달 후인 10월 14일, 네팔 자택에서 돌연 심장마비로 사망했다. 나는 미누를 만난 적은 없다. 2012년 미누와 스탑크랙다운(Stop Crackdown) 밴드의 활동을 다룬 〈우리가 원하는 것〉(어속타파, 박수현 감독) 영상을 통해 보았을 뿐. 하지만 그의 죽음은 덤덤하게 받아들여지지 않았다.

　'다문화' 축제라고 하면, 전국노래자랑 같은 무대에서 외국인들이 서툰 한국어로 한국 민요나 유행가를 부르는 것을 떠올리던 시절, 미누와 동료들은 5인조 밴드 스탑크랙다운을 결성해 이주노동자 문화운동을 했다. 2003년 11월에 결성된 스탑크랙다운은 미누, 소모뚜, 소티하, 해리, 송명훈 다섯으로 이루어진 다국적 밴드였다. 소모뚜와 소티하는 미얀마인, 해리는 인도네시아인, 송명훈은 한국인이다.[2] 스탑크랙다운의 2집 앨범 『자유』에는 박노해의 시 「손무덤」에 곡을 붙인 동명의 노래가 들어 있다. "기계 사이에 끼어 팔딱이는 손을 비닐봉지에 싸서 품에 넣고서, 화사한 봄빛에 흐르는 행복한 거리를, 나는 미친 놈처럼 한없이 헤매 다녔지." 그가 공연할 때마다 손에 꼈던 빨간 목장갑은 잘려나간 노동자의 손가락을 의미했다.[3] 1970년대 한국이 한창 고도 경제성장기를 지나고 있을 때 시골에서 올라와 서울의 작은 공장에 취직했던 우리 삼촌은 프레스 기계에 손이 잘릴까봐 언제나 조마조마해 했다. 1980년대 이라크로 일하러 갔던 막내 삼촌이 보내온 편지에는 안전그물 하나 없는 바다 위에서 큰 배에 매달려 용접을 한다고 쓰여 있었다. 막내 삼촌이 돌아오던 그날까지 눈물이 마르지 않았던 할머니의 모습. 미누는 그렇게 내 안에 잊고 있던 기억을 끄집어내곤 했다. 그리고 내게 할 수 있는 일을 해보라고 거듭 말 걸기를 했다.

그렇다면 인종주의가 낙인찍어온 몸에서 벗어나 자율적인 몸을 복원하기 위해서는 무엇이 필요할까? 한국사회의 일상과 제도에 스며들고 있는 인종주의에 대처하기 위해 무엇을 해야 할까?

우선 일상의 차원에서 나와 다른 사람을 규정짓고 판단하는 말에 예민해질 필요가 있다. "새까만 애", "무자비한 무슬림", "잔인한 조선족" 같은 스테레오타입을 반복하지 않도록 조심해야 한다. 차별과 혐오는 농담처럼 던지는 사소한 말 속에도 깃들기 때문이다. 혐오의 말을 하지 않는 것만큼 중요한 건 듣는 귀를 여는 일이다. 알아듣는 이에게 비명은 소음이 아니라 목소리가 된다. 피부색이 다른 이주노동자에게서 생활 이야기를 듣는 일, 난민신청자에게 어떻게 한국까지 오게 되었는지 듣는 일은 인종차별에 맞서는 행동의 시작이다. 타자의 몸에 덧씌워진 고정관념을 기꺼이 내려놓고 귀 기울여 들으려는 태도야말로 주체와 타자, 나와 낯선 이를 이어주는 끈이 된다. 말하고 듣는 행위는 동등한 관계를 전제로 하기 때문이다.

미누와 스탑크랙다운 밴드는 자신들이 온정의 대상이 되는 것도, 단속과 추방, 차별의 대상이 되는 것도 거부했다. 미누와 동료들에게, 화성외국인보호소에 갇혀 있던 미누에게, 네팔에서도 한국에 대한 짝사랑을 지속했던 미누에게, 우리가 보냈던 공감은 동정이 아니라 동행일 수 있었음을 잊지 말아야 한다. 심보선 시인의 「외국인들」에 나오는 시구처럼, 우리에게 필요한 것은 "선행과 상관없는 동행"[4], '동정'이 아닌 '동행'을 언제까지고 반복하는 일이 아닐까.

또한 인종주의가 기입되고 있는 제도에 대한 개선이 시급하다. 2004년부터 시행된 고용허가제는 이주노동자를 노동자로 인정하지 않음으로써 인종차별과 권리침해에 대처하지 못하게 만드는 구조적인 문제를 안고 있다. 인권의 차원에서 이주노동에 대한 제도 전반을 재검검해야 한다. 혐오의 말이 도를 넘고 있고 극우의 정치세력화가 우려되는 요즘이기에 인종주의가 더 이상 힘을 얻지 않도록 골든타임을 놓치지 않는 것이 중요하다. 특히 법과 제도 차원에서 인종주의에 맞서기 위해 포괄적 차별금지법 제정이 반드시 필요하다. 모든 차별은 연결되어 있다. 인종차별, 여성차별, 계급차별은 어김없이 공존한다. 존재의 대연쇄, 아니 '차별의 대연쇄'랄까? 차별받는 소수자가 다른 소수자를 더 아프게 차별하는 경우와 종종 맞닥뜨리게 되는 것도 이와 관련이 있을 것이다. 혹시 한국인 노동자와 이주노동자가, 정규직과 비정규직이 누가 더 아프고 누구의 상처가 더 많이 곪았는지 경쟁하고 있는 것은 아닌지 돌아볼 필요가 있다. 그것만큼 어리석은 일이 어디 있겠는가. 포괄적 차별금지법은 2007년부터 여러 차례 국회에서 발의되었으나 2019년 현재까지도 제정되지 못하고 있다. 법은 최대치를 해주지 않지만 인종, 민족, 계급, 성, 성적지향, 장애유무 등을 기준으로 인간을 구분하고 값을 매기는 모든 차별에 대항하는 최소한의 기준을 마련해줄 수 있다. 차별금지법은 그 자체가 목적이 아니지만 인권의식을 벼리는 계기를 만들어줄 것이다. 부족하지만 이 책이 이와 관련해 목소리를 내며 애쓰는 분들, 곳곳에서 인종주의에 맞서 싸우는 분들, 더 나은 세상을 꿈꾸며 그 실현을 위해 고군분투하는 모두에게 작은 도움과 응원의 메시지가 되길 바란다.

책을 마무리하며 감사의 마음을 전해야 할 분들이 많다. 책을 쓰게 된 첫 계기는 2015~2016년 중앙대학교 자유인문캠프의 강연과 강의였다. 학점을 주어야 하는 대학 강의와 달리 자발적으로 모인 다양한 학생들과의 만남은 자유롭고 즐거웠다. 교수자와 학습자가 함께 배우는 '자기교육'이라는 자유인문캠프의 모토에 충실하게 학생들과 함께 성장할 수 있었다.

고려대학교 민족문화연구원의 『웹진 민연』에 연재한 글들 중 일부는 이 책의 토대가 되었다. 책을 출간하게 된 직접적인 계기도 『웹진 민연』의 연재 글을 보고 돌베개 출판사 윤현아 편집자님이 연락을 준 덕분이었다. 부족한 필자를 격려와 칭찬으로 북돋우며 이끌어준 윤현아 님에게 특별히 감사한다. 마음을 다해 책을 만드는 편집자와의 만남은 최고의 행운이었다. 책은 여러 사람의 노동이 집약된 산물이라는 사실도 새삼 깨달았다.

책을 엮고 묶는 노동을 해주신 모든 분들께 감사한다.

지구지역행동네트워크 글로컬 세미나팀의 고정갑희, 고가영, 박수경, 오승은, 이은숙 선생님께도 감사의 마음을 전해야겠다. 1년 반 동안 매달 만나면서 문제의식을 공유하고 글로컬 스터디즈의 가능성을 모색하는 공부 모임은 늘 흥미진진하다. 책 구상 단계에서부터 조언과 비판을 아끼지 않았고, 바쁜 중에도 원고를 읽어주셨다. 언제나 날카로운 질문으로 나를 긴장하게 하는 고려대학교 수강생들도 잊지 말아야겠다.

연세대학교 김현미 선생님께서는 인종차별 반대 토론회 등에서 몇 번 뵈었을 뿐 아무런 학연이 없는데도 선뜻 추천사를 써주셨다. 이재갑 작가님께서는 귀한 사진을 싣도록 허락해주셨다. 감사드린다. 마지막 교정을 봐준 이상덕 선생, 주나미 박사와 장민석 군에게도 고마운 마음을 전한다.

끝으로 아버지와 어머니께 감사드리고 싶다. 돌아가신 아버지는 평생 신문과 책 편집 일을 하셨다. 편집자의 노동을 지켜보며 아버지 생각이 많이 났다. 그곳에서도 필시 책을 보고 계실 아버지, 평안하시길 빈다. 아직도 일용할 밥을 지어주시는 어머니는 요즘 유튜브로 노래 듣는 재미에 빠지셨다. 어머니의 노년이 행복하시길 빈다.

2019년 7월
염운옥

들어가는 글

1   크리스티앙 들라캉파뉴, 하정희 옮김, 「인종차별의 역사」, 예지, 2013, 204쪽.

2   조르조 아감벤, 박진우 옮김, 「호모 사케르」, 새물결, 2008, 250~251쪽.

3   Steve Garner and Saher Selod, "The Racialization of Muslims : Empirical Studies of Islamophobia," *Critical Sociology* 41 (1), 2015, p. 4.

4   프란츠 파농, 노서경 옮김, 「검은 피부, 하얀 가면」, 문학동네, 2014, 223쪽.

5   「검은 피부, 하얀 가면」, 223쪽.

1. 인종에 갇힌 몸들

1   박종욱, 「반유대주의 운동과 스페인 근대 종교재판소에 있어서 거짓 개종 유대인 문제」, 「이베로아메리카」, 10 (2), 2008, 173쪽.

2   서영건, 「중세 말 스페인의 콘베르소 문제와 '피의 순수성' 법령의 제정」, 「지중해지역연구」 12 (4), 2010, 120쪽.

3   Paul C. Taylor, *Race : A Philosophical Introduction*, Cambridge : Polity Press, 2013, p. 39.

4   *Race : A Philosophical Introduction*, p. 40.

5   Ivan Hannaford, *Race : The History of an Idea in the West*, Baltimore :

The Johns Hopkins University Press, 1996, p. 191.

6   Nicholas Hudson, "From Nation to Race : The Origin of Racial Classification in Eighteenth-Century Thought," *Eighteenth-century Studies* 29(3), 1996, p. 247.

7   메리 루이스 프랫, 김남혁 옮김, 「제국의 시선」, 현실문화, 2015, 32쪽.

8   「제국의 시선」, 35쪽.

9   George L. Mosse, *Toward the Final Solution : A History of European Racism*, Madison : University of Wisconsin Press, 1978, p. 16.

10 「제국의 시선」, 55~56쪽.

11 「제국의 시선」, 62~63쪽.

12 Tore Frängsmyr, Sten Lindroth, Gunnar Eriksson, *Linnaeus : The Man and His Work*, Canton, MA : Science History Publication, 1994, p. ix.

13 *Linnaeus : The Man and His Work*, p. 1.

14 Bengt Jonsell, "Linnaeus in 20th Century Sweden," *Botanical Journal of the Linnean Society* 109, 1991, pp. 515~517.

15 「제국의 시선」, 67쪽.

16 Linnaeus, *Philosophie boatanique*, p. 212, 미셸 푸코, 이규현 옮김, 「말과 사물」, 민음사, 2012, 214쪽에서 재인용.

17 Ibid.

18 C. Loring Brace, *"Race" is a Four-Letter Word : The Genesis of the Concept*, New York, Oxford : Oxford University Press, 2005, p. 26.

19 *Linnaeus : The Man and His Work*, p. 156.

20 니나 자블론스키, 진선미 옮김, 「스킨」, 양문, 2012, 107~135쪽; 이상희·윤신영, 「인류의 기원」, 사이언스북스, 2015, 95~102쪽.

21 론다 쉬빙어, 「젖가슴과 영장류 동물학, 그리고 성과학」, 로이 포터·미쿨라시 테이흐 엮음, 이현정·우종민 옮김, 「섹슈얼리티와 과학의 대화」, 한울, 2001, 240쪽.

22 Staffan Müller-Wille, "Linnaeus and the Four Corners of the World," K. A. Coles, R. Bauer, Z. Nunes and C. L. Peterson, eds., *The Cultural Politics of Blood, 1500~1900*, Basingstoke : Palgrave Macmillan, 2015, p. 196.

23 "Linnaeus and the Four Corners of the World," p. 200.

24 Roxann Wheeler, *The Complexion of Race : Categories of Difference in Eighteenth-Century British Culture*, Philadelphia : University of Pennsylvania Press, 2000, p. 17.

25 발렌틴 그뢰브너, 김희상 옮김, 『너는 누구냐』, 청년사, 2005, 167~180쪽.

26 퍼트리샤 파라, 김학영 옮김, 『우리가 미처 몰랐던 편집된 과학의 역사』, 21세기북스, 2010, 262쪽; 마이클 키벅, 이효석 옮김, 『황인종의 탄생』, 현암사, 2016, 92~96쪽.

27 *Linnaeus : The Man and His Work*, p. 39.

28 "Linnaeus and the Four Corners of the World," pp. 197~198.

29 *The Complexion of Race*, pp. 22~24.

30 "Linnaeus and the Four Corners of the World," p. 192.

31 *The Complexion of Race*, p. 31.

32 「젖가슴과 영장류 동물학, 그리고 성과학」, 240쪽.

33 「젖가슴과 영장류 동물학, 그리고 성과학」, 236~237쪽.

34 Lisbet Koerner, *Linnaeus : Nature and Nation*, Cambridge, MA : Harvard University Press, 1999, pp. 69~70.

35 David Ferris, *Silent Urns : Romanticism, Hellenism, Modernity*, Stanford : Stanford University Press, 2000, pp. 2~4.

36 Partha Mitter, "Greece, India, and Race among the Victorians," Daniel Orrells, Gurminder K. Bhambra and Tessa Roynon, eds., *African Athena : New Agendas*, Oxford : Oxford University Press, 2011, p. 57.

37 Artemis Leontis, *Topographies of Hellenism : Mapping the Homeland*, Ithaca : Cornell University Press, 1995, p. 10.

38 마틴 버낼, 오흥식 옮김, 『블랙 아테나 1』, 소나무, 2006, 311~314쪽.

39 김봉철, 「고대 그리스 문명은 '유럽적인' 문명인가」, 한국서양사학회 엮음, 『유럽중심주의 세계사를 넘어 세계사들로』, 푸른역사, 2009, 96쪽.

40 요한 요아힘 빈켈만, 민주식 옮김, 『그리스 미술 모방론』, 이론과 실천, 1995, 74~75쪽.

41 Daniel Purdy, "The Whiteness of Beauty : Weimar Neo-Classicism and the Sculptural Transcendence of Color," Birgit Tautz, ed., *Amsterdamer Beiträge zur neueren Germanistik, Colors 1800/1900/2000 : Signs of Ethnic Difference*, Amsterdam : Rodopi, 2004, p. 88; Mark Bradley, "The Importance of Colour on Ancient Marble Sculpture," *Art History* 32(3), 2009, pp. 427~457.

42 『그리스 미술 모방론』, 158쪽.

43 "The Importance of Colour on Ancient Marble Sculpture," p. 434.

44 "The Whiteness of Beauty," p. 92.

45 Alex Potts, *Flesh and the Ideal : Winckelmann and the Origins of Art*

History, New Haven and London : Yale University Press, 1994, p. 164.

46 Walter Pater, *Renaissance : Studies in Art and Poetry*, New York : Macmillan, 1904, p. 224.

47 데이비드 바츨러, 김융희 옮김, 「색깔 이야기」, 아침이슬, 2002, 26~56쪽.

48 괴테, 장희창 옮김, 「색채론」, 민음사, 2003, 671~672쪽.

49 「색채론」, 835쪽.

50 "The Whiteness of Beauty," p. 84.

51 양정무, 「서양미술사의 인종적 기원 : 그리스인의 피와 그리스인의 몸으로」, 「서양미술사학회논문집」 28, 2008, 160쪽.

52 「그리스 미술 모방론」, 34쪽.

53 「블랙 아테나 1」, 312쪽.

54 Miriam Claude Meijer, *Race and Aesthetics in the Anthropology of Petrus Camper, 1722~1789*, Amsterdam : Rodopi, 1999, pp. 108~109.

55 Miriam Claude Meijer, "Bones, Law and Order in Amsterdam : Petrus Camper's Morphological Insights," Klaas van Berkel and Bart Ramakers, eds., *Petrus Camper in Context : Science, the Arts, and Society in the Eighteenth-century Dutch Republic*, Hilversum : Verloren, 2015, pp. 204~205.

56 *"Race" is a Four-Letter Word : The Genesis of the Concept*, p. 32.

57 *Race and Aesthetics in the Anthropology of Petrus Camper, 1722~1789*, pp. 139~144.

58 Michael R. Lynn, "Review : Race and Aesthetics in the Anthropology of Petrus Camper, 1722~1789," *Journal of the History of Medicine and Allied Sciences* 57(2), 2002, p. 229.

59 Klaas van Berkel and Bart Ramakers, "Petrus Camper in Context : An Introduction," Klaas van Berkel and Bart Ramakers, eds., *Petrus Camper in Context : Science, the Arts, and Society in the Eighteenth-century Dutch Republic*, Hilversum : Verloren, 2015, pp. 14~15.

60 H. F. Augstein, "From the Land of the Bible to the Caucasus and Beyond : The Shifting Ideas of the Geographical Origin of Humankind", Waltraud Ernst and Bernard Harris, eds. *Race, Science and Medicine, 1700-1960*, New York : Routledge, 1999, 2001, pp. 62~63.

61 *"Race" is a Four-Letter Word : The Genesis of the Concept*, p. 45.

62 "From the Land of the Bible to the Caucasus and Beyond," p. 63.

63 David Bindman, *Ape to Apollo : Aesthetics and the Idea of Race in the*

18th Century, Ithaca : Cornell University Press, 2002, p. 12.

64 Kay Anderson & Colin Perrin, "Thinking with the Head," *Journal of Cultural Economy* 2(1-2), 2009, pp. 86~87.

65 설혜심, 「서양의 관상학 그 긴 그림자」, 한길사, 2002, 278~280쪽.

66 피터 보울러·이완 리스 모러스, 김봉국·홍성욱·서민우 옮김, 「현대과학의 풍경 2」, 궁리, 2008, 106~107쪽.

67 Colin Kidd, "Race, Empire, and the Limits of Nineteenth-century Scottish Nationhood," *The Historical Journal* 46(04), 2003, p. 883.

68 에이드리언 데스먼드·제임스 무어, 김명주 옮김, 「다윈 평전」, 뿌리와이파리, 182쪽.

69 스티븐 J. 굴드, 김동광 옮김, 「인간에 대한 오해」, 사회평론, 2003, 113~138쪽.

70 David Theo Goldberg, *Racist Culture : Philosophy and the Politics of Meaning*, Oxford : Blackwell, 1993, pp. 50~51.

71 이정희, 「인종연구에서 사진 이미지의 역할 : 아가시의 노예 다게레오타입을 중심으로」, 「인간연구」 17, 2009, 224쪽, 232쪽.

72 Brian Wallis, "Black Bodies, White Science : Louis Agassiz's Slave Daguerreotypes," *American Art* 9(2), 1995, p. 57.

73 Anne Maxwell, *Picture Imperfect : Photography and Eugenics, 1870-1940*, Eastbourne : Sussex Academic Press, 2008, 2010, pp. 86~92.

2. 검은 몸의 노예, 저항의 언어

1 권은혜, 「오바마 재선과 탈인종 미국의 신화 넘어서기」, 「역사와 문화」 25, 2013, 45~46쪽.

2 Floyd James Davis, *Who Is Black?: One Nation's Definition*, University Park : The Pennsylvania State University Press, 2001, pp. 42~43.

3 신문수, 「타자의 초상」, 집문당, 2009, 29쪽.

4 Nikki Khanna, "'If You're Half Black, You're Just Black' : Reflected Appraisals and the Persistence of the One-drop Rule," *The Sociological Quarterly* 51(1), 2010, pp. 96~121.

5 Gregory Jaynes, "Suit on Race Recalls Lines Drawn Under Slavery," *The New York Times*, 30 September 1982.

6 Barbara J. Field, "Ideology and Race in American History," J. Morgan Kousser and James M. McPherson, eds., *Region, Race, and Reconst-*

ruction: *Essays in Honor of C. Vann Woodward*, New York: Oxford University Press, 1982, p. 146.

7 Stuart Hall, "Old and New Identities, Old and New Ethnicities," Les Beck and John Solomos, eds., *Theories of Race and Racism: A Reader*, London: Routledge, 1999, p. 149.

8 패트릭 엘렌, 곽명단 옮김, 「나는 내가 아니다」, 우물이 있는 집, 2001, 153~154쪽.

9 Jean-Paul Sartre, "Orphée noir," 김종갑, 「타자로서의 몸, 몸의 공동체」, 건국대학교 출판부, 2004, 102쪽에서 재인용.

10 김병욱, 「「검은 오르페우스」와 네그리튀드: 프랑스어권 제3세계의 민족 정체성 추구」, 「한국프랑스학논집」, 59, 2007, 221쪽.

11 Frantz Fanon, *Black Skin, White Masks*, London: Pluto Press, 2008, p. 84.

12 *Black Skin, White Masks*, pp. 84~85

13 넬라 라슨, 서숙 옮김, 「패싱」, 글빛, 2006, 71~73쪽.

14 김민아, 「'뉴 니그로'(New Negro) 미술에 나타난 백인 모방의 탈식민성」, 「미술사학보」, 44, 2015, 131~132쪽.

15 존 하워드 그리핀, 하윤숙 옮김, 「블랙 라이크 미」, 살림, 2009, 35쪽.

16 로버트 보나지, 「발문」, 「블랙 라이크 미」, 404쪽.

17 Richard Pérez-Peña, "Black or White? Woman's Story Stirs Up a Furor," *The New York Times*, 12 June 2015.

18 Rogers Brubaker, *Trans: Gender and Race in an Age of Unsettled Identities*, Princeton: Princeton University Press, 2016, p. 16.

19 Colette Guillaumin, *Racism, Sexism, Power and Ideology*, New York: Routledge, 1995, p. 6.

20 크리스티앙 들라캉파뉴, 하정희 옮김, 「노예의 역사」, 예지, 2015, 140쪽.

21 주경철, 「대항해시대」, 서울대출판부, 2008, 296~301쪽.

22 「노예의 역사」, 168쪽, 각주 4.

23 Paul E. Lovejoy, "The Volume of the Atlantic Slave Trade: A Synthesis," *Journal of African History* 23, 1982, p. 473.

24 마커스 레디커, 박지순 옮김, 「노예선」, 갈무리, 2018, 315쪽.

25 Eric Williams, *Capitalism and Slavery*, Chapel Hill: The University of North Carolina Press, 1943, p. 19.

26 Barbara L. Solow & Stanly L. Engerman, ed., *British Capitalism and Caribbean Slavery*, Cambridge, Cambridge University Press, 2004, p. 1.

27 스벤 베커트, 김지혜 옮김, 『면화의 제국』, 휴머니스트, 2018, 188쪽.

28 윤영휘, 「흑인 노예 출신 작가들과 영국 노예무역 폐지운동의 발전 : 산초, 쿠고아노, 에퀴아노를 중심으로」, 『역사와 문화』 28, 2014, 185~186쪽.

29 Paul E. Lovejoy, "Autobiography and Memory : Gustavus Vassa, alias Olaudah Equiano, the African," *Slavery and Abolition* 27(3), 2006, p. 337.

30 William R. Cotter, "The Somerset Case and the Abolition of Slavery in England," *History* 79(255), 1994, pp. 31~56.

31 염운옥, 「기념의 과잉, 기억의 부재 : 영국 노예무역 폐지 200주년 기념」, 『서양사론』 110, 2011, 298~323쪽 참조.

32 이영효, 「18세기 말 '대서양 흑인'(Black Atlantic)의 삶과 의식」, 『역사교육』 110, 2009, 191쪽.

33 *The Interesting Narrative of The Life of Olaudah Equiano or Gustavus Vassa, The African, Written by Himself*, 1789, p. 10.

34 Paul E. Lovejoy, "Olaudah Equiano or Gustavus Vassa : What's in a Name?," *Atlantic Studies* 9(2), 2012, p. 167.

35 "Olaudah Equiano or Gustavus Vassa," p. 173.

36 『노예선』, 133쪽, 443쪽.

37 *The Interesting Narrative of The Life of Olaudah Equiano*, p. 37.

38 James Walvin, *An African's Life : The Life and Times of Olaudah Equiano 1745-1797*, London and New York : Continuum, 1998, p. 156.

39 H. Reginald Jarrett, "Some Aspects of the Urban Geography of Free-town, Sierra Leone," *Geographical Review* 46(3), 1956, p. 345.

40 "Some Aspects of the Urban Geography of Freetown," p. 346.

41 Iain McCalman, ed., *Horrors of Slavery and Other Writings by Robert Wedderburn*, New York : Marcus Wiener, 1991, pp. 89~90.

42 *The Interesting Narrative of The Life of Olaudah Equiano*, p. 140.

43 Letter from Olaudah Equiano to Thomas Hardy, 1792, PRO TS 24/12/2.

44 Peter Fryer, *Staying Power : The History of Black People in Britain*, London : Pluto Press, 2018, p. 109.

45 Lola Young, "The truth in chains," *The Guardian*, 15 March 2007.

46 "Slave trade shameful, Blair says," *BBC News*, 25 March 2007.

47 Anthony Tibbles, "Facing Slavery's Past : The Bicentenary of the Aboli-tion of the British Slave Trade," *Slavery and Abolition* 29(2), 2008, p. 300.

48 Eric Williams, *British Historians and the West Indies*, London : Andre Deutch, 1966, p. 233.

49 "Protest disrupts slavery service," *BBC News*, 27 March 2007.

50 Toyin Agbetu, "My Protest was born of anger, not madness," *The Guardian*, 3 April 2007.

51 E. P. 톰슨, 나종일·김인중·한정숙·노서경·김경옥·유재건 옮김, 「영국 노동계급의 형성상」, 창작과비평사, 2000, 82쪽.

52 "Chained marchers mark slave ban," *BBC News*, 1 March 2007.

53 Marcus Wood, "Significant Silence : Where was Slave Agency in the Popular Imagery of 2007?," Cora Kaplan and John Oldfield, eds., *Imagining Transatlantic Slavery*, Basingstoke : Palgrave Macmillan, 2010, p. 167.

54 수전 벅모스, 김성호 옮김, 「헤겔, 아이티, 보편사」, 문학동네, 2012.

55 염운옥, 「식민지 폭력 피해와 배상 : 케냐 마우마우의 사례」, 「영국연구」 34, 2015, 401쪽.

56 Nicholas Draper, *The Price of Emancipation : Slave-Ownership, Compensation and British Society at the End of Slavery*, Cambridge : Cambridge University Press, 2010, p. 343; Sanchez Manning, "Britain's colonial shame : Slave-owners given huge payouts after abolition," *The Independent*, 24 February 2013.

57 멜리사 노블스, 「비교의 시각에서 본 역사적 부정의와 화해」, 「아세아연구」 53(1), 2010, 25쪽.

3. 인종, 계급, 젠더가 교차하는 여성의 몸

1 Gabriela Milian, "Statue of doctor who experimented on enslaved women removed from Central Park," CNN, 17 April 2018; Susan M. Reverby, "Memory and Medicine, A Historian's Perspective on Commemorating J. Marion Sims," *Perspectives on History*, 18 September 2017(https://www.historians.org/publications-and-directories/perspectives-on-history/september-2017/memory-and-medicine-a-historians-perspective-on-commemorating-j-marion-sims).

2 EBS1 지식채널e, 〈이상한 쇼〉, 2006년 3월 20일 방영.

3 레이철 홈스, 이석호 옮김, 「사르키 바트만」, 문학동네, 2011.

4 사르키 바트만의 생애에 대해서는 「사르키 바트만」 이외에도 다음 문헌을 참

조. 문종현, 「영화 〈검은 비너스〉에 나타난 사르키 바트만의 삶」, 「사림」 52, 2015, 425~449쪽; Clifton Crais and Pamela Scully, *Sara Baartman and the Hottentot Venus: A Ghost Story and a Biography*, Princeton: Princeton University Press, 2009.

5 Richard Daniel Altick, *The Shows of London*, Cambridge: Harvard University Press, 1978, pp. 268~272.

6 Yvette Abrahams, "Images of Sara Bartman: Sexuality, Race and Gender in Early-Nineteenth-Century Britain," Ruth Roach Pierson and Nupur Chaudhuri, eds., *Nation, Empire, Colony, Historicizing Gender and Race*, Bloomington: Indiana University Press, 1998, p. 225.

7 Zine Magubane, "Which Bodies Matter? Feminism, Poststructuralism, Race, and the Curious Theoretical Odyssey of the 'Hottentot Venus'," *Gender & Society* 15(6), 2001, p. 829.

8 「사르키 바트만」, 146쪽.

9 "Which Bodies Matter?," p. 825.

10 「사르키 바트만」, 99~102쪽.

11 Sander Gilman, *Difference and Pathology: Stereotypes of Sexuality, Race and Madness*, Ithaca: Cornell University Press, 1985, p. 213.

12 Sander Gilman, "Black Bodies, White Bodies: Toward a Iconography of Female Sexuality in Late Nineteenth Century Art, Medicine, and Literature," *Critical Inquiry* 12(1), 1985, p. 213.

13 「인간에 대한 오해」, 165쪽.

14 「사르키 바트만」, 221쪽.

15 *Sara Baartman and the Hottentot Venus: A Ghost Story and a Biography*, p. 2.

16 「사르키 바트만」, 232쪽.

17 Chris McGreal, "Coming Home," *The Guardian*, 21 February 2002.

18 다이아나 퍼러스, 이석호 옮김, 「사라 바트만」, 아프리카, 2011, 126~128쪽.

19 Sarah Bartmann Centre of Remembrance(https://vimeo.com/224213675).

20 Thabo Mbeki, "Speech at the Funeral of Sarah Bartmann," 9 August 2002(https://www.sahistory.org.za/archive/speech-funeral-sarah-bartmann-9-august-2002).

21 패트리샤 힐 콜린스, 박미선·주해연 옮김, 「흑인 페미니즘 사상」, 여이연,

2009, 241쪽.

22 Pumla Dineo Gqola, *What is Slavery to Me?: Postcolonial/Slave Memory in Post-apartheid South Africa*, Johannesburg : Wits University Press, 2010, p. 102; Gabeba Baderoon, "Baartman and the Private : How Can We Look at a Figure that Has Been Looked at Too Much?" Natasha Gordon-Chipembere, ed., *Representation and Black Womanhood : The Legacy of Sarah Baartman*, Basingstoke : Palgrave Macmillan, 2011, p. 66.

23 Premesh Lalu, "The Grammar of Domination and the Subjection of Agency : Colonial Texts and Modes of Evidence," *History and Theory* 39(4), 2000, p. 45.

24 "Unveiling of Mary Prince Plaque," Bernews, 7 February 2018.

25 Sara Wajid, "Plaque Tribute For Mary Prince, Author And Abolitionist," Culture24, 6 November 2007.

26 Jane Meiring, *Thomas Pringle : His Life and Times* Balkema, 1968; Angus Calder, "Thomas Pringle(1789-1834) : A Scottish Poet in South Africa," *English in Africa* 9(1), 1982, p. 1.

27 Gayatri Chakravorty Spivak, "Can the Subaltern Speak?," R. J. Patrick Williams and Laura Chrisman, eds., *Colonial Discourse and Post-colonial Theory : A Reader*, New York : Columbia University Press, 1994, p. 89.

28 A. M. Rauwerda, "Naming, Agency, and 'A Tissue of Falsehoods' in The History of Mary Prince," *Victorian Literature and Culture* 29(2), 2001, pp. 398~399.

29 "Naming, Agency, and 'A Tissue of Falsehoods' in The History of Mary Prince," pp. 400~401.

30 "Naming, Agency, and 'A Tissue of Falsehoods' in The History of Mary Prince," pp. 401~402.

31 박재영, 「노예의 성과 자유 : 선언, 부인, 계산 그리고 결혼」, 『영어영문학21』 19(1), 2006, 96쪽.

32 Barbara Baumgartner, "The Body as Evidence : Resistance, Collaboration, and Appropriation in the History of Mary Prince," *Callaloo* 24(1), 2001, pp. 257~258.

33 Elaine Scarry, *The Body in Pain : The Making and Unmaking of the World*, Oxford : Oxford University Press, 1985, p. 35.

34 Sara Salih ed., *The History of Mary Prince : A West Indian Slave*, New York : Penguin Books, 2000, pp. 64~65.

35 엘린 식수, 박혜영 옮김, 「메두사의 웃음」, 동문선, 2004, 20쪽.

36 *The History of Mary Prince : A West Indian Slave*, p. 15.

37 Alison Easton, "The Body as History and 'Writing the Body' : The Example of Grace Nichols," *Journal of Gender Studies* 3(1), 1994, p. 62.

38 김은영, 「여성의 몸에 새겨진 노예들의 합창 : 그레이스 니콜스의 「나는 오래된 기억을 지닌 여성」」, 「영어영문학21」 30(3), 2017, 40쪽.

39 염운옥, 「리버풀 국제노예제박물관의 전시내러티브 : 노예제 역사의 기억문화 만들기」, 「사총」 88집, 2016, 197~198쪽.

40 "The Body as Evidence," pp. 262~263.

41 Roseann M. Mandziuk, "Commemorating Sojourner Truth : Negotiating the Politics of Race and Gender in the Spaces of Public Memory," *Western Journal of Communication* 67(3), 2003, pp. 271~291.

42 류은숙, 「인권을 외치다」, 푸른숲, 2009, 108~115쪽.

43 Avtar Brah & Ann Phoenix, "Ain't A Woman? Revisiting Intersectionality," *Journal of International Women's Studies* 5(3), 2004, p. 75.

44 김보명, 「공백으로부터, 아래로부터, 용기로부터 시작하는 페미니즘, 교차성」, 한우리·김보명·나영·황주영, 「교차성×페미니즘」, 여이연, 2018, 79~80쪽.

45 Kathryn Abrams, "The Second Coming of Care," *Chicago-Kent Law Review* 76, 2000, p. 1608.

46 Teresa Zackodnik, "The 'Green-Backs of Civilization' : Sojourner Truth and Portrait Photography," *American Studies* 46(2), 2005, p. 120.

47 「흑인 페미니즘 사상」, 38~39쪽.

48 Sarah Doneghy, "Aunt Jemima : It was Never About the Pancakes" (https://blackexcellence.com/aunt-jemima-never-pancakes/).

49 오드리 로드, 박미선·주해연 옮김, 「시스터 아웃사이더」, 후마니타스, 2018, 215쪽.

50 라셀 파레냐스, 문현아 옮김, 「세계화의 하인들」, 여이연, 2009, 35쪽.

51 고정갑희, 「지역, 액티비즘, 페미니즘 : 페미니즘에 기반한 지구지역 액티비즘」, 「여성학연구」 19(1), 2009, 20~21쪽.

52 Nell Irvin Painter, "Representing Truth : Sojourner Truth's Knowing and Becoming Known," *The Journal of American History* 81(2), 1994, p. 462.

53 Celeste-Marie Bernier, "A 'Typical Negro' or a 'Work of Art'? The 'Inner' via the 'Outer Man' in Frederick Douglass's Manuscripts and Daguerreotypes," *Slavery & Abolition* 33(2), 2012, pp. 287~289.

54 David Silkenat, "A Typical Negro": Gordon, Peter, Vincent Colyer, and the Story behind Slavery's Most Famous Photograph, *American Nineteenth Century History* 15(2), 2014, p. 174.

55 "The 'Green-Backs of Civilization'," pp. 117~143.

56 Carleton Mabee, "Sojourner Truth, Bold Prophet: Why Did She Never Learn to Read?," *New York History* 69(1), 1988, pp. 60~61.

57 "Sojourner Truth, Bold Prophet," pp. 67~69.

58 "Sojourner Truth, Bold Prophet," pp. 70~72.

59 자크 랑시에르, 양창렬 옮김, 「무지한 스승」, 궁리, 2008, 39쪽.

60 Dorothy E. Roberts, "Racism and Patriarchy in the Meaning of Motherhood," *Journal of Gender & Law* 1(1), 1993, p. 7.

61 Sasha Turner, "Home-grown Slaves: Women, Reproduction, and the Abolition of the Slave Trade, Jamaica 1788-1807," *Journal of Women's History* 23(3), 2011, pp. 39~62.

62 Marci Bounds Littlefield, "Black Women, Mothering, and Protest in 19th Century American Society," *The Journal of Pan African Studies* 2(1), 2007, p. 58.

63 가너 사건에 대한 서술은 다음 논문이 상세하다. 김인선, 「흑인 노예의 자식 살해와 모성: 1856년 마가렛 가너 사건을 중심으로」, 「미국사연구」 39, 2014, 1~38쪽.

4. 혐오스러운 몸에서 강인한 육체로

1 "Jewish nation state: Israel approves controversial bill," *BBC News*, 19 July 2018.

2 슐로모 산드, 알이따르 옮김, 「유대인, 불쾌한 진실」, 훗, 2017, 111쪽.

3 "Nazi 'perfect Aryan' poster child was Jewish," *The Telegraph*, 1 July 2014; "Jewish Girl was 'Poster Baby' in Nazi Propaganda," 2 July 2014 (https://www.yadvashem.org/blog/jewish-girl-was-poster-baby-in-nazi-propaganda.html).

4 최아영, 「이스라엘의 구소련 유대인 이주자들의 문화정체성 연구: 1990년대 이주한 뉴커머들의 언어 사용과 종교 수용을 중심으로」, 「비교문화연구」 38,

2015, 299쪽.

5 Bill Ezzell, "Laws of Racial Identification and Racial Purity in Nazi Germany and the United States : Did Jim Crow Write the Laws That Spawned the Holocaust?," *Southern University Law Review* 30(1), 2002, p. 3.

6 제임스 Q. 위트먼, 노시내 옮김, 「히틀러의 모델, 미국」, 마티, 2018, 103~104쪽.

7 「히틀러의 모델, 미국」, 92쪽.

8 지그문트 바우만, 정일준 옮김, 「현대성과 홀로코스트」, 새물결, 2013, 103~115쪽.

9 「인종차별의 역사」, 50쪽.

10 「인종차별의 역사」, 58~59쪽.

11 나인호, 「인종주의적 반유대주의의 새로움 : 빌헬름 마르를 중심으로」, 「독일연구」 37, 2018, 58~61쪽.

12 찰스 W. 밀즈, 정범진 옮김, 「인종계약」, 아침이슬, 2006, 132~133쪽.

13 「현대성과 홀로코스트」, 76~78쪽.

14 리처드 세넷, 임동근·박대영·노권형 옮김, 「살과 돌」, 문화과학사, 1999, 225쪽; 이호상·남영우·김영호, 「중세 베네치아 유태인 게토의 기원과 형성」, 「한국도시지리학회지」 13(1), 2010, 109~121쪽.

15 Jean-Paul Sartre, *Anti-Semite and Jew : An Exploration of the Etiology of Hate*, New York : Schocken Books, 1948, 1976, p. 49.

16 Erwin Baur, Eugen Fisher, and Fritz Lenz, eds. *Menshliche Erblehre und Rassen hygiene; I : Menshliche Erblehre*, Munich : J;. F. Lehmann, 1936, p. 396. Sander Gilman, *The Jew's Body*, New York : Routledge, 1991, p. 52에서 재인용.

17 *The Jew's Body*, p. 174.

18 *The Jew's Body*, p. 190.

19 「인종차별의 역사」, 108~109쪽.

20 Daniel Boyarin, "Freud's Baby, Fliess's Maybe : Homophobia, Anti-Semitism, and the Invention of Oedipus," *GLQ : A Journal of Lesbian and Gay Studies* 2, 1995, pp. 130~131.

21 유제분, 「메리 더글라스의 오염론과 문화 이론」, 「현상과 인식」 20(3), 1996, 53쪽.

22 박이은실, 「월경의 정치학」, 동녘, 2015, 44쪽.

23 배혜정, 「근대 초 영국의 여성 몸 담론 : 월경을 중심으로」, 「영국연구」 38,

2017, 64쪽.

24 John L. Beusterien, "Jewish Male Menstruation in Seventeenth-century Spain," *Bulletin of the History of Medicine* 73(3), 1999, pp. 448~454.

25 Jonathan Dentler, "Sexing the Jewish Body: Male Menstruation Libel and the Making of Modern Gender,"(https://academiccommons. columbia.edu/doi/10.7916/D8H420D6).

26 Thomas Laqueur, *Making Sex: Body and Gender from the Greeks to Freud*, Cambridge, MA: Harvard University Press, 1992, p. 8.

27 "Jewish Male Menstruation in Seventeenth-century Spain," p. 451.

28 James L. Brain, "Male Menstruation in History and Anthropology," *The Journal of Psychohistory* 15(3), 1988, p. 316.

29 "Male Menstruation in History and Anthropology," p. 312.

30 Daniel Boyarin, *Unheroic Conduct: The Rise of Heterosexuality and the Invention of the Jewish Man*, Oakland: University of California Press, 1997, p. 217.

31 작가미상, 주나미 옮김, 「동물지」, 오롯, 2018, 406쪽.

32 Robert Mills, *Suspended Animation: Pain, Pleasure and Punishment in Medieval Culture*, London: Reaktion Books, 2006, p. 51.

33 「반유대주의 운동과 스페인 근대 종교재판소에 있어서 거짓 개종 유대인 문제」, 172쪽.

34 에드먼드 버크, 이태숙 옮김, 「프랑스혁명에 관한 성찰」, 한길사, 2008, 146쪽.

35 스테판 욘슨, 양진비 옮김, 「대중의 역사」, 그린비, 2013, 231쪽.

36 John J. Hartman, "A Psychoanalytic View of Racial Myths in a Nazi Propaganda Film: Der Ewige Jude(The Eternal Jew)," *Journal of Applied Psychoanalytic Studies* 2-4, 2000, p. 333.

37 Mosche Zimmermann, *Wilhelm Marr, The Patriarch of Antisemitism*, Oxford: Oxford University Press, 1986, p. 95.

38 찰스 패터슨, 정의길 옮김, 「동물 홀로코스트」, 휴, 2014, 64쪽.

39 「현대성과 홀로코스트」, 136쪽.

40 아돌프 히틀러, 황성모 옮김, 「나의 투쟁」, 동서문화사, 2014, 577쪽.

41 볼프강 벤츠, 윤용선 옮김, 「유대인 이미지의 역사」, 푸른역사, 2005, 100~102쪽.

42 Jeffrey David Feldman, "Contact Points: Museums and the Lost Body Problem," Elizabeth Edwards et al, *Sensible Objects: Colonialism,*

Museums and Material Culture, Oxford: Berg, 2006, p. 261.

43 Boaz Neumann, "The Phenomenology of the German People's Body(Volkskörper) and the Extermination of the Jewish Body," New German Critique 36(1), 2009, p. 175.

44 Gavin Schaffer, "Unmasking the 'Muscle Jew': the Jewish Soldier in British War Service, 1899–1945," Patterns of Prejudice 46(3-4), 2012, p. 382.

45 "Unmasking the 'Muscle Jew'," pp. 383~384, p. 394.

46 Dafna Hirsch, "Hummus Masculinity in Israel," Food, Culture & Society 19(2), 2016, pp. 350~351.

47 Don Seeman, "'One People, One Blood': Public Health, Political Violence, and HIV in an Ethiopian-Israeli Setting," Culture, Medicine and Psychiatry 23(2), 1999, p. 166.

48 「이스라엘, 1950년대 실종 '예멘 유대인 아동' 무덤 파헤친다」, 『연합뉴스』 2018년 1월 25일.

49 Aziza Khazzoom, "The Great Chain of Orientalism: Jewish Identity, Stigma Management, and Ethnic Exclusion in Israel," American Sociological Review 68(4), 2003, p. 488.

50 Chen Tannenbaum-Domanovitz, "Zionism is Colorblind: The Debate Over the Immigration of Ethiopian Jewry, 1970~1985," 2013. David Sheen, "No Saviour: Airlifted Ethiopian Jews Face Racism in Israel," The New Arab, 5 Jan. 2017에서 재인용.

51 Yossi Mekelberg, "The Plight of Ethiopian Jews in Israel," BBC News, 25 May 2015.

52 Uri Ben-Eliezer, "Becoming a Black Jew: Cultural Racism and Anti-racism in Contemporary Israel," Social Identities 10(2), 2004, pp. 245~266.

53 Alistair Dawber, "Israel gave birth control to Ethiopian Jews without their consent," The Independent, 27 January 2013; Lisa Hallgarten, "Forced Contraception of Jewish Ethiopian Women is tip of Global Iceberg," The Guardian, 30 January 2013.

54 "The Plight of Ethiopian Jews in Israel."

55 "No Saviour: Airlifted Ethiopian Jews face racism in Israel."

5. 베일 안과 밖, 그리고 문화정치

1   김동문, 『우리는 왜 이슬람을 혐오할까?』, 선율, 2017, 84쪽.

2   박정준, 「77명 학살한 브레이빅, 그가 남긴 교훈은 … 브레이빅 사건, 희생자 추모 집회 참관기」, 『프레시안』, 2012년 5월 7일.

3   "Anders Behring Breivik : victim's family describe their loss : video," *The Guardian*, 24 August 2012.

4   "Norway Massacre : Breivik Declared Insane," *BBC News*, 29 November 2011.

5   Gordon Rayner, John Bingham and Tom Whitehead, "Norway Killer Anders Behring Breivik Called Gordon Brown and Prince Charles 'Traitors'," *The Telegraph*, 24 July 2011.

6   Thomas Hegghammer, "The Rise of the Macro-Nationalists," *The New York Times*, 31 July 2011.

7   Edward W. Said, *Orientalism : Western Conceptions of the Orients*, New York : Penguin Books, 1995, p. 54.

8   새뮤얼 헌팅턴, 이희재 옮김 『문명의 충돌』, 김영사, 1996, 243쪽.

9   Kenan Malik, "The Tragic Ironies of Breivik's Terror," *Bergens Tidende*, 30 July 2011.

10 Kenan Malik, "How Multiculturalism Failed," *International Herald Tribune*, 7 July 2011.

11 Slavoj Zizek, "A Vile Logic to Anders Breivik's Choice of Target," *The Guardian*, 8 August 2011.

12 Moderator Malina Saval speaks with Writer/Director Paul Greengrass, 6 October 2018(https : //www.youtube.com/watch?v=3o8CfkFxiwA).

13 「우리 VIP 히잡 쓰니 예쁘더라 … 남성 정상들보다 훨씬 큰 이슈」, 『중앙일보』 2016년 5월 4일.

14 「배우 김의성, 박근혜 히잡, 기독교계 탄핵 추진 안하나?, '할랄' 반대한 보수 기독교계, 박 대통령 '히잡'엔 무대응」, 『CNB News』, 2106년 5월 3일.

15 찬드라 모한티, 문현아 옮김, 『경계없는 페미니즘』, 여이연, 2005, 59쪽.

16 Steve Garner and Saher Selod, "The Racialization of Muslims : Empirical Studies of Islamophobia," *Critical Sociology* 41(1), 2015, p. 4.

17 Alia Al-Saji, "The Racialization of Muslim Veils : A Philosophical Analysis," *Philosophy & Social Criticism* 36(8), 2010, p. 890.

18 Fadwa El Guindi, *Veil : Modesty, Privacy and Resistance*, Oxford :

Berg, 1999, p. xi, p. 7.

19 Leila Ahmed, *Women and Gender in Islam : Historical Roots of a Modern Debate*, New Heaven : Yale University Press, 1992, p. 5.

20 Gayatri Chakravorty Spivak, "'Can the Subaltern Speak?,' revised edition, from the History chapter of Critique of Postcolonial Reason," Rosalind Morris, ed., *Can the Subaltern Speak?: Reflections on the History of an Idea*, New York : Columbia University Press, 2010, pp. 49~50, pp. 55~56.

21 B. Winter, D. Thompson and S. Jeffreys, "The UN Approach to Harmful Traditional Practices," *International Feminist Journal of Politics* 4(1), 2002, p. 72.

22 박단, 「프랑스의 문화전쟁」 책세상, 2005; 박단, 「프랑스 : 히잡 사건」, 박단 편, 「현대 서양사회와 이주민」, 한성대출판부, 2009, 171~190쪽.

23 이철용, 「독일 : 히잡의 재발견」, 박단 편, 「현대 서양사회와 이주민」, 한성대 출판부, 2009, 227쪽.

24 Alev Cinar, "Subversion and Subjugation in the Public Sphere : Secularism and the Islamic Headscarf," *Signs : Journal of Women in Culture and Society* 33(4), 2008, pp. 891~913.

25 Anthony Giddens, "Beneath the Hijab : A Woman," *New Perspectives Quarterly* 21(2), 2004, pp. 9~11.

26 Emma Tarlo, "Hijab in London : Metamorphosis, Resonance and Effects," *Journal of Material Culture* 12(2), 2007, pp. 132~134.

27 Jack Straw, "I want to unveil my views on an important issue," *The Lancashire Telegraph*, 6 October 2006.

28 Nasar Meer, Claire Dwyer and Tariq Modood, "Embodying Nation-hood? : Conceptions of British National Identity, Citizenship, and Gender in the 'Veil Affair,'" *The Sociological Review* 58(1), 2010, p. 87.

29 Madeleine Bunting, "Jack Straw has unleashed a storm of prejudice and intensified division," *The Guardian*, 9 October 2006.

30 Joan Wallach Scott, *The Politics of Veil*, Princeton & Oxford : Princeton University Press, 2007.

31 이은정, 「동방의 하렘과 '여성주의적' 오리엔탈리즘」, 「서양사론」 105, 2010, 51~52쪽.

32 Ahdaf Soueif, "The Language of the Veil," David A. Bailey and Gilane Tawadros, eds., *Veil : Veiling, Representation and Contemporary Art*,

London : Institute of International Visual Arts, 2003, pp. 109~119.

33 프란츠 파농, 홍지화 옮김, 「알제리 혁명 5년」, 인간사랑, 2008, 46쪽.

34 Myfanwy Franks, "Crossing the Borders of Whiteness? White Muslim Women Who Wear the Hijab in Britain Today," *Ethnic and Racial Studies* 23(5), 2000, p. 920.

35 Myra Macdonald, "Muslim Women and the Veil," *Feminist Media Studies* 6(1), 2006, pp. 9~10.

36 Office for National Statistics, 2001 Census.

37 Arun Kundnani, "From Oldham to Bradford : The Violence of the Violated," *Race & Class* 43(2), 2001, pp. 105~110.

38 Nancy Fraser, "Rethinking Recognition," *New Left Review* 3, May~Jun 2000, pp. 107~120.

39 Claire Alexander, "Imagining the Asian Gang : Ethnicity, Masculinity and Youth After 'the Riots'," *Critical Social Policy* 24(4), 2004, p. 532.

40 "Dark Days Are Long Gone : Oldham Riots : 10 Years On," *Oldham Evening Chronicle*, 24 May 2011.

41 Paul Bagguley and Yasmin Hussain, *Riotous Citizens : Ethnic Conflict in Multicultural Britain*, Aldershot, England; Burlington, VT: Ashgate, 2008, p. 42.

42 Colin Webster, "The Construction of British 'Asian' Criminality," *International Journal of the Sociology of Law* 25, 1997, pp. 69~71.

43 에티엔 발리바르, 진태원 옮김, 「폭력과 시민다움」, 난장, 2012, 100~101쪽.

44 Leon Moosavi, "The Racialization of Muslim Converts in Britain and Their Experiences of Islamophobia," *Critical Sociology* 41(1), 2015, pp. 41~56.

45 Lauren Booth, "I'm now a Muslim. Why all the shock and horror?," *The Guardian*, 3 Nov 2010; Eve Ahmed, "Why are so many modern British career women converting to Islam?," *The Daily Mail*, 22 March 2011.

46 Lauren Booth, "When I put on the hijab, I lost my white prerogative," (https://www.facebook.com/100024837019331/posts/301025067402058/).

47 "The Racialization of Muslim Converts in Britain and Their Experiences of Islamophobia," p. 52.

48 Gholam Khiabany & Milly Williamson, "Veiled Bodies-Naked Racism : Culture, Politics and Race in the Sun," *Race & Class* 50 (2), 2008, p. 86.

49 Dan Diner, "Reflections on Anti-Semitism and Islamophobia," Matti Bunzl, *Anti-Semitism and Islamophbia : Hatreds Old and New in Europe*, Chicago : Prickly Paradigm Press, 2007, p. 52.

50 Saied R. Ameli and Arzu Merali, eds., *Hijab, Meaning, Identity, Otherization and Politics : British Muslim Women, British Muslims Expectations of the Government Series*, Wembley : Islamic Human Rights Commission, 2006, p. 11, p. 19.

51 Saskia Sassen, "A Message from the Global South," *The Guardian*, 12 September 2001.

6. 한국에서 다양한 몸과 함께 살아가기

1 박노자, 「한국적 근대 만들기 : 우리 사회에 인종주의는 어떻게 정착되었는가」, 『인물과 사상』 45, 2002, 160쪽.

2 하상복, 「황색 피부, 백색 가면 : 한국의 내면화된 인종주의의 역사적 고찰과 다문화주의」, 『인문과학연구』, 2012, 536~537쪽.

3 김철효, 「인종차별 당하지 않을 권리와 이민정책의 실패」, UN인종차별철폐협약 한국심의대응 시민사회 공동사무국·서울지방변호사회 주최 2018년 7월 20~21일, 인종차별 보고대회 자료집 『한국사회 인종차별을 말하다』, 190쪽.

4 김종성, 「한국사 인물통찰」, 역사의아침, 2010, 87~89쪽.

5 정다함, 「근대 한국의 역사 서술과 타자화된 여진족」, 한양대학교 비교역사문화연구소 기획, 임지현 외 엮음, 「근대 한국, '제국'과 '민족'의 교차로」, 책과함께, 2011, 145쪽.

6 허동현, 「한국 근대에서 단일민족 신화의 역사적 형성 과정」, 『동북아역사논총』 23, 2009, 12~13쪽.

7 남영호, 「'주둔지 혼혈인'과 생물학적 시민권」, 전경수·김정·남영호·박동성, 『혼혈에서 다문화로』, 일지사, 2008, 150쪽.

8 김아람, 「1950년대 혼혈인에 대한 인식과 해외 입양」, 『역사문제연구』 22, 2009, 67쪽.

9 「'고아 수출국' 오명 벗지 못한 한국」, 『세계일보』, 2016년 3월 30일.

10 박종현, 「침묵의 디아스포라 : 양공주와 혼혈아 재현방식」, 『기초조형학연구』 17(1), 2016, 236~237쪽.

11 이재갑, 『또 하나의 한국인』, 눈빛, 2005.

12 이재갑, 『빌린 박씨』, 눈빛, 2018.

13 김청강, 「보이지 않는 혼혈인 : 〈내가 낳은 검둥이〉로 본 대한민국 '검은 피부'의 정치학」, 한양대학교 비교역사문화연구소 기획, 박선주 외 엮음, 『고아, 족보 없는 자』 책과 함께, 2014, 157~197쪽.

14 김연자, 『아메리카 타운 왕언니 죽기 오분 전까지 악을 쓰다』, 삼인, 2005, 132~136쪽.

15 김은경, 「미군 '위안부'의 약물 중독과 우울, 그리고 자살 : '위안'하는 주체의 (비)일상과 정동 정치」, 『역사문제연구』 40, 2018, 150~151쪽.

16 김귀옥, 「일본식민주의가 한국전쟁기 한국군위안부제도에 미친 영향과 과제」, 『사회와역사』 103, 2014, 92쪽.

17 박정미, 「한국전쟁기 성매매정책에 관한 연구 : '위안소'와 '위안부'를 중심으로」, 『한국여성학』 27(2). 2011, 43~44쪽.

18 차혜령, 「미군 기지촌 '위안부' 국가배상청구 항소심 승소」, 공익인권법재단 공감, 2018년 3월 7일(https : //withgonggam.tistory.com/2106).

19 황정미, 「생존자 이주여성들의 이야기」, 한국이주여성인권센터 엮음, 『아무도 몰랐던 이야기』, 오월의봄, 2018, 179~189쪽.

20 「'여성 상품화' 국제결혼 광고 … 이대로 괜찮은가」, 『연합뉴스』, 2018년 6월 27일.

21 「국가별 신부들의 장점」, 국제결혼 하나로어울림(http : //www.wedhanaro.com/subpage.php?p=m311).

22 한국이주여성인권센터 엮음, 『아무도 몰랐던 이야기』 오월의봄, 2018, 128~136쪽.

23 이주인권사례연구모임, 『2017-2018 이주인권 디딤돌 걸림돌 판결』, 70~73쪽.

24 레티마이투, 「결혼이주여성 '내 자궁은 나의 것' : 이주여성은 '아이 낳는 사람'이 아닙니다」, 『일다』, 2018년 8월 9일(http : //blogs.ildaro.com/3373).

25 이주민과 함께, NEWSLETTER 2019.2;「부산 (사)이주민과함께, 28일 발족식 … "주체로서 활동하는 모습 보일 것"」, 『오마이뉴스』, 2019년 1월 24일.

26 「정신병자로 취급받은 찬드라의 기막힌 사연」, 『문화일보』, 2002년 11월 5일.

27 정혜실, 「한국의 인종주의와 다문화주의 : '보노짓 후세인'사건과 '성인종차별반대공동행동'의 활동을 중심으로」, Homo Migrans 3, 2010, 95~109쪽.

28 황혜성, 「왜 호모 미그란스(Homo Migrans)인가? 이주사의 최근 연구동향과 그 의미」, 『역사학보』 212, 2011, 12~13쪽.

29 정가영, 「강제 추방을 중단하라! 미국의 한인 미등록 청년 운동과 이상적 시민상의 함정」, 조문영·이민영·김수정·우승현·최희정·정가영·김주온, 『헬조선

인 앤 아웃 : 떠나는 사람, 머무는 사람, 서성이는 사람, 한국 청년 글로벌 이동에 관한 인류학 보고서」, 눌민, 2017, 192~199쪽.

30 한준성, 「한국 이주노동레짐의 형성과 권리 결핍」, 「한국정치연구」 26 (3), 2017, 305쪽; 한준성, 「1995년 이주노동자 명동성당 농성과 이주노동정치 지형의 변화」, 「역사비평」 111, 2015, 334~336쪽.

31 유해정, 「이주노동자 운동의 역사를 연 94년, 95년 농성」, 「프레시안」, 2009년 12월 18일.

32 정영섭, 「이주노동자 고용허가제 10년, 노예허가제였다」, 「참세상」, 2014년 8월 14일.

33 소모뚜, 「함께 나누는 달콤한 세상」, 「웹진 민연」 25호, 2013년 5월.

34 정영섭, 「미등록 이주민 단속추방 정책의 변화 양상」, 「미등록 이주민 단속 실태 파악과 대안 마련을 위한 토론회 자료집」, 2019년 4월 29일, 6~7쪽.

35 조돈희, 「부산출입국관리사무소 단속도중 부상자 발생」, 「미등록 이주민 단속 실태 파악과 대안 마련을 위한 토론회 자료집」, 2019년 4월 29일, 25쪽.

36 존 버거·장 모르, 차미례 옮김, 「제7의 인간」, 눈빛, 2014, 72~73쪽.

37 정영섭, 「한국사회의 이주노동자 현황과 운동 과제」, 「인문과학연구」 39, 2012, 38~39쪽; 임월산, 「경제위기 하에서 그리스의 인종주의 대두와 좌파의 대응 : 한국 이주운동을 위한 교훈」, 「사회운동」 108, 2012, 81~101쪽; 케빈 그레이, 「'계급 이하의 계급'으로서 한국의 이주노동자들」, 「아세아연구」 47 (2), 2004, 104쪽.

38 「불법체류 단속에 사망…한국인에 '장기기증'」, 「MBC News」, 2018년 9월 22일.

39 법무부, 「보도자료 : '법무부, 40~50대 가장의 마지막 피난처 건설현장 강력 단속'」, 2018년 9월 20일.

40 랑희, 「살인단속규탄 및 미얀마 노동자 딴저테이씨 사망사건 대책위원회 활동과 진상 규명의 문제」, 「미등록 이주민 단속 실태 파악과 대안 마련을 위한 토론회 자료집」, 2019년 4월 29일, 43쪽.

41 「개정 고시서 또 빠진 '사업장 이동 자유' … 여전히 발 묶인 이주노동자」, 「서울신문」, 2019년 2월 7일.

42 Dong-Hoon Seol and Jungmin Seo, "Dynamics of Ethnic Nationalism and Hierarchical Nationhood : Korean Nation and Its Othernesss since the Late 1980s," *Korea Journal* 54 (2), 2014, pp. 5~33.

43 김현미, 「우리는 모두 집을 떠난다」, 돌베개, 2014, 117쪽.

44 김완·박준용·변지민, 「동성애·난민 혐오 "가짜뉴스 공장"의 이름, 에스더」, 「한겨레신문」, 2018년 9월 27일.

45 김현미, 「난민 포비아와 한국 정치적 정동의 시간성」, 『황해문화』 101, 2018년 겨울, 210~212쪽.

46 「난민 브로커가 말했다 "134만원 보내면 서울 취업 보장"」, 『조선일보』, 2018년 6월 28일.

47 조일준, 「난미문제와 환대의 윤리」, 『녹색평론』 162, 2018, 128쪽.

48 조일준, 『이주하는 인간, 호모 미그란스』, 푸른역사, 2016, 351~354쪽.

49 난민인권센터 편, 『2018 난민인권센터 통계자료집』, 2018년 7월.

50 西川長夫, 『＜新＞植民地主義論：グローバル時代の植民地主義を問う』, 平凡社, 2006, p. 157.

51 Arun Kundnani, "From Oldham to Bradford：The Violence of the Violated," *Race & Class* 43(2), 2001, pp. 105~110; Arun Kundnani, *The End of Tolerance : Racism in Twenty-first Century Britain*, London：Pluto Press, 2007.

52 Alana Lentin and Gavan Titley, *The Crises of Multiculturalism : Racism in a Neoliberal Age*, London and New York：Zed Books, 2011.

53 "Robin Cook's chicken tikka masala speech," *The Guardian* 19 April 2001.

54 "State multiculturalism has failed, says David Cameron," *BBC News* 5 February 2011.

55 "Rethinking Recognition," p. 108.

56 "How Multiculturalism Failed."

57 서용순, 「'하나의 세계'와 다문화 상황의 진실：다문화주의에 대한 철학적 성찰」, 『오늘의 문예비평』 82, 2011, 30~31쪽.

58 Slavoj Žižek, "Multiculturalism or the Cultural Logic of Multinational Capitalism," *New Left Review* 225, 1997, p. 46.

59 슬라보예 지젝, 이성민 옮김, 『까다로운 주체』, 도서출판 b, 2008, 353쪽.

60 고현범, 「다문화주의 속의 욕망 - 이데올로기 비판을 중심으로」 고려대 철학연구소, 『욕망의 문제틀로 읽는 현대사회』, 한국학술정보, 2014, 48~49쪽.

61 Tariq Modood, *Multiculturalism : A Civic Idea*, Cambridge：Polity Press, 2007, p. 146.

나가는 글

1 마흐무드 맘다디, 이정진 옮김, 「미국 기원 '정착형 식민주의'-과거와 현재」, 『창작과 비평』 43(3), 2015, 528쪽.

2   이다은, 「사진기획 : 희망을 노래하는 다문화밴드 스탑크랙다운」, 「대학신문」, 2010년 3월 14일.

3   이문영, 「죽은 미누가 여전히 외친다 "스탑 크랙다운"」, 「한겨레」, 2018년 11월 4일.

4   심보선, 「눈앞에 없는 사람」, 문학과지성사, 2011, 27쪽.

시각자료 출처

이 책에 실린 시각자료 중 저작권자를 확인하지 못한 경우가 있습니다. 추후 정보가 확인되는 대로 적법한 절차를 밟겠습니다.

1. 인종에 갇힌 몸들

28쪽   Anne McClintock, *Imperial Leather: Race, Gender, and Sexuality in the Colonial Contest*, New York & London : Routledge, 1995, p. 25.

38쪽   All text material © 2018 by Steven M. Carr.

48쪽   The Metropolitan Museum of Art, New York.

56쪽(좌)   Augustus of Prima Porta, Vatican Museums, Rome.

56쪽(우)   Polychrome reconstruction of the Prima Porta statue of Augustus, 2004, Vatican Museums, Rome.

58쪽   Margaret Talbot, "The Myth of Whiteness in Classical Sculpture", *The New Yorker*, 22 October 2018 (https : // www.newyorker.com/magazine/2018/10/29/the-myth-of-whiteness-in-classical-sculpture).

64쪽(위, 아래)   Klaas van Berkel and Bart Ramakers, eds., *Petrus*

Camper in Context: Science, the Arts, and Society in the Eighteenth-century Dutch Republic, Hilversum: Verloren, 2015, p. 262, p. 263.

66쪽   Klaas van Berkel and Bart Ramakers, eds., Petrus Camper in Context: Science, the Arts, and Society in the Eighteenth-century Dutch Republic, Hilversum: Verloren, 2015, p. 265.

70쪽   Franz Joseph Gall measuring the head of a bald, elegantly dressed old lady; her pet poodle is entwined in her wig on a chair. Coloured aquatint by F.C. Hunt after E.F. Lambert. Credit: Wellcome Collection. CC BY(https://wellcomecollection.org/works/npw5ryn3).

74쪽   Brian Wallis, "Black Bodies, White Science: Louis Agassiz's Slave Daguerreotypes," American Art 9(2), 1995, p. 40.

76쪽   Philippa Levine, States of Undress: Nakedness and the Colonial Imagination, Victorian Studies 50(2), 2008, p. 204.

2. 검은 몸의 노예, 저항의 언어

86쪽(위, 아래)   http://edu.lva.virginia.gov/online_classroom/shaping_the_constitution/doc/birth_registration

108쪽(위, 아래)   Melanie Unwin, ed., "Exhibition Catalogue. The British Slave Trade: Abolition, Parliament and People," Parliamentary History, 26 Supplement, 2007, p.279, p.281.

114쪽   Museum of Fine Arts, Boston, Henry Lillie Pierce Fund, 99. 22.

122쪽   Melanie Unwin, ed., "Exhibition Catalogue. The British Slave Trade: Abolition, Parliament and People," Parliamentary History, 26 Supplement, 2007, p. 301.

134쪽(좌)   A Wedgwood anti-slavery medallion, circa 1790(http://www.sothebys.com/en/auctions/ecatalogue/2017/two-great-scottish-collections-l17317/lot.59.html).

134쪽(우)   Melanie Unwin, ed., "Exhibition Catalogue. The British

Slave Trade : Abolition, Parliament and People," *Parliamentary History*, 26 Supplement, 2007, p. 331.

138쪽   Cora Kaplan and John Oldfield, eds., *Imagining Trans atlantic Slavery*, Basingstoke : Palgrave Macmillan, 2010, p. 207, p. 208.

142쪽   International Slavery Museum, Liverpool. MMM 1993. 170.

3. 인종, 계급, 젠더가 교차하는 여성의 몸

165쪽   Jack Lohman and Katherine Goodnow, eds., *Human Remains and Museum Practice*, UNESCO, 2006, p. 32.

182쪽   http://www.laurafacey.com/content/their-spirits-gone-them

188쪽   ©염운옥.

192쪽(위)   Coin bank in the form of "Mammy". Collection of the Smith sonian National Museum of African American History & Culture. Gift of the Collection of James M. Caselli and Jonathan Mark Scharer.

196쪽   *Harper's Weekly*, 4 July 1863.

198쪽   Sojourner Truth, "I Sell the Shadow to Support the Substance", 1864 (https://www.metmuseum.org/art/collection/search/301989).

4. 혐오스러운 몸에서 강인한 육체로

214쪽   https://www.aljazeera.com/news/middleeast/2018/07/israel-passes-controversial-jewish-nation-state-law-180719050559316.html.

218쪽   "Nazi 'perfect Aryan' poster child was Jewish", *The Telegraph*, 1 July 2014. https://www.telegraph.co.uk/news/worldnews/europe/germany/10938062/Nazi-perfect-Aryan-poster-child-was-Jewish.html.

230쪽   Sander Gilman, *The Jew's Body*, New York : Routledge, 1991, p. 190.

236쪽	*The Nuremburg Chronicle*, c 1475.
238쪽(위)	Oxford, Bodleian Library, MS. Bodley 764, f. 25r.
238쪽(아래)	Robert Mills, *Suspended Animation : Pain, Pleasure and Punishment in Medieval Culture*, London : Reaktion Books, 2006, p. 51.
246쪽	ⓒ염운옥.
248쪽	The Palestine Poster Project Archives (https://www.palestineposterproject.org/poster/a-nation-reborn).
254쪽(위)	https://utafreyer.wordpress.com/uber-die-operation-moses-198485/.
254쪽(아래)	https://tr.redsearch.org/images/5773607.
258쪽	https://www.vosizneias.com/203754/2015/05/18/tel-aviv-israeli-ethiopian-protesters-return-to-tel-aviv-to-rally-against-police-brutality-racism/.

5. 베일 안과 밖, 그리고 문화정치

278쪽	ⓒ경향신문.
296쪽	Malek Alloula, *The Colonial Harem*, Minneapolis : University of Minnesota Press, 1986, p. 126.
308쪽(좌, 우)	Peter Gottschalk and Gabriel Greenberg, *Islamophobia : Making Muslims the Enemy*, Plymouth : Rowman and Little-field Publishers, 2008, pp. 72~73.
312쪽	Shirin Neshat, *Rebellious Silence*, 1994 B&W RC print&ink (photo taken by Cynthia Preston) Copyright Shirin Neshat_Courtesy the artist and Gladstone Gallery, New York and Brussels.

6. 한국에서 다양한 몸과 함께 살아가기

330쪽	ⓒ이재갑.
340쪽	ⓒ연합뉴스.
356쪽	ⓒ연합뉴스.
376쪽	ⓒ서상우(@silky_wave), https://www.instagram.com/p/BqChIIBjnb2/.

참고문헌

국내 논저

고정갑희, 「지역, 액티비즘, 페미니즘 : 페미니즘에 기반한 지구지역 액티비즘」, 『여성학연구』 19(1), 2009, 7~31쪽.

고현범, 「다문화주의 속의 욕망 : 이데올로기 비판을 중심으로」 고려대 철학연구소, 『욕망의 문제틀로 읽는 현대사회』, 한국학술정보, 2014, 37~66쪽.

권은혜, 「오바마 재선과 탈인종 미국의 신화 넘어서기」, 『역사와 문화』 25, 2013, 40~52쪽.

국가인권위원회 외 주최, 『미등록 이주민 단속 실태 파악과 대안 마련을 위한 토론회 자료집』, 2019년 4월 29일.

김귀옥, 「일본식민주의가 한국전쟁기 한국군위안부제도에 미친 영향과 과제」, 『사회와 역사』 103, 2014, 85~116쪽.

김동문, 『우리는 왜 이슬람을 혐오할까?』, 선율, 2017.

김민아, 「'뉴 니그로'(New Negro) 미술에 나타난 백인 모방의 탈식민성」, 『미술사학보』 44, 2015, 113~140쪽.

김병욱, 「『검은 오르페우스』와 네그리튀드 : 프랑스어권 제3세계의 민족 정체성 추구」, 『한국프랑스학논집』 59, 2007, 217~244쪽.

김보명, 「공백으로부터, 아래로부터, 용기로부터 시작하는 페미니즘, 교차성」, 한우리·김보명·나영·황주영, 『교차성×페미니즘』, 여이연, 2018, 49~96쪽.

410

김봉철, 「고대 그리스 문명은 '유럽적인' 문명인가」, 한국서양사학회 엮음, 『유럽중심주의 세계사를 넘어 세계사들로』, 푸른역사, 2009, 92~135쪽.

김아람, 「1950년대 혼혈인에 대한 인식과 해외 입양」, 『역사문제연구』 22, 2009, 33~71쪽.

김연자, 『아메리카 타운 왕언니 죽기 오분 전까지 악을 쓰다』, 삼인, 2005.

김인선, 「흑인 노예의 자식 살해와 모성: 1856년 마가렛 가너 사건을 중심으로」, 『미국사연구』 39, 2014, 1~38쪽.

김은경, 「미군 '위안부'의 약물 중독과 우울, 그리고 자살: '위안'하는 주체의 (비)일상과 정동 정치」, 『역사문제연구』 22 (2), 2018, 129~166쪽.

김은영, 「여성의 몸에 새겨진 노예들의 합창: 그레이스 니콜스의 『나는 오래된 기억을 지닌 여성』」, 『영어영문학21』 30 (3), 2017, 29~51쪽.

김종갑, 『타자로서의 몸, 몸의 공동체』, 건국대학교 출판부, 2004.

김종성, 『한국사 인물통찰』, 역사의아침, 2010.

김철효, 「인종차별 당하지 않을 권리와 이민정책의 실패」, UN인종차별철폐협약 한국심의대응 시민사회 공동사무국·서울지방변호사회 주최, 2018년 7월 20~21일. 인종차별 보고대회 자료집 『한국사회 인종차별을 말하다』.

김청강, 「보이지 않는 혼혈인: 〈내가 낳은 검둥이〉로 본 대한민국 '검은 피부'의 정치학」, 한양대학교 비교역사문화연구소 기획, 박선주 외 엮음, 『고아, 족보 없는 자』, 책과함께, 2014, 157~197쪽.

김현미, 『우리는 모두 집을 떠난다』, 돌베개, 2014.

김현미, 「난민 포비아와 한국 정치적 정동의 시간성」, 『황해문화』 101, 2018 겨울, 210~228쪽.

나인호, 「인종주의적 반유대주의의 새로움: 빌헬름 마르를 중심으로」, 『독일연구』 37, 2018, 51~85쪽.

난민인권센터 편, 『2018 난민인권센터 통계자료집』, 2018년 7월.

남영호, 「'주둔지 혼혈인'과 생물학적 시민권」, 전경수·김정·남영호·박동성, 『혼혈에서 다문화로』, 일지사, 2008, 132~173쪽.

랑희, 「살인단속규탄 및 미얀마 노동자 딴저테이씨 사망사건 대책위원회 활동과 진상 규명의 문제」, 『미등록 이주민 단속 실태 파악과 대안 마련을 위한 토론회 자료집』, 2019년 4월 29일, 41~49쪽.

류은숙, 『인권을 외치다』, 푸른숲, 2009.

문종현, 「영화 〈검은 비너스〉에 나타난 사르키 바트만의 삶」, 『사림』 52, 2015, 425~449쪽.

박노자, 「한국적 근대 만들기 Ⅰ: 우리 사회에 인종주의는 어떻게 정착되었는가」, 『인물과 사상』 45, 2002, 158~172쪽.

박단, 「프랑스의 문화전쟁」, 책세상, 2005.

_____, 「프랑스 : 히잡 사건」, 박단 편, 「현대 서양사회와 이주민」, 한성대출판부, 2009, 171~190쪽.

박단 편, 「현대 서양사회와 이주민」, 한성대출판부, 2009.

박이은실, 「월경의 정치학」, 동녘, 2015.

박정미, 「한국전쟁기 성매매정책에 관한 연구 : '위안소'와 '위안부'를 중심으로」, 「한국여성학」 27(2). 2011, 35~72쪽.

박재영, 「노예의 성과 자유 : 선언, 부인, 계산 그리고 결혼」, 「영어영문학21」 19(1), 2006, 95~115쪽.

박종욱, 「반유대주의 운동과 스페인 근대 종교재판소에 있어서 거짓 개종 유대인 문제」, 「이베로아메리카」, 10(2), 2008, 151~176쪽.

박종현, 「침묵의 디아스포라 : 양공주와 혼혈아 재현방식」, 「기초조형학연구」 17(1), 2016, 231~243쪽.

배혜정, 「근대 초 영국의 여성 몸 담론 : 월경을 중심으로」, 「영국연구」 38, 2017, 59~89쪽.

서영건, 「중세 말 스페인의 콘베르소 문제와 '피의 순수성' 법령의 제정」, 「지중해지역연구」 12(4), 2010, 107~129쪽.

서용순, 「'하나의 세계'와 다문화 상황의 진실 : 다문화주의에 대한 철학적 성찰」, 「오늘의 문예비평」 82, 2011, 28~43쪽.

설혜심, 「서양의 관상학 그 긴 그림자」, 한길사, 2002.

신문수, 「타자의 초상」, 집문당, 2009.

양정무, 「서양미술사의 인종적 기원 : 그리스인의 피와 그리스인의 몸으로」, 「서양미술사학회논문집」 28, 2008, 147~175쪽.

염운옥, 「기념의 과잉, 기억의 부재 : 영국 노예무역 폐지 200주년 기념」, 「서양사론」 110, 2011, 298~323쪽.

_____, 「식민지 폭력 피해와 배상 : 케냐 마우마우의 사례」, 「영국연구」 34, 2015, 383~414쪽.

_____, 「리버풀 국제노예제박물관의 전시내러티브 : 노예제 역사의 기억문화 만들기」, 「사총」 88, 2016, 175~209쪽.

유제분, 「메리 더글라스의 오염론과 문화 이론」, 「현상과 인식」, 20(3), 1996, 47~63쪽.

윤영휘, 「흑인 노예 출신 작가들과 영국 노예무역 폐지운동의 발전 : 산초, 쿠고아노, 에퀴아노를 중심으로」, 「역사와 문화」, 28, 2014, 174~208쪽.

이상희·윤신영, 「인류의 기원」, 사이언스북스, 2015.

이영효, 「18세기 말 '대서양 흑인'(Black Atlantic)의 삶과 의식」, 「역사교육」, 110,

2009, 175~209쪽.

이은정, 「동방의 하렘과 '여성주의적' 오리엔탈리즘」, 『서양사론』 105, 2010, 41~72쪽.

이정희, 「인종연구에서 사진 이미지의 역할 : 아가시의 노예 다게레오타입을 중심으로」, 『인간연구』 17, 2009, 215~248쪽.

이재갑, 『또 하나의 한국인』, 눈빛, 2005.

_____, 『빌린 박씨』, 눈빛, 2018.

이주인권사례연구모임, 「2017-2018 이주인권 디딤돌 걸림돌 판결」, 2019년 2월.

임월산, 「경제위기 하에서 그리스의 인종주의 대두와 좌파의 대응 : 한국 이주운동을 위한 교훈」, 『사회운동』 108, 2012, 81~101쪽.

이철용, 「독일 : 히잡의 재발견」, 박단 편, 『현대 서양사회와 이주민』, 한성대출판부, 2009, 225~248쪽.

이호상·남영우·김영호, 「중세 베네치아 유태인 게토의 기원과 형성」, 『한국도시지리학회지』 13(1), 2010, 109~121쪽.

작가미상, 주나미 옮김, 『동물지』, 오롯, 2018.

정가영, 「강제 추방을 중단하라! 미국의 한인 미등록 청년 운동과 이상적 시민상의 함정」, 조문영·이민영·김수정·우승현·최희정·정가영·김주온, 『헬조선 인 앤 아웃』, 눌민, 2017, 173~212쪽.

정다함, 「근대 한국의 역사 서술과 타자화된 여진족」, 한양대학교 비교역사문화연구소 기획, 임지현 외 엮음, 『근대 한국, '제국'과 '민족'의 교차로』 책과함께, 2011, 128~166쪽.

정영섭, 「한국사회의 이주노동자 현황과 운동 과제」, 『인문과학연구』 39, 2012, 23~44쪽.

_____, 「미등록 이주민 단속추방 정책의 변화 양상」, 『미등록 이주민 단속 실태 파악과 대안 마련을 위한 토론회 자료집』, 2019년 4월 29일, 6~7쪽.

정혜실, 「한국의 인종주의와 다문화주의 : '보노짓 후세인'사건과 '성인종차별반대 공동행동'의 활동을 중심으로」, Homo Migrans 3, 2010, 95~109쪽.

조돈희, 「부산출입국관리사무소 단속도중 부상자 발생」, 『미등록 이주민 단속 실태 파악과 대안 마련을 위한 토론회 자료집』, 2019년 4월 29일, 25쪽.

조일준, 『이주하는 인간, 호모 미그란스』, 푸른역사, 2016.

_____, 「난민문제와 환대의 윤리」, 『녹색평론』 162, 2018, 119~129쪽.

최아영, 「이스라엘의 구소련 유대인 이주자들의 문화정체성 연구 : 1990년대 이주한 뉴커머들의 언어 사용과 종교 수용을 중심으로」, 『비교문화연구』 38, 2015, 297~329쪽.

하상복, 「황색 피부, 백색 가면 : 한국의 내면화된 인종주의의 역사적 고찰과 다문화주의」, 『인문과학연구』, 33, 2012, 525~556쪽.

한국서양사학회 엮음, 『유럽중심주의 세계사를 넘어 세계사들로』, 푸른역사, 2009.

한국이주여성인권센터 엮음, 『아무도 몰랐던 이야기』, 오월의봄, 2018.

한준성, 「1995년 이주노동자 명동성당 농성과 이주노동정치 지형의 변화」, 『역사비평』 111, 2015, 328~357쪽.

_____, 「한국 이주노동레짐의 형성과 권리 결핍」, 『한국정치연구』 26(3), 2017, 303~332쪽

허동현, 「한국 근대에서 단일민족 신화의 역사적 형성 과정」, 『동북아역사논총』 23, 2009, 7~35쪽.

황정미, 「생존자 이주여성들의 이야기」, 한국이주여성인권센터 엮음, 『아무도 몰랐던 이야기』 오월의봄, 2018, 179~189쪽.

황혜성, 「왜 호모 미그란스(Homo Migrans)인가? 이주사의 최근 연구동향과 그 의미」, 『역사학보』 212, 2011, 11~33쪽.

국외 논저

괴테, 장희창 옮김, 『색채론』, 민음사, 2003.

넬라 라슨, 서숙 옮김, 『패싱』, 글빛, 2006.

니나 자블론스키, 진선미 옮김, 『스킨』, 양문, 2012.

다이아나 퍼러스, 이석호 옮김, 『사라 바트만』, 아프리카, 2011.

데이비드 바츨러, 김융희 옮김, 『색깔 이야기』, 아침이슬, 2002.

라셀 파레냐스, 문현아 옮김, 『세계화의 하인들』, 여이연, 2009.

레이철 홈스, 이석호 옮김, 『사르키 바트만』, 문학동네, 2011.

론다 쉬빙어, 「젖가슴과 영장류 동물학, 그리고 성과학」, 로이 포터·미쿨라시 테이흐 엮음, 이현정·우종민 옮김, 『섹슈얼리티와 과학의 대화』, 한울, 2001. 235~260쪽.

리처드 세닛, 임동근·박대영·노권형 옮김, 『살과 돌』, 문화과학사, 1999.

마이클 키벅, 이효석 옮김, 『황인종의 탄생』, 현암사, 2016.

마커스 레디커, 박지순 옮김, 『노예선』, 갈무리, 2018.

마틴 버낼, 오흥식 옮김, 『블랙 아테나 1』, 소나무, 2006.

메리 루이스 프랫, 김남혁 옮김, 『제국의 시선』, 현실문화, 2015.

멜리사 노블스, 「비교의 시각에서 본 역사적 부정의와 화해」, 『아세아연구』 53(1), 2010, 7~39쪽.

미셸 푸코, 이규현 옮김, 『말과 사물』, 민음사, 2012.

발렌틴 그뢰브너, 김희상 옮김, 『너는 누구냐』, 청년사, 2005.

볼프강 벤츠, 윤용선 옮김, 『유대인 이미지의 역사』, 푸른역사, 2005.

오드리 로드, 박미선·주해연 옮김, 『시스터 아웃사이더』, 후마니타스, 2018.

요한 요하임 빈켈만, 민주식 옮김, 『그리스 미술 모방론』, 이론과 실천, 1995.

새뮤얼 헌팅턴, 이희재 옮김, 『문명의 충돌』, 김영사, 1996.

소모뚜, 「함께 나누는 달콤한 세상」, 『웹진 민연』 25, 2013.5.

수전 벅모스, 김성호 옮김, 『헤겔, 아이티, 보편사』, 문학동네, 2012.

슐로모 산드, 알이따르 옮김, 『유대인, 불쾌한 진실』, 훗, 2017.

스벤 베커트, 김지혜 옮김, 『면화의 제국』, 휴머니스트, 2018.

스테판 욘슨, 양진비 옮김, 『대중의 역사』, 그린비, 2013.

스티븐 J. 굴드, 김동광 옮김, 『인간에 대한 오해』, 사회평론, 2003.

슬라보예 지젝, 이성민 옮김, 『까다로운 주체』 도서출판 b, 2008.

아돌프 히틀러, 황성모 옮김, 『나의 투쟁』, 동서문화사, 2014.

에드먼드 버크, 이태숙 옮김, 『프랑스혁명에 관한 성찰』, 한길사, 2008.

에이드리언 데스먼드·제임스 무어, 김명주 옮김, 『다윈 평전』, 뿌리와이파리, 2009.

에티엔 발리바르, 진태원 옮김, 『폭력과 시민다움』, 난장, 2012.

엘린 식수, 박혜영 옮김, 『메두사의 웃음』, 동문선, 2004.

E. P. 톰슨, 나종일·김인중·한정숙·노서경·김경옥·유재건, 『영국 노동계급의 형성(상)』, 창작과비평사, 2000.

자크 랑시에르, 양창렬 옮김, 『무지한 스승』, 궁리, 2008.

제임스 Q. 위트먼, 노시내 옮김, 『히틀러의 모델, 미국』, 마티, 2018.

조르조 아감벤, 박진우 옮김, 『호모 사케르』, 새물결, 2008.

존 버거·장 모르, 차미례 옮김, 『제7의 인간』, 눈빛, 2014.

존 하워드 그리핀, 하윤숙 옮김, 『블랙 라이크 미』, 살림, 2009.

주경철, 『대항해시대』, 서울대출판부, 2008.

지그문트 바우만, 정일준 옮김, 『현대성과 홀로코스트』, 새물결, 2013.

찬드라 모한티, 문현아 옮김, 『경계없는 페미니즘』, 여이연, 2005.

찰스 W. 밀즈, 정범진 옮김, 『인종계약』, 아침이슬, 2006.

찰스 패터슨, 정의길 옮김, 『동물홀로코스트』, 휴, 2014.

케빈 그레이, 「'계급 이하의 계급'으로서 한국의 이주노동자들」, 『아세아연구』 47(2), 2004, 97~128쪽.

크리스티앙 들라캉파뉴, 하정희 옮김, 『인종차별의 역사』, 예지, 2013.

_____, 하정희 옮김, 『노예의 역사』, 예지, 2015.

토마스 라커, 이현정 옮김, 『섹스의 역사 : 고대에서 현대에 이르는 남성과 여성의 변천사』, 황금가지, 2000.

패트리샤 힐 콜린스, 박미선·주해연 옮김, 「흑인 페미니즘 사상」, 여이연, 2009.

패트릭 엘렌, 곽명단 옮김, 「나는 내가 아니다」, 우물이 있는 집, 2001.

퍼트리샤 파라, 김학영 옮김, 「우리가 미처 몰랐던 편집된 과학의 역사」, 21세기북스, 2010.

피터 보울러·이완 리스 모러스, 김봉국·홍성욱·서민우 옮김, 「현대과학의 풍경 2」, 궁리, 2008.

프란츠 파농, 홍지화 옮김, 「알제리 혁명 5년」, 인간사랑, 2008.

Abrams, Kathryn, "The Second Coming of Care," *Chicago-Kent Law Review* 76, 2000, pp. 1605~1617.

Abrahams, Yvette, "Images of Sara Bartman : Sexuality, Race and Gender in Early-Nineteenth-Century Britain," Ruth Roach Pierson and Nupur Chaudhuri, eds., *Nation, Empire, Colony, Historicizing Gender and Race*, Bloomington : Indiana University Press, 1998, pp. 220~236.

Ahmed, Leila, *Women and Gender in Islam : Historical Roots of a Modern Debate*, New Heaven : Yale University Press, 1992.

Alexander, Claire, "Imagining the Asian Gang : Ethnicity, Masculinity and Youth After 'the Riots'," *Critical Social Policy* 24 (4), 2004, pp. 526~549.

Al-Saji, Alia, "The Racialization of Muslim Veils : A Philosophical Analysis," *Philosophy & Social Criticism* 36 (8), 2010, pp. 875~902.

Altick, Richard Daniel, *The Shows of London*, Cambridge, MA : Harvard University Press, 1978.

Ameli, Saied R. and Arzu Merali, eds., *Hijab, Meaning, Identity, Otherization and Politics : British Muslim Women, British Muslims Expectations of the Government Series*, Wembley : Islamic Human Rights Commission, 2006.

Anderson, Kay and Colin Perrin, "Thinking with the Head," *Journal of Cultural Economy* 2 (1~2), 2009, pp. 83~98.

Augstein, H. F., "From the Land of the Bible to the Caucasus and Beyond : The Shifting Ideas of the Geographical Origin of Humankind", Waltraud Ernst and Bernard Harris, eds. *Race, Science and Medicine, 1700-1960*, New York : Routledge, 1999, 2001, pp. 58~79.

Baderoon, Gabeba, "Baartman and the Private : How Can We Look at a

Figure that Has Been Looked at Too Much?" Natasha Gordon-Chipembere, ed., *Representation and Black Womanhood: The Legacy of Sarah Baartman*, Basingstoke: Palgrave Macmillan, 2011, pp. 65~83.

Bagguley, Paul and Yasmin Hussain, *Riotous Citizens: Ethnic Conflict in Multicultural Britain*, Aldershot, England; Burlington, VT: Ashgate, 2008.

Baumgartner, Barbara, "The Body as Evidence: Resistance, Collaboration, and Appropriation in the History of Mary Prince," *Callaloo* 24(1), 2001, pp. 253~275.

Beck, Les, and John Solomos, eds., *Theories of Race and Racism: A Reader*, London: Routledge, 1999.

Ben-Eliezer, Uri, "Becoming a Black Jew: Cultural Racism and Anti-racism in Contemporary Israel," *Social Identities* 10(2), 2004, pp. 245~266.

Berkel, Klaas van and Bart Ramakers, eds., *Petrus Camper in Context: Science, the Arts, and Society in the Eighteenth-century Dutch Republic*, Hilversum: Verloren, 2015.

Berkel, Klaas van and Bart Ramakers, "Petrus Camper in Context: An Introduction," Klaas van Berkel and Bart Ramakers, eds., *Petrus Camper in Context: Science, the Arts, and Society in the Eighteenth-century Dutch Republic*, Hilversum: Verloren, 2015, pp. 9~16.

Bernier, Celeste-Marie, "A 'Typical Negro' or a 'Work of Art'? The 'Inner' via the 'Outer Man' in Frederick Douglass's Manuscripts and Daguerreotypes," *Slavery & Abolition* 33(2), 2012, pp. 287~303.

Beusterien, John L., "Jewish Male Menstruation in Seventeenth-century Spain," *Bulletin of the History of Medicine* 73(3), 1999, pp. 447~456.

Bindman, David, *Ape to Apollo: Aesthetics and the Idea of Race in the 18th Century*, Ithaca: Cornell University Press, 2002.

Boyarin, Daniel, "Freud's Baby, Fliess's Maybe: Homophobia, Anti-Semitism, and the Invention of Oedipus," *GLQ: A Journal of Lesbian and Gay Studies* 2, 1995, pp. 115~147.

———, *Unheroic Conduct: The Rise of Heterosexuality and the*

Invention of the Jewish Man, Oakland: University of California Press, 1997.

Brace, C. Loring, *"Race" is a Four-Letter Word: The Genesis of the Concept*, New York, Oxford: Oxford University Press, 2005.

Bradley, Mark, "The Importance of Colour on Ancient Marble Sculpture," *Art History* 32(3), 2009, pp. 427~457.

Brah, Avtar and Ann Phoenix, "Ain't A Woman? Revisiting Intersectionality," *Journal of International Women's Studies* 5(3), 2004, pp. 75~86.

Brain, James L., "Male Menstruation in History and Anthropology," *The Journal of Psychohistory* 15(3), 1988, pp. 311~323.

Brubaker, Rogers, *Trans: Gender and Race in an Age of Unsettled Identities*, Princeton: Princeton University Press, 2016.

Calder, Angus, "Thomas Pringle (1789-1834): A Scottish Poet in South Africa," *English in Africa* 9(1), 1982, pp. 1~14.

Claude, *Race and Aesthetics in the Anthropology of Petrus Camper, 1722-1789*, Amsterdam: Rodopi, 1999.

Cinar, Alev, "Subversion and Subjugation in the Public Sphere: Secularism and the Islamic Headscarf," *Signs: Journal of Women in Culture and Society* 33(4), 2008, pp. 891~913.

Coles, K. A., R. Bauer, Z. Nunes and C. L. Peterson, eds., *The Cultural Politics of Blood, 1500~1900*, Basingstoke: Palgrave Macmillan, 2015.

Cotter, William R., "The Somerset Case and the Abolition of Slavery in England," *History* 79(255), 1994, pp. 31~56.

Crais, Clifton, and Pamela Scully, *Sara Baartman and the Hottentot Venus: A Ghost Story and a Biography*, Princeton: Princeton University Press, 2009.

Davis, Floyd James, *Who Is Black?: One Nation's Definition*, University Park: The Pennsylvania State University Press, 2001.

Diner, Dan, "Reflections on Anti-Semitism and Islamophobia," Matti Bunzl, *Anti-Semitism and Islamophbia: Hatreds Old and New in Europe*, Chicago: Prickly Paradigm Press, 2007, pp. 47~53.

Draper, Nicholas, *The Price of Emancipation: Slave-Ownership, Compensation and British Society at the End of Slavery*,

Cambridge: Cambridge University Press, 2010.

Easton, Alison "The Body as History and 'Writing the Body': The Example of Grace Nichols," *Journal of Gender Studies* 3(1), 1994, pp. 55~67.

Edwards, Elizabeth et al., *Sensible Objects: Colonialism, Museums and Material Culture*, Oxford: Berg, 2006.

El Guindi, Fadwa, *Veil: Modesty, Privacy and Resistance*, Oxford: Berg, 1999.

Ezzell, Bill, "Laws of Racial Identification and Racial Purity in Nazi Germany and the United States: Did Jim Crow Write the Laws That Spawned the Holocaust?," *Southern University Law Review* 30(1), 2002, pp. 1~13.

Fanon, Frantz, *Black Skin, White Masks*, London: Pluto Press, 2008.

Feldman, Jeffrey David, "Contact Points: Museums and the Lost Body Problem," Elizabeth Edwards et al, *Sensible Objects: Colonialism, Museums and Material Culture*, Oxford: Berg, 2006, pp. 245~268.

Frängsmyr, Tore, Sten Lindroth, Gunnar Eriksson, *Linnaeus: The Man and His Work*, Canton, MA: Science History Publication, 1994.

Franks, Myfanwy, "Crossing the Borders of Whiteness? White Muslim Women Who Wear the Hijab in Britain Today," *Ethnic and Racial Studies* 23(5), 2000, pp. 917~929.

Fraser, Nancy, "Rethinking Recognition," *New Left Review* 3, May~Jun 2000, pp. 107~120.

Ferris, David, *Silent Urns: Romanticism, Hellenism, Modernity*, Stanford: Stanford University Press, 2000.

Fryer, Peter, *Staying Power: The History of Black People in Britain*, London: Pluto Press, 2018.

Garner, Steve and Saher Selod, "The Racialization of Muslims: Empirical Studies of Islamophobia," *Critical Sociology* 41(1), 2015, pp. 1~11.

Giddens, Anthony, "Beneath the Hijab: A Woman," *New Perspectives Quarterly* 21(2), 2004, pp. 9~11.

Gilman, Sander, *Difference and Pathology: Stereotypes of Sexuality, Race and Madness*, Ithaca: Cornell University Press, 1985.

_____, "Black Bodies, White Bodies: Toward a Iconography of Female Sexuality in Late Nineteenth Century Art, Medicine, and

Literature," *Critical Inquiry* 12(1), 1985, pp. 204~242.

Goldberg, David Theo, *Racist Culture: Philosophy and the Politics of Meaning*, Oxford: Blackwell, 1993.

Gordon-Chipembere, Natasha, ed., *Representation and Black Womanhood: The Legacy of Sarah Baartman*, Basingstoke: Palgrave Macmillan, 2011.

Gqola, Pumla Dineo, *What is Slavery to Me?: Postcolonial/Slave Memory in Post-apartheid South Africa*, Johannesburg: Wits University Press, 2010.

Guillaumin, Colette, *Racism, Sexism, Power and Ideology*, New York: Routledge, 1995.

Hall, Stuart, "Old and New Identities, Old and New Ethnicities," Les Beck and John Solomos, eds., *Theories of Race and Racism: A Reader*, London: Routledge, 1999, pp. 144~153.

Hannaford, Ivan, *Race: The History of an Idea in the West*, Baltimore: The Johns Hopkins University Press, 1996.

Hartman, John J., "A Psychoanalytic View of Racial Myths in a Nazi Propaganda Film: Der Ewige Jude(The Eternal Jew)," *Journal of Applied Psychoanalytic Studies* 2(4), 2000, pp. 329~346.

Hirsch, Dafna, "Hummus Masculinity in Israel," *Food, Culture & Society* 19(2), 2016, pp. 337~359.

Hudson, Nicholas, "From Nation to Race: The Origin of Racial Classification in Eighteenth-Century Thought," *Eighteenth-century Studies* 29(3), 1996, pp. 247~264.

Jarrett, H. Reginald, "Some Aspects of the Urban Geography of Freetown, Sierra Leone," *Geographical Review* 46(3), 1956, pp. 334~354.

Jonsell, Bengt, "Linnaeus in 20th Century Sweden," *Botanical Journal of the Linnean Society* 109, 1991, pp. 515~528.

Kaplan, Cora, and John Oldfield, eds., *Imagining Transatlantic Slavery*, Basingstoke: Palgrave Macmillan, 2010.

Khanna, Nikki, "'If You're Half Black, You're Just Black': Reflected Appraisals and the Persistence of the One-drop Rule," *The Sociological Quarterly* 51(1), 2010, pp. 96~121.

Khazzoom, Aziza, "The Great Chain of Orientalism: Jewish Identity, Stigma Management, and Ethnic Exclusion in Israel," *American*

Sociological Review 68(4), 2003, pp. 481~510.

Khiabany, Gholam and Milly Williamson, "Veiled Bodies-Naked Racism : Culture, Politics and Race in the Sun," *Race & Class* 50(2), 2008, pp. 69~88.

Kidd, Colin, "Race, Empire, and the Limits of Nineteenth-century Scottish Nationhood," *The Historical Journal* 46(4), 2003, pp. 873~892.

Koerner, Lisbet, *Linnaeus : Nature and Nation*, Cambridge, MA : Harvard University Press, 1999.

Kousser, J. Morgan, and James M. McPherson, eds., *Region, Race, and Reconstruction : Essays in Honor of C. Vann Woodward*, New York : Oxford University Press, 1982.

Kundnani, Arun, "From Oldham to Bradford : The Violence of the Violated," *Race & Class* 43(2), 2001, pp. 105~110.

_____, *The End of Tolerance : Racism in Twenty-first Century Britain*, London : Pluto Press, 2007.

Lalu, Premesh, "The Grammar of Domination and the Subjection of Agency : Colonial Texts and Modes of Evidence," *History and Theory* 39(4), 2000, pp. 45~68.

Laqueur, Thomas, *Making Sex : Body and Gender from the Greeks to Freud*, Cambridge, MA : Harvard University Press, 1992.

Lentin, Alana and Gavan Titley, *The Crises of Multiculturalism : Racism in a Neoliberal Age*, London and New York : Zed Books, 2011.

Leontis, Artemis, *Topographies of Hellenism : Mapping the Homeland*, Ithaca : Cornell University Press, 1995.

Letter from Olaudah Equiano to Thomas Hardy, 1792, PRO TS 24/12/2.

Littlefield, Marci Bounds, "Black Women, Mothering, and Protest in 19th Century American Society," *The Journal of Pan African Studies* 2(1), 2007, pp. 53~61.

Lovejoy, Paul E., "The Volume of the Atlantic Slave Trade : A Synthesis," *Journal of African History* 23, 1982, pp. 473~501.

_____, "Autobiography and Memory : Gustavus Vassa, alias Olaudah Equiano, the African," *Slavery and Abolition* 27(3), 2006, pp. 317~347.

_____, "Olaudah Equiano or Gustavus Vassa : What's in a Name?," *Atlantic Studies* 9(2), 2012, pp. 165~184.

Lynn, Michael R., "Review: Race and Aesthetics in the Anthropology of Petrus Camper, 1722~1789," *Journal of the History of Medicine and Allied Sciences* 57(2), 2002, pp. 229~230.

Mabee, Carleton, "Sojourner Truth, Bold Prophet: Why Did She Never Learn to Read?," *New York History* 69(1), 1988, pp. 55~77.

Macdonald, Myra, "Muslim Women and the Veil," *Feminist Media Studies* 6(1), 2006, pp. 7~23.

Magubane, Zine, "Which Bodies Matter? Feminism, Poststructuralism, Race, and the Curious Theoretical Odyssey of the 'Hottentot Venus'," *Gender & Society* 15(6), 2001, pp. 816~834.

Mandziuk, Roseann M., "Commemorating Sojourner Truth: Negotiating the Politics of Race and Gender in the Spaces of Public Memory," *Western Journal of Communication* 67(3), 2003, pp. 271~291.

Maxwell, Anne, *Picture Imperfect: Photography and Eugenics, 1870-1940*, Eastbourne: Sussex Academic Press, 2008, 2010.

McCalman, Iain, ed., *Horrors of Slavery and Other Writings by Robert Wedderburn*, New York: Marcus Wiener, 1991.

Meer, Nasar, Claire Dwyer and Tariq Modood, "Embodying Nationhood?: Conceptions of British National Identity, Citizenship, and Gender in the 'Veil Affair,'" *The Sociological Review* 58(1), 2010, pp. 84~111.

Meijer, Miriam Claude, *Race and Aesthetics in the Anthropology of Petrus Camper, 1722~1789*, Amsterdam: Rodopi, 1999.

_____, "Bones, Law and Order in Amsterdam: Petrus Camper's Morphological Insights," Klaas van Berkel and Bart Ramakers, eds., *Petrus Camper in Context: Science, the Arts, and Society in the Eighteenth-century Dutch Republic*, Hilversum: Verloren, 2015, pp. 187~213.

Meiring, Jane, *Thomas Pringle: His Life and Times* Balkema, 1968.

Mills, Robert, *Suspended Animation: Pain, Pleasure and Punishment in Medieval Culture*, London: Reaktion Books, 2006.

Mitter, Partha, "Greece, India, and Race among the Victorians," Daniel Orrells, Gurminder K. Bhambra and Tessa Roynon, eds., *African Athena: New Agendas*, Oxford: Oxford University Press, 2011, pp. 56~70.

Moosavi, Leon, "The Racialization of Muslim Converts in Britain and Their Experiences of Islamophobia," *Critical Sociology* 41(1), 2015, pp. 41~56.

Mosse, George L, *Toward the Final Solution: A History of European Racism*, Madison: University of Wisconsin Press, 1978.

Müller-Wille, Staffan, "Linnaeus and the Four Corners of the World," K. A. Coles, R. Bauer, Z. Nunes and C. L. Peterson, eds., *The Cultural Politics of Blood, 1500~1900*, Basingstoke: Palgrave Macmillan, 2015, pp. 191~209.

Neumann, Boaz, "The Phenomenology of the German People's Body (Volkskörper) and the Extermination of the Jewish Body," *New German Critique* 36(1), 2009, pp. 149~181.

Orrells, Daniel, Gurminder K. Bhambra and Tessa Roynon, eds., *African Athena: New Agendas*, Oxford: Oxford University Press, 2011.

Painter, Nell Irvin, "Representing Truth: Sojourner Truth's Knowing and Becoming Known," *The Journal of American History* 81(2), 1994, pp. 461~492.

Pater, Walter, *Renaissance: Studies in Art and Poetry*, New York: Macmillan, 1904.

Pierson, Ruth Roach and Nupur Chaudhuri, eds., *Nation, Empire, Colony, Historicizing Gender and Race*, Bloomington: Indiana University Press, 1998.

Potts, Alex, *Flesh and the Ideal: Winckelmann and the Origins of Art History*, New Haven and London: Yale University Press, 1994.

Purdy, Daniel, "The Whiteness of Beauty: Weimar Neo-Classicism and the Sculptural Transcendence of Color," Birgit Tautz, ed., *Amsterdamer Beiträge zur neueren Germanistik, Colors 1800/1900/2000: Signs of Ethnic Difference*, Amsterdam: Rodopi, 2004, pp. 83~99.

Rauwerda, A. M., "Naming, Agency, and 'A Tissue of Falsehoods' in The History of Mary Prince," *Victorian Literature and Culture* 29(2), 2001, pp. 397~411.

Roberts, Dorothy E., "Racism and Patriarchy in the Meaning of Motherhood," *Journal of Gender & Law* 1(1), 1993, pp. 1~38.

Said, Edward W., *Orientalism: Western Conceptions of the Orients*, New

York : Penguin Books, 1995.

Salih, Sara, ed., *The History of Mary Prince : A West Indian Slave*, New York : Penguin Books, 2000.

Sartre, Jean-Paul, *Anti-Semite and Jew : An Exploration of the Etiology of Hate*, New York : Schocken Books, 1948, 1976.

Scarry, Elaine, *The Body in Pain : The Making and Unmaking of the World*, Oxford : Oxford University Press, 1985.

Schaffer, Gavin, "Unmasking the 'Muscle Jew' : the Jewish Soldier in British War Service, 1899－1945," *Patterns of Prejudice* 46(3-4), 2012, pp. 375~396.

Scott, Joan Wallach, *The Politics of Veil*, Princeton & Oxford : Princeton University Press, 2007.

Seeman, Don, "'One People, One Blood' : Public Health, Political Violence, and HIV in an Ethiopian-Israeli Setting," *Culture, Medicine and Psychiatry* 23(2), 1999, pp. 159~195.

Seol, Dong-Hoon and Jungmin Seo, "Dynamics of Ethnic Nationalism and Hierarchical Nationhood : Korean Nation and Its Othernesss since the Late 1980s," *Korea Journal* 54(2), 2014, pp. 5~33.

Silkenat, David, "'A Typical Negro' : Gordon, Peter, Vincent Colyer, and the Story behind Slavery's Most Famous Photograph," *American Nineteenth Century History* 15(2), 2014, pp. 169~186.

Solow, Barbara L. and Stanly L. Engerman, eds., *British Capitalism and Caribbean Slavery*, Cambridge, Cambridge University Press, 2004.

Souief, Ahdaf, "The Language of the Veil," David A. Bailey and Gilane Tawadros, eds., *Veil : Veiling, Representation and Contemporary Art*, London : Institute of International Visual Arts, 2003.

Spivak, Gayatri Chakravorty, "Can the Subaltern Speak?," R. J. Patrick Williams and Laura Chrisman, eds., *Colonial Discourse and Post-colonial Theory : A Reader*, New York : Columbia University Press, 1994, pp. 66~111.

_____, "'Can the Subaltern Speak?', revised edition, from the 'History'chapter of Critique of Postcolonial Reason,"Rosalind Morris, ed., #Can the Subaltern Speak? : Reflections on the History of an Idea#, New York : Columbia

University Press, 2010, pp. 21~78.

Tarlo, Emma, "Hijab in London : Metamorphosis, Resonance and Effects," *Journal of Material Culture* 12(2), 2007, pp. 132~134.

Taylor, Paul C. *Race : A Philosophical Introduction*, Cambridge : Polity Press, 2013.

Tibbles, Anthony, "Facing Slavery's Past : The Bicentenary of the Abolition of the British Slave Trade," *Slavery and Abolition* 29(2), 2008, pp. 293~303.

Turner, Sasha, "Home-grown Slaves : Women, Reproduction, and the Abolition of the Slave Trade, Jamaica 1788-1807," *Journal of Women's History* 23(3), 2011, pp. 39~62.

Wallis, Brian, "Black Bodies, White Science : Louis Agassiz's Slave Daguerreotypes," *American Art* 9(2), 1995, pp. 38~61.

Walvin, James, *An African's Life : The Life and Times of Olaudah Equiano 1745~1797*, London and New York : Continuum, 1998.

Webster, Colin, "The Construction of British 'Asian' Criminality," *International Journal of the Sociology of Law* 25, 1997, pp. 65~86.

Wheeler, Roxann, *The Complexion of Race : Categories of Difference in Eighteenth-Century British Culture*, Philadelphia : University of Pennsylvania Press, 2000.

Williams, Eric, *Capitalism and Slavery*, Chapel Hill : The University of North Carolina Press, 1943.

_____, *British Historians and the West Indies*, London : Andre Deutch, 1966.

Winter, B., and D. Thompson, S. Jeffreys, "The UN Approach to Harmful Traditional Practices," *International Feminist Journal of Politics* 4(1), 2002, pp. 72~94.

Wood, Marcus, "Significant Silence : Where was Slave Agency in the Popular Imagery of 2007?," Cora Kaplan and John Oldfield, eds., *Imagining Transatlantic Slavery*, Basingstoke : Palgrave Macmillan, 2010, pp. 162~190.

Zackodnik, Teresa, "The 'Green-Backs of Civilization' : Sojourner Truth and Portrait Photography," *American Studies* 46(2), 2005, pp. 117~143.

Zimmermann, Mosche, *Wilhelm Marr, The Patriarch of Antisemitism*,

Oxford : Oxford University Press, 1986.

Žižek, Slavoj, "Multiculturalism or the Cultural Logic of Multinational Capitalism," *New Left Review* 225, 1997, pp. 28~51.

西川長夫「＜新＞植民地主義論：グローバル時代の植民地主義を問う』平凡社、2006.

영화

〈겟 아웃〉(Get Out), 2017.

〈내가 낳은 검둥이〉, 1959.

〈믿거나 말거나, 찬드라의 경우〉(Never Ending Peace And Love), 2003.

〈밤과 안개〉(Nuit Et Brouillard), 1955.

〈블랙 비너스〉(Black Venus), 2010.

〈쇼아〉(Shoah), 1985.

〈안녕, 미누〉, 2018.

〈어메이징 그레이스〉(Amazing Grace), 2006.

〈영원한 유대인〉(The Eternal Jew), 1940.

〈우토야 7월 22일〉(Utøya: 22 Juli), 2018.

〈7월 22일〉(July 22), 2018.

미술작품

바이런 킴, 〈제유법〉, 1991~현재.

라파엘 멩스, 〈빙켈만〉, 1777.

로라 페이시, 〈구원의 노래〉(Redemption Song), 2003.

＿＿＿＿, 〈그들의 영혼은 사라지고〉(Their Spirits Gone Before Them), 2006.

르네 콕스, 〈제미마 아줌마와 벤 아저씨의 해방〉, 1998.

아치볼드 모틀리, 〈악터룬 소녀〉, 1925.

윌리엄 터너, 〈노예선〉, 1840.

캐리 매 웜스, 〈키친 테이블 시리즈〉, 1990.

테오도르 갈레, 〈아메리카〉, 16세기 후반.

헨리 퓨슬리, 〈니그로의 복수〉, 1807.

〈사슬을 끊는 노예〉, 19세기 말.

〈아폴로 벨베데레〉, B.C. 4세기.

기타 자료

김완·박준용·변지민, 「동성애·난민 혐오 "가짜뉴스 공장"의 이름, 에스더」, 「한겨레」, 2018년 9월 27일.

「'고아 수출국' 오명 벗지 못한 한국」, 「세계일보」, 2016년 3월 30일.

「개정 고시서 또 빠진 '사업장 이동 자유' … 여전히 발 묶인 이주노동자」, 「서울신문」, 2019년 2월 7일.

「국가별 신부들의 장점」, 국제결혼 하나로어울림(http : //www. wedhanaro. com/subpage. php?p=m311).

「난민 브로커가 말했다 "134만원 보내면 서울 취업 보장"」, 「조선일보」, 2018년 6월 28일.

레티마이투, 「결혼이주여성 '내 자궁은 나의 것' : 이주여성은 '아이 낳는 사람'이 아닙니다」, 「일다」, 2018년 8월 9일(http : //blogs. ildaro. com/3373).

박정준, 「77명 학살한 브레이빅, 그가 남긴 교훈은 … 브레이빅 사건, 희생자 추모 집회 참관기」, 「프레시안」, 2012년 5월 7일.

「배우 김의성, 박근혜 히잡, 기독교계 탄핵 추진 안하나?, '할랄' 반대한 보수기독교계, 박 대통령 '히잡'엔 무대응」, 「CNB News」, 2106년 5월 3일.

법무부, 「보도자료 : '법무부, 40~50대 가장의 마지막 피난처 건설현장 강력단속'」, 2018년 9월 20일.

「부산 (사)이주민과함께, 28일 발족식 … "주체로서 활동하는 모습 보일 것"」, 「오마이뉴스」, 2019년 1월 24일.

「불법체류 단속에 사망…한국인에 '장기기증'」, 「MBC News」, 2018년 9월 22일.

「'여성 상품화' 국제결혼 광고 … 이대로 괜찮은가」, 「연합뉴스」, 2018년 6월 27일.

「우리 VIP 히잡 쓰니 예쁘더라 … 남성 정상들보다 훨씬 큰 이슈」, 「중앙일보」, 2016년 5월 4일.

유해정, 「이주노동자 운동의 역사를 연 94년, 95년 농성」, 「프레시안」, 2009년 12월 18일.

EBS1 지식채널e, 〈이상한 쇼〉, 2006년 3월 20일.

「이스라엘, 1950년대 실종 '예멘 유대인 아동' 무덤 파헤친다」, 「연합뉴스」, 2018년 1월 25일.

이주민과 함께, NEWSLETTER 2019년 2월.

임월산, 「경제위기하에서 그리스의 인종주의 대두와 좌파의 대응 : 한국 이주운동을 위한 교훈」, 「사회운동」 108, 2012년 9~10월, 81~101쪽 (http : //www.pssp.org/bbs/view.php?board=journal&nid=5894).

임월산, 「신자유주의적 자본주의, 인종주의 그리고 한국의 이주노동자」, 「사회운동」

101, 2011년 7~8월, 87~110쪽(http://www.pssp.org/bbs/view.
php?board=journal&nid=5676).

「정신병자로 취급받은 찬드라의 기막힌 사연」, 「문화일보」, 2002년 11월 5일.

정영섭, 「이주노동자 고용허가제 10년, 노예허가제였다」, 「참세상」, 2014년 8월
14일.

차혜령, 「미군 기지촌 '위안부' 국가배상청구 항소심 승소」, 공익인권법재단 공감,
2018년 3월 7일(https://withgonggam.tistory.com/2106).

Agbetu, Toyin, "My Protest was born of anger, not madness," *The
Guardian*, 3 April 2007.

Ahmed, Eve, "Why are so many modern British career women converting
to Islam?," *The Daily Mail*, 22 March 2011.

"Anders Behring Breivik: victim's family describe their loss: video," *The
Guardian*, 24 August 2012.

Booth, Lauren, "I'm now a Muslim. Why all the shock and horror?," *The
Guardian*, 3 Nov 2010.

_____, "When I put on the hijab, I lost my white prerogative,"
(https://www.facebook.com/100024837019331/posts/30102506
7402058/).

Bunting, Madeleine, "Jack Straw has unleashed a storm of prejudice and
intensified division," *The Guardian*, 9 October 2006.

"Chained marchers mark slave ban," *BBC News*, 1 March 2007.

"Dark Days Are Long Gone: Oldham Riots: 10 Years On," *Oldham Evening
Chronicle*, 24 May 2011.

Dawber, Alistair, "Israel gave birth control to Ethiopian Jews without their
consent," *The Independent*, 27 January 2013.

Dentler, Jonathan, "Sexing the Jewish Body: Male Menstruation Libel
and the Making of Modern Gender." (https://academiccommons.
columbia.edu/doi/10.7916/D8H420D6).

Doneghy, Sarah, "Aunt Jemima: It was Never About the Pancakes"
(https://blackexcellence.com/aunt-jemima-never-pancakes/).

Hallgarten, Lisa, "Forced Contraception of Jewish Ethiopian Women is tip
of Global Iceberg," *The Guardian*, 30 January 2013.

Hegghammer, Thomas, "The Rise of the Macro-Nationalists," *The New
York Times*, 31 July 2011.

Jaynes, Gregory, "Suit on Race Recalls Lines Drawn Under Slavery," *The New York Times*, 30 September 1982.

"Jewish Girl was 'Poster Baby' in Nazi Propaganda," 2 July 2014 (https://www.yadvashem.org/blog/jewish-girl-was-poster-baby-in-nazi-propaganda.html).

"Jewish nation state: Israel approves controversial bill," *BBC News*, 19 July 2018.

Malik, Kenan, "How Multiculturalism Failed," *International Herald Tribune*, 7 July 2011.

_____, "The Tragic Ironies of Breivik's Terror," *Bergens Tidende*, 30 July 2011.

Manning, Sanchez, "Britain's colonial shame: Slave-owners given huge payouts after abolition," *The Independent*, 24 February 2013.

Mbeki, Thabo, "Speech at the Funeral of Sarah Bartmann," 9 August 2002 (https://www.sahistory.org.za/archive/speech-funeral-sarah-bartmann-9-august-2002).

McGreal, Chris, "Coming Home," *The Guardian*, 21 February 2002.

Mekelberg, Yossi, "The Plight of Ethiopian Jews in Israel," *BBC News*, 25 May 2015.

Milian, Gabriela, "Statue of doctor who experimented on enslaved women removed from Central Park," *CNN*, 17 April 2018.

"Moderator Malina Saval speaks with Writer/Director Paul Greengrass," 6 October 2018 (https://www.youtube.com/watch?v=3o8CfkFxiwA).

"Nazi 'perfect Aryan' poster child was Jewish," *The Telegraph*, 1 July 2014.

"Norway Massacre: Breivik Declared Insane," *BBC News*, 29 November 2011.

Pérez-Peña, Richard, "Black or White? Woman's Story Stirs Up a Furor," *The New York Times*, 12 June 2015.

"Protest disrupts slavery service," *BBC News*, 27 March 2007.

Rayner, Gordon, John Bingham and Tom Whitehead, "Norway Killer Anders Behring Breivik Called Gordon Brown and Prince Charles 'Traitors'," *The Telegraph*, 24 July 2011.

Reverby, Susan M., "Memory and Medicine, A Historian's Perspective on Commemorating J. Marion Sims," *Perspectives on History*, 18

September 2017 (https://www.historians.org/publications-and-directories/perspectives-on-history/september-2017/memory-and-medicine-a-historians-perspective-on-commemorating-j-marion-sims).

"Robin Cook's chicken tikka masala speech," *The Guardian*, 19 April 2001.

Sarah Bartmann Centre of Remembrance (https://vimeo.com/224213675).

Sassen, Saskia, "A Message from the Global South," *The Guardian*, 12 September 2001.

Sheen, David, "No Saviour: Airlifted Ethiopian Jews face racism in Israel," *The New Arab*, 5 January 2017.

"Slave trade shameful, Blair says," *BBC New*, 25 March 2007.

"State multiculturalism has failed, says David Cameron," *BBC News*, 5 February 2011.

Straw, Jack, "I want to unveil my views on an important issue," *The Lancashire Telegraph*, 6 October 2006.

"Unveiling of Mary Prince Plaque," *Bernews*, 7 February 2018.

Wajid, Sara, "Plaque Tribute For Mary Prince, Author And Abolitionist," *Culture* 24, 6 November 2007.

Young, Lola, "The truth in chains," *The Guardian*, 15 March 2007.

Žižek, Slavoj, "A Vile Logic to Anders Breivik's Choice of Target," *The Guardian*, 8 August 2011.

찾아보기

438

발표 지면

이 책의 일부는 필자가 그간 발표했던 글들을 대폭 수정, 재구성해 수록했다. 발표 지면은 아래와 같다.

「영국의 무슬림 '베일'(veil) 논쟁」, 『대구사학』 101, 2010, 265~292쪽.

「기념의 과잉, 기억의 부재 : 영국 노예무역 폐지 200주년 기념」, 『서양사론』 110, 2011, 298~323쪽.

「브레이빅 테러와 유럽의 위기」, Homo Migrans 5~6, 2012, 55~64쪽.

「인종주의와 빈곤의 정치학 : 2001년 영국 올덤 소요사태」, 『중앙사론』 36, 2012, 417~449쪽.

「식민지 폭력 피해와 배상 : 케냐 마우마우의 사례」, 『영국연구』 34, 2015, 383~414쪽.

「백인우월주의 신화와 빙켈만의 인종미학」, 『웹진 민연』 46, 2015.2.

「올라우다 에퀴아노, 주인의 세계를 꿈꾼 해방노예?」, 『웹진 민연』 51, 2015년 7월.

「사라 바트만 다시 읽기」, 『웹진 민연』 52, 2015년 8월

「리버풀 국제노예제박물관의 전시내러티브 : 노예제 역사의 기억문화 만들기」, 『사총』 88, 2016, 175~209쪽.

「'다문화' 담론 비판」, 『웹진 민연』 60, 2016년 4월

「무슬림 여성 '베일'과 이슬람 혐오」, 『웹진 민연』 61, 2016년 5월.

「누가 '흑인'인가? : '한 방울의 법칙'과 패싱」, 『웹진 민연』 64, 2016년 8월.